U0531382

锦天城法律实务丛书

ALLBRIGHT
LAW OFFICES
锦天城

COMPLIANCE GUIDELINES FOR
PHARMACEUTICAL AND HEALTHCARE ENTERPRISES

医药大健康
企业合规指引

上海市锦天城律师事务所
医疗健康与医药行业委员会
主编

法律出版社 LAW PRESS · CHINA
北京

图书在版编目（CIP）数据

医药大健康企业合规指引／上海市锦天城律师事务所医疗健康与医药行业委员会主编. -- 北京：法律出版社，2025. --（锦天城法律实务丛书）. -- ISBN 978-7-5244-0044-8

Ⅰ. D922.291.914

中国国家版本馆 CIP 数据核字第 20250DW915 号

锦天城法律实务丛书

医药大健康企业合规指引
YIYAO DAJIANKANG QIYE HEGUI ZHIYIN

上海市锦天城律师事务所
医疗健康与医药行业委员会　主编

策划编辑　田　浩
责任编辑　田　浩
装帧设计　臧晓飞

出版发行　法律出版社
编辑统筹　法商出版分社
责任校对　王语童
责任印制　刘晓伟
经　　销　新华书店

开本　710 毫米×1000 毫米　1/16
印张　31.5　　**字数**　522 千
版本　2025 年 3 月第 1 版
印次　2025 年 3 月第 1 次印刷
印刷　涿州市星河印刷有限公司

地址：北京市丰台区莲花池西里 7 号（100073）
网址：www.lawpress.com.cn
投稿邮箱：info@lawpress.com.cn
举报盗版邮箱：jbwq@lawpress.com.cn
销售电话：010-83938349
客服电话：010-83938350
咨询电话：010-63939796
版权所有·侵权必究
书号：ISBN 978-7-5244-0044-8
定价：128.00 元

凡购买本社图书，如有印装错误，我社负责退换。电话：010-83938349

目·录

第一章 医药经营合规

第二章 医药研发合规

第一章

医药经营合规

CDMO 企业合规指引

曹宗盛

一、概述

（一）CDMO 概念及服务范围

合同研发生产组织（Contract Development Manufacturing Organization，CDMO），是指提供工艺开发以及制备、工艺优化、注册和验证审批生产以及商业化定制研发生产服务的机构。除提供传统合同生产组织（CMO）的生产服务之外，CDMO 更强调对生产工艺的研发和创新。

CDMO 企业的上游为精细化工企业，精细化工企业负责提供基础化学和生物原料，对原料分类加工可形成专业医药原料。原料药①的制备是药物研究和开发的基础，其主要目的是为药物研发过程中药理毒理、制剂、临床等研究提供合格的原料药，为质量研究提供信息，保证生产工艺的稳定可行。CDMO 企业则对原料药进行质量验证，并将专业医药原料加工至起始物料、医药中间体②、制剂提供给下游医药企业。CDMO 企业的下游为制药企业、生物科技公司以及学术性的研发机构等。

① 原料药指的是各类制剂的原料药物，是制剂中的有效成分，是由化学合成、植物提取或者生物技术所制备的各种用来作为药用的粉末、结晶、浸膏等，但病人无法直接服用的物质。

② 医药中间体是一些用于原料药合成工艺过程中的一些化工原料或化工产品，不需要原料药的生产许可证，在普通的化工厂即可生产，只要达到一定的级别，即可用于原料药的合成。根据对最终原料药质量的影响程度，是否依照药品生产质量管理规范（GMP）要求，可分为非 GMP 中间体和 GMP 中间体。非 GMP 中间体是指原料药起始物料之前的医药中间体；GMP 中间体指在 GMP 要求下生产的医药中间体，即原料药起始物料之后的、在原料药合成步骤中产生的、在成为原料药前还会经历进一步的分子变化或者精制的一种物质。

CDMO服务涵盖研发阶段和商业化阶段的药品研发和生产任务，为医药研发生产各阶段提供具有技术附加值的研发服务和产能支持。CDMO企业为制药企业搭建的服务范围包括临床前期和临床阶段的药物生产，化学、生产和控制（CMC）服务（包括工艺研发、验证和优化、配方研发、质量研究、中试），原料药和中间体生产，制剂研究，放大生产等。在药物研发阶段，CDMO可提升药物研发效率，降低研发成本，提高研发成功率。在药物商业化阶段，CDMO可通过不断的工艺优化降低企业生产成本，提高生产效率，同时保障产品质量和供应的稳定性。

CDMO企业往往在新药临床阶段的早期即与客户开展深度合作，为客户提供制药工艺的开发、设计及优化服务，并在此基础上提供从公斤级到吨级的定制生产服务。CDMO企业利用自身技术优势及生产能力，承接了制药企业的工艺开发和生产职能，从而使制药企业可以更专注于药物的研发。目前国内主要的CDMO企业有：药明康德（603259. SH、02359. HK）、康龙化成（300759. SZ、03759. HK）、和元生物（688238. SH）、凯莱英（002821. SZ、06821. HK）、谱新生物、博腾生物、金斯瑞、海普瑞（002399. SZ、09989. HK）、迈百瑞等。

（二）CDMO与其他外包服务的区别

1. CRO

合同研究组织（CRO），是指通过合同形式为制药企业和研发机构在药物研发过程中提供专业化服务的机构，服务范围覆盖药物研发的各个阶段。

临床前CRO主要从事化合物研究服务和临床前研究服务，包括新药发现，先导化合物和活性药物中间体的合成及工艺开发，安全性评价研究服务，药代动力学、药理毒理学、药效学服务等。临床CRO主要针对临床试验阶段的研究提供服务，为药企提供从Ⅰ期至Ⅳ期临床试验技术服务、临床试验数据管理和统计分析、注册申报以及上市后药物安全检测等服务。

2. CMO/CDMO

CMO，是指以合同定制形式为制药企业提供中间体、原料药、制剂的生产以及包装等服务的企业，不涉及实质性研发工作。传统的CMO企业仅提供以委托企业提供的技术路线为基础的代工生产服务。随着制药公司对成本控制和效率提升的要求不断提高，制药企业希望CMO企业能够承担更多工艺研发、改进的创新性服务职能，CDMO 企业应运而生。

CMO 主要提供产品生产时所需要的工艺开发、配方开发、临床试验用药、化学或生物合成的原料药生产、中间体制造、制剂生产（如粉剂、针剂）以及包装等服务。

CDMO 则主要为药企提供从公斤级到吨级的定制生产服务，侧重高技术附加值的工艺开发。CDMO 在 CMO 的基础上提供创新药生产时所需要的工艺流程研发及优化、配方开发及试生产服务，并进一步提供定制生产服务。

3. CSO

合同销售组织（CSO），是指制药公司的药品营销外包，主要为客户在产品或服务的销售和市场营销方面提供全面的专业服务，包括市场调研、产品策划、市场推广、产品宣传、渠道设计、终端促销等。

（三）CDMO 企业的合法性及业务定位

1. 业务合法性

药品安全直接关乎使用者的生命健康，药品的研发、生产乃至销售各个环节都应当符合法律的规定，接受行政部门的监管。CDMO 作为医药外包组织的一种新业态，依然是药品的研发、生产环节的参与主体之一，这与 CRO 和 CMO 没有本质区分。换句话说，凡现行法中对于 CRO、CMO 的既有规定，同样适用于 CDMO。如果说 CRO、CMO 在我国现行法律框架下，具有从事相关业务的合法地位，那么 CDMO 业务的开展也将不会存在法律制度方面的障碍。

在药品的研发环节，国家药品监督管理局、国家卫生健康委员会于 2020 年发布的《药物临床试验质量管理规范》第 11 条第 8 项对 CRO 做出了明确定义，同时第 33 条规定申办者可以委托 CRO 执行临床试验中的某些工作和任务。在药品的生产环节，2019 年修订的《药品管理法》第 32 条第 1 款规定，药品上市许可持有人（marketing authorization holder，MAH）可以自行生产药品，也可以委托药品生产企业生产。因此，就前述法律规定而言，CRO、CMO 以及 CDMO 从事药品的研发、生产业务均具有合法性。

2. 合理的业务定位

2019 年《药品管理法》修订后，CDMO 企业从事药品的研发、生产业务具有了制度基础。就 CDMO 企业的业务定位来说，核查时应详细了解药物研发、生产涉及的全部流程、产业链及上下游行业，以及 CDMO 企业从事的业务范围，重点关注 CDMO 企业与同行业可比公司在 CRO、CMO 的药品设计与研发方面提供的具体服务内容的差异，比较 CDMO 企业与同行业可比公司在相关设计与研发投入的占比情况。

二、CDMO 企业合规重点

（一）CDMO 企业的资质问题

1. GLP 认证问题

药物非临床研究质量管理规范（GLP），是指非临床安全性评价研究机构的运行管理和非临床安全性评价研究项目试验方案的设计、组织实施、执行、检查、记录、存档和报告等全过程的质量管理要求。新药的非临床安全性评价研究必须在经过 GLP 认证，符合 GLP 要求的实验室进行。GLP 的规范实施是保证药理毒理研究科学性、合理性的重要前提和基础。

根据原国家食品药品监督管理局发布的《关于推进实施〈药物非临床研究质量管理规范〉的通知》规定，自 2007 年 1 月 1 日起，未在国内上市销售的化学原料药及其制剂、生物制品，未在国内上市销售的从植物、动物、矿物等物质中提取的有效成分、有效部位及其制剂和从中药、天然药物中提取的有效成分及其制剂，中药注射剂的新药非临床安全性评价研究必须在经过 GLP 认证，符合 GLP 要求的实验室进行。虽然该通知中所涉规范已于 2017 年被新规范取代，但该通知本身并未废止。国家药品监督管理局主管全国 GLP 认证管理工作，省级药品监督管理部门负责本行政区域内 GLP 机构的日常监督管理工作。省级药品监督管理部门每年至少对 GLP 机构开展 1 次日常监督检查。

目前，全球已有 30 多个国家或组织建立了相应的 GLP 管理法规、监管计划和检查手册等来指导相关机构建立和遵守 GLP 法规。例如，根据美国法律规定，针对用于或拟用于人用和动物用药品（human and animal drugs）、人用医疗器械（medical devices for human use）、生物制品（biological products）的非临床研究，需要向美国食品药品监督管理局（FDA）递交符合 GLP 法规的安全性评价资料并通过美国 GLP 认证。FDA 对通过 GLP 认证的 CDMO 企业实行不定期检查。[①] 欧盟《关于化学品注册、评估、许可和限制的法规》（以下简称REACH法规）规定，注册数据需要执行2004/10/EC指令的规定，该指令规定所有从事化学物质（化妆品、工业化学品、药品、食品添加剂和动物饲料添加剂等）对人体、动物的非临床试验和环境影响研究的实验室必须取得官方的GLP认可，只有GLP实验室出具的数据才能被其他成员国和国家接受。

GLP检查中常见的问题有：员工不能胜任工作岗位、外聘人员任职重要岗位；实验方案、研究总结报告、实验记录等的撰写、记录不规范；实验动物房屏障系统缺乏监控、检测设施，洁净物品流向不合理，档案室和标本室未安装防盗装置，缺少供试品分析检测实验室；供试品和对照品与介质混合后，未分析检测，供试品存放区域存有过期供试品，供试品接收、登记、领用和返还记录不全，缺少供试品质检报告，供试品标签标注不规范；仪器设备缺少状态标识、仪器设备档案资料不全；标签信息不规范，各类标签信息标注不规范、不完整，试剂和溶液标签信息不完整；个别实验室缺失申报项目的标准作业程序（SOP）。

2. 病原微生物实验室资质问题

国家根据病原微生物的传染性、感染后对个体或者群体的危害程度，将病原微生物分为四类：第一类病原微生物，是指能够引起人类或者动物非常严重疾病的微生物，以及我国尚未发现或者已经宣布消灭的微生物。第二类病原微生物，是指能够引起人类或者动物严重疾病，比较容易直接或者间接在人与人、动物与人、动物与动物间传播的微生物。第三类病原微生物，是指能够引起人类或者动物疾病，但一般情况下对人、动物或者环境不构成严重危害，传播风险有限，实验室感染后很少引起严重疾病，并且具备有效治疗和预防措施的微生物。第四类病原微生物，是指在通常情况下不会引起人类或者动物疾病的微生物。第一类、第二类病原微生物统称为高致病性病原微生物。

国家根据实验室对病原微生物的生物安全防护水平，并依照实验室生物安全

① See Code of Federal Regulations TITLE 21: Food and Drugs Part 58—Good Laboratory Practice for Nonclinical Laboratory Studies: "This part prescribes good laboratory practices for conducting nonclinical laboratory studies that support or are intended to support applications for research or marketing permits for products regulated by the Food and Drug Administration, including food and color additives, animal food additives, human and animal drugs, medical devices for human use, biological products, and electronic products."

国家标准的规定，将实验室分为一级、二级、三级、四级。从申请建设到实验室活动开展，需要经过严格的审批备案后，方可实施开展。尽职调查时，CDMO企业可能会存在实验室的建设未依法履行审批、备案手续，实验活动的开展未履行备案手续，实验室的设立与管理不符合规范的情形。

3. 动物实验相关资质问题

实验动物，是指经人工饲育，对其携带的微生物实行控制，遗传背景明确或者来源清楚的，用于科学研究、教学、生产、检定以及其他科学实验的动物。

根据《实验动物许可证管理办法（试行）》的规定，我国实验动物许可证包括实验动物使用许可证和实验动物生产许可证。如果CDMO企业开展的药物临床前研究存在动物实验，此种情况下，应当向省级科技部门申请取得实验动物使用许可证。如果CDMO企业存在实验动物生产业务，即从事实验动物及相关产品保种、繁育、生产、供应、运输及有关商业性经营，则应当向省级科技部门申请取得实验动物生产许可证。

除小鼠、兔子等普通实验动物之外，食蟹猴、恒河猴（又称猕猴）等国家二级保护动物也是临床研究中的重要实验动物。根据《野生动物保护法》第28条第2款的规定，因科学研究需要出售、购买、利用国家重点保护野生动物及其制品的，应当经省级政府野生动物保护主管部门批准，并按照规定取得和使用专用标识，保证可追溯。因此，CDMO企业采购用于动物实验的国家重点保护野生动物，需要按照地方性规定取得省级野生动物保护主管部门核发的许可文件。需要注意的是，利用重点保护野生动物进行动物实验的CDMO企业仍需要取得实验动物使用许可证，且许可证的适用范围应包括具体涉及的实验动物所属的种类（如猴类）。

CDMO企业存在动物实验的，实验中通常存在如下问题：实验室资质不全、实验动物的种类与许可证上所载范围不一致、不同的实验动物混合饲养、动物实验人员资质不合要求、实验动物的尸体处理违反关于危险废物的管理规定、进行动物实验违反伦理和福利原则而遭到动物保护组织反对等。

4. 环境保护

环境保护是CDMO企业需要重点关注的一类问题，与环保相关的法律法规非常之多，从企业的项目建设，到生产过程中产生的污染物如何存放和处理，再到协助企业处理污染物的服务商资质等，如果不能审慎对待，企业极有可能因此遭受行政处罚，甚至刑事处罚。

通常来看，CDMO 企业常见的环保问题主要有：未取得环评批复文件即进行项目建设、产量超过环评批复总量、污染物超标排放、危险废物和危险化学品的处理不符合规范、存在环保行政处罚等。

5. 药品生产及质量控制

2019 年，《药品管理法》正式明确我国对药品管理实行药品上市许可持有人制度，要求药品上市许可持有人建立质量体系。药品上市许可持有人是指取得药品注册证书的企业或药品研制机构。在药品上市许可持有人制度之下，药品上市许可持有人可以自行生产药品，也可以委托药品生产企业生产，实际生产者应按规定取得药品生产许可证。《药品管理法》取消了药品生产质量管理规范（GMP）认证，不再发放 GMP 认证证书，但从事药品生产活动必须遵守 GMP，监管重心转移至日常药品生产经营活动中，更强调事后监管，保证药品生产全过程持续符合法定要求。

CDMO 企业在药品生产过程中如果出现设施设备故障、质量管理失误或流程操作不当等事项，将导致产品发生性质变化。如果发生重大的药品生产、质量安全事故，不仅将面临主管部门的处罚，危及公司已拥有的药品生产质量管理相关的资质证照，并可能导致公司声誉受损，对生产经营、市场声誉和经营业绩造成不利影响。

CDMO 企业在药品生产资质及质量控制方面存在的常见问题如下：未取得药品生产许可证生产药品、部分药品未取得药品注册证书、药品批准文号有效期届满、药品生产事项与许可事项不一致、药品生产活动在“人、机、料、法、环”等方面不符合 GMP 要求。

6. 临床试验及伦理审查

根据现行有效的《药品注册管理办法》规定，药物临床试验是指以药品上市注册为目的，为确定药物安全性与有效性在人体开展的药物研究，通常包括Ⅰ期至Ⅳ期的临床试验及生物等效性试验等。根据《药物临床试验质量管理规范》的规定，该规范适用于为申请药品注册而进行的药物临床试验；药物临床试验应当符合伦理要求并进行伦理审查。

若 CDMO 企业的业务涉及临床试验，在尽职调查中应特别关注 CDMO 企业是否已履行相关的审批和备案手续、临床试验批文或默示许可公示证明、伦理审查记录、知情同意书以及临床试验相关的各类合同。申请人类遗传资源国际科学研究合作行政许可，应当通过合作双方各自所在国（地区）的伦理审查。外方单位确无法提供所在国（地区）伦理审查证明材料的，可以提交外方单位认可中方单位伦理审查意见的证明材料。

CDMO 企业进行临床试验时面临的主要问题如下：研究者提交报告内容不规范、提交报告不及时、提交报告意识较弱；研究者对持续性、群发性的事件整改措施不力；受试者知情不充分，处理投诉流程有待优化；受试者参加试验动机多样化，导致不良事件持续发生；因药品不良反应致受试者损害等。

（二）CDMO 企业知识产权

作为 CDMO 企业，在接受客户委托的同时，也接触到药企核心技术信息等知识产权或技术秘密。CDMO 企业因知识产权而导致的侵权风险源于以下方面。

在我国药品上市许可持有人制度全面推行之前，我国实行药品批准文号管理制度，药品的上市许可与药品生产许可被捆绑，这使许多制药企业不仅研发新药，也会自己建厂生产，而一部分被闲置的产能便用来做外包服务，这类不纯粹的 CDMO 企业既为自己的药品进行研发、生产，也为客户的药品进行研发、生产，由此易引发知识产权混同或侵权风险。

CDMO 行业属于知识密集型行业，其研发人员往往来自国内外知名医药企业。企业在为客户提供服务的过程中所使用的技术可能涉及知悉或并不知悉的第三方专利或专利申请，由此公司及客户存在被第三方提出违约或侵权指控的风险。该等情况将可能使客户项目管线无法继续执行，或使公司及客户面临赔偿，进而对公司的经营结果和财务状况产生不利影响。

部分 CDMO 企业因专业分工或业务等原因无法独立完成全部业务时，可能需要另行委托其他企业完成。若药品非因质量问题致人损害时，三方未对权责归属进行明确约定，也易引发纠纷。

（三）CDMO 企业商业贿赂

医药行业历来是商业贿赂高发领域，贯穿药品研发、生产、经营、使用等各个环节，无论是医药企业还是医疗机构，实施的不法销售或采购行为都可能构成商业贿赂。

在医药行业商业贿赂中，“回扣”是指经营者销售商品时在账外暗中以现金、实物或者其他方式退给对方单位或者个人的一定比例的商品价款，而该等价款未反映在财务账上，即未按照财务会计制度规定明确如实记载，包括不记入财务账、转入其他财务账或者做假账等。“财物”或者“其他不正当利益”范围较广，不仅包括培训费、顾问费、咨询费、技术服务费、科研费、临床费等名义的不正当费用，还包括超出正常商业往来范畴的财物或者其他利益，如旅游、娱乐活动、服务机会、提供便利、优惠条件等。值得注意的是，依据《反不正当竞争法》第 7 条第 2 款的规定，经营者向交易相对方支付折扣、向中间人支付佣金的，应当如实入账。接受折扣、佣金的经营者也应当如实入账。故如实入账的折扣是法律所允许的，不属于上述“回扣”的范畴。

除上述商业贿赂行为外，医药企业在进行药品销售过程中，还会采取宴请负责采购的医生、投标过程中通过抬高投标价串通投标、赞助其他活动等方式进行商业贿赂以谋求医药交易的机会。

三、CDMO 企业合规建议

（一）针对 GLP 认证问题

1. CDMO 企业从事《关于推进实施〈药物非临床研究质量管理规范〉的通知》中规定的三类药物的非临床安全性评价研究须经过 GLP 认证，并在符合 GLP 要求的实验室进行。社会公众可以通过国家药品监督管理局网站的“药品查询”栏目进入“GLP 认证”，查看 GLP 认证信息。

2. 按照 GLP 的要求，加强制度建设、培训和原始记录的规范管理。CDMO 企业应制定严格的 GLP 实验室人员任职标准，并加强对药物非临床安全性评价专题负责人（SD）理论知识和技能的考核，加强对专题负责人的系统培训，并注重培训的内容和质量；规范制定实验方案和研究总结报告的撰写模板，加强对报告撰写者的培训。聘请具有洁净厂房或洁净实验室设计经验的专业单位进行设计、施工，充分听取业内专家的建议；购进相关仪器，制定供试品和对照品分析检验相关标准作业程序，引进分析人员；完善验证相关制度和建立仪器设备验证标准作业程序。统一制作标准标签，使之包含较完整的实验信息；完善原始记录标准操作规程，统一规定试验记录修改、书写等内容；培训加强员工 GLP 意识，规范原始记录的书写，加强原始记录的检查。

3. CDMO 企业名称、地址和具体开展药物非临床安全性评价研究的机构名称、试验设施地址名称发生变更后，及时办理变更手续。

4. 如 CDMO 企业涉及境外业务，应当检视有关国家（地区）的 GLP 相关规范，确认 CDMO 企业是否已按照相关法律法规完成相应法定程序，是否需要取得美国 FDA GLP、欧洲药品管理局（EMA）GLP、英国药品和医疗保健产品监管局（MHRA）GLP、日本药品和医疗器械管理局（PMDA）GLP、经济合作和发展组织（OECD）GLP 等的相关资质。

（二）针对病原微生物实验室资质问题

1. 实验室的建设方面：新建、改建或者扩建一级、二级实验室，应当向设区的市级人民政府卫生主管部门或者兽医主管部门备案。新建、改建、扩建三级、四级实验室或者生产、进口移动式三级、四级实验室应当符合国家生物安全实验室体系规划并依法履行有关审批手续、符合国家生物安全实验室建筑技术规范、生物防护级别与其拟从事的实验活动相适应、经国务院科技主管部门审查同意、进行环境影响评价并经环境保护主管部门审查批准。已经建成并通过实验室国家认可的三级、四级实验室应当向所在地的县级人民政府环境保护主管部门备案。

2. 实验活动开展方面：一级、二级实验室不得从事高致病性病原微生物实验活动。从事高致病性病原微生物实验活动，需要在经国务院认证认可监督管理部门确定的三级、四级实验室进行（中国合格评定国家认可委员会官网可查询获认可的生物安全实验室），报省级以上人民政府卫生主管部门或者兽医主管部门批准，并向当地公安机关备案。

3. 实验室管理方面：在三级、四级病原微生物实验室中，同一个实验室的同一个独立安全区域内，只能同时从事一种高致病性病原微生物的相关实验活动。从事高致病性病原微生物相关实验活动应当有 2 名以上的工作人员共同进行，进入实验室开展实验需要向实验室管理员报备，实验活动结果以及工作情况应当向原批准部门报告。

（三）动物实验相关资质问题

1. CDMO 企业存在动物实验的，应按照《实验动物许可证管理办法（试行）》的规定办理实验动物使用许可证和实验动物生产许可证。目前，全国有 31 个省（自治区、直辖市）的实验动物使用许可证和实验动物生产许可证信息均可在“实验动物许可证查询管理系统”（https：//www. lascn. net/permit/searchpermit. aspx）中查询。

2. CDMO 企业应重点对选取的供应商、使用的实验动物进行核查，确保供应商具备相关资质且提供实验动物种类与许可证所载种类一致。如果 CDMO 企业使用进口动物开展动物实验，需要核查供应商是否取得了进境动植物检疫许可证。如进口实验动物属于野生动物，还应取得野生动植物允许进出口证明书。

3. CDMO 企业进行动物实验时，应对不同来源，不同品种、品系和不同实验目的的实验动物分开饲养，且实验动物的饲养环境、设施和饲料应符合国家规定的标准。

4. CDMO 企业开展动物实验应遵循动物实验的伦理和福利原则，禁止不必要的残忍，避免不必要的伤害、疼痛和应激反应，保证本单位实验动物设施、环境符合善待实验动物的要求。在决策是否开展动物实验前，特别考虑动物福利伦理，充分开展实验室研究，不宜采用动物实验替代实验室研究，若有经过确认/验证的非活体研究、计算机模拟等方法，则优先采用上述方法以替代动物实验。

5. CDMO 企业应当根据需要，配备科技人员和经过专业培训的饲育人员。各类人员都要遵守实验动物饲育管理的各项制度，熟悉、掌握操作规程；对直接接触实验动物的工作人员，定期组织体格检查。对患有传染性疾病，不宜承担所做工作的人员，应当及时调换工作。

6. 医学实验动物尸体等属于病理性废物。病理性废物属于危险废物。多数危险废物生产单位不具备危险废物处置能力，通常外包给第三方完成危险废物处置。CDMO 企业在委托危险废物处置单位过程中，首先，应确认被委托方持有合法有效的危险废物经营许可证，尤其是许可证处于有效期内；其次，需要核查该企业被核准的经营方式，经营方式一般包括收集、储存和处置中的一个或数个，如果某企业仅被许可储存或处置，则该企业不具备收集危险废物的资格；最后，需要确认被委托方具备经营某类危险废物的资格，危险废物经营许可证中会载明被许可单位被核准经营的危险废物的类别。

（四）环境保护

1. 针对未批先建的项目，应立即停止项目建设，在项目环保验收合格前不投入使用。CDMO 企业应及时就建设项目的环境影响报告书、报告表报环保主管部门办理审批手续，就环境影响登记表办理备案手续，避免发生未批先建。建设项目的配套环保设施遵循环保“三同时”的规定，并应落实环评文件及环评批复文件中提出的环境保护对策措施。按照环保规定办理建设项目竣工的环保验收手续，未经环保验收合格的，主体工程不得投入生产或者使用。

2. 针对超产能生产及污染物超标排放的情况，应重新报批环评文件并经环保主管部门审查通过；就环保设施完成自主验收，及时消除不良影响；设置或更换环保处理设施，确保设施稳定运行并达标排放。

3. 针对危险废物和危险化学品的处理，CDMO 企业产生的危废品拟交给第三方处理的，应核查第三方危险废物处理资质（危险废物经营许可证）。跨省、自治区、直辖市转移危险废物的，应当向危险废物移出地省、自治区、直辖市人民政府环境保护行政主管部门申请，并向移出地环境保护行政主管部门申请领取联单。

4. 如果 CDMO 企业涉及放射性药物的临床前安全评价工作或制备正电子发射计算机断层扫描（PET）用放射性药物等活动，应当取得辐射安全许可证。核查辐射安全许可证时，应重点关注证照的审批单位是否与发行人实际使用的放射性同位素与射线装置的情况相吻合以及证照是否仍在有效期内。

5. 针对涉及环保的行政处罚，企业应当积极整改，健全内控制度。如完善危险固废管理制度、一般固废管理制度等内部控制制度，对危险废物产生、储存、转移相关的操作流程进行规范化，明确危险废物产生部门和管理部门的各自职责。聘请环境、职业健康和安全（EHS）管理专员监督和把控生产经营过程中存在的环保相关问题。明确危险废物处置过程中的跟踪及记录方法等。对员工就危险废物识别、贮存和处理流程开展定期培训和教育，提高员工的危险废物特殊处理意识，规范日常经营过程中的危险废物处理流程等。

（五）关于药品生产及质量控制

1. 制定符合 GMP 要求的质量目标，细化符合 GMP 要求的管理条款，增强 GMP 实施效果，将质量目标具体分解到各部门并具有可操作性，明确质量负责人的岗位职责。

2. 建立生产许可证申请和换证规程，在申请新的生产许可证或者换发证书之前，严格按照 GMP 要求进行自检和整改，完善内部自检规程，细化自检内容及要求，加大自检频率和力度。

3. 加强对岗位操作人员的培训和考核管理，突出培训实效，切实提高质量控制和质量保证环节岗位人员的履职能力。明确岗位操作人员的上岗资格，对直接接触药品的工作人员每年进行健康检查，并建立健康档案，禁止患有传染病或者其他可能污染药品的疾病人员从事直接接触药品的工作。

4. 建立和完善对原料药、辅料和包材供应商的质量协议和审计管理规程；建立年度报告管理制度，及时递交年度报告。建立药物警戒管理制度和药品安全风险管理计划。

（六）临床试验及伦理审查

1. 加强质量控制体系建设，促进临床试验规范化管理。加强对人力、设备、信息化建设的投入，同时加强对研究方案科学性设计与审查、研究人员全方面培训，提高研究人员对试验流程的熟悉程度及方案依从性，预防各类常见不依从或违背方案的群发性事件发生，提高研究者对各类报告及时提交的依从性。

2. 多部门联动管理，预防各类不良事件的发生。加强对研究者培训与资质审核，培训应强调效果，如进行培训考核等。加强对研究者资质审核管理，如职称、职务、临床试验经验等。伦理委员会应制定标准的报告表格以及报告提纲要点，组织研究者进行报告填写规范性的培训，提高研究者对各类报告判断及填写的规范性。对于持续漏报或不按时提交报告的，以及对伦理审查决定整改不力的研究者，伦理委员会可限制受理该研究者新的项目。伦理委员会与项目主管部门建立多部门联动工作机制，定期（工作月报、季报）将没有按时提交报告的研究者报告项目主管部门，将此类问题列入科研绩效考核中。加强信息管理系统建设，定期自动提醒研究者提交报告，减小伦理委员会的工作压力。

3. 提高伦理审查能力，落实整改措施，加强伦理审查与监管。伦理委员会应加强对试验项目的审查，不能只重视初始审查，忽视跟踪审查；对于常见易发的不规范填报、漏报事件，伦理委员会可以借助信息管理系统，科学设计报告表格，将这些事项设置为必填项。对于需要及时回复伦理委员会意见的，需要在规定的时限内提交相关整改报告，如培训记录、标准作业程序 / 制度修订记录等整改措施证明性文件。对于持续的方案违背，伦理委员会应要求研究者修订方案；对于严重的方案违背甚至造成严重不良事件的，伦理委员会可以勒令暂停甚至终止试验。伦理委员会还可以加强实地访视，加强与受试者沟通，了解受试者的诉求，查看试验过程是否规范、是否充分保护受试者权益。

4. 重视知情过程，加强受试者保护体系建设。在受试者签署知情同意书时，必须严格执行“全面告知，充分理解，自主选择”的原则。为了让受试者更加充分了解试验，节约知情的时间，可以考虑采取“互联网 +”的方式进行知情告知，即在试验筛选前利用微信或网站对受试者进行研究过程信息介绍，并将相关解释性文本制作成音频或视频供受试者提前阅读。作为研究者，应尽量了解受试者参加试验的动机，给予受试者足够的关爱和尊重；建立受试者信息库，从库中筛选依从性高的受试者入组试验，以达到提高试验质量，保护受试者权益的目的。

5. 2019 年《药品管理法》引入首负责任制，因药品质量问题受到损害的，受害人有权利向药品上市许可持有人主张先行索赔，也完全可以向 CDMO 企业主张先行索赔。如该药品质量问题不可归责于 CDMO 企业的研发、生产环节，CDMO 企业可以向真正的责任人主张追偿。但发生不良反应的药品不同于一般的有质量缺陷的药品，该类药品不仅合格且在用法用量上也为正常，若受试者因药物不良反应遭受损害，此时责任归属判定存在争议。因此，CDMO 企业应与客户在服务合同中对质量要求及责任归属作出详细约定。

（七）关于知识产权与商业秘密

1. CDMO 企业既为自己研发、生产，也将部分闲置产能进行外包服务时，应当做好内、外知识产权严格区隔和界分，避免和客户的知识产权混同或涉嫌侵权。CDMO 企业应在与客户的合同中对技术成果的权属范围、使用方式和收益分配方式等进行明确约定。

2. 做好研发人员和研发项目的管理和区隔。CDMO 企业与每位员工签署保密协议及竞业禁止协议，注重人员流动中的知识产权保护。对一线员工、研发阶段的材料选择、实验记录等都要严格可追溯。

3. CDMO 企业无法独立完成全部业务，需要另行委托其他企业完成（如委托开发、委托检验、委托物料 / 产品生产、委托运输等）时，可以签署三方质量协议，对质量问题、侵害第三人权益问题和职责予以明确。

4. 建立项目保密编码，在项目执行的全周期内，客户名称、项目名称全部由指定代码代替，非必要人员不得获知，将客户信息限定在最小范围内。每个客户指定单独的项目经理人，确保客户知识产权被严密管控。细胞库、样品储藏等重点核心区域，一律实行双锁甚至三锁制度，执行、管理、监督相结合。

5. 使用内网办公及虚拟化系统，配合网络防火墙，网络探针，入侵检测系统，加密系统，移动存储设备阻断、打印 / 复印监控系统等，严格管控信息外传、防控外部入侵。

6. GMP 相关文件使用专业系统管理，查阅、借用、维护等操作均由专人操作，所有文件划分保密级别，设置权限分级，确保信息的限定性获知与传播。非 GMP 相关文件亦由专人管理，执行特定管理制度和审批程序。

7. 成立专职的商业秘密保护团队，负责统筹规划公司商业秘密保护的各项相关事务，并协同数字信息技术部、人力资源部、法务部及文件管理部等其他商业秘密保护相关部门，监督全公司范围内的商业秘密保护建设及管理要求的落地执行。

（八）关于 CDMO 企业的商业贿赂

1. CDMO 企业应当建立销售方案可行性风险评估机制。事先对风险进行分析识别，并对识别的风险进行控制，评估风险控制的可行性及有效性，进而判断该方案实施的可行性和必要性。对销售方案的评估重点应当放在经营模式、合作伙伴、业务协议、资助 / 赞助事项、费用报销及其他可能存在潜在腐败贿赂风险的领域。

2. 制定和完善企业内部规范。在现行法律法规的框架下，制定出企业内部合理的风险等级划分标准，根据每次销售方案所识别出的风险来确定该方案所处的风险等级定位，进而作出是否通过该销售方案的决定。

3. 设立内部举报制度，及时制止和纠正企业及员工各种不当行为。举报渠道可以采取多种形式，如通过举报专用电话、举报专用邮箱、信件等多种渠道进行举报反馈，增强公司员工不法信息的透明度，但要注意保护举报人的个人信息，并设立相应的奖励制度来增强员工举报的积极性。为打消举报人的疑虑，举报邮箱和电话亦可委托第三方独立机构进行管理。

4. 设立内部调查机制。设立专门的调查小组针对举报事项进行调查。针对调查结果，应当建立风险管控措施，即根据调查结论对违规人员、第三方等作出相应处理，包括内部惩处措施及决定是否启动法律程序来维护公司的利益。

5. 建立反商业贿赂合规培训制度。常态化开展反商业贿赂合规讲座进行宣传，可以采取线上和线下相结合、宣讲及讨论相结合的形式开展讲座，并可通过测试等方式进行巩固，加强公司员工对商业贿赂民事、刑事、行政处罚等相关规定的认知，通过接受合规知识培训来约束自身销售合规。

6. 在与经销商及市场推广商合作前及合作中，CDMO 企业应对其商业贿赂情况进行核查。与上述主体签署的合作协议中，明确规定反商业贿赂条款及发生商业贿赂后的责任承担条款，如其发生商业贿赂行为，上述主体应当承担违约责任并承担 CDMO 企业相应损失。

医药 CRO 企业合规指引

曹宗盛

引言

合同研究组织（Contract Research Organization，CRO），是一种专业为医药、生物技术以及医疗器械等领域的公司提供研究服务的外包机构。

CRO 企业作为医药企业研发的外部助力，能够在较短时间内高效集结一支既高度专业又实战经验丰富的科研团队，有效缩减研发项目的周期，降低新药研发的成本，助力企业在新药开发的过程中实现高质量研究和低成本投入的有效平衡。

近年来，随着药物开发环境的优化、药品审批评估流程的提速，以及医药领域研究与开发资金的不断攀升，国内医药企业日益增长的研发需求得到释放，加上仿制药一致性评价催生的研发需求，共同推动了国内 CRO 市场的蓬勃扩张。

在 A 股上市公司中，以药明康德、康龙化成为代表的行业龙头，其业务范围涵盖了新药与仿制药研发服务的全流程，而在细分领域也有知名企业昭衍新药、泰格医药、百诚医药等。随着这些行业领先企业的相继上市，加上国内资本市场对于生物科技、医药类企业的热情，大量的 CRO 企业也在积极跟进，谋求上市。

本文将结合相关法律法规及境内 IPO 审核案例，对医药 CRO 企业经营过程中的合规风险进行分析，并提出相应的合规建议，供拟上市医药 CRO 企业参考。

一、CRO 的服务范围

从下游行业来看，CRO 企业直接服务于医药行业，客户是各类制药企业、药品经营企业和其他研究机构等，覆盖面较广。

CRO 企业能够帮助客户执行从药物发现、临床前研究到临床试验（Ⅰ—Ⅳ期）、注册申报以及上市后监测等药物开发过程中的各个阶段工作。其主要目的是帮助客户加速新药或医疗产品的研发进程，提高研发效率，同时控制成本和风险。CRO 的服务范围广泛，具体包括但不限于以下几个方面。

1. 药物发现与开发：靶点验证、化合物筛选、先导化合物优化、药代动力学研究等。

2. 临床前研究：进行药物的安全性评价、药效学研究、毒理学评估、动物模型建立等，为进入临床试验做准备。

3. 临床试验管理：设计临床试验方案、患者招募、数据管理、统计分析、临床试验监督和质量管理等。CRO 可以负责Ⅰ—Ⅳ期临床试验的全过程管理。

4. 注册申报：帮助客户准备药品等的注册文件，包括新药申请、生物制品许可申请等，并与监管机构沟通，协助通过审批。

5. 医学事务与写作：撰写临床研究报告、发表科学论文、准备会议摘要和演讲稿等。

6. 市场准入与策略：提供市场调研、竞争分析、定价策略、医保谈判支持等服务。

7. 药物安全与警戒：进行药物上市后的安全性监测，处理不良事件报告，执行风险管理计划。

8. 真实世界研究：开展观察性研究、患者登记、疾病管理项目等，以评估产品在实际使用条件下的效果和安全性。

本文将主要聚焦于药物研发 CRO 企业。药物研发是一个综合性强、技术难度高且耗时长久的过程，其中涉及广泛学科专业及细分领域内容。一般来说，创新药物从无到有的诞生将历经药物发现、临床前研究、临床试验，以及后续的药品注册审批与市场投放等多个紧密相连的阶段。

其中，药物研发 CRO 服务主要集中在前三个阶段，即药物发现与临床前研究两个阶段的非临床 CRO 服务及临床试验（Ⅰ—Ⅲ期）CRO 服务。在药物发现阶段，CRO 企业主要负责靶点发现与验证、靶点功能研究、早期成药性评价、潜在药物筛选与优化；在临床前研究阶段，CRO 企业提供的服务包括药理药效研究、药动药代研究、安全性和毒理学研究、生物分析研究、研究性新药（IND）申报服务；在临床研究阶段，可帮助医药企业进行临床试验（Ⅰ—Ⅲ期）、临床生物分析、数据管理和统计分析、现场管理和患者招募、新药申请（NDA）服务等。

二、相关法律法规

医药的研发生产是一个强监管行业，药物研发CRO企业作为其中至关重要的一环，同样需接受严格的法律规制，其中涉及的主要法律法规如表1所示。

表1　药物研发所涉主要法律法规

名称	实施时间	颁发部门	主要内容
《药物非临床研究质量管理规范认证管理办法》	2023年7月1日	国家药品监督管理局	规范药物非临床研究质量管理规范（GLP）的认证管理工作，规范认证的申请与受理，资料审查与现场检查，审批、发证和证书管理，监督管理等程序和要求
《药品注册管理办法》	2020年7月1日	国家市场监督管理总局	从事药物研制和药品注册活动，应当遵守有关法律、法规、规章、标准和规范；参照相关技术指导原则，采用其他评价方法和技术的，应当证明其科学性、适用性；应当保证全过程信息真实、准确、完整和可追溯
《药物临床试验质量管理规范》	2020年7月1日	国家药品监督管理局、国家卫生健康委员会	本规范中对申办者的要求，适用于承担申办者相关工作和任务的合同研究组织。申办者应当把保护受试者的权益和安全以及临床试验结果的真实、可靠作为临床试验的基本考虑，应当建立临床试验的质量管理体系，基于风险进行质量管理
《药品管理法》	2019年12月1日	全国人大常委会	从事药品研制、生产、经营、使用活动，应当遵守法律、法规、规章、标准和规范，保证全过程信息真实、准确、完整和可追溯
《药品管理法实施条例》	2019年3月2日	国务院	药物非临床安全性评价研究机构必须执行《药物非临床研究质量管理规范》，药物临床试验机构必须执行《药物临床试验质量管理规范》

续表

名称	实施时间	颁发部门	主要内容
《产品质量法》	2018年12月29日	全国人大常委会	产品质量应当检验合格，不得以不合格产品冒充合格产品，生产者应当对其生产的产品质量负责
《药物非临床研究质量管理规范》	2017年9月1日	原国家食品药品监督管理总局	针对为申请药品注册而进行的非临床研究，对研究机构的组织机构和人员、设施、仪器设备和实验材料、实验系统、标准操作规程、研究工作的实施、质量保证、资料档案等方面作出了规定
《实验动物管理条例》	2017年3月1日	国务院	对实验动物的饲育管理、实验动物的检疫和传染病控制、实验动物的应用、实验动物的进口与出口管理、从事实验动物工作的人员等作出了相关规定
《实验动物许可证管理办法（试行）》	2002年1月1日	科学技术部等七个部门	申请实验动物生产及使用许可证的组织和个人需满足特定的条件方可获得审批，未取得实验动物使用许可证的单位，或者使用的实验动物及相关产品来自未取得生产许可证的单位或质量不合格的，所进行的动物实验结果不予承认

三、合规风险及应对方案

（一）经营资质风险

近年来，伴随我国医药行业的蓬勃兴起，有关药物研发及CRO行业的法律法规与相关规范性文件持续充实和完善。在此情形下，企业需不断跟进最新的法律法规及资质要求，及时申办相应的许可、资质与认证，确保业务开展符合监管规定，避免经营资质不全致使业务中断，进而对生产经营造成不利影响。

案例：药明康德（603259）

反馈问题：请发行人进一步补充披露和说明业务各环节取得的相关业务许可和资质证书是否齐全，是否会影响发行人生产经营业务合规性。

CRO企业可能涉及的资质、证书、认证及相关注意要点如下。

1. 营业执照

CRO 企业需要在当地市场监督管理局注册登记并取得营业执照，明确其业务范围包含医药研发服务等相关内容。

2. GLP 认证

为加强药物非临床研究的监督管理，规范 GLP 认证管理工作，国家药品监督管理局根据《药品管理法》《药品管理法实施条例》《药品注册管理办法》等法律、法规、规章，制定了《药物非临床研究质量管理规范认证管理办法》。该办法第 4 条规定："在中华人民共和国境内拟开展用于药品注册申请的药物非临床安全性评价研究的机构，应当申请 GLP 认证。"

GLP 是药物进行临床前研究必须遵循的基本准则，目的是提高药品非临床研究的质量，确保实验资料的真实性、完整性和可靠性，保障患者用药安全，最大限度地避免人为因素产生的错误和误差，尽可能在实验阶段早期发现并加以修正。其内容主要包括以下 5 个方面。

（1）管理体系，要求 CRO 企业具备完善的组织架构，明确各部门和人员的职责；制订并执行严格的质量保证计划，确保研究的科学性和可靠性；建立标准操作规程（SOP），涵盖实验的各个环节，从实验设计、动物饲养管理、样品采集处理到数据记录分析等。

（2）人员要求，研究人员应具备相关的专业知识和技能，经过适当的培训和考核；关键岗位人员，如项目负责人、质量保证人员等，应具备丰富的经验和资质。

（3）实验设施，拥有符合要求的实验场地，包括动物饲养室、实验室、储存区域等，且布局合理；配备先进的仪器设备，并定期进行维护、校准和验证，确保其性能稳定可靠；具备良好的环境控制条件，如温度、湿度、通风等，以满足实验动物和实验过程的需要。

（4）实验动物管理，建立规范的动物采购、饲养、检疫和使用制度；确保动物的福利，提供适宜的生活条件和饮食，遵循"3R"原则（替代、减少、优化）；对动物的健康状况进行监测，及时处理患病或异常动物。

（5）研究项目的运行与管理，严格按照标准操作规程和实验方案进行实验操作，确保实验的一致性和规范性；对实验数据进行准确、及时的记录和归档，保证数据的可追溯性；设立独立的质量保证部门，对研究过程进行全程监督和检查，及时发现并纠正问题。

建议企业按照上述内容搭建及完善企业的硬件设施及软件管理，以满足 GLP 认证的标准。

3. GCP 认证

为规范药物临床试验质量管理规范（GCP）认证管理工作，保证药物临床试验过程规范，数据和结果的科学、真实、可靠，保护受试者的权益和安全，国家药品监督管理局及国家卫生健康委员会根据《药品管理法》《疫苗管理法》《药品管理法实施条例》，制定了《药物临床试验质量管理规范》。该规范适用于为申请药品注册而进行的药物临床试验。药物临床试验的相关活动应当遵守该规范。

GCP 是规范药品临床试验全过程的标准规定，其内容包括以下 9 个方面。

（1）组织管理，企业应建立完善的临床试验质量管理体系，明确各部门和人员的职责；设有独立的质量保证部门，对临床试验全过程进行监督和检查。

（2）人员要求，研究人员具备相应的专业知识、技能和经验，经过 GCP 培训；主要研究者应具备相应的资质和能力，负责临床试验的整体规划和实施。

（3）试验设施与设备，具备满足临床试验需求的场地和设施，如病房、实验室等，且布局合理、环境适宜；相关设备定期维护、校准和验证，确保其性能稳定、准确可靠。

（4）试验方案与实施，试验方案科学、合理，符合伦理和法规要求，并经过伦理委员会审查批准；严格按照试验方案进行受试者招募、筛选、治疗、随访等操作；对试验过程中的任何变更，按规定程序进行审批和记录。

（5）数据管理与统计分析，建立有效的数据管理系统，确保数据的准确、完整、及时记录和安全存储；由专业的统计人员进行数据统计分析，采用合适的统计方法和软件。

（6）伦理委员会，设立独立的伦理委员会，负责审查临床试验方案、知情同意书等文件，保护受试者的权益和安全；伦理委员会的组成和运作符合相关规定，委员具备相应的资质和背景。

（7）知情同意，确保受试者在充分了解试验的目的、风险、收益等信息后，自愿签署知情同意书；知情同意过程记录完整，受试者有权在试验过程中随时退出。

（8）不良事件与严重不良事件报告，建立不良事件和严重不良事件的报告制度和处理流程；及时、准确地记录和报告发生的不良事件，并采取相应的措施进行处理。

（9）质量控制与质量保证，制订质量控制计划，对临床试验的各个环节进行质量控制；定期进行内部审核和管理评审，持续改进质量管理体系。

建议企业按照上述内容搭建及完善企业的硬件设施及软件管理，以满足 GCP 认证的标准。

4. 病原微生物实验室审批、备案

病原微生物实验室备案是指从事与人体健康有关的病原微生物菌（毒）种、样本有关的研究、教学、检测、诊断等活动的实验室，需要按照规定进行备案。

《生物安全法》第 42 条第 1 款规定："国家加强对病原微生物实验室生物安全的管理，制定统一的实验室生物安全标准。病原微生物实验室应当符合生物安全国家标准和要求。"第 44 条第 1 款规定："设立病原微生物实验室，应当依法取得批准或者进行备案。"

《病原微生物实验室生物安全管理条例》第 18 条规定："国家根据实验室对病原微生物的生物安全防护水平，并依照实验室生物安全国家标准的规定，将实验室分为一级、二级、三级、四级。"第 19 条第 1 款规定："新建、改建、扩建三级、四级实验室或者生产、进口移动式三级、四级实验室应当遵守下列规定：（一）符合国家生物安全实验室体系规划并依法履行有关审批手续；（二）经国务院科技主管部门审查同意；（三）符合国家生物安全实验室建筑技术规范；（四）依照《中华人民共和国环境影响评价法》的规定进行环境影响评价并经环境保护主管部门审查批准；（五）生物安全防护级别与其拟从事的实验活动相适应。"第 25 条规定："新建、改建或者扩建一级、二级实验室，应当向设区的市级人民政府卫生主管部门或者兽医主管部门备案。设区的市级人民政府卫生主管部门或者兽医主管部门应当每年将备案情况汇总后报省、自治区、直辖市人民政府卫生主管部门或者兽医主管部门。"

5. 实验动物使用许可证

实验动物使用许可证是用于证明特定单位或个人具备合法使用实验动物进行科学研究、生产、检定、教学和实验等活动的资质凭证。

《实验动物质量管理办法》第 9 条规定："实验动物生产和使用，实行许可证制度。实验动物生产和使用单位，必须取得许可证。实验动物生产许可证，适用于从事实验动物繁育和商业性经营的单位。实验动物使用许可证，适用于从事动物实验和利用实验动物生产药品、生物制品的单位。”

如果CRO企业在提供服务的过程中，涉及使用实验动物进行相关的研究、试验或其他活动，则需要取得实验动物使用许可证。例如，进行药物的临床前研究，包括药效学、毒理学、药代动力学等研究时，往往需要使用实验动物来测试药物的效果、安全性等，这种情况下就需要该许可证。

取得实验动物使用许可证需要满足一系列条件和要求，如具备相应的动物饲养设施和环境、专业的动物饲养和管理人员、完善的动物福利保障措施以及符合规定的管理制度等。

6. ISO认证

国际标准化组织（International Organization for Standardization，ISO）认证，是指由ISO制定的一系列管理体系标准认证。对于CRO企业来说，常见的ISO认证主要有ISO 9001质量管理体系、ISO 14001环境管理体系、ISO 45001职业健康安全管理体系等。这些认证证明了CRO企业在质量管理、环境保护和信息安全管理方面的专业水平。

（1）ISO 9001质量管理体系认证，适用于CRO企业提供的各种临床研究服务，包括但不限于临床试验设计、数据管理、统计分析、药物安全性评价、医学写作等。涵盖企业内部的各个部门和业务流程，从项目承接、方案制定、实施执行到结果交付的全过程。

（2）ISO 14001环境管理体系认证，涉及CRO企业的办公场所、实验室、临床试验现场等所有经营活动场所，包括能源消耗、废弃物管理、水资源管理、化学品使用、环保合规等方面。

（3）ISO 45001职业健康安全管理体系认证，覆盖CRO企业的全体员工，无论其工作岗位是在办公室、实验室还是临床试验现场，包含职业健康安全风险评估、安全培训、事故预防、应急响应等方面。

7. 数据保护与隐私认证

CRO企业数据保护与隐私认证是一种对CRO企业在数据处理和隐私保护方面的能力和合规性进行评估和认可的机制。它确保CRO企业遵循相关的数据保护法律法规，采取适当的技术和组织措施来保护客户数据、受试者数据以及其他相关数据的安全和隐私。

（1）ISO 27001 信息安全管理体系认证。通过该认证，表明企业在信息安全管理方面建立了一套科学有效的管理体系，采取了一系列技术和组织措施来保护信息资产的保密性、完整性和可用性。CRO 企业涉及大量敏感数据，如临床试验数据、受试者信息等，ISO 27001 认证有助于确保这些数据的安全。

（2）公安部等级保护认证。我国公安机关依据国家信息安全保护条例及相关制度规定，对企业的信息系统安全等级保护状况进行认可及评定。CRO 企业的信息系统若获得相应等级的公安部等级保护认证，意味着其在网络安全、数据保护等方面达到了一定的标准和要求，如在数据存储加密、访问控制、安全审计等方面具备了相应的能力和措施。

（3）欧盟《通用数据保护条例》（General Data Protection Regulation，GDPR）管理体系认证，表明企业在数据保护和隐私方面符合欧盟 GDPR 的要求。获得 GDPR 管理体系认证可以增强企业在数据保护方面的可信度和声誉，有助于与欧盟地区的客户建立信任关系，拓展欧盟市场业务。

8. 动物福利认证

CRO 企业在动物福利方面比较常见的认证是国际实验动物评估和认可委员会（AAALAC）认证。AAALAC 是一个权威的国际非政府组织，致力于通过自愿认证和评估程序，促进在科学研究中对动物的人道关怀和负责任的使用，以确保动物的福利得到保障。

AAALAC 认证涵盖动物饲养管理的各个方面，包括动物的饲养环境、饮食、居住空间、卫生条件等，以保障动物的基本生活需求得到满足。例如，要求动物的居住场所应保持适宜的温度、湿度和通风条件，提供干净且合适的垫料等。对动物的健康监测和医疗护理亦有严格规定，需要定期对动物进行健康检查，及时发现和治疗疾病，保障动物的健康状态，强调在实验过程中对动物的疼痛和不适进行管理和缓解，要求采用适当的麻醉、镇痛和安乐死方法，尽量减少动物的痛苦。同时，企业应加强人员培训，确保工作人员具备相关的动物护理知识和技能，能够正确地照顾和处理动物。

9. 专业协会成员资格

除上述资质认证外，企业还可以申请加入一些行业专业组织，这虽然不是强制性的要求，但可以体现企业的专业性和行业地位。常见的专业协会如国际临床研究组织协会（Association of Clinical Research Organizations，ACRO）、中国医药质量管理协会 CRO 分会、中国医药企业管理协会等。

获取并持续维持这些资质和认证，不但能够极大地增强 CRO 企业在市场中的竞争力，而且是赢得客户信任、确保研究质量与合规性的坚实基础。

（二）知识产权与商业秘密合规风险

CRO 企业在为客户提供研发服务过程中，可能会因使用技术、方法或数据等侵犯第三方的知识产权。例如，在药物研发过程中使用了受专利保护的技术或化合物，但未获得合法授权。如果 CRO 企业向客户所交付的成果因严重疏忽或有意不当行为侵犯了第三方知识产权，尤其是当所交付成果最终成为成功的商业化产品时，可能导致企业面临重大责任，对其声誉、业务、财务状况及经营业绩造成重大不利影响。

同时，在 CRO 项目中，如果 CRO 企业与客户或合作伙伴之间未在合同中明确约定知识产权的归属，可能会引发纠纷。例如，双方都可能主张对新研发的药物分子结构、实验数据处理方法等拥有所有权，导致争议产生，影响项目的推进和各方的利益。

此外，CRO 企业在开展业务过程中会涉及大量的实验数据、临床数据等敏感信息。如果企业的数据保护措施不到位，导致这些数据泄漏或被非法获取，可能侵犯客户的知识产权，同时也会损害企业的声誉和客户关系。例如，因网络安全漏洞或内部人员违规操作，临床试验数据被泄漏给竞争对手，不仅客户的研发成果可能被窃取，CRO 企业也可能面临法律诉讼和商业损失。

案例：泓博医药（301230）

反馈问题：申报材料显示，公司在向客户提供临床前研究服务的过程中，所形成的相关产品的知识产权均归属于客户，且被严禁用于其他客户的相关产品和公司自有技术的开发。请发行人补充披露专利、核心技术的形成过程，目前专利的使用情况，发行人及其员工是否存在侵犯他人知识产权的情况，与客户之间是否存在知识产权相关纠纷或潜在纠纷。

因此，在知识产权管理与保护方面，我们提出如下合规建议。

首先，对于受托研发项目，企业应当与客户签订详尽且具法律效力的保密协议。该协议应明确规定双方在合作期间及合作结束后，对所有交换的信息、数据以及研究成果所承担的保密义务，涵盖配方、试验数据、研发流程等内容。在合同中，需清晰界定项目成果的知识产权归属，明确哪些知识产权将转让给客户，哪些归CRO所有，以及如何使用和授权第三方使用这些知识产权。同时，合同应包含争议解决条款，明确发生知识产权纠纷时的处理程序与责任分配方式，可能包括协商、调解、仲裁或诉讼等。

其次，在企业内部，应构建完善的合规体系，定期开展合规审查与监控，确保所有业务活动、合同执行以及数据处理均符合相关法律法规及合同约定。定期对员工进行有关知识产权保护、数据保密以及合规行为的培训，增强员工对保护客户机密信息重要性的认识。

再次，在项目启动前，应进行充分的侵权风险评估，确保研究活动不侵犯第三方知识产权，必要时进行专利检索和自由实施分析。项目实施过程中，采取严格的数据保护措施，例如，采用加密存储技术，确保客户数据的安全性；设置访问控制机制，只有授权人员才能访问相关数据；进行定期的数据备份，以防止数据丢失；开展安全审计工作，及时发现并解决数据安全隐患等，以确保客户数据避免泄漏、被盗取或遭受未经授权的访问。

最后，若涉及将部分研究工作分包出去，企业应当与分包商也签署保密协议，使分包商遵循同样的知识产权保护标准，防止信息在供应链中泄漏。

（三）商业贿赂合规风险

面对日益激烈的市场竞争，为了获取更多的业务项目或维持与客户的合作关系，CRO企业可能向客户方的关键决策人员提供回扣、礼品、旅游资助等不正当利益，在参与客户项目的招投标过程中，CRO企业可能通过与其他投标方串通、向招标方行贿等方式来获取中标机会。而在采购物资、服务（如实验设备、试剂、数据管理系统等）时，也可能会收到供应商的贿赂，从而在选择供应商时作出不公正的决策。因此,CRO企业的商业贿赂问题，也是IPO过程中的核查重点。

案例：诺思格（301333）

反馈问题：补充披露报告期内发行人通过招投标及直接谈判获得收入占主营收入比重；以报告期内每年金额前五大合同为例，补充披露各合同签订背景、涉及金额、客户基本情况、是否属于国有企业，获客方式属于招投标还是直接委托；属于招投标的，披露招投标过程，参与招标的其他主体基本情况，是否均为差额招标，招投标过程是否合法合规，是否存在商业贿赂情形；属于直接委托的，披露委托谈判的过程，采用直接谈判获客的合理性。

在反商业贿赂方面，建议从以下角度进行合规建设。

在企业内部，务必制定清晰且全面的反贿赂政策。相关政策需明确禁止任何形式的贿赂行为，涵盖直接贿赂、间接贿赂等情况。在具体政策的制定环节，应充分结合实际业务的开展需求，做到有的放矢。例如，可制定详细具体的礼品与招待政策，明确规定可接受的金额上限、性质以及频率等内容，以此确保所有相关活动具备透明度、适当性并且有着明确的商业目的。

在日常经营管理的过程中，企业应定期组织对员工的反贿赂培训。通过培训切实提高员工的法律意识和道德标准，使其深刻认识到贿赂行为的严重后果以及遵守反贿赂政策的重要性。同时，企业还需定期进行贿赂风险评估，全面识别业务活动中可能存在的贿赂风险点，包括与政府官员、医疗机构、供应商等进行互动的环节，以及在国际业务中所面临的不同国家法律差异带来的风险。

此外，企业要不断加强财务管理和内部控制，务必确保交易记录的准确性和完整性。所有支付都应当有合理的商业理由，并且经过适当的审批流程，以防止任何可能的贿赂行为通过不正当的支付渠道发生。企业还应定期进行内部合规审查和外部独立审计，以此评估反贿赂政策的执行情况和有效性。通过这些审查和审计，能够及时发现问题并采取有效的纠正措施，确保企业始终保持廉洁的经营环境。

在与第三方（如销售代理、顾问、供应商等）合作的过程中，企业可以在合同中加入反贿赂条款，明确违规后果，以对第三方形成有效的约束，促使其遵守企业的反贿赂政策。在必要的情况下，企业还可进行尽职调查，深入了解第三方的经营情况和合规记录，确保第三方切实遵守相同的反贿赂标准。

（四）环保、安全合规风险

在 CRO 企业的生产经营进程中，很可能会涉及多种化学品的研发与应用，由此也会伴随产生各类废气、废水、固体废弃物以及生物废弃物等。鉴于此，CRO 企业的日常经营活动持续受到各级环保和安全监督检查部门的日常监管与检查，一旦发生安全事故或环保事故，公司将被安监、环保等部门进行处罚，进而影响公司的正常经营。在 CRO 企业进行 IPO 的过程中，这一问题同样也是监管部门重点关注的内容之一。

案例：康华生物（300841）

反馈问题：请发行人（1）补充披露发行人生产经营中涉及环境污染的具体环节、主要污染物名称及排放量、主要处理设施及处理能力；报告期内发行人环保投资和相关费用成本支出情况，环保设施实际运行情况，报告期内环保投入、环保相关成本费用是否与处理公司生产经营所产生的污染相匹配；募投项目所采取的环保措施及相应的资金来源和金额等；公司生产经营与募集资金投资项目是否符合国家和地方环保要求；对员工的健康保护措施情况，是否存在环保违法违规。（2）补充说明在排放污染物许可证尚未续期前，发行人排放污染物是否合法合规，说明排放污染物许可证续期申请进展情况，是否存在续期的法定障碍。（3）补充说明发行人冻干人用狂犬病疫苗（人二倍体细胞）和ACYW135群脑膜炎球菌多糖疫苗生产线存在项目环境影响评价报告书的批复、建设项目竣工环境保护验收晚于发行人生产线生产时间的原因及合理性，相关事项是否违法违规，是否导致发行人违法经营，是否存在被处罚风险。

CRO企业在环保合规方面可以从以下几个方面着手。

第一，及时办理环境影响评价审批。如果CRO企业的项目或业务活动可能对环境产生影响，如建设新的实验室、研发设施，或涉及特定的生产工艺等，通常需要进行环境影响评价。环境影响评价要分析项目对空气、水、土壤、生态等环境要素的潜在影响，并提出相应的环境保护措施。企业需向当地环保部门提交环境影响评价报告，经审批或备案通过后才能开展相关项目建设或业务活动。

第二，建立环保管理制度。在企业内部应制定明确的相应的环保制度，通过明确的制度规范日常操作流程，使各项环保措施有章可循、有据可依。在人事安排上，建议指定专人专岗监督环保政策的执行，相关人员应当具备专业的知识和技能，以便能够有效地履行职责。同时，应对其他可能接触到相关业务的人员进行定期培训，提升他们的环保意识和操作技能。相关的内部环保监督、培训记录应当以纸质文件妥善保存，以便随时备查。这样不仅可以确保环保工作的规范性和可追溯性，还能为企业的环保管理提供有力的证据支持。

第三，尤其应当重视对废弃物排放的管理。针对需要特别办理排污许可证、排水许可证的情形，应当及时办理，如果企业存在租赁物业的情况，相关的许可证可能由物业提供方统一办理，即便如此，企业也同样应对此进行密切跟进，确保相关排放资质齐全。对于固体废物、危险废物，CRO企业应当委托有资质的废弃物处理公司进行处理，对被委托方的资质进行核查及备案，双方应签订详细的合同，明确各自的责任和义务，确保废弃物得到安全、合法的处置。

第四，对于化学品的管理应格外谨慎。企业应当制定化学品使用管理制度，明确化学品的采购、储存、使用、废弃等环节的管理要求。在选择化学品时，尽量选择环保型化学品，以减少对环境的危害。在实验过程中，必须严格按照操作规程使用化学品，避免化学品的泄漏和浪费。在化学品的存放过程中，应建立专门的化学品储存仓库或储存柜，对化学品进行分类储存。储存设施应具备防火、防爆、通风等安全措施，以确保化学品的安全储存。对于危险化学品，需要进行特殊管理。例如，设置专门的储存区域，安装监控设备，以便随时掌握危险化学品的存储情况。同时，还应制定应急预案，以便在发生意外情况时能够迅速、有效地采取应对措施，降低风险和损失。

第五，如果企业的业务涉及使用放射性物质或射线装置，如在某些医学影像研究、放射性药物研发等领域，企业必须向环保部门申请辐射安全许可证。《放射性污染防治法》第 28 条第 1 款规定："生产、销售、使用放射性同位素和射线装置的单位，应当按照国务院有关放射性同位素与射线装置放射防护的规定申请领取许可证，办理登记手续。"

外资医药企业合规经营指引

——试评《RDPAC 行业行为准则》（2022 年修订版）

全开明

近几年，国家加大医疗领域监管力度，合规经营成为医药企业优化内部治理的重要途径。对于深耕中国市场的外资医药企业，《RDPAC 行业行为准则》是一份重要的行为约束指南。本文将介绍《RDPAC 行业行为准则》的背景、适用范围、基本行为内容，并与现行《医药行业合规管理规范》进行比较，以期针对在华外资医药企业提出合规建议。

一、背景和适用范围

中国外商投资企业协会药品研制和开发工作委员会（RDPAC）成立于 1999 年，由 46 家具备研究开发能力的全球领先的跨国制药企业组成，隶属于商务部主管的中国外商投资企业协会。RDPAC 发布了《RDPAC 行业行为准则》（2022 年修订版），于 2023 年 4 月 1 日生效。这是自 1999 年 RDPAC 成立并推出第 1 版《RDPAC 药品推广行为准则》以来，第 8 次修订。

《RDPAC 行业行为准则》遵照多数同意原则，由 46 家会员公司（截至 2022 年 10 月，RDPAC 会员公司包括：雅培、艾伯维、艾伯建、丹麦爱尔开 – 阿贝优公司、安进、爱施健、安斯泰来、阿斯利康、百特、拜耳医药保健、渤健、勃林格殷格翰、百时美施贵宝、凯西、中外制药、第一三共、卫材、礼来、爱的发制药、辉凌医药、匈牙利吉瑞大药厂、吉利德、葛兰素史克、赫尔森、益普生、杨森、协和麒麟、利奥制药、灵北、美纳里尼、默克、默沙东、诺华、诺和诺德、欧加隆、辉瑞、罗氏、赛诺菲、参天制药、施维雅、住友、武田、梯瓦制药、优时比制药、赞邦）投票批准，是会员公司内部的最低标准。《RDPAC 行业行为准则》规范的是会员公司与医疗卫生专业人士、医疗卫生组织、患者组织和患者之间的医学互动交流，以及药品的推广活动。适用范围包括以下两个方面。

其一，适用主体。《RDPAC 行业行为准则》对所有会员公司都具有强制性约束力，包括公司雇员，以及代表公司执行工作任务的分包商，如咨询公司或人员、外包的医药代表或公关公司或人员。同时，会员公司可以在此基础上制定和执行本公司更高的行为标准。《RDPAC 行业行为准则》不适用于非会员公司，但 RDPAC 鼓励非会员公司和其他需要向医疗卫生专业人士推广药品或服务或需要与医疗卫生专业人士、医疗卫生组织、患者组织和患者开展互动交流活动的组织都能遵守与《RDPAC 行业行为准则》所规定的药品推广及相关互动交流道德标准相类似的道德行为标准。

其二，适用行为。《RDPAC 行业行为准则》适用于向医疗卫生专业人士进行的非处方药的推广，而不适用于向消费者进行的非处方药的推广；适用于向既是有业务关系的商业性组织同时也是医疗卫生专业人士的主体进行的药品推广和营销，比如药剂师自有的药店。在与此类主体的往来中，会员公司应尊重和重视其作为医疗卫生专业人士的角色定位，并相应遵守《RDPAC 行业行为准则》的要求。值得注意的是，《RDPAC 行业行为准则》不限制或规范向消费者供应药品的商业交易条款。

由于《RDPAC 行业行为准则》反映了国际医药行业协会的最新标准、国内法律、法规和政策的最新要求，制定了较高的行为标准，很多非 RDPAC 会员的医药企业自发地借鉴和参考《RDPAC 行业行为准则》。

二、基本行为内容

相较 2019 年的版本，2022 年修订版《RDPAC 行业行为准则》的规范范围进一步扩大，新增对直接支持个人医疗卫生专业人士的管控、对讲者项目中参会者的要求、对讲者演示材料的审阅、对独家赞助的合规控制、对医疗卫生组织的尽职调查、与患者组织的互动等内容。《RDPAC 行业行为准则》的主要内容包括以下板块。

（一）药品获得上市许可之前的信息交流及在药品标明的适用范围之外使用药品

《RDPAC 行业行为准则》第 3 条规定，会员公司在其药品获得中国药品主管部门颁发的上市（生产或进口）许可之前，不得从事为在中国上市使用该药品而进行的推广活动。该条不妨碍依法开展药品慈善使用项目，不限制对药品的科学信息的传递，包括在大众媒体或科学交流会议上公布有关药品的科研结果，以及依法公开披露药品信息。药品获得上市许可前，就药品说明书之外的信息的互动交流，无论采取口头还是书面形式，都应当由会员公司医学专业人员进行或在医学专业人员的监督下进行。此外，第 7 条第 1 款第 2 项规定，在中国举办的国际科学大会或座谈会上推广尚未在中国获得上市许可，或虽获得上市许可但许可的内容与条件与其他国家有所不同的药品，还应当满足：中国法律允许进行此种推广活动；大多数讲者和参会者来自中国以外的其他国家；说明该药品已在哪些国家获得上市许可，同时声明该药品未在中国获得上市许可；声明该药品在全球各国获得的上市许可的内容和条件有所不同。

（二）药品信息推广的标准

药品信息推广应满足以下要求：（1）药品信息的一致性，应与中国药品主管部门批准的药品信息相一致；（2）药品推广信息应准确、完整和易为公众理解，谨慎使用绝对的和无所不包的论断，一般应避免使用诸如“安全”“无副作用”之类的描述性用语；（3）信息公开，推广者应根据查询者的具体情况提供适当的药品信息，药品推广信息应能得到已经批准的药品说明书或科学证据的证实；（4）印刷推广材料必须清晰易懂，并且必须涵盖药品名称、药物活性成分、制药公司或药品代理公司的名称及地址、推广材料制作的日期、处方信息概要；（5）电子版推广材料应遵守与印刷推广材料相同的各项要求，就与药品有关的网页而言，应当满足通俗、有针对性、清晰和合法性的要求。

（三）与医疗卫生组织的互动

医疗卫生组织，是指在医疗卫生领域从事任何专业活动的组织，包括但不限于：医疗机构、医学协会、医师协会和医院协会、行业协会、慈善基金会等。与医疗卫生组织的互动包括两个方面，举办专家咨询会议和提供财务支持。

1. 举办专家咨询会议的合规控制

举办专家咨询会议的合规控制如表 1 所示。

表 1　专家咨询会议的合规要求

分类	内容
领域	科学和市场领域，在其他领域举办应得到会员公司指定的委员会或者管理层的特批
组织	销售团队不得组织，确保该活动不带有任何推广目的
频率	应有所限制，区域性的专家咨询会议需谨慎举办
参会者选择	参会者的资质与经验须与专家咨询会议的目标相符；避免因参会者过多而导致部分参会者的有效参与度过低；被动参会者应该控制在最低限度
时长	讨论环节应占会议时长的一半以上
合同	参会者应签署相关服务协议，支付的报酬必须合理
存档	组织者应负责对专家咨询委员会会议进行妥善记录（包括准备工作及后续跟进计划）及保存专家咨询委员会的会议结论

2. 提供财务支持的合规控制

《RDPAC 行业行为准则》第 10 条规定会员公司向医疗卫生组织提供财务资助或赞助须遵守严格标准，如表 2 所示。

表 2　提供财务资助 / 赞助的标准

之前	提供财务资助 / 赞助	之后
有明确、合法的目的； 提供给有一定声誉的机构而非个人或科室； 完成尽职调查； 建立适当的机制以审核并批准每项资助； 业务部门不能引导资助审核和批准流程，不能成为唯一或最终决定资助行为的人； 赞助应基于公开的商业邀请函 / 招商函	签署书面协议； 直接支付给接受资助的机构； 资助不得获取任何直接的利益作为回报（不包括致谢）； 赞助获得的直接利益须在支持文件中明示（须与市场公允价值相符）	对独家赞助项目实施有效的合规管控（包括不得影响主办方的中立性和独立性，只有在有客观需要、会员公司对项目的关键设计不具有决策权时才能向主办方提供医疗或学术支持或后期协助等）

（四）对与医疗卫生专业人士的医学互动交流项目的规制

医学活动交流项目，是指会员公司向医疗机构、专业学会及协会或医疗卫生专业人士提供、从其获得或与之交流医学和/或科学信息的活动。医疗卫生专业人士指医疗、牙科、药剂或护理领域中的专业人员，或其他任何在其专业活动中可能开具药品处方或推荐、采购、供应药品或将药品用于病人的人员。《RDPAC行业行为准则》对其规制主要包括以下几个方面。

1. 基本原则

《RDPAC 行业行为准则》第 2 条强调医学互动交流项目的透明度，提升监管机构和公众对会员公司乃至医药行业的信任度，并对此提出三点要求。

其一，披露赞助来源。对于由会员公司赞助的、与药品及其使用相关的材料，和由会员公司组织或赞助的医学互动交流项目，无论其性质是否属于推广，均应明示该会员公司。会员公司不得对其学术活动作任何形式的隐藏或掩饰。如果会员公司赞助第三方组织的医学互动交流项目，则需在主办方知情并同意的情况下作出上述披露。

其二，记录项目费用。会员公司内部应当通过合理清晰的分类，准确地记录有关医学互动交流项目涉及的费用、提供给医疗卫生专业人士的相关利益等。费用类别可包括但不限于捐赠、资助、赞助、会议费、讲课费、咨询费等。明确区分与医疗卫生组织及医疗卫生专业人士互动产生的费用和内部员工费用。

其三，以医疗卫生专业人士的知情同意为项目开展前提，尤其针对电子邮件推送、社交媒体等线上互动活动，应确保获得相关的知情同意并授权后，再开展相关活动。

2. 选址要求

会员公司应谨慎选择会议的举办地，以尽量减少参会者的旅行。应避免选择名胜或与奢侈的娱乐活动相关联的场所，如 SPA、温泉、度假酒店、滑雪、高尔夫、赌博、游轮等。在选址时还应遵守国际制药企业协会联盟（IFPMA）赞助指南相关原则和要求。

3. 选择参会者的标准

《RDPAC 行业行为准则》第 7 条第 2 款第 1 项指出，会员公司在选择参加医学互动交流项目的医疗卫生专业人士时，其销售职能部门可以发挥有限的、协助或辅助性质的作用（如推荐参会者），但不发挥任何决定性作用。会员公司应根据行业通行合规做法，建立适当标准。第 7 条第 4 款第 3 项规定，参会者应仅限为对于了解会员公司药物的有关收益、风险和适当使用及相关疾病状态有独立的、真实的学习需求的人群。

而对于受聘作为项目顾问的医疗卫生专业人士，第 7 条第 3 款规定，人数上，不得超过实现服务目的所需要的合理人数；选任上，必须与所需服务的正当理由直接相关，在服务提供前经过具备相应技能并且独立于销售职能的部门的专业验证，不得以聘用作为诱导其开具处方、推荐、采购、供应和 / 或使用任何药品的条件。

4. 对服务的管理

《RDPAC 行业行为准则》第 7 条第 3 款规定，对于提供宣讲、主持、参与研究或培训、咨询服务的医疗卫生专业人士，双方须在开始提供服务之前签订有关服务内容和服务费计费依据的书面协议，在医疗卫生专业人士开始提供服务之前须确定并记录需要有关服务的正当理由，支付服务费须符合公平市场价格标准，应当制定对每个医疗卫生专业人士所支付的服务费上限。

5. 对讲座项目的控制

控制包括三个方面，目的上，《RDPAC 行业行为准则》第 7 条第 4 款第 1 项规定，会员公司只能以学习为目的组织宣讲者项目，不得为演讲者创造获得报酬的机会或不正当影响参会者的医疗判断；组织上，第 7 条第 4 款第 3 项规定，避免任何人不合理、不必要地重复参加多次内容相同或基本相同的讲者项目；讲者材料的审阅上，第 7 条第 5 款规定，会员公司应仅出于恰当且必需的目的审阅材料，不应将此类审阅用作影响讲者或参会者的独立判断的工具。

6. 款项支付限制

《RDPAC 行业行为准则》第 7 条第 1 款第 4 项规定，可以为医学活动交流项目的参会者支出“中等适度和合理的”（每人每餐不超过人民币 300 元）招待费用，不应超过参会者通常的自付费用标准。任何明显不合理的早于或晚于活动时间的招待费用均不应承担。此外，提供参会支持不得以医疗卫生专业人士对药品的处方、使用、推荐、医院准入或医药采购的“已有的或可能有的有利决定”（新增表述）为前提条件或考量因素。《RDPAC 行业行为准则》中对向参会的医疗卫生专业人士支付的款项规定如表 3 所示。

表 3　医学互动交流项目中允许 / 禁止支付的项目

允许支付项目	禁止支付项目
（1）房费和房费所包含的税金、符合《RDPAC 行业行为准则》标准的合理餐费、茶点及合理的互联网使用费等在内的食宿费用； （2）地面交通费及其税金和参会者本人的旅行保险费； （3）会议注册费	（1）私人用酒吧账单、电影、洗衣、电话及酒店其他服务费用； （2）津贴或对差旅时间 / 未能工作时间的补偿； （3）参会者的随行客人的任何费用； （4）音乐会或娱乐节目的入场券或任何形式的娱乐活动

7. 物品提供

《RDPAC 行业行为准则》第 7 条第 6 款规定，会员公司禁止提供现金、现金替代物或个人服务（与医疗卫生专业人士的职业无关，仅其个人获益）。被允许提供的物品不得以对某药品的处方、推荐、采购、供应、使用或推广等义务作为条件。允许提供和禁止提供的物品范围如表 4 所示。

表 4　医学互动交流项目中允许 / 禁止提供的物品

允许提供物品 （满足"最小价值"和"最少数量"的前提）	禁止提供物品
（1）每件不超过人民币 100 元：仅带有会员公司标识的笔和记事本；用于非处方药推广的推广辅助用品。 （2）每件不超过人民币 500 元：不超出日常执业工作范围且有助于医疗卫生专业人士实现医疗和病患服务的医用物品。 （3）帮助医疗卫生专业人士或其患者学习疾病及其治疗手段的信息或教育物品	（1）个人礼品。 （2）用于处方药推广的推广辅助用品。 （3）便利贴、鼠标垫、日历等。 （4）日常执业工作物品包括听诊器、手术手套，血压计和针头等

（五）与患者组织的互动

患者组织，是指主要代表患者、他们的家人和 / 或护理人员的利益和需求的非营利机构。《RDPAC 行业行为准则》第 11 条规定，与患者组织的合作必须尊重其独立性，从一开始就明确会员公司的参与和参与的性质。就财务支持而言，会员公司不得要求成为患者组织或其项目的独家资助者，提供财务支持或实物捐助必须有书面文件，说明支持的性质。为患者组织会议提供财务支持，该会议必须符合专业性、教育性和科学性，或支持其使命。

（六）对样品的控制

根据《RDPAC 行业行为准则》第 8 条，会员公司应该直接把限量样品提供给医疗机构，并使用有资质的第三方进行样品递送。所有样品均应被清楚标注，以防止其被转卖或以其他方式被滥用。应对通过医疗机构提供给医疗卫生专业人士的样品建立有效的控制和责任机制，包括对样品的分发、交付、验收。

（七）临床研究的透明度

根据《RDPAC 行业行为准则》第 9 条的规定，会员公司应依照由国际制药企业协会联盟、欧洲制药企业协会联盟、日本制药企业协会及美国药品研发与制造商协会共同发布的《通过临床试验注册平台与数据库公开临床试验信息的联合声明（2009）》，以及《在科学文献中公开临床试验结果的联合声明（2010）》公开临床试验的信息。对临床信息的公布必须严格保护个人隐私、知识产权、契约利益，遵守现行法律。特别注意的是，包括临床试验和观察性试验的人体科学研究不得成为隐藏或掩饰的药品推广活动。

（八）对医学继续教育的支持

《RDPAC 行业行为准则》第 12 条规定，会员公司对提供资金支持的继续教育必须是为了提升医学知识。向医学继续教育活动和项目提供的教学材料必须公平、全面、客观，其在设置上应允许不同理论和公认观点的表达。会员公司提供的教学材料应包含有助于提升病患福利的医学、科学或其他信息。还须遵守《RDPAC 行业行为准则》第 7 条的规定。

三、与现行《医药行业合规管理规范》的区别

中国化学制药工业协会于 2020 年 12 月 31 日发布了《医药行业合规管理规范》。与规制在华外资医药企业的《RDPAC 行业行为准则》相比，规制国内医药企业的《医药行业合规管理规范》对行为类型的要求和实施细则规定得更全面，注重建立合规管理组织架构、合规风险评价体系、合规管理体系和合规管理运行及保障机制。《RDPAC 行业行为准则》缺乏对合规管理措施的控制，没有建立问责机制和评估体系，对外资医药企业的合规要求恐难以进一步落实。具体区别如下。

（一）合规领域和对象有别

《医药行业合规管理规范》从反商业贿赂、反垄断、财务与税务、产品推广、集中采购、环境、健康与安全、不良反应报告、数据合规及网络安全等领域对国内医药企业进行全面规范，对企业合规管理提出更严格的要求。表5显示《医药行业合规管理规范》在药品和医疗器械方面的合规领域和对象。可以说，《医药行业合规管理规范》是以领域划分行为类型的。与之相比，《RDPAC行业行为准则》以行为类型分类，重点关注会员公司、医疗卫生专业人士、医疗卫生组织、患者组织和患者的医学交流互动及药品推广活动。基本不涉及除反商业贿赂和产品推广之外的其他合规领域。

表5 《医药行业合规管理规范》的合规领域和对象（药品、医疗器械相关）

领域	对象				
	药品/医疗器械上市许可持有人（MAH）	药品/医疗器械合同研究组织（CRO）	药品/医疗器械合同生产组织（包括CMO、CDMO）	药品/医疗器械合同销售组织（CSO）	药品/医疗器械商业流通
反商业贿赂	适用	适用	适用	适用	适用
反垄断	适用			适用	适用
税务与财务	适用	适用	适用	适用	适用
产品推广	适用			适用	适用
集中采购	适用		适用		适用
环境、健康和安全		适用	适用		
不良反应报告	适用	适用	适用	适用	适用
数据合规及网络安全	适用	适用	适用	适用	适用

（二）合规细则有别

就《RDPAC行业行为准则》重点规制的两个行为类型与《医药行业合规管理规范》的比较，《医药行业合规管理规范》所规定的细则相对更全面，如表6

所示。就反商业贿赂领域而言，《RDPAC 行业行为准则》未涉及企业与政府工作人员的互动交流这一重要行为类型。而在与医疗卫生组织和医疗卫生专业人士的互动交流方面，《RDPAC 行业行为准则》与《医药行业合规管理规范》相比有以下差别：（1）未涉及活动开展的事前合规审核；（2）与第三方展开交易前的尽职调查仅涉及向医疗卫生组织提供财物资助，不涉及其他商业关系，且没有高风险交易的识别（包括涉及政府实体的协调工作、第三方服务内容不够明晰、采取不正常的支付模式或财务安排等）和开展尽职调查具体方式的要求；（3）《医药行业合规管理规范》要求企业与医疗卫生组织或医疗卫生专业人士签订的书面协议包含反腐败/反贿赂条款，要求进行合规声明，《RDPAC 行业行为准则》未作此要求；（4）未涉及对企业员工费用报销的审批制度，针对容易产生腐败贿赂风险的费用类型报销未作规定；（5）《医药行业合规管理规范》要求不得直接向医疗卫生专业人士个人提供学术赞助、商业赞助、资助及捐赠，《RDPAC 行业行为准则》则未作禁止，仅规定向医疗卫生专业人士提供财务资助的要求；（6）未规定提供捐赠的交付方式；（7）未规定互动交流中的款项支付方式和发票检验的要求。

就产品推广领域而言，《RDPAC 行业行为准则》未涉及广告推广应符合专利识别要求、禁止代言人、避免绝对化用语、互联网广告具备可识别性和不影响正常使用的一般要求。在药品信息推广方面，《RDPAC 行业行为准则》与《医药行业合规管理规范》相比，有以下不同：（1）未涉及禁止发布药品的广告范围；（2）在关于药品功效的禁止性规定中，不包含对断言或保证功效、违反科学规律、含有诱导性内容等事项的禁止性规定；（3）未对药品广告就处方药和非处方药应当显著标明的事项作规定；（4）对处方药禁止面向公众等广告发布媒介未作规定；（5）对药品采用有奖销售未作禁止性规定。

表 6 《医药行业合规管理规范》与《RDPAC 行业行为准则》的规范比较

行为类型	合规领域	《医药行业合规管理规范》	《RDPAC 行业行为准则》
与医疗卫生组织/医疗卫生专业人士互动交流	商业贿赂	总体原则	相同
		经合规部门事先批准	无
		选址	相同
		交易前进行合规尽职调查	仅涉及财务资助互动；无高风险交易管理；无方式说明

续表

行为类型	合规领域	《医药行业合规管理规范》	《RDPAC 行业行为准则》
与医疗卫生组织 / 医疗卫生专业人士互动交流	商业贿赂	开展活动前签订书面协议	不包含反腐败 / 反贿赂条款
		不得以聘用医疗卫生专业人士，诱导其在开具药品处方，推荐、采购、供应和 / 或使用任何企业产品提供便利	相同
		款项支付的范围限制	相同
		企业员工报销审批	无
		娱乐禁止	相同
		禁止资助、赞助、捐赠个人	无
		提供捐赠的方式	无
		提供礼品的限制	相同
		款项支付与记录	无转账方式和发票检验要求
药品信息推广	产品推广	禁止为上市后推广药品	相同
		研发信息的交流	相同
		超适应症推广	相同
		可发布广告的药品范围	无
		药品广告的内容要求	相同
		关于药品功效的禁止性规定	不全
		药品广告标识	无
		广告的发布媒介	无
		限制赠送	无
		禁止以捐赠形式推广	另有对独家赞助项目的合规控制

（三）备案和评估机制有别

在交易关系的记录与备案上，《RDPAC 行业行为准则》仅规定“会员公司内部应有完整的记录和备案系统……准确地记录有关医学互动交流项目涉及的费用、提供给医疗卫生专业人士的相关利益等”，未要求会员公司建立相应的发票检验制度，以验证发票本身和发票所对应的交易关系的真实性，而《医药行业合规管理规范》在附录 A 第 4 条第 2 款中有具体规定。

在对具体行为类型的评估机制的规制上，《RDPAC 行业行为准则》笼统地将程序制定下放给会员公司落实。相较而言，《医药行业合规管理规范》附录 A 第 4 条第 9 款规定了商业贿赂风险定期评估，对总体原则、评估对象、评估频率及评估方式、评估程序、风险分析及评价和处置有具体要求，同时第 10、11 款要求企业建立合规培训制度和举报及内部调查制度，辅助合规工作进行。

四、外资医药企业合规建议

（一）建立企业合规管理体系，防范商业贿赂风险

面对强化对企业经营合规调查和惩治的监管环境，外资医药企业务必要依托大数据工具，借鉴《医药行业合规管理规范》，建立涉及反商业贿赂、反垄断、财务与税务、产品推广、环境、健康和安全、不良反应报告、数据合规及网络安全等领域全面动态的合规管理体系，搭建“了解现状—识别风险—应对风险—效果检验和持续改进”的闭环系统，建立风险管理指标，落实问责机制。

面对日益严格的反商业贿赂执法环境和医疗领域反腐的推进，外资医药企业应避免通过医学互动交流项目、赞助项目等的名义暗中进行利益输送，对于正当学术交流活动和赞助协议等，应当避免无关费用支出，合理安排活动行程和地点，严格把控资金往来，谨防利益输送。

（二）提升数字化财税管理水平，强化风险管理

面对正式上线的“金税四期”，税务稽查从“以票控税”到“以数治税”的转变，全面数字化的电子发票（全电发票）的到来，外资医药企业应进行税务管理数字化转型，运用大数据数字化票据管理工具实现合规需求，具体包括以下三个方面。

其一，盘活历史数据，实现分类管理。使用数字化票据工具可以终结杂乱票据，提高管理效率，既可以盘活历史票据，降低合规风险，也可以通过发票查重，避免资金风险。通过分类管理发票，提升票据管理水平，在发票的底层合规

系统中，杜绝不合理和不合规的发票类目，形成内部良性票据循环；缓解财务部门的执行问题，实现由传统低效的咨询方式（如向员工重复解释不允许录入的规定等）向借助高效数据化工具的转变；对发票重点类目控制，优化财务管理，提升公司的数据化财税管理水平。

其二，强化风险管理，利用规则引擎防范风险。通过特有的风险规则库、外部风险数据库，建立大数据的风险规则引擎，结合当前的监管重热点，重点防范与企业有经济往来的上游企业的合规问题，落实数据化票据管理责任，能够提前预警虚开风险，大幅降低虚受风险，减少单位犯罪的主观故意；为有效应对和查处税务（虚受发票）、市场监管（商业贿赂）、刑事舞弊（职务侵占、挪用资金、串通招投标、经营同业业务）等各类重点违法行为提供强有力的数据支撑。做到事前、事中、事后全流程管理，实时化监控。

其三，强化供应商管理，精准核算成本。数字化工具实现了发票与供应商信用的多频、高效的合规流转。从合规、效率以及发展的角度来看，强化供应商管理，及时全方位了解供应商状态显得非常重要。数字化工具从供应商基本状态、供应商负面风险、供应商经营异常信息、供应商股东核查、供应商存续状态及刑事风险等多维度为企业提前洞悉供应商的全方位风险提供了评估和风险预警解决方案。数字化工具的使用，更有利于数据化精准统计企业各类成本及费用，为成本核算提供数据支撑，因为可以穿透到底层，实现了对风险的追溯跟踪。

（三）摆脱“侥幸心理”，完善事后合规预案

强化事中管控，形成管理闭环。实现财税合规系统一体化集成，对风险做到全周期闭环处理。基于发票流程的全生态合规管控，结合大数据的分析，进行事前预警，事中管控以及事后处置。对合规管理的流程进行拆分，实现管理要素“细胞化”，落实到企业日常每个合规点，进而实现有的放矢，可以借助大数据工具如“锦信一票通”实现要素管理的全链路追溯机制，包括但不限于对人员、业务团队、合同、供应商的全链路追溯，从而不留合规“死角”，实现颗粒度极细的合规预警方案。

完善事后处理措施，做好预警方案。对于巡查中发现的明确存在问题的发票，企业应当及时作出进项转出，对于基于真实交易，但是因为上游供应商经营状态发生变化而可能被认定为风险的发票，企业需要及时关注并做好预警方案。

通过对企业所有发票进行精细化管理，引入预决算分析管理机制，使企业成本发票不因为严重偏离行业平均水平而被稽查。

（四）合规要有前瞻性和实操性，与监管同频

企业合规建设需要有前瞻性和实操性，尤其是在财税合规领域，企业还应该有紧迫性。从长远角度来看，必须要摒弃以往粗制野蛮的税务筹划方式，建立在数字化基础上的企业经营的精准管控与预决算制度。

总体而言，充分发挥大数据财税合规工具的各项功能，借助可视化方式让企业的管理层迅速了解企业经营状况，通过综合风险分类让管理层充分理解风险所指，利用违法案例大数据勾勒出执法逻辑模型和逻辑，凭借精确的大数据算法为企业勾勒出便捷易懂的合规路径和实现方案，这将是企业财税合规的坚定依靠和未来方向。面对政府大数据监管的转型，企业应当顺应执法趋势，积极探索高效高性价比的合规路径，构筑企业数字化合规监管体系，进而减少企业合规风险，做到“营收增速，风险可控”。

医疗和医药行业重点监管行为合规指引

——《2023 年纠正医药购销领域和医疗服务中不正之风工作要点》解读

全开明

2023 年 5 月 10 日，国家卫生健康委员会、教育部、工业和信息化部、公安部、财政部、商务部、审计署、国务院国有资产监督管理委员会、国家税务总局、国家市场监督管理总局、国家医疗保障局、国家中医药管理局、国家疾病预防控制局、国家药品监督管理局等部门联合印发了《关于印发 2023 年纠正医药购销领域和医疗服务中不正之风工作要点的通知》（国卫医急函〔2023〕75 号，以下简称《2023 年纠正不正之风工作要点》）。国家卫生健康委员会对纠正医药购销领域和医疗服务中不正之风部际联席工作机制成员单位进行调整。本次通知是机制调整到位后首次对纠风工作进行的部署，对于做好今后的医疗和医药行业合规工作意义重大。

一、《2023 年纠正不正之风工作要点》主要内容概览

随着我国经济社会发展和生活水平提高，医疗美容与健康行业快速发展，在更好满足人们对美的追求的同时，非法行医、假货频现、虚假宣传、价格欺诈等突出问题也逐步暴露，严重危害人民群众生命健康和消费者合法权益。2022 年 9 月至 2023 年 2 月，国家市场监督管理总局等十一部门联合组织开展了医疗美容行业突出问题专项治理行动，清理了一批违法机构、惩治了一批违法人员、查办了一批典型案例、形成了一批长效机制制度成果，医疗美容行业乱象频发的势头

得到有效遏制，行业秩序明显好转。与此同时，医疗和医药行业各种乱象还时有发生，必须进一步完善跨部门综合监管机制，不断提升监管效能，维护好医疗和医药行业诊疗秩序和市场秩序，守护好人民群众生命健康安全底线，为医疗和医药行业健康发展打造良好市场环境。正是在此背景下，各部门联合印发了《2023年纠正不正之风工作要点》。

《2023 年纠正不正之风工作要点》共 13 条，包含以下五部分内容。

一是健全完善新时代纠风工作体系。进一步强调思想和行动的统一，确保纠风工作部署落地见效。优化纠风机制成员单位，保证纠风管理体系与部门职能调整的实际情况相衔接。重视纪检监察部门在纠风工作中的协调组织与指导作用。畅通举报投诉渠道，落实规纪法衔接的部门主体责任，切实推进全行业“受贿行贿一起查”。

二是整治行业重点领域的不正之风问题。明确对医药领域行政管理部门在普惠制认证、行政许可、日常监督和行政执法等行业管理过程中的不正之风问题，行业组织或学（协）会在工作或推进业务主管部门委托事项过程中的不正之风问题，医药生产经营企业及与之关联的经销商、医药代表“带金销售”问题进行重点整治。

三是强化医保基金监督管理。保持打击欺诈骗保高压态势，重点惩治利用虚假证明材料、虚构医药服务项目或虚计项目次数，串换药品耗材、诊疗项目或服务设施等欺诈骗保问题。从规范省级平台挂网采购，加强集采执行过程精细化管理，持续做好价格和招采信用评价等方面，健全完善医保价格和招采制度。

四是深入治理医疗领域乱象。严格落实《医疗机构工作人员廉洁从业九项准则》，持续推进《全国医疗机构及其工作人员廉洁从业行动计划（2021—2024年）》，严肃处理医疗机构工作人员违法违规牟取个人利益行为，明确行业底线、红线。聚焦医疗美容、口腔、辅助生殖等重点领域，树牢违法违规行为惩治“高压线”。

五是切实推进工作取得实效。一方面，对纠风机制成员单位提出工作要求，压实纠风工作主体责任，提升部门间信息互联互通水平，不断探索完善行业联合惩戒制度。另一方面，深化体制机制改革，弘扬行业正气，构筑医疗卫生机构廉政长效机制，维护风清气正行业环境。

可以看出，《2023 年纠正不正之风工作要点》的指向非常清晰，市场监管部门明确指出，要强化医疗和医药行业监管、保持对行业乱象高压严打态势。要扫清“黑机构”“黑医生”“黑药械”，以监管手段防止医疗和医药行业出现“劣币驱逐良币”现象，为依法合规医疗卫生机构健康发展提供更为公平、有序的市场环境。①

二、医疗和医药行业重点监管活动及领域解析

《2023 年纠正不正之风工作要点》显示，除常年的医疗和医药行业的作风纠正之外，2023 年的整治重点在于反商业贿赂、财务与税务、虚假宣传等方面。《2023 年纠正不正之风工作要点》对医药企业和医药营销企业提出了更加严苛的要求，这意味着国家对医药营销合规的持续高度重视。

（一）商业贿赂

《2023 年纠正不正之风工作要点》中明确指出，2023 年整治重点之一是医药产品销售过程中，各级各类医药生产经营企业及与之关联的经销商、医药代表，以各种名义或形式实施“带金销售”，给予医疗机构从业人员回扣、假借各种形式向有关机构输送利益等不正之风问题。

“带金销售”，是指医药企业通过给予处方医生、有进药决策权和影响力的人士回扣，以此谋取交易机会或竞争优势的不当行为。随着对商业贿赂案件查处力度不断加大，一些医药企业采取更为隐蔽、复杂的手段，为其贿赂行为披上“合法外衣”。如有的企业以赞助科研经费、学术会议费等名义，进行不法利益输送，有的在医药购销环节给付医院工作人员回扣，有的通过生产环节虚抬药品价格、流通环节虚假交易等方式套取资金进行贿赂。

在上海裕砻医药科技有限公司涉嫌不正当竞争案②中，2020 年 4 月，当事人与山西某国药有限公司签订《推广服务合作协议（OTC 版）》，在开展药品推广服务中，为了提升山西某国药有限公司药品的销量，当事人与药店的部分销售人员口头约定其根据消费者的实际需求，优先向消费者推荐山西某国药有限公司的药品，按照每盒药品 5 元至 40 元不等的标准事后给予好处费。根据《反不正当

---

① 《市场监管总局相关司局负责同志就〈关于进一步加强医疗美容行业监管工作的指导意见〉答记者问》。

② 参见上海市虹口区市场监督管理局行政处罚决定书，沪市监虹处〔2022〕092022000067 号。

竞争法》，决定没收其违法所得 1.901595 万元，罚款 30 万元。可见，国家对“带金销售”的监管力度一向严格。在《2023 年纠正不正之风工作要点》出台之下，相关部门出台的监管措施正在环环相扣，“带金销售”的模式将很难再有生存空间。

（二）医药购销中的涉税违法行为

当前医药企业的主要税务问题是医药流通领域的各类涉税问题，当前药品流通环节管控没有改变既有利益分配模式，医药企业通过账外经营隐瞒销售收入、虚增成本费用来套取利润，或者通过虚开或取得虚开增值税发票套取利润，引发各类合规风险。

1. 药企、经销商通过账外经营隐瞒销售收入、虚增成本费用，引发逃税风险

账外经营，是指部分收入不入公开的“外账”，而是通过隐藏的“内账”核算，该行为高发于药企和经销商。这两类主体常通过账外经营的方式，隐匿销售收入，提取利润支付给医药代表、医生、医疗国家工作人员。

账外经营的具体表现有：私设个人账户收款、现金收款、私设“小金库”隐匿销售收入等。前述所列行为方式符合“偷税”的构成要件，企业将面临被追究偷税行政责任乃至逃税罪刑事责任的风险。《中国税务报》曾刊发过一起案件，该案中，广州市国税局下属稽查局经过三年多时间的调查，查实当地某药品经销公司隐瞒销售收入过亿元，要求企业补缴税款、滞纳金，并加处罚款。

2. 通过虚开或取得虚开增值税发票套取利润引发虚开风险

（1）医药行业传统虚开套取利润模式及风险

医药行业传统虚开模式主要是接受虚开普通发票，多发生于医药销售公司，目的在于规避支付给医药代表高额薪酬的税负。通过接受虚开的普通发票，以报销的名义，虚假列支广告费、服务费、咨询费、会议费、住宿费等成本费用，套取大额现金。这种行为面临被追究虚开发票行政责任乃至刑事责任的风险。

（2）“两票制”后医药行业新型虚开套取利润模式及风险

“两票制”后，医药行业出现新型虚开模式，既包括对外虚开又包括接受虚开，既包括普通发票又包括专用发票。其中，对外虚开多发生于合同销售组织（CSO）、商业性服务提供商（CSP）、合同生产组织（CMO）、合同研究组织（CRO）等外包服务商，接受虚开则多发生于药企、经销商。在没有提供和接受

真实服务的情况下，药企、经销商接受CSO、CSP、CMO、CRO开具的服务类发票，虚假列支广告费、咨询费、会议费、运输费、配送费、研发费、加工费，套取大额现金。对于高卖高开的经销商和药企，因销项偏高，在接受虚开专用发票时还可以借以虚假抵扣增值税，进一步降低自身税负成本。除此之外，部分高卖高开的药企（尤其是经营范围包含中成药、中药饮片、中药材的药企）为了弥补进项不足，还存在虚假制作农产品收购凭证，并为自己虚开农产品收购发票的现象。这些行为都面临被追究虚开增值税专用发票行政责任乃至刑事责任的风险。

《2023年纠正不正之风工作要点》中明确规定，“对医药购销领域中发现的涉税违法行为依法依规进行核查检查”。从2015年至2023年，连续九年印发纠正医药购销领域和医疗服务中不正之风工作要点通知，连年将“严厉打击虚开发票、偷税等违法行为”作为治理重点。涉税刑事案件的复杂性叠加医药行业的特殊背景，更加凸显医药行业涉税风险管控的重要性，税务合规仍然是2023年度医药企业避免刑事风险责任的关键词。

（三）违法广告行为

医疗健康行业的广告合规是当今监管重点，在“威科先行·法律信息库”中输入“医疗”和“虚假广告”进行关键词检索，根据大数据统计，至今已有8301件行政处罚案件，2019年起，每年处罚案件都高达1000起以上，[①] 可见执法机关对医疗健康行业广告合规监管一向从严。《2023年纠正不正之风工作要点》指出，“聚焦医疗美容、口腔、辅助生殖等重点领域，依法依规严厉打击虚假宣传、无证行医、非法生产经营使用相关药品医疗器械行为，整治查处广告违法行为、违规开展诊疗服务，严格规范收费行为”。相较于往年的纠正医药购销领域和医疗服务中不正之风工作要点，打击违法广告行为是《2023年纠正不正之风工作要点》中新增加的内容，这也预示着医疗健康行业广告宣传领域将成为下一个合规整治的“暴风眼”。

医疗广告，是指利用各种媒介或者形式直接或间接介绍医疗机构或医疗服务

① 参见威科先行·法律信息库网站，https://law.wkinfo.com.cn/administrative-punishment/list?simple=%E5%8C%BB%E7%96%97%20%E8%99%9A%E5%81%87%E5%B9%BF%E5%91%8A%C7%81simple:((%E5%8C%BB%E7%96%97%20%E8%99%9A%E5%81%87%E5%B9%BF%E5%91%8A))&tip=%E5%8C%BB%E7%96%97%20%E8%99%9A%E5%81%87%E5%B9%BF%E5%91%8A&rdt=1683884966158。

的广告。医疗广告不仅要符合《广告法》的相关规定，也要符合《医疗广告管理办法》的规定。2023 年 5 月 1 日，《互联网广告管理办法》开始实施，在互联网中发布的医疗广告必须符合该办法的规定。违法医疗广告的类型包括但不限于以下几种：虚假宣传，对产品或服务的功效、安全性进行断言或保证，未进行医疗广告审查，医疗广告的表现形式中含有医疗技术、诊疗方法、疾病名称、药物，医务人员直播、网红推荐、以患者形象作证明，以介绍健康、养生知识等形式变相发布广告，妨碍社会公共秩序或者违背社会良好风尚等。部分相关案例如表 1 所示。

表 1　相关案例

分类	内容
利用广告代言人为医疗美容做推荐、证明	上海美莱医疗美容门诊部有限公司发布违法广告案
	佟珊珊涉嫌违法代言医疗广告案
未经审查发布医疗器械广告	互诚信息技术（上海）有限公司未经审查发布广告案
	上海贵都实业有限公司发布违法广告案
	上海华侨医疗门诊部有限公司发布违法广告案
虚假宣传广告	上海比华利医疗美容门诊有限公司违反广告法案
	上海凯瑞医疗美容门诊部有限公司不正当竞争案
	上海新生皮肤科门诊部有限公司虚假商业宣传案
毒性药品广告	上海伯思立医疗美容门诊部有限公司发布违法广告案
	上海凯瑞医疗美容门诊部有限公司不正当竞争案

以下涉广告大额处罚给予医疗行业极大的警醒。2023 年 5 月 6 日，杭州虞美人健康管理有限公司因广告违法被罚款 200 万元。违法事实显示，该公司实际控制人在其直播间推销经营的医疗美容产品时发布医疗广告“可以把额头那些坑坑洼洼，深的皱纹打平，在头皮里面形成天然皮肤……”等，但无法提供该医疗广告的合法审查证明材料。当事人还在直播间开展有奖销售，为消费满 10 万元和满 30 万元的客户抽取奖励，案涉物品使用权的市场价格超过 5 万元。结合当事人的违法事实及情节，杭州市市场监管局西湖风景名胜区分局决定对当事人作如下行政处罚：责令当事人停止违法行为，停止发布广告；罚款人民币 200 万元。

随着医疗行业之内竞争的日益激烈，发布广告的宣传方式也在不断地丰富更新，这将会导致实务中产生更多需要合规指导的广告行为。医疗机构应紧紧跟随国家强监管趋势，严格遵守行业合规指引，依法依规发布广告，以免遭受行政处罚。

三、医疗和医药行业合规存在困境

（一）大数据分析手段已经逐渐成为新的监管“武器”

目前，医药行业面临的监管环境较为严峻，对医疗卫生各参与方的规制和调整有以下几个方面：实行“两票制”和“九不准”；国务院国有资产监督管理委员会发布《中央企业合规管理指引（试行）》及各央企国企建立合规管理体系的试点；中国化学制药工业协会在 2020 年 12 月 31 日发布《医药行业合规管理规范》。

另外，大数据分析手段已经逐渐成为新的监管“武器”。在 2022 年的医保飞检行动中，国家要求结合检查重点，飞检提前提取指定范围内医保结算数据、医院 HIS 系统数据等，开展前期筛查分析。每个飞检组中包含约 7 名由第三方机构选派的医疗、医药、财务、信息等专业人员，负责数据筛查分析等工作。《新华日报》文章提到，江苏省借助大数据分析、智能监管手段开展精准监督，将传统的“查部门、查台账”升级为“从数据中查事查人”。定点医院的医生在诊疗过程中使用哪些耗材，价格多少，耗材在什么时间用到哪位患者身上，一年耗材总花费多少，都可在阳光监管平台上看得清清楚楚。耗材降价以后，每个医院每位医生每天每月每年的使用量变化情况都在动态监管中。

可见，目前国家对企业监管越发严格，手段也越发先进，这进一步加大了政府监管与企业之间的信息差。企业出于各种各样的原因看不到法律“红线”，但是踩到了“红线”，就会被处罚。这导致企业缺乏安全感，担忧陷入违法处罚，无法长远发展。

（二）成本发票接受及核验的规则形式不规范，缺乏动态评估

当前，医疗机构成本发票接受以及核验的规则不甚规范，并且缺乏动态评估。这导致企业活动与监管之间存在一定差距。

然而，由于客观条件的限制，传统的财务审核烦琐，票据碎片化，财务团队工作量大，难以完全规避假票风险，这使合规风险敞口难以预计，为企业埋下违

规隐患。

（三）商业贿赂风险评估频率较低，缺乏数据评估能力

《医药行业合规管理规范》规定，企业应建立科学、系统的商业贿赂风险评估程序，以识别、分析、评价和处置风险，并定期评审风险评估程序及评估结果的有效性。评估范围可以包括对新增合作伙伴、业务协议、第三方管控、资助/赞助事项、费用报销及其他可能存在潜在腐败贿赂风险的领域。

在评估频率及评估方式上，全面评估应至少每年进行一次。在发生风险警示情形的情况下，可针对特定事项启动抽查评估程序。评估方式可包括抽查评估和全面评估。在评估程序上，进行风险识别应综合考虑各项因素的影响，应识别的内容包括涉及人员、发生时间、发生地点、风险诱因、可能引发的结果等。应结合现行法律法规、公司内部规范等识别风险、划分等级并进行评价，进行风险分析可考虑的因素包括但不限于风险性质、风险发生的可能性、风险的影响程度等。在风险处置上，企业可根据不同风险等级制定不同的风险管控措施，包括针对相关人员的调查或处置、是否启动内部调查、是否诉诸法律程序等，且应根据企业环境、法律法规的变化，对风险管控措施进行定期评审和修改。

第二章

医药研发合规

药物临床试验合同合规要点

范玉梅　韩　枫

药物临床试验是药物上市注册前的重要环节之一。为保障受试者权益和安全，保证研究数据和结果的真实可靠，督促药物临床试验全过程规范进行，2020年国家药品监督管理局会同国家卫生健康委员会组织修订了《药物临床试验质量管理规范》（GCP），细化明确了申办者、研究机构、伦理委员会等各参与方责任，强化受试者保护，并在质量管理、安全性信息报告、新技术应用等方面都对药物临床试验合同的订立和履行提出了新的合规要求。本文将简要介绍药物临床试验合同合规要点并从研究机构角度提供一些重要条款的审查建议，以期防范重要风险并保障临床试验顺利开展。

一、药物临床试验合同相关主体及法律关系

药物临床试验合同中，通常涉及以下主体：申办者［或合同研究组织（CRO）］、研究机构、受试者、伦理委员会及药品监管部门，相互之间的法律关系分述如下。

（一）申办者（或CRO）与研究机构

药物临床试验合同通常由申办者与研究机构签订，申办者负责临床试验的发起、管理和提供临床试验经费，研究者与研究机构负责实施临床试验，双方之间成立委托合同关系或服务合同关系。国外申办者可能会全权委托国内CRO与研究机构签订临床试验合同或者由申办者、CRO与研究机构三方签订临床试验合同。在CRO与研究机构双方签署临床试验合同的情况下，研究机构应当要求CRO提供授权委托合同留档，在确认CRO授权委托权限后才可与其签署合同。GCP对

申办者的要求应适用于承担申办者相关工作和任务的CRO，但申办者仍然是临床试验数据质量和可靠性的最终责任人。

（二）受试者与研究机构、申办者

受试者参加临床试验，并作为试验用药物的接受者，与研究机构之间成立医疗服务合同关系。虽然受试者可能未与申办者签订任何形式的文件或协议，但在实践中，法院往往会认为受试者参加临床试验所使用的药物、临床试验的具体方法、签署的知情同意书等均是由申办者提供的，相关赔偿条款不仅是研究机构对受试者的承诺，也当然构成申办者、资助方对受试者的承诺，因此受试者与申办者之间成立药物临床试验合同关系。[①] 在发生受试者损害时，受试者也可以以侵犯生命权、健康权为由向申办者提起侵权之诉。

（三）伦理委员会及药品监管部门

伦理委员会的职责是通过独立地审查、同意、跟踪审查试验方案及相关文件，确保受试者的权益、安全受到保护；药品监管部门的职责是对临床试验的有关文件、设施、记录和其他方面进行审核检查，二者共同监督临床试验全过程，体现在：申办者在临床试验获得伦理委员会同意和药品监管部门许可或者备案之前，不得向研究者和临床试验机构提供试验用药物；临床试验过程中，伦理委员会对正在实施的临床试验定期跟踪审查，如果发现临床试验未按照相关要求实施，或者受试者出现非预期严重损害，伦理委员会有权要求暂停、终止临床试验；药品监管部门有权直接去到试验现场，查阅源数据、源文件和报告；如果申办者提前终止或者暂停临床试验，申办者应当立即告知药品监管部门并说明理由，研究者应当立即报告伦理委员会并提供详细书面说明；临床试验完成或者提前终止的，申办者还应当向药品监管部门提交临床试验报告。

二、药物临床试验合同主要条款及合规要点

药物临床试验合同需明确各方的权利义务及相应的责任承担，主要条款应包

① 参见广州市中级人民法院民事判决书，（2017）粤01民终268号。

括以下几个方面。

（一）药物临床试验启动前准备及合规要点

药物临床试验在通过伦理委员会审查和药品监管部门许可或备案后，试验启动前，研究机构应要求申办者提供申办者资质证明、药品监管部门批件、临床试验方案、受试者知情同意书、病例报告表、研究者手册等与试验相关的资料，并负责对研究人员进行该临床研究有关的培训。申办者应负责提供试验用药物、设备、耗材等，对试验用药物进行规范的包装与标签，并对其提供的设备、耗材等产品质量负责，以保障临床试验的顺利进行。

研究机构应负责提供包括研究中心在内的合适的场地及设施设备，向主要研究者提供合适资质的研究人员，确保研究人员知晓和遵守临床试验合同条款、临床试验方案和相关法规。

（二）研究经费预算及付款计划

研究经费应由申办者或申办者指定的 CRO 按照付款计划分期支付，临床试验合同应明确列明付款时间节点或付款时间、付款比例等，并将每名受试者相关费用以合同附件形式列明。如果试验提前终止，则应按照实际发生费用进行结算，包括研究机构在收到终止通知之前已投入的不可撤销的费用。研究经费一般包括以下几类。

1. 临床试验观察费。用于支付研究人员的劳务费，通常包括研究者观察费和管理费，还应注意约定筛选失败、脱落和剔除病例的经费计算方式，通常按照实际完成的访视周期据实支付。

2. 受试者检查费。必须进行的检查项目应事先列明，检查费按发生时的费用标准据实结算。

3. 受试者补偿及补助费用。根据临床试验需要受试者配合的方式，申办者可能提供营养费、交通费、住院费、电话费等不同类目的补偿，按照实际完成的访视周期据实支付。

4. 临床试验资料档案保管费。根据 GCP 规定，用于申请药品注册的临床试验，必备文件应当至少保存至试验药物被批准上市后 5 年；未用于申请药品注册的临床试验，必备文件应当至少保存至临床试验终止后 5 年。临床试验资料保管期限、保管费标准由申办者和研究机构约定，如果申办者需要研究机构延长资料保管期限，应当提前与研究机构联系，并支付保管费用，否则研究机构可以自行处理或销毁。

5. 试验用药物管理费。研究机构应确保试验用药物按照试验方案和申办者要求在适当的条件下予以储存、发放和使用，因研究机构需要保存、管理申办者提供的试验用药物，研究机构可收取一定的管理费。

6. 税费。按照国家标准收取，可约定“如因法律法规及国家政策调整致使开具发票税率发生变化，合同总价款在不含税价款不变的基础上相应调整”的条款以应对税费变化。

7. 临床研究协调员费。为协助临床试验的顺利进行，研究机构通常需要委托临床研究协调员（CRC）来完成部分工作，通常由申办者（或 CRO）、研究机构、现场管理组织（SMO）三方签订 CRC 服务合同，在合同中约定服务费由申办者支付或者由申办者、SMO 另行签订付款协议，研究机构不承担付款责任。

（三）不良医学事件处理

若受试者接受试验用药物后出现不良医学事件，比如表现为症状体征、疾病、实验室检查异常、危及生命、永久或者严重的残疾或者功能丧失、需要住院治疗或者延长住院时间，以及先天性异常或者出生缺陷等，研究者和临床试验机构应当立即停止试验，并保证受试者得到妥善的医疗处理，将相关情况如实告知受试者或其亲属并根据安全性信息报告的标准、路径以及要求进行报告。申办者应当承担受试者与临床试验相关的损害或者死亡的诊疗费用，及时兑付给予受试者的补偿或者赔偿，包括误工费、护理费、营养费、住院期间伙食补助费等法定赔偿项目。在研究者判定受试者损害后果与临床试验相关后，还可以与申办者协商提前垫付受试者相关的治疗费用，以保证受试者的安全和权益。

为确保药物临床试验过程中受试者的权益得到充分保障，建议在临床试验合同中要求申办者提供足以覆盖其义务和责任的保险，并将保单副本交予研究机构留档。申办者不提供保险的，研究机构应当重点审查申办者资本和经营信息，评估其是否有承担赔偿责任的能力，并且在临床试验合同中明确，是否投保不影响申办者责任承担。

（四）知识产权归属及研究结果发表

根据《民法典》第 859 条第 1 款的规定，委托开发完成的发明创造，除法律另有规定或者当事人另有约定外，申请专利的权利属于研究开发人。为明确日后临床试验研究成果的权利归属，申办方与研究机构之间应在临床试验合同中约定研究结果的知识产权归属。

实践中，临床试验合同中通常会约定，临床试验合同签署日前各方当事人所有的知识产权（统称为背景知识产权）由双方各自拥有，与试验相关的新知识产权由申办者享有或者由申办者和研究机构共有。如果约定与试验相关的新知识产权由申办者和研究机构共有，申办者通常会要求研究机构以书面或双方认可的其他形式及时向其披露此类新技术，由双方协商并签订协议约定相关知识产权的申请和利益分享等事宜。

研究者和研究机构应有权发表研究结果或进行研究相关的介绍，但可能受限于申办者规定的情形，如该临床研究是多中心临床研究的一部分，申办者通常会要求研究者和研究机构不得早于多中心的首次发表物发表并在发表、递交发表或介绍前向申办者提供发表物复印件。如果申办者需要保留其专有权利或保护其保密信息，则其有权要求研究者和研究机构暂缓发表。对于上述要求，研究机构可以对申办者行使权利的时间进行限制，避免申办者通过上述条款实质影响研究者和研究机构发表的权利。

（五）个人信息保护与保密责任

《民法典》第 1226 条规定："医疗机构及其医务人员应当对患者的隐私和个人信息保密。泄漏患者的隐私和个人信息，或者未经患者同意公开其病历资料的，应当承担侵权责任。"此外，根据《个人信息保护法》第 28 条、第 29 条的规定，受试者医疗健康信息属于敏感个人信息，只有在具有特定的目的和充分的必要性，并采取严格保护措施的情形下，方可处理敏感个人信息，并且处理敏感个人信息应当取得个人的单独同意。因此，受试者知情同意书中应当包括同意处理个人信息条款。当申办者是境外主体时，需特别注意是否涉及个人信息跨境提供，根据《个人信息出境标准合同备案指南（第二版）》，个人信息处理者在境内运营中收集和产生的个人信息传输至境外，或者存储在境内，但境外的机构、组织或者个人可以查询、调取、下载、导出，均属于个人信息出境行为，均应当按照规定办理数据出境手续。

即便受试者已同意处理其个人信息，临床试验合同中也应当约束申办者和研究机构的信息处理行为，将申办者和研究机构在临床试验过程中获取的受试者信息、病例等信息约定为保密信息，在试验过程中及结束后，除非受试者本人或监护人同意，均不得将其信息用于试验外的目的，也不得向第三方泄漏，除非在有管辖权的法院、政府监管实体或其他法律法规要求的范围内披露保密信息。申办者应对其指派的监查员、稽查员泄漏受试者信息和违反保密义务的行为承担责任。

（六）人类遗传资源管理

人类遗传资源包括人类遗传资源材料和人类遗传资源信息，其中，人类遗传资源材料指含有人体基因组、基因等遗传物质的器官、组织、细胞等遗传材料，人类遗传资源信息指利用人类遗传资源材料产生的数据等信息资料。我国《人类遗传资源管理条例》第 22 条第 2 款、第 23 条明确规定，药物临床机构利用我国人类遗传资源开展国际合作临床试验、不涉及人类遗传资源材料出境的，应当在合作双方开展临床试验前将拟使用的人类遗传资源种类、数量及其用途向国务院卫生健康主管部门备案。在研究过程中，合作方、研究目的、研究内容、合作期限等重大事项发生变更的，应当办理变更审批手续。

2015 年至 2018 年，复旦大学附属华山医院、深圳华大基因科技服务有限公司、苏州药明康德新药开发股份有限公司、阿斯利康投资（中国）有限公司、厦门艾德生物医药科技股份有限公司、昆皓睿诚医药研发（北京）有限公司 6 家公司和医疗机构因违反人类遗传资源管理规定遭到科技部处罚，违法违规行为包括：未经许可与境外机构开展人类遗传资源国际研究合作、未经许可将人类遗传资源违规出境、开展超出审批范围的科研活动等。

前车之鉴后事之师，如临床试验涉及人类遗传资源材料及其产生的数据的采集、收集、出境，在试验开展前，研究机构应要求申办者向国务院卫生健康主管部门完成行政审批与备案工作。在临床试验过程中，必须严格按照行政许可的内容开展相关工作，包括但不限于人类遗传资源材料的种类、数量，检测分析的内容，转运方式，剩余样本和数据信息处理方式等，确保研究相关生物材料的收集、处理、运输、保存符合研究方案、受试者知情同意和所有相关法律法规，且相关操作可全程确保生物材料的安全、完整、质量和特性。如果需要外送检测，研究机构应当核实检测机构资质，与检测机构签订合同，并约定生物样本仅用于临床试验方案规定的研究目的，不得转售、不得转让、不得用于其他研究。该临床试验终止后，所有剩余生物样本按获批申请进行处置，各方不得私自保存。

（七）反贿赂、反腐败和利益冲突回避原则

申办者通常会要求研究者和研究机构确保其遵守反贿赂、反腐败法律，并保留对研究者和研究机构履约行为进行监督和审计的权利。申办者是境外机构时，应向研究者和研究机构提供境外相关反贿赂、反腐败规定供其了解和遵守。

2020 年修订 GCP 时参考国际临床监管经验，新增规定临床试验的实施应当遵守利益冲突回避原则，要求临床试验合同明确各方应当避免的、可能的利益冲突。为满足此要求，可以在临床试验合同中约定防范利益冲突的自律性承诺，例如要求研究者承诺其履行合同时不受任何冲突义务或法律障碍的约束，也不存在可能干扰研究的开展或影响研究数据的完整可靠性的任何财务利益、合约利益或其他利益。如存在利益冲突，申办者可要求相关方对可能涉及利益冲突的情形进行事先告知，必要时可由相关方签署利益冲突声明。

三、药物临床试验合同常见问题分析与处理

（一）临床试验数据质量争议

临床试验数据质量是评价临床试验结果的基础。从公开渠道可以获悉，此前有国外申办者在临床试验结束后向美国食品药品监督管理局（FDA）递交申请时，FDA 认为我国研究机构做的数据有一部分不规范，从而导致审核推迟，国外申办者在国内起诉了临床试验机构（后撤诉）。为避免因临床试验的质量在日后发生争议，研究者应当确保所有临床试验数据是从临床试验的源文件和试验记录中获得的，是准确、完整、可读和及时的。源数据的修改应当留痕，不能掩盖初始数据，并记录修改的理由。研究机构的信息化系统具备建立临床试验电子病历条件时，研究者应当首选使用，相应的计算机化系统应当具有完善的权限管理和稽查轨迹，可以追溯至记录的创建者或者修改者，保障所采集的源数据可以溯源。

申办者可以通过监查和稽查来监督临床试验数据质量，监查员、稽查员的职责包括通过查阅源数据、源文件以核实研究者提供的所有医学报告、记录和文件，确认数据的记录与报告正确完整，试验记录和文件实时更新、保存完好。因此，除非源数据有误，监查报告对试验数据和质量的认同应代表申办者确认接受试验数据，申办者不应对日后发现的试验数据差异或其他质量问题要求研究机构

承担责任。

（二）申办者除外责任

GCP 第 39 条第 1 项规定，申办者应当向研究者和临床试验机构提供与临床试验相关的法律上、经济上的保险或者保证，并与临床试验的风险性质和风险程度相适应。但不包括研究者和临床试验机构自身的过失所致的损害。由此可见，与临床试验相关的损害都应属于申办者的责任范畴，除外责任限于研究者和临床试验机构自身的过失，如研究者和研究机构违反临床试验合同或方案、违反 GCP 等相关规范、发生医疗事故或由疏忽、故意导致的损害。实践中，申办者往往会限缩赔偿范围或申请增加除外责任条款，比如，（1）申办者承诺仅赔偿与试验药物相关的损害，或承诺仅赔偿治疗费用。（2）申办者为研究机构设定某些附随义务，如将研究机构及时通知申办者、不与受试者自行和解等附随义务作为承担责任的前提，如果研究机构违反便不承担补偿和赔偿义务。通知、不自行和解等附随义务固然可以约定，但不应实质性影响研究申办者责任承担，否则将导致受试者和研究机构不能得到赔付的风险大大增加，有违公平原则。（3）申办者简单将其认为的“受试者自身疾病进展所致的损害”列为除外情形。从药物临床试验必须以充分保护受试者权益为原则角度来看，该类约定是不能接受的。因申办者和研究机构在药物临床试验研究领域均具备相关的专业知识，受试者损害是否与试验用药物有关，不能仅由申办者和研究机构单方确认。司法实践中，对于此类药物临床试验过程中的受试者损害案件，法院非常可能会判处申报者承担一定的赔偿或者补偿责任。①

（三）临床试验费用预算缺漏

实践中经常遇到因临床试验费用预算缺漏而需要申办者和研究机构另行签订补充协议的情形，常见的容易漏计的费用包括：管理费、药品保管费和计划外检查费以及研究机构可能发生的其他合理收费。其中，计划外检查费是指除已明确需要进行的检查项目和费用外，由于临床试验的不确定性，研究者认为有必要进行其他检查所产生的具体费用，应按照实际发生结算，如果申办者不同意研究者进行该项检查，则由此导致受试者损害的应由申办者承担。

---

① 参见广州市中级人民法院民事判决书，（2023）粤 01 民终 22200 号。

四、药物临床试验合同合规建议

（一）建立药物临床试验合同管理体系

药物临床试验合同通常采用申办者提供的合同模板，由研究机构进行审核，建立临床试验合同管理制度对研究机构来讲尤为重要。首先，研究机构应规范临床试验合同的审批流程：对于临床试验相关条款和临床试验方案，研究者需要首先判断可行性并把握试验风险；对于经费预算条款，财务部门应根据成本核算合理制定、调整临床试验相关服务价格，做好分项预算，避免费用缺漏；对于法律责任条款，由法务部门或外聘律师审核并提出修改建议。研究机构也可建立自身的临床试验合同模板，并根据申办者的不同情况作出相应调整，以降低遗漏审阅合同风险的可能性。

其次，临床试验合同往往需要根据实际情况进行调整，申办者和研究机构之间的沟通邮件和记录应妥善保存，在受试者人数、研究经费、付款进度、权利义务等内容发生重要变化时，申办者和研究机构应当及时签订补充协议，避免日后发生争议。

最后，除药物临床试验合同本身外，与该临床试验相关的补充协议、CRC 服务合同、检测合同和其他第三方合同等都需要纳入该临床试验合同管理体系，保证能够做到互相印证、不存在冲突。

（二）建立药物临床试验合同风险控制制度

尊重受试者意愿，降低侵害受试者权益的风险。根据 GCP 第 12 条第 7 项的规定，伦理委员会应当注重审查是否存在受试者被强迫、利诱等不正当的影响而参加临床试验的情况，审查知情同意书中不能采用使受试者或者其监护人放弃其合法权益的内容，也不能含有为研究者和研究机构、申办者及其代理机构免除其应当负责任的内容。未成年人作为受试者时，如果其有能力作出同意参加临床试验的决定，应当征得其本人同意，若本人不同意，即使监护人签署了知情同意书，研究机构也不得同意其参与临床试验（严重或危及生命疾病的治疗性临床试验除外）。临床试验过程中，受试者达到了签署知情同意书的条件后，应在本人签署后方可继续试验。并且，临床试验相关方应保障受试者可以无理由退出临床试验。

落实监查与稽查，控制临床试验关键环节和数据风险。申办者制订的监查计划应当强调对关键数据和流程的监查，保证数据的真实性，保证应对临床试验中的各类风险。监查计划应当描述监查的策略、对试验各方的监查职责、监查的方法，以及应用不同监查方法的原因。监查员应当有效履行 GCP 规定的职责，独立作出监查结论，发现偏离试验方案、标准操作规程、相关法律法规要求的情况，应当及时与研究者沟通纠正，在监查完成后及时书面报告申办者。申办者还可以在常规监查之外开展稽查，制订稽查计划和规程以评估临床试验的实施和依从性。GCP 修订后增加规定了申办者可以设立独立的数据监查委员会，定期对临床试验的进展、安全性数据和重要的有效性终点进行评估，并向申办者建议是否继续、调整或者停止试验。

明确违约责任，弥补守约方损失。为保障合同履行，申办者和研究机构可以在临床试验合同中设定具体的违约事项及相应的违约责任，但应具备合法性和合理性。重大违约事项造成临床试验无法进行或合同目的无法实现时应赋予守约方合同解除权，使守约方可以从相关纠纷中脱离，避免损失继续扩大。

（三）药物临床试验及合同的终止

在发生 GCP 规定或临床试验合同约定的终止事项时，如试验中发现申办者的药物存在质量问题，尤其是受试者出现非预期严重损害的，研究者 / 申办者 / 伦理委员会应当立即终止临床试验，及时通知受试者，并给予受试者适当的治疗和随访，并履行相应的报告和说明义务：研究者未与申办者商议而终止或者暂停临床试验的，研究者应当立即向临床试验机构、申办者和伦理委员会报告，并提供详细的书面说明；申办者终止或者暂停临床试验的，研究者应当立即向临床试验机构、伦理委员会报告，并提供详细书面说明；伦理委员会终止或者暂停已经同意的临床试验的，研究者应当立即向临床试验机构、申办者报告，并提供详细书面说明。申办者和研究机构应处理好合同终止后事宜，将其他不良影响降低到最小范围内。

合同终止后，研究机构应返还申办者提供的剩余药物、设备、耗材等资源，双方归还或根据披露方要求处理披露方的保密信息。除保密条款、知识产权条款以及依其性质不应终止的特殊条款外，合同约定的长期有效条款如反贿赂、反腐败和利益冲突回避原则条款、研究者保证不被禁止执业等承诺条款，研究者和研究机构也应注意遵守，若因违反而影响药品后续上市审批等进程，可能会被申办者追究相应责任。

五、结语

申办者、研究者和研究机构开展药物临床试验既要适应我国药品研发的快速发展和药品审批制度改革的深化的要求，又要严格遵守监管规定和临床试验合同约定，把保护受试者的权益和安全以及临床试验结果的真实、可靠作为临床试验的基本考虑，不断提高药物临床试验质量和水平，推动生物医药领域创新，造福人类健康事业。

新药临床研发合规

傅志恒

一、新药研发企业和外部服务机构的合作要点

（一）面对跨国、大型合同研究机构的合同谈判要点

初创阶段的新药研发企业在研究合同的谈判阶段往往更重视业务条款，如工作订单和技术类的附件等，而在合同主文部分往往使用服务方提供的通用条款（general terms & conditions）或主服务协议（master services agreement）一套了之。在面对跨国、大型的合同研究机构时，受制于对方完善和繁复的服务合同模板，初创新药研发企业就会在不知不觉中接受了一些不利于申办者的条款，如严苛的小时计费方式、第三方费用条款、责任豁免条款、随宏观经济指标逐年上浮的费率（通胀费）等。这些服务方强势的条款就像是一条带着倒刺的狭窄隧道，当申办者试验正常推进，顺着方向通过隧道时没有明显问题，而在试验进程受阻或者有意暂停或终止试验时，就会处处掣肘。

我们对于上述服务方强势条款的建议简述如下。

针对小时计费方式，应当尽量建议改为预估费用上限的闭口费率。在难以预估确定费用的情况下，也可以尽量在小时费率基础上增加每季度或每月定期回顾审核的制衡措施，在回顾审核时可以注意对方启动某项服务（如召集专家会议等）的必要性、参与计费的人数、提供的服务成果等，在发现虚高、冗余工作量时及时挤掉水分，而不是在一个较长周期之后才突然面对服务方发来的天价账单，而又缺乏复核手段。

针对第三方费用，服务方强势的条款通常会约定服务方有权在事先知会过的第三方名单中选择专项分包商，而这些第三方费用将会加计一个服务方的管理费

率并随同定期账单一并发送给申办者结算。而申办者可以在谈判时要求在每一项专项分包启动前，服务方都专门列出分包商的计费方式和预估费用上限并发送给申办者审批，申办者仅承担经过预先审批的第三方费用。

对于有临床研究监查员（CRA）、临床研究协调员（CRC）等长期派驻现场的服务方，由于现场人员工作年限普遍较短，流动性较大，建议要有条款保证服务方不擅自撤换人员，如果出现因撤换或人员离职导致试验进度延误或数据交接出错等情况，要有明确的违约责任条款，如按比例扣除服务费作为违约金等。

针对责任豁免条款，申办者主要是明确服务方在过失情况下不能享有的责任豁免或适用赔偿上限，要求按实际损失进行赔偿。

至于逐年上浮费率的通货膨胀费条款，则是建议申办方直接删除。

最后，建议在各类履行周期较长（超过半年）的合同中都加入一个申办者经提前15—30天通知后无条件解约的条款，解约的同时已实际发生并经申办者确认的费用如实结算，已预付而未发生的费用退还。

当然，在预算允许的情况下，委托具备相应领域专业经验的外部律师审阅合同也不失为良策。如果预算有限，也可以由外部律师在明确的工作量上限范围内审定服务合同的主要条款模板并向公司业务团队提供合同方面的专项培训。

（二）与中小服务商合作的合规风控要点

在和合同研究机构的合作过程中，常见的问题是，虽然规则相对周密，但有时对新药企业不利。而在新药企业从中小服务商（如临床协调机构和受试者招募机构等）处采购服务时，新药企业的地位会比较强势，中小服务商会比较弱势。在这些领域也会存在特定的问题，尤其是在一些特定法律问题上存在规则不明确、各地司法实践不一致的现象。

首先，受试者招募和试验数据采集方面的合规问题。临床试验过程中，受试者入组情况和试验数据关系到申办者、合同研究机构、研究机构等多方的重大利益和声誉，不免滋生舞弊的情况。例如，在招募过程中存在不实宣传、隐瞒不利因素等情况，在数据采集方面存在误录、混淆、篡改等情况，甚至存在招募机构和受试者串通，提供不实陈述或使用假身份蒙混入组等情况。这些情况毫无疑问都是违反《药物临床试验质量管理规范》（GCP）的，根据《刑法》第142条之一[①]和《关于办理危害药品安全刑事案件适用法律若干问题的解释》第7、8、9条[②]等规定，情节严重的，甚至会构成刑事犯罪。针对临床试验舞弊情况，一方面，我们建议在合同层面明确约定由具体承担相应工作的研究机构或合同研究组织（CRO）等保证病例报告表（CRF）上的数据来自受试者病例源数据的准确录入，如有任何不一致，应由责任人负责提供合理解释；并进一步约定舞弊行为构成严重违约，违反后将触发申办者的解约权和惩罚性的违约金条款。另一方面，临床试验舞弊带来的可能不仅是经济损失，而且会影响试验进度乃至发生行政和刑事处罚，仅靠合同层面的救济是不够的。我们也建议新药企业在临床试验过程中务必加强对临床工作人员的合规风控意识培养，要求在各个环节做好从人员、用药、检测报告等真实情况到录入数据之间的核实、比对和检查，杜绝浮于表面的数据搬运工作。

其次，受试者补偿方面的合规问题。根据GCP规定，申办者通常需要向受试者支付补偿。而这一补偿在收入定性和是否应纳税问题上却存在一些疑点。根据《个人所得税法》第2条所列示的征税范围，受试者因承受一定的身体权、健康权损害风险参与临床试验而取得的补偿款如要归类为因提供劳动、劳务而取得的"工资、薪金所得"、"劳务报酬所得"或因中奖、接受赠与而取得的"偶然所得"都是比较牵强的，而"财产租赁所得""经营所得"等其他类别就更是相去甚远。从立法本意的角度来探讨，由于是对受试者发生身体损害的可能性进

---

① 《刑法》第142条之一规定："违反药品管理法规，有下列情形之一，足以严重危害人体健康的，处三年以下有期徒刑或者拘役，并处或者单处罚金；对人体健康造成严重危害或者有其他严重情节的，处三年以上七年以下有期徒刑，并处罚金：……（三）药品申请注册中提供虚假的证明、数据、资料、样品或者采取其他欺骗手段的……"

② 最高人民法院、最高人民检察院《关于办理危害药品安全刑事案件适用法律若干问题的解释》（高检发释字〔2022〕1号）第7条规定："实施妨害药品管理的行为，具有下列情形之一的，应当认定为刑法第一百四十二条之一规定的'足以严重危害人体健康'：……（七）……编造……受试者信息、主要试验过程记录、研究数据、检测数据等药物非临床研究数据或者药物临床试验数据，影响药品的安全性、有效性和质量可控性的……"第8条规定："……实施妨害药品管理的行为，足以严重危害人体健康，并具有下列情形之一的，应当认定为刑法第一百四十二条之一规定的'有其他严重情节'：……（三）药品申请注册中提供虚假的证明、数据、资料、样品或者采取其他欺骗手段，造成严重后果的……"第9条规定："明知他人实施危害药品安全犯罪，而有下列情形之一的，以共同犯罪论处：……（四）提供虚假药物非临床研究报告、药物临床试验报告及相关材料的……"

行一种或然性的补偿，以及新药试验存在一定程度的公共利益属性，受试者补偿在性质上可能更接近于《个人所得税法》第 4 条所规定的“福利费”“保险赔款”等带有福利、补助性质的无须纳税收入。如果严格遵循税收法定原则，对于这类难以准确定性的收入，认定受试者补偿无须纳税是更合理的结果。广东省药学会于 2023 年 12 月发布的《药物临床试验受试者补偿管理 · 广东共识（征求意见稿）》也与本文持相似看法。但在实际操作中，由于缺乏明文规定指引，各地税务机关对于受试者补偿收入的定性并未形成统一的看法，申办者和相关服务机构为了便于推动和规避税务风险，往往和税收征管机关形成了将受试者补偿定性为劳务所得或者咨询服务费的默契。在具体支付路径方面，有些是由申办者直接支付，有些借道中小服务机构支付，或者通过一些第三方“税筹平台”支付。但究其本质，受试者既未向申办者或前述相关方提供任何劳务，咨询服务更是无从谈起，这种接近于“破财消灾”的做法存在虚构事实和虚开发票的嫌疑，并不是真正合规的解决方案。我们建议，申办者在各地开展临床试验时，与当地税收征管机关进行良性的沟通，争取获得明确的认定意见并实现真正合法合规的税务处理。

二、临床试验阶段的知识产权管理

（一）与外部合作者之间的知识产权归属约定

在实践中，临床试验合同的版本通常由研究机构主导，这类合同关于知识产权最常见的和最简单的做法是一般会约定成果知识产权归申办者所有。由于药物临床试验由申办者承担大部分成本投入并主导研发进程，整个试验的成果从总体上而言归申办者所有乃是题中应有之义，在此不多展开。

在临床试验过程中，申办者或研究机构、主要研究者可能会在偶然情况下发现一些原本试验目的之外的可能性，如额外的适应症、联合用药方案、针对药物副作用展开专项研究等。这些探索性研究原本并不是申办者预设的研究方向，并没有明确的计划，试验方案和成本预算等都会由申办者和研究机构根据实际情况随机应变。正因如此，有些临床试验合同会对与试验目的直接相关的研究成果和不直接相关的探索性研究成果区分对待，并进而约定探索性研究成果的知识产权归双方共有。

基于上述背景原因，双方约定探索性研究成果共有的初衷可以理解。但不得不说，在合同中简单约定“共有”二字是不够的。与金钱、房产等易于量化切分的“物”不同，知识产权的权能比较复杂。除使用、处分、收益等常见的权能之外，知识产权还包括专利、许可、实施、修改、发表等一系列特有的权能。如果只是对某一项知识产权笼统地约定为双方“共有”而没有进一步细节约定，则可供适用的就只有《民法典》第860、861条[①]和《专利法》第14条[②]等几条规定。该几条规定简单归纳如下：①共有双方均有权使用和转让技术秘密成果；②共有人可以单独实施或者以普通许可方式许可他人实施专利；③许可他人实施专利的，收取的使用费应当在共有人之间分配（但未明确具体的分配规则）；④除前述外，如果要行使专利申请权或专利权，则必须经过共有双方一致同意。这些法律的默认规则未必总是符合双方的实际意图，如申办者通常会比研究机构在对外许可（license out）和收费等商业使用方面有更强的意愿和执行能力，而研究机构会在发表研究成果等方面有更多期待。这些意图需要双方以约定的方式细化和改变法律默认的规则（而法律也确实明确规定了在这些方面，双方有约定的从约定，没有约定的才使用前述规则）。因此，实践中临床试验合同的各方也逐步形成了针对一些共有研究成果的进一步约定。

例如，比较常见的是有一些合同针对基于研究成果发表论文等进行专门约定，通常是研究机构主张自身有权发表论文，而在发表前应事先经过申办者审阅同意，不得披露申办者的商业秘密。有些则申办者也有发表研究成果的需求，因

---

① 《民法典》第860条规定：“合作开发完成的发明创造，申请专利的权利属于合作开发的当事人共有；当事人一方转让其共有的专利申请权的，其他各方享有以同等条件优先受让的权利。但是，当事人另有约定的除外。合作开发的当事人一方声明放弃其共有的专利申请权的，除当事人另有约定外，可以由另一方单独申请或者由其他各方共同申请。申请人取得专利权的，放弃专利申请权的一方可以免费实施该专利。合作开发的当事人一方不同意申请专利的，另一方或者其他各方不得申请专利。”第861条规定：“委托开发或者合作开发完成的技术秘密成果的使用权、转让权以及收益的分配办法，由当事人约定；没有约定或者约定不明确，依据本法第五百一十条的规定仍不能确定的，在没有相同技术方案被授予专利权前，当事人均有使用和转让的权利。但是，委托开发的研究开发人不得在向委托人交付研究开发成果之前，将研究开发成果转让给第三人。”依据《民法典》第510条的规定，根据协议或补充协议无法确定的，可以根据交易习惯确定。

② 《专利法》第14条规定：“专利申请权或者专利权的共有人对权利的行使有约定的，从其约定。没有约定的，共有人可以单独实施或者以普通许可方式许可他人实施该专利；许可他人实施该专利的，收取的使用费应当在共有人之间分配。除前款规定的情形外，行使共有的专利申请权或者专利权应当取得全体共有人的同意。”

此会约定双方均有权发表，互相预先审查发表内容，并按实际贡献程度安排署名顺序等。这些做法就是对于法律默认规则的细化和衍生，有利于双方权利的真正落实，避免纠纷。

再如，还有一些合同会单独约定临床试验数据的所有权归研究机构所有，这个做法值得商榷。一方面，虽然已有《企业数据资源相关会计处理暂行规定》对于数据资产的财务处理（入表）做了一些探索，但现行法律如《民法典》和《数据安全法》均未对数据的权属或所有权做出明确规定。另一方面，即使我们从原则上姑且认定申办者和研究机构作为采集和处理者对临床研究数据享有某种程度上的权利，也基于受试者知情同意书取得了信息所有人的同意，但临床研究数据种类繁多、结构复杂，又不可避免地涉及受试者的敏感个人信息。此时，作为受试者检测结果、病历、诊疗方案的数据，或者以此为维度归纳整理的数据库，似乎更适合由研究机构来控制和管理；而作为新药试验结果用以分析新药毒性、安全性、治疗效果、副作用的数据，更适合由申办者来控制和管理。换言之，同样来源的信息，在经过不同的维度和视角处理后，可能会形成不同的数据，而这些数据的归属情况也可能不同。因此，如果申办者在谈判过程中遇到研究机构提出类似的权利主张，建议进一步细分数据的来源和规格等，尽量将与临床试验密切相关的数据和医院病历管理层面的数据区分对待，避免笼统地把所有数据相关权利归到研究机构名下。

除了以上论及的我们在实践中已经见到过的条款和安排，实际上临床试验合同的知识产权条款方面还有更多问题有待明确，如许可或转让收益在共有双方之间的分配规则、在发生第三方侵权的情况下发起维权是否需要经过共有方一致同意、各方对于不同结构和层次的数据的具体权限等。因此我们建议在约定知识产权条款时，尽量对于后续研究和应用等环节可能面临的问题做细化推演和协商，把能考虑到的情况落实到合同层面。

（二）初创新药研发团队需要关注的内部知识产权管理制度

对于新药研发企业而言，无论是为了自身成长壮大还是符合科创板等上市要求，知识产权权属和完整性问题都可谓是重中之重。知识产权的来源一般可分为自研、委外研发、转让（包括以知识产权作价出资）和许可。本文主要讨论自研知识产权的内部管理部分。

由于新药研发是一项高度依赖团队合作和实验室研发环境的工作，在新药研发企业和员工之间的劳动合同正常履行期间，员工个人存在非职务成果的可能性较小，认定某项研究成果属于员工职务成果时一般不会有什么阻碍，实践中也较少发生这样的争议。自研知识产权的来源问题主要集中在创始团队或核心技术人员在加入团队时可能会违反前一任职单位的保密或竞业约定，导致前一任职单位可能会对公司的成果提出权利主张。为了避免发生类似问题，我们建议公司在招聘员工过程中注意背景调查，确认新员工不存在保密期和竞业限制期问题，并且在劳动合同附件中要求员工对入职前的知识产权和研究方向做明确披露，与入职后的研发工作进行隔离。在高度敏感的核心管线研发业务上，可以考虑排除新入职员工参与，要求新员工至少在入职两年后才可进入核心业务领域。

如前所述，新药研发企业的自研成果通常是员工的职务成果。而我们在实践中注意到常常被新药研发企业忽略的一个问题是与自研知识产权相关的奖励制度。根据《专利法》第 15 条①的规定，被授予专利权的单位应当对职务发明创造的发明人或者设计人给予奖励，并根据经济效益给予合理的报酬。根据《专利法实施细则》第 93、94 条②及其进一步援引的《促进科技成果转化法》第 45 条第 1 款③

① 《专利法》第 15 条规定："被授予专利权的单位应当对职务发明创造的发明人或者设计人给予奖励；发明创造专利实施后，根据其推广应用的范围和取得的经济效益，对发明人或者设计人给予合理的报酬。国家鼓励被授予专利权的单位实行产权激励，采取股权、期权、分红等方式，使发明人或者设计人合理分享创新收益。"

② 《专利法实施细则》第 93 条规定："被授予专利权的单位未与发明人、设计人约定也未在其依法制定的规章制度中规定专利法第十五条规定的奖励的方式和数额的，应当自公告授予专利权之日起 3 个月内发给发明人或者设计人奖金。一项发明专利的奖金最低不少于 4000 元；一项实用新型专利或者外观设计专利的奖金最低不少于 1500 元。由于发明人或者设计人的建议被其所属单位采纳而完成的发明创造，被授予专利权的单位应当从优发给奖金。"第 94 条规定："被授予专利权的单位未与发明人、设计人约定也未在其依法制定的规章制度中规定专利法第十五条规定的报酬的方式和数额的，应当依照《中华人民共和国促进科技成果转化法》的规定，给予发明人或者设计人合理的报酬。"

③ 《促进科技成果转化法》第 45 条第 1 款规定："科技成果完成单位未规定、也未与科技人员约定奖励和报酬的方式和数额的，按照下列标准对完成、转化职务科技成果做出重要贡献的人员给予奖励和报酬：（一）将该项职务科技成果转让、许可给他人实施的，从该项科技成果转让净收入或者许可净收入中提取不低于百分之五十的比例；（二）利用该项职务科技成果作价投资的，从该项科技成果形成的股份或者出资比例中提取不低于百分之五十的比例；（三）将该项职务科技成果自行实施或者与他人合作实施的，应当在实施转化成功投产后连续三至五年，每年从实施该项科技成果的营业利润中提取不低于百分之五的比例。"

的规定，在没有内部制度另行规定的情况下，相应的发明专利授权一次性奖励最低不得少于 4000 元，实用新型和外观设计不低于 1500 元；而实施后的经济效益报酬，不低于该项成果营业利润的 5%，如果将成果用于对外转让、许可、作价投资，提取比例不低于 50%。由此可知，以上法律的立法思路是企业内部意思自治的效力优先于法律规定。如果企业有明确的内部制度，则以制度为准；如果没有内部制度，则以法律规定为准。如果新药研发企业缺乏专利和成果转化方面的内部激励制度，那么在与员工发生争议的情况下，员工方援引法律规定主张得到奖励和报酬并得到支持的可能性是比较大的。如果新药研发企业希望执行与法律规定不完全相同的激励机制，则有必要自行制定明确的内部制度。在起草制定内部制度时，我们建议企业要注意以下几点。

第一，内部制度的激励范围应至少覆盖《专利法》及实施细则、《促进科技成果转化法》规定范围，不要遗漏。一旦遗漏，则对于这些遗漏事项的争议仍会以法律规定为准。

第二，在覆盖法律规定范围的前提下，我们建议结合新药研发的行业特征对实施激励的时间节点和形式进行细化，例如，除针对专利授权和实施经济效益的奖励外，可以结合新药研发的里程碑事件（如各期临床试验的启动和结束、取得药品注册等）开展更细致和长效的激励。

第三，除了现金激励，还可以考虑企业已有的股权激励计划，采取股权、期权、分红等方式实施递延的激励，这一方面强化企业与核心研发团队的利益绑定，另一方面可以对冲现金激励对企业现金流的影响。

药品委托生产合规指引

——基于委托方视角

吴旭日

引言

自2019年8月26日修订的《药品管理法》公布，药品上市许可持有人（MAH）制度全面推开以来，药品上市许可持有人制度在鼓励药物创新，以及促进生物医药产业高质量发展方面发挥了重要作用。截至2023年12月底，全国纯B证持有人已经超过了1000家。

为使B证持有人切实履行药品质量安全主体责任，国家药品监督管理局（以下简称国家药监局）于2022年12月29日发布了《药品上市许可持有人落实药品质量安全主体责任监督管理规定》，于2023年10月17日公布了《关于加强药品上市许可持有人委托生产监督管理工作的公告》以及配套文件《药品上市许可持有人委托生产现场检查指南》。

此外，随着药品监管体系的不断完善和药品生产许可监管的日益强化，B证持有人作为首要责任主体应当积极防范自身风险，需要从受托方的遴选、委托生产过程管理以及产品质量控制、合同终止风险控制等多方面制定和实施合规策略。

为此，本文将结合相关法律法规和规范性文件，对B证持有人如何防范委托生产过程的相关法律风险、依法履行药品全生命周期的安全主体责任给出一定的建议。

一、药品委托生产法律关系、相关演变及监管法规体系综述

（一）药品委托生产法律关系

药品委托生产通常是指合法取得国家药品批准文号的企业委托其他药品生产企业生产该药品品种的行为。根据《药品生产监督管理办法》，药品上市许可持有人应当建立药品质量保证体系，履行药品上市放行责任，对其取得药品注册证书的药品质量负责。委托生产药品的双方应签署合同，内容应包括双方的权利与义务，并具体规定双方在药品委托生产技术、质量控制等方面的权利与义务，受托方依据委托合同对药品上市许可持有人承担合同义务。

实务中，对于药品委托生产合同的性质可能存在不同理解。笔者认为，药品委托生产合同应当认定为专业服务合同范畴，而不能认定为委托合同。这是因为在这种合同中，受托方不仅要按照委托方（本文如无特别说明，相关研究和讨论仅限于委托人为持有纯 B 证的药品上市许可持有人）的要求生产药品，还要提供与生产相关的服务，如质量保证、质量控制、工艺开发，合同内容方面更多涉及的是服务的专业性和产品的质量要求，以及双方在生产过程中的权利和义务。

（二）药品委托生产的缘起和监管演变

我们可以通过梳理与药品委托生产的立法、政策发展过程，以回顾药品委托生产的发展历程。

2001 年《药品管理法》修订，为药品委托生产正式设立了法律依据。

2014 年，原国家食品药品监督管理总局发布《药品委托生产监督管理规定》，此时明确限定委托方和受托方均应是持有与委托生产药品相适应的《药品生产质量管理规范》认证证书的药品生产企业。

2015 年 8 月，国务院印发《关于改革药品医疗器械审评审批制度的意见》，首次提出开展药品上市许可持有人制度试点；2015 年 11 月，全国人大常委会作出《关于授权国务院在部分地方开展药品上市许可持有人制度试点和有关问题的决定》，授权国务院在北京、天津、河北、上海、江苏、浙江、福建、山东、广东、四川十个省、直辖市开展药品上市许可持有人制度试点，试点期限为 3 年；2016 年 5 月，国务院办公厅印发《药品上市许可持有人制度试点方案》，上述十个省市的药品上市许可持有人制度试点正式启动；2018 年 10 月，全国人大常委会作出《关于延长授权国务院在部分地方开展药品上市许可持有人制度试点期限

的决定》，将在部分地方开展药品上市许可持有人制度试点工作的3年期限再延长1年。

2019年8月，《药品管理法》再次修订，明确规定“国家对药品管理实行药品上市许可持有人制度”，并在“药品上市许可持有人”专章规定了药品上市许可持有人制度，对包括主体资格、组织形式、权利、义务与责任等方面的内容做出了具体安排和规定。

2020年1月，《药品注册管理办法》《药品生产监督管理办法》相继出台，进一步完善了药品上市许可持有人制度，细化了有关上市许可持有人的责任和要求，并明确划分了持有人和生产企业的责任。

药品上市许可持有人制度的实施扩大了持证主体的范围，在药品上市许可持有人制度下，持有人既可以自行生产药品，也可以委托生产。其中不具备自行生产药品能力进行委托生产的持有人，就是业内俗称的纯B证企业（生产许可证分类码仅为B）。委托生产有利于从源头上提高研发者对药品研发的积极性，促进医药产业的科学化、合理化分工。但是，随着纯B证企业的持续增加，相关药品质量问题频发。在2023年至2024年上半年，药品管理机构进行了为期一年的药品委托生产监管专项督导检查，对全国630家B证持有人许可审批材料逐一审核，并抽取28家B证持有人开展现场检查。[①] 通过现场检查发现，B证持有人的质量安全主体责任落实不到位、质量和风险管控能力不足等一系列问题亟待解决，质量安全风险也随之凸显。

如本文引言所述，国家药监局发布了《药品上市许可持有人落实药品质量安全主体责任监督管理规定》《关于加强药品上市许可持有人委托生产监督管理工作的公告》《药品上市许可持有人委托生产现场检查指南》。公告和指南从“严把入口关、确保质量关、加强监管关”入手，进一步强化委托生产监督管理。

（三）现行药品委托生产监管法规体系综述

经笔者检索，现行有效的涉及药品委托生产监管的法律、部门规章、规范性文件主要有《药品管理法》《药品生产监督管理办法》《药品记录与数据管理要求（试行）》《药品委托生产质量协议指南（2020年版）》《药品召回管理办法》《药

① 相关数据源于国家药品监督管理局药品监管司《关于药品委托生产专项督导检查有关情况的通报》（药监药管函〔2024〕80号）。

品上市许可持有人落实药品质量安全主体责任监督管理规定》《关于加强药品上市许可持有人委托生产监督管理工作的公告》《药品上市许可持有人委托生产现场检查指南》。

此外，地方性规范性文件主要有2024年9月6日北京市药品监督管理局、天津市药品监督管理局和河北省药品监督管理局联合发布的《委托生产药品上市许可持有人检查细则（2024年版）》；2024年5月17日山东省药品监督管理局发布的关于受托生产企业的遴选和审核指南——《山东省药品上市许可持有人受托生产企业遴选指南》《山东省委托生产药品上市许可持有人对受托生产企业审核指南》；2024年7月19日江西省药品监督管理局颁布的《江西省药品上市许可持有人遴选受托生产企业指南（试行）》，此外，江西省药品监督管理局还印发了《申请核发〈药品生产许可证〉B证（药品上市许可持有人委托他人生产）受理指南》；2024年7月12日广东省药品监督管理局办公室发布的《关于进一步加强广东省药品委托生产监督管理有关事项的通知》。

二、药品委托方法律风险防范指引

《药品管理法》对规定药品上市许可持有人委托药品生产企业生产做了相关规定，委托生产应当满足的条件包括：委托符合条件的药品生产企业；签订委托协议和质量协议；对受托方质量管理体系进行定期考核；生产企业对药品出厂放行，持有人对药品上市放行等。《药品上市许可持有人落实药品质量安全主体责任监督管理规定》进一步明确和细化了药品持有人的安全主体责任，要求持有人要建立健全药品全生命周期质量管理体系，涵盖从非临床研究到药品上市后不良反应检测所有环节。从《药品管理法》《药品生产监督管理办法》等法律文件看，药品上市许可持有人委托生产企业生产药品，应当对生产企业的生产条件、技术水平和质量管理情况进行考察，对受托生产的全过程进行指导和监督，督促生产企业持续稳定地生产出符合预定用途和注册要求的药品，并定期对受托方的质量管理体系进行审核，在整个委托生产药品关系和过程中系第一法律责任人。

（一）处罚案例的警示

案例一：北京某制药公司因在2021年2月3日至2022年11月29日自行生产及委托山西某制药股份有限公司生产的32批次碳酸钙D3颗粒、碳酸钙D3颗粒（Ⅱ）、碳酸钙 D3 片（Ⅱ）的含量测定项下维生素 D3 不符合规定。北京市市场监督管理局依据《药品管理法》第 117 条第 1 款，作出从重处罚决定：责令停产停业整顿 30 天；没收碳酸钙 D3 颗粒、碳酸钙 D3 颗粒（Ⅱ）、碳酸钙 D3 片（Ⅱ）合计 54,319 盒；没收违法所得合计人民币 6,184,064.88 元；并处罚款人民币 134,037,352.20 元；罚没合计人民币 140,221,417.08 元。

从上述行政处罚结果来看，该被处罚的制药公司作为委托方在委托生产期间未履行药品上市许可持有人在药品委托生产中的主体责任是造成其被罚 1.4 亿元的重要因素，北京某制药公司被认定为"生产、销售劣药"且情节严重，罚款数额为"顶格"处罚的 1.34 亿元——是 32 批次不合格药品总货值的 20 倍。

案例二：某制药股份有限公司委托广东某制药有限公司生产的板蓝根颗粒经黑龙江省药品检验研究院初检和中国食品药品检定研究院复验，检验结果不符合《药典》（2020 年版一部）相关规定。该股份公司因生产、销售不符合标准规定的板蓝根颗粒被广东省药品监督管理局处罚（粤药监药罚〔2024〕2005 号）：依据《药品管理法》第 98 条和第 117 条第 1 款，没收违法所得 8.20 万元，罚款金额 100 万元。

每一个药品上市许可持有人都不想成为相关处罚案例的对象，特别是随着药品监管体系的不断完善和药品生产许可监管的日益强化，药品上市许可持有人对受托生产的管理合规策略显得尤为重要。为确保受托方符合药品生产质量管理规范的要求，这就需要药品上市许可持有人从源头筛选、评估、批准加强管理，才能持续稳定地生产出质量合格的产品，否则可能会面临行政处罚、民事赔偿甚至刑事法律风险。

那么，在现行法律法规背景下，药品上市许可持有人可以通过哪些措施保障委托生产药品质量呢？

（二）受托生产方的遴选风险防范——避免源头风险

鉴于药品上市许可持有人作为委托人的法律责任，受托企业的遴选非常关键，药品上市许可持有人应慎重且尽可能择优选择生产企业。参照《山东省药品上市许可持有人受托生产企业遴选指南》，委托人需要选择与委托药品匹配性高、业界认可度高、合规意识强、质量体系健全、药品生产质量管理规范实施规范、风险处置水平高的受托生产企业。B 证持有人应当综合评估受托生产企业的生产能力、质量保证及控制能力、风险识别及防控能力、安全环保控制能力等各个方面的情况，按照质量优先、合规首选的原则，选择符合委托药品的生产与质量管理需求的受托生产企业。

参照上述遴选要求，笔者建议，B 证企业在遴选受托生产企业时，应当进行严格的尽调，调查范围包含受托企业的财务状况、生产设备匹配性、产能情况、仓储情况、是否存在不良信用记录、关键人员资质、企业人数、专业技术人员比例、同剂型生产车间及生产线数量等。具体来说，需要对如下风险事项进度尽调确认。

（1）通过尽调核查拟受托企业的药品生产许可证是否具有拟委托生产品种相应剂型，并核查是否已通过药品生产质量管理规范符合性检查，受托企业所在地药监局出具同意受托生产意见的可行性。

（2）从政府公开数据、行业报告、社交媒体平台、专业的数据库等多渠道获取和了解拟受托企业的经营状况，包括拟受托生产企业同类型品种的市场占比、销售额、资产总额、盈利能力经营状况的评价指标，以及是否存在破产、对外投资纠纷、出售资产或转让的情形，是否存在较多商业合同纠纷以及是否有负面舆情等。

（3）通过尽调核查拟受托生产企业是否存在失信记录，包括是否存在以下不良信用情形：第一，近一年内存在两批次以上药品抽检不合格的；第二，近三年内监督检查结论存在不符合药品生产质量管理规范要求情况的；第三，近五年内存在严重违反药品监管法规行为或者关键岗位人员存在失信记录的；第四，三年内存在被国内外药品监督管理机构给予过行政处罚或者责令不合格药品召回的；第五，近三年来在接受药监部门的检查中出现严重缺陷、出现不合格情况，以及近三年来出现因质量原因的退货情况的。

（4）通过尽调核查拟受托生产企业的质量记录（如历来的监管机构或者第三方的质量审核材料），产能和专业人员情况，核查拟受托企业的生产能力是否能够满足委托生产药品的需要，尽量降低多药品共线生产带来的交叉污染风险，确需多药品共线生产的，应充分评估多药品共线生产的可行性。

在通过相关尽调排除相关风险，且受托方做出相关保证、承诺后，药品上市许可持有人可以和该拟受托企业签署委托合同、质量协议。

（三）委托生产合作期间风险防范——管理过程风险

对于受托生产企业的遴选仅仅是风险管控的第一步，作为药品上市许可持有人，还需要持续做好委托生产合作期间的全过程风险管控，包括沟通交流机制的建立和执行、现场审核的有效开展以及共享管理的落实等。

1. 沟通交流机制的建立和执行

根据《药品委托生产质量协议指南（2020 年版）》的规定，委托方和受托方必须建立有效的沟通机制，当变更控制、偏差、超标、质量投诉、接受药品监管部门监督管理等方面工作出现争议时，双方应当及时开展沟通协调。

在实践中，电话、聊天软件、邮件等都可以作为委托双方的沟通方式，建议将沟通的方式在体系文件中体现，并应有相应的沟通留痕，如来往的邮件、沟通的记录、确认的文件等。后续如发生事故或纠纷，双方沟通材料将作为追责及索赔的重要依据。药品上市许可持有人的沟通制度的不完善和沟通方式的不明确，将会对产品质量产生无法预估的风险。

参照 2024 年 7 月广东省药品监督管理局办公室发布的《关于进一步加强广东省药品委托生产监督管理有关事项的通知》，特别提到药监部门在展开检查时，现场检查员关注的本质是药品上市许可持有人责任是否明确、沟通是否到位、执行是否落实。为此，笔者建议为了保证双方严格按照文件内容执行，对一些重要问题的细化和沟通需要以“补充协议”的方式固定下来，约定清楚双方的权利义务，如何配合，违约责任。

2. 现场审核的有效开展

依据《药品管理法》第 31 条的规定，药品上市许可持有人应当建立药品质量保证体系，配备专门人员独立负责药品质量管理。药品上市许可持有人应当对受托药品生产企业、药品经营企业的质量管理体系进行定期审核，监督其持续具备质量保证和控制能力。

根据《关于加强药品上市许可持有人委托生产监督管理工作的公告》对药品委托生产环节监督检查的要求，笔者认为，不仅是药品上市许可持有人对产品最终结果的检验，而且包括在委托生产全过程中药品上市许可持有人对药品质量管理情况开展监督检查的过程。参照相关地方性规定，笔者建议 B 证持有人应当至少每年对受托方进行一次现场审核，对生物制品、无菌药品等高风险品种的受托方应至少每半年进行一次现场审核。

参照山东省药品监督管理局发布的《山东省委托生产药品上市许可持有人对受托生产企业审核指南》的规定，药品上市许可持有人需要从企业合规性、机构与人员、厂房设施与设备、物料与产品、确认与验证、文件管理、生产管理、质量控制与质量保证八个环节进行审核。其中，在质量控制与质量保证环节，要求B证持有人审核质量检验、物料和产品放行、变更控制、稳定性考察、计算机化系统等12个方面内容。此外，药品上市许可持有人对受托生产企业的审核应有记录，并形成审核报告，加强审核结果应用，评估审核过程中发现的问题造成危害的严重性及危害发生的可能性，作出审核结论并采取相应的风险控制措施。

据此，笔者建议药品上市许可持有人在现场审核过程中应当覆盖如下事项。

（1）对受托企业及使用特殊原材料（中药提取物、动物来源原材料）制备药品是否符合药品生产质量管理规范进行现场检查，并对受托生产企业检验能力进行评估。

（2）对历史上存在不良信用记录的受托生产企业，药品上市许可持有人还要派员驻厂对委托生产过程进行管理，确保生产过程持续符合药品生产质量管理规范及其他法律规范要求。

（3）加强对原材料供应商的审核，应当对物料供应商进行评估批准，定期对主要物料供应商的质量管理体系进行现场审核。特别是药物生产过程中由受托生产企业对相关原材料进行检验的，药品上市许可持有人应当自行或者委托第三方，定期对主要原料、中间产品（原液）、成品开展抽样检验。

3. 共线管理的落实

如受托方存在共线生产的情况，药品上市许可持有人应当加强共线生产的定期检查，其中共线风险评估是判断共线生产是否合规的重要依据，并根据风险评估情况设置必要的检验项目并开展检验。此外，在共线管理过程中，药品上市许可持有人应当依据《药品共线生产质量风险管理指南》核查受托方是否存在防止污染和交叉污染的必要污染控制措施、设施，并确保在产品质量、环境监测、设备清洁等方面多维度保证污染控制措施有效到位，确保共线生产质量安全且合规。

（四）产品上市放行风险防范——控制结果风险

依据《药品管理法》第33条的规定，药品上市许可持有人应当建立药品上市放行规程，对药品生产企业出厂放行的药品进行审核，经质量受权人签字后方可放行。不符合国家药品质量标准的，不得放行。《药品上市许可持有人落实药品质量安全主体责任监督管理规定》规定，药品上市许可持有人应制定药品上市放行规程，或在委托生产的模式下审核受托生产企业制定的出厂放行规程及标准，并审核出厂放行的药品检验结果和放行文件（包括生产记录、检验记录、偏差调查等），符合规定的，经药品上市许可持有人的质量受权人签字后方可放行上市。

根据上述规定，需要双方在质量协议、放行管理规程中明确双方需要履行的放行职责，受托方质量受权人做产品的出厂放行，药品上市许可持有人的质量受权人做产品上市放行。需要特别注意的是，药品上市许可持有人的质量受权人最终决定产品放行与否，且放行职责不得委托给受托生产企业。

在放行管理过程中，质量管理人员应当对每批次药品生产、检验过程中落实药品生产质量管理规范等要求情况进行监督，对发生的偏差组织调查，对潜在的质量风险及时采取控制措施；质量负责人应当确保在每批次药品放行前完成对生产记录、检验记录的审核，确保与质量有关的变更按规定得到审核和批准，确保所有重大偏差和检验超标已经过调查并得到及时处理。此外，双方应明确放行审核资料清单，用于评价放行批次产品质量的所有资料都应提交至药品上市许可持有人审核，至少应该包括：批生产记录、批包装记录、批检验记录、检验报告书、相关偏差、变更、检验结果偏差（OOS）、仓储储运、环境监控、受托方出厂放行单、相关图表附件，如涉及验证批次，还应提供验证报告。

三、药品委托生产主要合同条款风险提示——基于委托方视角

如前文所述，药品委托生产对药品上市许可持有人自身的质量管理、风险防控、责任赔偿等能力提出了非常高的要求，尤其当出现药品质量问题时，药品上市许可持有人被处罚的风险，以及其与受托生产企业之间的责任如何承担和分配都对药品上市许可持有人的持续经营有着重大影响。就民事责任的承担而言，双方之间的委托合同条款安排就显得尤为重要。为此，笔者从委托方视角，就责任承担和追偿机制、独家生产条款的豁免情形以及知识产权、合同变更终止等核心条款进行分析、提示。

（一）责任承担和追偿机制

根据《药品管理法》第 144 条第 2、3 款的规定，因药品质量问题受到损害的，受害人既可以向药品上市许可持有人、药品生产企业请求赔偿损失，也可以向药品经营企业、医疗机构请求赔偿损失。接到受害人赔偿请求的，应当实行首负责任制，先行赔付；先行赔付后，可以依法追偿。生产假药、劣药或者明知是假药、劣药仍然销售、使用的，受害人或者其近亲属除请求赔偿损失外，还可以请求支付价款 10 倍或者损失 3 倍的赔偿金；增加赔偿的金额不足 1000 元的，为 1000 元。而依据《最高人民法院关于审理食品药品纠纷案件适用法律若干问题的规定》第 2 条第 1 款的规定，因药品存在质量问题造成消费者损害，消费者可以分别起诉或者同时起诉销售者和生产者，其中“药品的生产者”包括药品上市许可持有人和药品生产企业，“药品的销售者”包括药品经营企业和医疗机构。

从上述法律、司法解释的规定来看，药品上市许可持有人委托生产企业生产药品的，药品上市许可持有人与生产企业均是“药品生产者”，药品经营企业和医院是“药品销售者”。如发生药品质量问题，药品上市许可持有人应按照首负责任制的原则，承担对受害人的赔偿责任。若药品质量问题应归责于受托方或其他第三方，药品上市许可持有人可在先行赔付后向受托方或其他第三方追偿。

因此，药品上市许可持有人应在委托生产协议中就生产企业原因导致药品质量出现问题而产生的损失，明确约定相关责任界定、划分和损失承担的条款，以便药品上市许可持有人向生产企业进行追偿。基于相关司法判例和实务经验，笔者建议药品上市许可持有人至少有如下安排：受托生产企业的原因导致受托生产的药品发生质量问题（包括但不限于质量不合格等），由此给药品上市许可持有人造成的全部损失应由生产企业承担，包括但不限于患者向药品上市许可持有人进行索赔、药品经营企业或医疗机构向药品上市许可持有人进行追偿而发生的赔偿损失，以及没收药品和违法所得、罚款、停业整顿和吊销执照、索赔等直接和间接损失。

（二）独家条款的豁免安排

独家条款通常是指在药品委托生产协议中约定，协议产品由药品上市许可持有人委托生产企业独家生产，不得委托任何第三方生产协议产品，并且通常药品上市许可持有人要求独家委托生产企业应当优先为协议产品排产，保质保量并及时供货。在该种安排下，药品上市许可持有人可以获得协议产品稳定的生产渠道，受托生产企业可以获得协议产品全部的生产加工费，此为双方约定独家条款所追求的合理商业目的。

在存在独家条款安排的情形下，受托生产企业的保供能力非常重要，尤其是药品上市许可持有人的核心品种的委托生产。从委托方的风险防范角度来说，必然要考虑在独家委托生产的情形下，若生产企业存在无法满足保供要求，是否可以委托其他方进行生产，即受托方是否可以豁免药品上市许可持有人独家委托的义务。笔者认为，从合同目的和公平原则的角度，应当赋予委托方该等豁免权利。当然，这种豁免也应当受到一定限制，不能是无条件豁免，否则对受托方也是不公平的。因此，笔者建议，若双方拟约定独家条款，建议在委托协议中明确列举可能发生的多种例外情况，并以兜底条款的形式明确生产企业保供能力的基准线，避免在合同履行过程中发生争议。实务中，通常可以在委托协议中就如下事项发生后的豁免作出约定。

1. 不可抗力情形

通常不可抗力是指受托生产企业所在地出现了台风、冰雹、地震等影响正常生产经营的水灾或其他灾难，导致整个厂区的生产客观上出现停滞，无法按照药品上市许可持有人的生产计划安排生产并供货。

2. 政府行为所导致的情形

比如受托生产企业所在地因环保、能源供应问题，被政府部门统一要求限产，客观上无法按照药品上市许可持有人的生产计划安排生产并供货。

3. 安全或意外事故

通常是指受托生产企业因安全生产问题在厂区内发生火灾、爆炸、意外伤亡等情况，被应急等主管部门要求停产整改，导致企业一定时间内无法安排协议产品的生产。

4. 受托方违法违规导致停产

该等情形较为常见的是受托生产企业因生产的某些药品质量不合格，被药监部门查处，责令其停业整顿，从而导致协议产品的生产出现停滞，短期内无法供货。

5. 受托方产能不足

受托生产企业在产能安排上有时会倾向于自有品种或其他委托生产的品种，

其基于自身商业利益考虑，导致协议产品的排产受到影响，出现供货不足或不及时的情况。

6. 发生产品质量问题

受托生产企业的质量管理出现问题，生产过程未能完全遵守药品生产质量管理规范的要求，导致生产出来的协议产品频繁出现质量问题，此时已难以满足药品上市许可持有人对药品质量的基本要求。

此外，双方基于诚信原则，可以在委托协议中约定如下内容："如相关例外情况的影响已消失或解除，且生产企业恢复正常供货能力，双方应当再继续履行独家条款，新增的委托生产企业仅作为例外情况的补充。"当然，从委托人的角度，还需要考虑一个极端情况，如上述例外情况成为长期无法克服和消除或者频繁发生的情形，即客观上已导致独家委托条款履行不能。在此情况下，可以约定药品上市许可持有人可以长期委托新增的生产企业生产协议产品。

（三）其他主要条款

1. 知识产权安排

在委托生产场景下，药品上市许可持有人委托生产的相关技术、文件甚至保密性材料都要转移给受托生产企业，因此，委托方需要考虑如下风险。

（1）产品委托生产之后，如何保证受托方及其员工有效保护好委托方的知识产权和商业秘密，应成为委托方重点考虑的问题。

（2）如果受托方本身具有相关工艺研发和优化的能力，委托生产药品的技术成果的归属也需要在合同中进行约定。

（3）相关产品的工艺参数亦是委托方非常重要的技术秘密，而受托方的客户可能不止委托方一家企业，可能存在多家有竞争关系的企业同时委托、各个企业都派驻质量监督人员的情况，此时相关产品的工艺规程和参数等如何保密并防止泄漏，委托方也应当在协议和报名措施中做出有效安排。

为此，笔者建议双方应当签订书面的保密协议，同时建议委托方参与制定产品技术内容相关的具体质量文件，并规定文件的获取权限和相关人员只能通过何种途径接触到相关技术内容。此外，委托方可以给受托方涉及技术秘密的人员进行培训，明确告知保密文件的范围，并保留好培训记录。

2. 合同变更和终止情形

合同签订后各方能够按约履行当然是皆大欢喜的事情，但是，凡事都可能有例外。因此，委托方需要充分考虑和合理预见在合同履行的过程中可能会出现影响合同履行的不同情形：受托方产能弹性不够、受托方对委托方知识产权的保护力度不够且存在泄密风险；受托方遭受到监管部门的严重处罚导致停产整顿；委托方产品在集采中没有中标等。对于上述情形，建议委托方在委托协议中明确约定可以作为单方面终止合同或者变更的依据。考虑到合同终止后还需要受托方提供诸多协助和配合，因此，还应当约定合同终止时受托方的配合义务。

药品委托生产知识产权风险与合规

池振华

在全球医药产业快速发展的背景下，药品上市许可持有人（MAH）制度作为一种创新的药品管理模式，逐渐在全球范围内普及。该制度将药品上市许可与生产许可分离，赋予药企、药品研制机构等成为 MAH 的资格，激发了药品研发创新活力。在 MAH 制度下，MAH 既可以自行生产药品，也可以委托生产，业内俗称的纯 B 证企业由此产生。

我国的 MAH 制度，经过了数年的探索与实践。《药品管理法》虽然明确建立 MAH 制度。然而，MAH 制度也面临诸多挑战，需要应对生产管理复杂化以及纯 B 证企业快速增长等新情况带来的监管难题。国家药监局于 2023 年 10 月发布了《关于加强药品上市许可持有人委托生产监督管理工作的公告》，明确 MAH 委托生产药品质量安全主体责任，提出了更细致的管理要求。这一举措旨在规范市场秩序，保障药品质量安全，推动 MAH 制度的进一步完善。

本文将从知识产权风险与合规的角度出发，深入分析 MAH 制度下药品委托生产全周期中的关键知识产权问题，提出对策建议，以期为我国 MAH 制度的进一步完善提供参考与借鉴。

一、生产过程的风险与合规

（一）药品生产中的知识产权保护

在 MAH 制度框架下，知识产权不仅是 MAH 保护其创新成果的重要手段，更是其在市场竞争中保持领先地位的关键因素。药品生产过程中的核心技术、生产工艺、配方等，作为 MAH 独有的知识财产，直接关联到企业的核心竞争力和市场价值。因此，在药品委托生产过程中，对知识产权的全面保护显得尤为重要。

1. 专利保护的布局

药品生产过程通常涉及药物的配方、生产工艺参数、生产设备的使用方法、质量控制方法等核心技术和工艺。专利保护是企业防止竞争对手复制其核心技术的主要手段之一。为了确保这些创新成果不被竞争对手复制或滥用，MAH 需对其在药品生产过程中形成的核心技术和工艺进行深入的专利布局，积极采取专利申请的方式予以保护。通过专利申请，企业可以在法律上对其创新成果享有独占权，从而在市场上获得竞争优势，还可以通过法律手段打击侵权行为。

2. 商业秘密的保护策略

仅依赖专利保护并不足以覆盖药品生产中的所有知识产权风险，特别在涉及药品生产时，许多企业的关键配方和工艺参数不符合专利保护的公开性特点，反而需要通过商业秘密的形式来保持其独占性。

商业秘密的保护关键在于企业内部采取严格的保密管理，包括限制核心技术的知悉范围、对涉密信息载体加锁、签署保密协议等。此外，企业还应建立完善的内部管理制度，确保每一位接触核心技术的员工都意识到保密工作的重要性，并严格遵守保密规定。

3. 动态管理与保护策略的调整

在药品生产中，随着工艺的不断改进和设备的更新换代，企业需要动态管理其知识产权。企业应定期对商业秘密保护措施进行审查和更新，确保其在不断变化的市场环境中仍然有效；对于已经申请专利的技术，应定期审查其专利权利状态，确保专利的维持；同时，对于尚未公开的技术，应根据市场和竞争环境的变化，决定是否继续以商业秘密的形式保护，或者转而申请专利保护。

（二）MAH 制度下生产工艺的技术转移与合规管理

在 MAH 制度下，MAH 通常不直接参与生产，而是通过委托生产的方式将药品生产任务交给受托生产企业，生产工艺的技术转移成为 MAH 和受托生产企业之间的重要环节。技术转移是指 MAH 将其持有的药品生产技术和工艺转移给受托生产企业，以实现药品的规模化生产。此种模式下，MAH 如何与受托生产企业共享和保护核心技术成为一个关键问题。

1. 技术转移的合规管理

技术转移的合规管理是确保药品生产质量和安全的重要手段。《药品管理法》明确了 MAH 对其委托生产的药品质量负有法律责任。这意味着，即使药品生产由受托企业完成，MAH 仍然需要对生产工艺的质量和合规性进行严格把控。因此，在技术转移过程中，MAH 应当确保受托企业具备承接转移技术的技术能力和生产资质，并且能够严格按照法律规定和技术标准进行生产。此外，MAH 还需对技术转移过程进行全程跟踪和监控，确保技术转移的顺利进行和知识产权的安全。

2. 受托企业的知识产权管理

技术转移通常涉及核心技术的传递，包括配方、生产工艺、操作规范等。在技术转移的实际操作中，MAH 还应提前对受托企业的知识产权管理水平进行全面评估，并根据技术转移的需要对受托企业的保密措施进行必要的调整和升级。为了确保技术在转移过程中不被泄漏或滥用，MAH 应与受托企业签订严格的技术转移协议，确保技术转移过程中涉及的所有文档和数据都经过加密处理，限制知悉人员的范围以减少泄密风险，这些措施不仅可以确保技术转移的成功实施，还能有效防范知识产权泄漏的风险。此外，MAH 还应定期要求受托企业提供生产管理记录和质量报告，确保受托企业按照既定工艺和标准进行生产，避免因技术转移不当而引发的质量问题和知识产权纠纷。

（三）生产设备与技术许可的合规审查

生产设备与技术许可的合规审查是确保药品生产符合法律规范要求、避免知识产权纠纷的关键环节，在 MAH 制度下，生产设备的选择和技术许可的使用直接影响到药品生产的质量和合规性。

1. 生产设备的选择

在 MAH 制度下，MAH 需要确保受托企业的生产设备符合相关规定和技术标准，这包括对设备的技术参数、生产能力、操作安全性等方面进行详细的评估。此外，知识产权的合规性也是设备合规审查的重要方面。MAH 应对受托企业设备的知识产权情况进行尽职调查，确保设备的使用未侵犯第三方的专利权或其他知识产权。对于存在知识产权风险的生产设备，MAH 应要求受托企业及时更换或采取其他必要措施。

2. 技术许可合法有效

技术许可方面，MAH 应对许可技术进行审查，避免使用未经授权或权利不稳定的技术。在签订技术许可合同时，MAH 应明确技术的使用范围、许可期限、许可费用、地域限制等关键条款。在实际操作中，MAH 还应定期对技术许可的执行情况进行审查，确保技术的使用符合许可协议的规定，避免因超范围使用或使用不当而引发法律风险。

（四）生产质量控制与知识产权风险管理

生产质量控制是确保药品安全性和有效性的关键环节。在 MAH 制度下，生产质量控制中的关键技术和工艺往往涉及企业的核心知识产权，生产质量的控制不仅关系到药品的市场表现，还直接影响到企业的知识产权保护。据此，MAH 应当注意如下事项。

1. 建立完善的质量和知识产权过程管理体系

受托企业应严格按照药品生产质量管理规范（GMP）要求，建立并持续优化质量管理体系，同时建立知识产权管理体系。这一体系应覆盖从原材料采购、生产过程监控、成品检验到产品放行的全过程，确保每一环节都有详细的记录和可追溯性，并能实现知识产权的全过程管理。

2. 加强关键技术与工艺保护

受托企业应对生产过程中涉及的核心技术、独特工艺以及关键配方等知识产权建立严格的操作规程和保密制度，加强对员工的培训和教育，提高员工的保密意识和操作技能水平，确保关键技术和工艺在生产过程中不被泄漏或滥用。

3. 构建知识产权风险管理体系

针对药品生产过程中的知识产权风险，受托企业应建立一套完整的风险管理体系，包括风险识别、风险评估、风险控制和风险监控等关键环节。通过定期分析生产过程中的知识产权风险点，评估其潜在影响，制定并实施相应的风险控制措施，如加强内部管理、完善合同条款、建立预警机制等。同时，对风险控制效果进行持续监控，确保知识产权风险得到有效管理。

4. 利用信息化手段提升管理水平

受托企业应充分利用信息化手段，如建立电子数据管理系统（EDMS）、采用区块链技术等，来加强生产质量控制和知识产权风险管理。通过信息化手段，可以实现对生产过程的实时监控、数据的加密存储和传输，以及风险信息的快速传递和处理。

二、生产外部合作的风险与合规

（一）受托企业的选择与知识产权尽职调查

在药品委托生产的合作框架下，选择合适的受托企业是确保知识产权得到有效保护的首要步骤。在MAH制度下，委托生产的灵活性虽然为药品研发与市场推广提供了便利，但也带来了复杂的知识产权风险。委托方需要将技术、工艺及其他专有信息交由受托企业生产，受托方的知识产权管理水平、合规性以及与第三方知识产权的潜在冲突，直接影响到委托方的知识产权安全。

委托方在选择受托企业时，需确保其具备完善的知识产权体系，包括：（1）保证产品和工艺的独占性，受托企业必须承诺不会将委托方的技术用于其他客户的生产或研发活动；（2）确保技术和工艺的合法性，受托企业应提供证据，证明其在生产过程中使用的所有技术和工艺都是合法且未侵犯他人知识产权的；（3）有效的商业秘密保护，受托企业应具备保护商业秘密的能力，包括技术文件的加密存储、限制知悉人员等。

在我国合同生产组织（CMO）行业快速发展但集中度较低、中小型企业居多的背景下，委托方在寻找受托方时面临的挑战更为显著。传统方式如展会、朋友圈、行业商业化平台等，往往存在信息不对称的问题，使委托方难以全面评估受托方的管理水平和实际能力。为了防范受托方在知识产权管理方面存在疏漏，导致商业秘密泄漏、专利侵权或商标使用不当等问题，开展全面的知识产权尽职调查至关重要。具体而言，建议尽职调查包括但不限于以下内容。

1. 基本情况审查：评估受托企业是否拥有与药品生产相关的有效专利、商标、著作权等知识产权，以及这些知识产权的覆盖范围、有效期限和保护状态；考察受托企业是否建立了完善的知识产权管理体系，包括是否设有专门的知识产权管理部门或岗位，以及该部门或岗位的职责、权限和运作机制；审阅受托企业的知识产权政策、保密制度、内部管理制度等文件，评估其是否健全、有效，并能为技术转移提供充分的制度保障。

2. 涉诉历史与风险排查：调查受托企业是否存在与知识产权相关的诉讼、仲裁或行政处罚记录，特别是涉及技术侵权、商业秘密泄漏等敏感问题的案件；基于受托企业的知识产权状况和行业背景，进行风险排查和预警分析，识别可能存在的知识产权冲突或纠纷隐患，并制定相应的应对策略。

3. 保密措施与人员管理：确认受托企业的关键员工（包括技术人员、管理人员等）是否已签署保密协议，并了解保密协议的具体内容、执行情况和违约责任；评估受托企业是否定期对员工进行保密培训，提高员工的保密意识和技能水平；检查受托企业的物理安全设施（如门禁系统、监控摄像头等）和电子安全系统（如数据加密、访问控制等），评估其是否能有效防止未经授权的访问和信息泄漏。

此类调查的目的是评估受托企业是否具备保护委托方知识产权的能力，并识别出可能存在的知识产权风险。通过对受托企业的严格筛选和尽职调查，委托方可以最大限度地减少在委托生产过程中可能面临的知识产权风险。

（二）委托生产协议中的知识产权条款

在药品委托生产过程中，委托生产协议是确保知识产权得到保护的法律基础。在受托方可能同时为多家存在竞争关系的企业提供服务，并接受各自派驻的质量监督人员时，确实存在工艺规程、技术细节乃至商业秘密泄漏的风险。这种风险不仅威胁到企业的核心竞争力，还可能对公众健康与药品市场的公平竞争环境造成不利影响。因此，委托生产协议中的知识产权条款必须清晰明确，确保委托方的技术和工艺不会被滥用或非法转移，条款应至少涵盖以下几个方面。

1. 技术使用范围：限制受托方仅能在合同约定的范围内使用委托方的技术和工艺，且不得擅自复制、修改或转让给第三方，防止受托企业将委托方的技术用于其他未授权用途。

2. 知识产权归属：对于生产过程中受托企业基于 MAH 提供的技术可能产生的改进技术或新技术成果，协议应明确其的知识产权归属，防止受托企业私自申请专利或利用改进成果获取商业利益。

3. 知识产权保护措施：协议中应要求受托企业采取必要的措施来保护委托方的知识产权，如加密存储、限定访问权限、定期审查等。

4. 违约责任：明确若因受托企业的过失导致技术泄漏或滥用时，受托企业需要承担的法律责任和经济赔偿。

5. 技术资料的返还或销毁：还应规定技术的返还或销毁条款，以确保技术在合作结束后不会被非法保留或传播。

此外，在正式委托关系确立前，委托方需广泛接触并评估多位潜在受托方。在这一过程中，受托方应提交详尽的资质证明，涵盖生产许可、质量审核记录、生产能力、专业人员配置等，并承诺信息的真实性。双方交流过程中涉及的商业秘密，包括技术细节与经营策略，同样需通过书面协议明确保密责任与范围，确保信息安全。

三、采购过程中的风险与合规

（一）采购过程中知识产权侵权风险的具体表现

在药品采购过程中，供应商提供的材料、设备或技术，若涉及知识产权问题，可能会给整个生产过程带来巨大的法律风险。特别是在医药领域，技术和工艺往往受到专利、商标、商业秘密等多方面的保护，具体侵权风险表现可能包括以下四个方面。

1. 直接侵权风险：采购的产品或技术直接侵犯了他人的专利权、商标权或版权，导致采购商（如 MAH 或生产企业）成为侵权诉讼的被告，这种风险常见于未经授权使用受保护的技术或设计，以及销售或分销侵权产品。

2. 间接侵权风险：采购产品或原材料时，采购商可能间接侵犯了第三方的知识产权，如使用需配套解决方案的产品时，未获得相关技术的合法授权。

3. 跨境采购的特殊风险：在全球化采购中，涉及不同国家和地区的法律体系和知识产权制度，采购商在跨境采购中可能因不了解或忽视目标市场的知识产权规定而遭遇海关查扣、市场准入障碍等风险。

4. 合同违约与经济损失：知识产权侵权不仅可能导致法律诉讼，还可能触发采购合同中的违约条款，使采购商面临合同违约赔偿、货款损失及商誉损害等多重经济损失。

（二）采购中的知识产权风险识别和防范

为了有效应对采购过程中的知识产权风险，采购商需要构建一套全面的识别与防范体系。

1. 供应商资质审查：在采购前，对供应商的知识产权管理能力进行评估，包括其是否拥有合法有效的知识产权证明、是否建立了完善的知识产权保护机制、是否有过知识产权侵权的记录等。通过深度审查与评估，采购商可以筛选出具有较高知识产权合规水平的供应商，降低采购过程中的侵权风险。

2. 产品与技术审查：对拟采购的产品或技术进行详尽的知识产权审查，确认其是否涉及第三方知识产权，并核实供应商是否已获得合法授权，对于需要配套解决方案的产品，应特别关注配套技术的知识产权状况，确保所采购的产品或技术不存在侵权隐患。

3. 采购协议条款设计：在采购协议中明确知识产权条款，包括供应商的知识产权保证、侵权责任承担、争议解决机制等，通过强化与明确这些条款，企业可以在未来可能发生的法律纠纷中占据有利地位，降低自身的法律风险和经济损失。

4. 跨境采购：对于跨境采购项目，应提前了解目标市场的知识产权法律环境，包括研究目标市场的知识产权法规、了解当地海关的执法标准和程序、评估市场准入障碍等。通过充分准备与应对，采购商可以确保采购的产品或服务符合当地法律法规要求，避免海关查扣等风险的发生。

（三）对供应商商业秘密的保密管理

在药品生产原料的采购阶段，采购商往往需要与供应商共享敏感的商业信息，这些信息可能涉及供应商的生产工艺、原材料配方、成本结构等核心信息，一旦泄漏将对 MAH 及供应商的市场竞争力造成严重影响，采购商应采取一系列措施来确保对供应商商业秘密的保密管理。

1. 采购保密协议的签署：在与供应商建立合作关系之前，应签订保密协议明确界定哪些信息属于供应商的商业秘密，以及采购商在使用、存储和传输这些信息时应承担的保密责任。采购商应确保所有参与采购的员工都了解并遵守保密协议的规定以及泄漏信息的后果。

2. 信息管理与安全控制：应对从供应商处获取的商业秘密信息进行分类管理，根据信息的敏感程度和重要性采取不同的安全控制措施。对于高度敏感的信息，应采用加密存储、物理隔离、访问权限控制等安全措施，防止信息泄漏。

四、供应商管理的风险与合规

（一）供应商认证中的知识产权尽职调查

供应商提供的材料、设备或技术，若涉及知识产权问题，可能会给整个生产过程带来巨大的法律风险。针对供应商知识产权尽职调查的核心在于评估其是否存在潜在的侵权风险，重点应审查以下知识产权相关内容。

1. 专利清单及法律状态：审查供应商所提供的产品或技术是否涉及他人的专利，是否有权合法使用这些专利。若供应商仅拥有使用权，需确认其许可协议的合法性和有效性。

2. 商标和版权状况：审查供应商所使用的商标和版权为合法使用，不会因采购和使用这些产品或技术引发商标侵权或版权纠纷。

3. 商业秘密保护措施：审查供应商是否采取了完善的商业秘密保护机制，确保其生产和提供的技术和服务不侵犯其他企业的商业秘密，同时也能妥善保护委托方的技术信息。

4. 供应商关联主体：除了供应商本身，还应对供应商的母公司、子公司及其他关联主体进行知识产权尽职调查，这些关联主体可能在供应链中扮演重要角色，其知识产权管理情况直接影响到供应商的整体合规性。

通过详细的知识产权尽职调查，MAH 可以在采购阶段提前识别供应商可能存在的知识产权风险，并在采购合同中采取相应的防范措施，减少可能的法律纠纷和市场风险。

（二）供应商的知识产权风险控制

在药品委托生产过程中，知识产权担保是保障买卖双方权益、促进合作顺利进行的重要基石。与传统的信用证或银行保函不同，知识产权担保更多地体现在合同条款中，或直接以独立担保函的形式作为合同附件。这种担保的核心在于明确供应商的责任范围，即保证所供产品或服务在知识产权层面上的合法性与安全性。

1. 知识产权担保的范围：知识产权担保的范围广泛，包括但不限于专利、商标、包装装潢、著作权及商业秘密等。在药品委托生产的背景下，这要求供应商确保其生产工艺、配方、原料、包装乃至产品说明书等各个环节均不侵犯他人的知识产权。若发生知识产权侵权并被法院确认，供应商需承担买方因此遭受的全部损失，包括但不限于赔偿金、官方费用、律师费、公关费、交通费等直接和间接损失。此条款的设置，旨在激励供应商加强自我审查，降低侵权风险，并在发生问题时迅速采取补救措施。

2. 知识产权担保的地域性考量：鉴于药品市场的全球化趋势，知识产权担保的地域范围必须足够广泛，以覆盖买家所在国家（地区）及所有可能的目标销售市场。这要求供应商不仅要关注本地法律法规，还需对国际知识产权法律体系有深入了解，确保其产品在全球范围内均不存在侵权风险。此外，随着跨境电商的兴起，对于在线销售的产品，还需特别关注互联网环境下的知识产权保护问题。

五、供应链管理的风险与合规

（一）物流环节中的知识产权合规

在药品生产过程的全周期中，包括原材料采购、产品包装、储存、装卸搬运、配送、售后物流及物流信息处理等，每个环节都可能发生知识产权侵权或商业信息泄漏，这些敏感信息包括但不限于生产技术、配方细节、原材料价格、客户订单数据、供应链合作伙伴信息等。具体而言，药品委托生产供应链物流环节中的知识产权风险主要包括以下三个方面。

1. 海关查扣与仓储查封风险：若药品涉嫌侵犯他人知识产权，在海关清关或第三方仓储时可能遭遇查扣或查封，导致物流中断，影响市场供应。

2. 商业信息泄漏风险：在药品流动过程中，相关技术、配方、价格、客户信息等敏感信息可能因管理不善而泄漏，给企业带来重大损失。

3. 跨境销售风险：跨境物流还需面对目的地国家（地区）的知识产权法律体系差异，可能因侵权而面临高额赔偿、产品销毁及法律诉讼等多重风险。

为有效应对上述风险，药品委托生产企业在物流环节应采取以下防范措施。

1. 加强物流供应商管理：（1）选择具有良好信誉和知识产权保护意识的物流供应商，签订严格的服务合作协议，明确双方的知识产权保护责任；（2）对物流供应商进行定期评估与审核，确保其操作符合知识产权法规要求。

2. 信息安全管理：（1）对物流过程中的敏感信息（如药品品名、价格、客户信息等）进行加密处理，限制访问权限；（2）采用间接信息报关方式，如仅提供重量和总价信息，避免泄漏核心商业信息；（3）加强内部人员培训，签署保密协议，防止内部人员泄漏信息。

3. 产品合规性审查：（1）在物流启动前，对药品进行全面合规性审查，确保不侵犯任何第三方的知识产权；（2）对于出口产品，特别关注目的地国家（地区）的知识产权法规，避免跨境销售风险。

4. 建立应急响应机制：（1）制定知识产权侵权应急预案，明确应急处理流程和责任分工；（2）一旦发生侵权事件，立即启动应急响应机制，迅速收集证据，采取法律措施维护企业权益。

（二）供应链上下游知识产权协同管理

1. 供应链合作中的知识产权共享与协同保护

在药品委托生产中，供应链上下游企业之间的知识产权协同管理至关重要。通过共享与协同保护知识产权，可以促进技术创新，提升产品竞争力，同时降低知识产权风险。对此，企业可通过以下方式实现知识产权的共享。

（1）知识产权许可：供应链上下游企业可通过签订知识产权许可协议，允许对方在特定范围内使用其专利、商标、著作权等知识产权。这种许可既可以是单项的，也可以是“打包”形式的，以满足双方合作需求。交叉许可则更进一步，双方相互授权使用对方的知识产权，促进技术交流与合作。

（2）战略合作与知识产权联盟：为了深化合作，企业可与供应链上游企业建立长期战略合作伙伴关系，通过签订战略合作协议明确双方在知识产权方面的权利与义务。此外，还可以联合多家供应链企业成立知识产权联盟，共享成员间的知识产权资源，共同抵御外部知识产权风险。

（3）联合研发与创新平台：鼓励供应链上下游企业共同参与研发项目，建立联合研发中心或创新平台。这种方式不仅有助于加快技术创新步伐，还能在研发过程中形成共同的知识产权成果，实现知识产权的共创共享。

在知识产权共享的基础上，企业还需制定协同保护策略，以确保知识产权的安全与稳定。①建立信息共享机制：供应链企业应定期交流知识产权信息，包括最新的专利申请、授权情况、侵权风险预警等，以便及时发现并应对潜在的知识产权风险。②制定统一的知识产权保护标准：供应链上下游企业应共同制定并执行统一的知识产权保护标准，确保在产品设计、生产、销售等各个环节均符合知识产权保护要求。③加强知识产权培训与意识提升：定期对供应链企业员工进行知识产权培训，提升其知识产权保护意识和能力，减少因人为因素导致的知识产权风险。

2. MAH 制度下供应链上下游知识产权协同管理

在 MAH 制度下，MAH 对药品全生命周期的质量和安全承担全部责任。这要求 MAH 不仅要关注自身知识产权的管理与保护，还要加强与供应链上下游企业的知识产权协同管理，防止风险传递。针对供应链知识产权风险可以采取以下应对手段。

（1）供应链审计与尽职调查：MAH 应对供应链上游企业进行全面的知识产权审计和尽职调查，了解其知识产权状况和管理水平，评估潜在的知识产权风险。对于存在较高风险的企业，应采取相应的风险防控措施，如加强合同约束、要求提供知识产权担保等。

（2）合同管理与风险分担：在与供应链上下游企业签订合同时，MAH 应明确知识产权条款，包括知识产权归属、使用范围、侵权责任等，同时合理分担知识产权风险，通过合同条款约定双方在发生知识产权纠纷时的责任与义务。

（3）建立应急响应机制：MAH 应建立知识产权应急响应机制，一旦发生知识产权侵权事件，能够迅速启动应急预案，采取有效措施控制事态发展，减少损失。

（4）建立供应链知识产权协同管理平台：利用现代信息技术手段，建立供应链知识产权协同管理平台，实现知识产权信息的实时共享与监控。通过平台，MAH 可以及时了解供应链上下游企业的知识产权动态，发现潜在风险并提前预警。

（三）跨境供应链的技术进出口管制

虽然我国目前的 MAH 制度仅适用于持证和生产同属境外或者同属境内的情形，但在全球化背景下，药品生产仍可能涉及跨境物流和供应链管理，如药品生产涉及跨境原材料采购、生产加工、成品储存和运输等多个环节。

跨境物流和供应链管理需要确保药品在整个供应链中的质量和安全，由于不同国家和地区的知识产权法律和监管要求存在差异，需要充分了解并遵守相关法规，确保药品生产过程的合法性和合规性。例如，在某些国家，特定技术的出口需要获得政府的许可或审批，MAH 应提前进行相关申请并确保所有手续齐全，以避免法律风险。此外，MAH 还需要确保技术转移过程中的数据和信息安全，防止在跨境数据传输中发生泄漏或被窃取的情况。为了确保跨境供应链的合规性，MAH 可以采取的具体措施包括以下两个方面。

（1）法律环境评估：MAH 在开展跨境技术转移前，应委托专业机构对目标市场的知识产权法律环境进行全面评估，包括技术进出口政策、知识产权保护制度、外资准入条件等，为决策提供可靠依据。

（2）合同条款设定：跨境合作协议中应明确技术的使用范围、转移方式、知识产权归属、严格违约责任等关键条款，确保双方权益得到有效保护。跨境合作中，商业秘密的保护尤为重要，MAH 应采取技术保护措施，如数据加密、访问控制等，防止商业秘密在国际传递过程中被非法获取。

药械出海等 BD 交易相关法律法规、架构设计及合规关注要点

刘婷婷　黄冠鸿

一、药械出海等 BD 交易背景及适用法律法规概览

（一）药械出海交易背景总结

近年来，技术授权许可（license）等商务拓展（BD）交易在全球医药医疗器械行业日趋火热，在国家宏观政策鼓励和创新药品医疗器械研发环境不断改善的情况下，我国医药和医疗器械企业跨境技术交易市场越发活跃，各类许可发放（license-out）及许可列入（license-in）等 BD 交易数量也在持续增加。

因国内外资本市场变化和监管政策的趋严趋势，越来越多的医药企业和医疗器械选择出海寻求更广阔的市场和获得更多合作方、投资方的资金支持，国内传统药械企业也在不断通过引进境外成熟的技术来丰富自身的药品管线和医疗器械产品布局。

（二）药械出海交易适用法律法规概览

药械技术许可交易，尤其是跨境药械技术许可交易的流程复杂、专业性要求高且时间跨度大，适用的法律法规纷繁复杂，作为交易相对方需要遵守和关注的法律法规主要包括但不限于以下几个方面。

一是技术许可的基础法律关系所需适用的法律法规，如《民法典》《专利法》《专利法实施细则》《最高人民法院关于审理技术合同纠纷案件适用法律若干问题的解释》《国务院反垄断委员会关于知识产权领域的反垄断指南》《药品技术转让注册管理规定》等。

二是药械技术的专业性所需适用的行业监管类法律法规，如《药品管理法》《疫苗管理法》《药品管理法实施条例》《生物安全法》《人类遗传资源管理条例》《人类遗传资源管理条例实施细则》《医疗器械监督管理条例》等。根据交易药械技术所在的阶段，相应的行业监管类法规还可细化适用至药械研发、注册、生产、经营、使用等全生命周期，包括但不限于《药物临床试验质量管理规范》《药品注册管理办法》《药品生产监督管理办法》《药品经营和使用质量监督管理办法》《药品召回管理办法》《药品不良反应报告和监测管理办法》《医疗器械临床试验质量管理规范》《医疗器械注册与备案管理办法》《医疗器械生产监督管理办法》《医疗器械经营监督管理办法》《医疗器械召回管理办法》《医疗器械不良事件监测和再评价管理办法》等。

三是交易可能涉及的税务处理问题需要遵守的税务方面的法律法规，如中国的《企业所得税法实施条例》《增值税暂行条例》《财政部、国家税务总局关于全面推开营业税改征增值税试点的通知》，美国的《国内税收法典》(26 United States Code)，《中华人民共和国政府和美利坚合众国政府关于对所得避免双重征税和防止偷漏税的协定》等。

四是如药械技术许可为跨境交易，需要遵守中国关于技术进出口管制、数据跨境传输等方面的法律法规，如《出口管制法》《对外贸易法》《技术进出口管理条例》《网络安全法》《数据安全法》《个人信息保护法》《人类遗传资源管理条例》《人类遗传资源管理条例实施细则》《数据出境安全评估办法》《个人信息出境标准合同办法》《数据出境安全评估申报指南（第二版）》《个人信息出境标准合同备案指南（第二版）》等。

五是在跨境交易中需关注或适用的交易相对方所在国家的法律法规，如美国的《1979年出口管理法》、《出口管理条例》、与反垄断审查相关的《哈特－斯科特－罗迪诺反垄断改进法案》(Hart-Scott Rodino Antitrust Improvements Act)、与反腐败相关的《反海外腐败法》(Foreign Corrupt Practices Act，FCPA)，欧盟的《建立欧盟控制两用物项的出口、中介、技术援助、过境和转让的管制制度》、《通用数据保护条例》(General Data Protection Regulation)等。

六是在跨境交易中需要遵守相关的国际条约和国际协定，如《保护工业产权巴黎公约》《专利合作条约》《与贸易有关的知识产权协议》等。

七是跨境交易中涉及的法律适用和争议解决相关法律法规，如《涉外民事关系法律适用法》《民事诉讼法》《仲裁法》《最高人民法院关于适用〈中华人民共和国仲裁法〉若干问题的解释》等。

二、药械出海等 BD 交易架构设计要点

在药械出海等 BD 交易中，不可忽视的是未能防范设计最佳交易架构所带来的技术发展瓶颈和法律合规风险。

对于有合作意向的医药企业和医疗器械企业来说，精心设计的交易架构可以提高技术交易的可预见性与确定性，为交易顺利高效的实施和未来持续合作奠定坚实的基础，有效减轻交易双方的财务负担和降低交易双方的合规成本，并基于对交易双方各方面优势及核心诉求进行考量，实现最有效的合作。以下将进一步探讨药械企业技术交易中常见的架构类型，并深入分析在设计这些架构时必须考虑的关键因素。

（一）药械企业技术交易架构类型及实例分析

1. 合资公司模式

含义：合作双方通过成立合资公司（joint venture，JV），共同拥有医药产品和分享医药产品带来的经济收益。在合资公司模式下，由其中一方出资，另一方则向合资公司提供药品技术许可，合资公司将作为药品上市许可持有人（marketing authorization holder，MAH），负责完成医药产品的注册、生产和销售等商业化活动。合资公司模式可以简述为“合资新设 + 技术入股”，其中详细的权利义务由合作双方通过合资协议或股东协议予以具体约定。

优点：在合资公司模式下，合作双方可以各施己长，合作一方可以技术入股，另一方可以资金入股，从而最大限度发挥双方的优势，也增加了合作方的主体多样性。这一模式一定程度上能解决研发前期资金不足或技术研发难度大、技术不先进等情况。

缺点：技术入股存在的主要问题在于技术的价值存在一定的不确定性，进而会给双方合作的稳定性带来潜在挑战。此外，合作双方对技术所附的知识产权归属可能会产生争议。如成立的合资公司资金或经营出现问题，无法再继续进行开发或商业化，或合作双方意图终止合作，合资公司在解散时可能会面临一些纠纷。

代表实例：上海复星医药（集团）股份有限公司（以下简称复星医药）与美国 Kite Pharma（吉利德科学旗下公司）。2017 年 1 月 10 日，复星医药的全资子公司上海复星医药产业发展有限公司（以下简称复星医药产业）与美国 Kite Pharma 签订《中外合作经营合同》，共同设立中外合作经营企业复星凯特生物科技有限公司（以下简称复星凯特）（股权架构见图 1），专注于肿瘤细胞治疗产品的研发、产业化和商业化发展。① 根据《中外合作经营合同》，复星医药产业拟现金出资 2000 万美元，Kite Pharma 以其产品及专有技术独家使用权作价 2000 万美元，各占合营企业 50% 股权。同时，由复星医药产业另向复星凯特支付等值于 4000 万美元的现金，用于复星凯特支付《技术许可协议》的相关专利和技术费用。根据《技术许可协议》，复星凯特将获得 Kite Pharma 就其研发的 KTE-C19 于中国境内（不包括港澳台地区）的商业化权利以及后续产品（KITE-439 及 KITE-718）授权许可的优先选择权。复星凯特将根据 KTE-C19 的研发进展及市场情况向 Kite Pharma 支付 3500 万美元的里程碑付款。当复星凯特达到双方约定的累计盈亏平衡并开始盈利后，Kite Pharma 有权在销售提成期间向新公司收取年净销售额的 5% 作为技术许可使用费。治疗复发难治非霍奇金淋巴瘤的 CAR-T 细胞药物 Yescarta（曾用名 KTE-C19）在 2017 年 10 月获得美国食品药品监督管理局（FDA）批准上市。Yescarta 在中国的上市申请于 2020 年 3 月被国家药监局药品审评中心（CDE）纳入优先审评，2021 年 6 月 22 日阿基仑赛注射液（商品名：奕凯达®）正式获得国家药监局批准上市，成为中国首个获批上市的细胞治疗类产品，用于治疗既往接受二线或以上系统治疗后复发或难治性大 B 细胞淋巴瘤成人患者。② 值得关注的是，其第二个适应症（用于治疗接受过二线或以上系统治疗后复发或难治性惰性非霍奇金淋巴瘤）药品注册申请已获受理，并被纳入优先审评品种名单。

2022 年 3 月，复星凯特第二款 CAR-T 细胞治疗产品 FKC889 [用于治疗既往接受二线及以上治疗后复发或难治性套细胞淋巴瘤（R/R MCL）成人患者] 获

---

① 参见上海复星医药（集团）股份有限公司：《海外监管公告——成立新公司》，载香港交易所披露易官网 2017 年 1 月 10 日，https：//www1. hkexnews. hk/listedco/listconews/sehk/2017/0111/ltn20170111367_c. pdf。

② 参见《关于复星凯特》，载复星凯特生物官网，https：//www. fosunkitebio. com/about，最后访问时间：2024 年 12 月 3 日。

批于中国境内开展临床试验。由此可以看出，复星医药和 Kite Pharma 在本合作模式中，有效地发挥了双方的优势，同时也将合作药品技术有效地推向了市场。

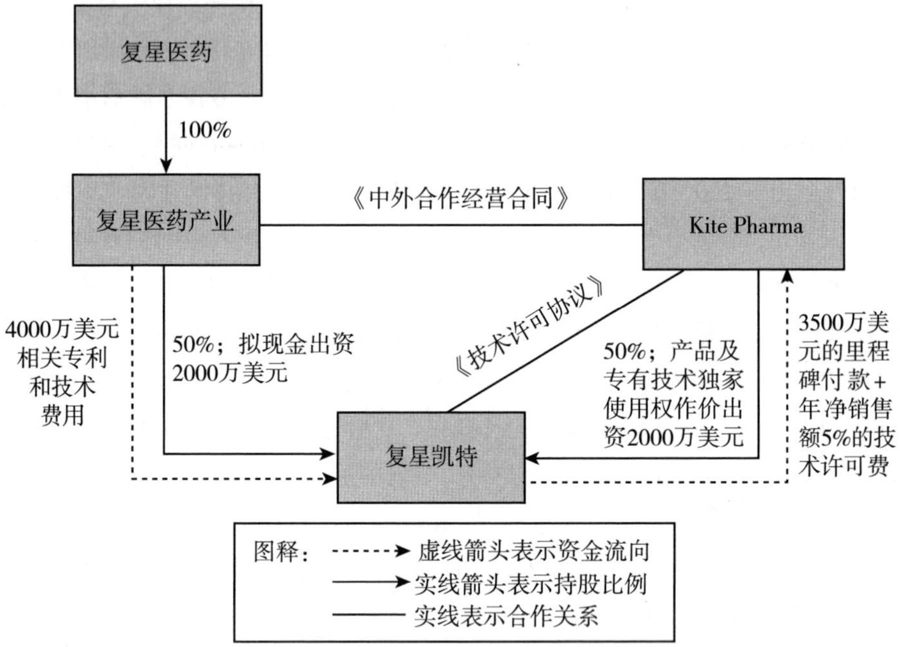

图 1 复星凯特股权架构

2. 投资并购模式

含义：通过股权投资或者股权收并购的方式参与或控制另一方的经营活动，从而快速获取药品资源，加速产品管线的拓展和市场竞争力的提升。

优点：对于收购方来说，通过收购一些拥有核心技术和潜力产品的创新公司，可以利用自身的完整产业链快速将产品推向市场，提高总体研发效率，同时可以降低研发风险，丰富产品管线，维持收购方的利润增长。而对于被收购方来说，可以专注于早期的药物开发，通过并购交易可以弥补在临床试验、市场开发环节经验和成本的不足，更快地实现市场回报。

缺点：与仅针对某个产品或技术的交易相比，投资并购这样深度合作的风险更大，合作双方都需要付出大量时间成本和资金成本来进行充分的尽职调查，尤其是对收购方而言，需要对目标公司的债务及其连带责任负责，增加了潜在的财务和法律风险。实践中，国内新药的研发机构主要是科研院校，科技成果过往难以以公司形式得以转化。并且，国内近几年医药行业成为投资热点，行业整体估值偏高，而可选的优质标的较少，医药行业并购的成功率较低。此外，美国外资投资委员会（CFIUS）近年来不断加强对外国面向美国医药和生物技术这类敏感行业投资的监管，这对于积极布局出海的国内药企来说是不利的。

代表实例：复星医药与印度制药公司（Gland Pharma）。复星医药通过控股子公司出资不超过12.6亿美元收购Gland Pharma约86.08%的股权，这是截至2016年中国制药企业交易金额最大的海外并购案。Gland Pharma与复星医药有很强的战略适配性、互补性，并购之后它会成为复星医药一个很好的平台：第一，Gland Pharma与复星医药国内的注射剂及生物制药的研发、制造能力是非常互补的，复星医药能够提供很多符合国际标准、通过美国食品药品监督管理局认证的注射剂原料药，同时复星医药的生物制药可通过Gland Pharma在印度完成最终制剂的制造、生产、销售，销往全球市场；第二，复星医药在中国拥有强大的市场能力，Gland Pharma的一些有一定技术壁垒的好产品，也可引进到国内市场，同时复星医药研发出来的较好的注射剂产品，也可通过Gland Pharma进入全球市场，双方实现了合作共赢。[①]

3. 合作开发 / 委托开发模式

含义：由于创新药研发难度大，研发周期长，投入资金高，合作双方可以采用合作开发的方式来实现优势互补，共同完成某项药品的研发工作，一般来说，需要双方共同担负临床以及临床前的开发成本。合作双方需在合作合同或委托合同中对开发后的专利申请权及专利权的归属进行约定，其中相对权益较少的一方需要向给权益较多一方付款，并通过委托第三方［如合同销售组织（CSO）、合同生产组织（CMO）或合同研发生产组织（CDMO）等］进行后续的生产、销售等商业化活动。

优点：在开发过程中合作双方分别负责自己擅长的研究内容，专业度较高，并共同承担药物开发的风险。

缺点：对合作双方就该合作的认知统一性要求较高，双方对于产品价值预期和风险承担认识不免存在一定差异，在研发决策或后续商业化过程中容易出现不

① 参见藤国：《复星医药董事长陈启宇谈12亿美元并购印度药企的逻辑》，载界面新闻网2016年8月2日，https：//www. jiemian. com/article/776529. html。

一致的情况。

代表实例：百济神州与SpringWorks。百济神州与SpringWorks宣布达成全球临床合作协议，评估百济神州在研RAF二聚体抑制剂lifirafenib（BGB-283）与SpringWorks在研MEK抑制剂PD-0325901的联合疗法在晚期实体瘤患者中的安全性、耐受性和初步疗效。百济神州是一家处于商业阶段的生物医药公司，专注于用于癌症治疗的创新型分子靶向和肿瘤免疫药物的开发和商业化；SpringWorks是一家处于临床阶段的罕见病和肿瘤医药公司，专注于为治疗缺乏的患者群体寻找和开发创新型治疗方案。根据协议条款，百济神州将负责进行针对携带RAS、RAF突变和其他MAPK通路异常的晚期实体瘤患者的1b期临床研究，此项研究已于2019年第一季度开展，所有临床研究和管理责任成本由双方平均分摊。作为合作的一部分，SpringWorks监督固定剂量的制剂工作。该合作有效结合了药物开发过程中百济神州和SpringWorks的擅长研究内容。①

4. 技术授权许可模式

含义：通过合作双方签署药品技术许可协议，产品许可方将知识产权、技术资料、研发数据等许可给被许可方，约定向许可方支付一定首付款，并约定后续的里程碑款项及未来的销售提成，从而被许可方获得在其所在地区或全球范围内的研发、生产和销售的商业化权利，具体的权利和义务分配在许可协议中体现。

优点：针对某一药品技术进行授权许可，合作的范围和深度相对来说是有限的，适合初次合作，有利于被许可方尽早锁定有潜力有价值的药品技术，也可以帮助许可方进入许可地市场。

缺点：若临床试验最终未能成功或药品最终未能成功上市，被许可方将损失之前支付的预付款和部分里程碑付款。

代表实例：再鼎医药与美国MacroGenics。2021年6月15日，根据合作和许可协议，再鼎医药的美国全资子公司（以下简称再鼎）和MacroGenics同意基于MacroGenics专有的DART®和TRIDENT®多特异性技术平台，合作开发和商业化多达四种基于CD3或CD47的双特异性抗体分子。根据合作和许可协议，各方同意贡献特定的知识产权，以实现最多四种未来基于CD3或CD47的双特异

① 参见《百济神州与SpringWorks Therapeutics开展全球临床合作评估晚期实体瘤的靶向联合治疗》，载药智网2018年9月7日，https://news.yaozh.com/archive/23726。

性抗体分子的研究、开发、制造和商业化。再鼎将获得两个项目在大中华区、日本和韩国的独家权利，以及另外两个项目的全球独家权利。[①] 根据合作和许可协议条款，对于所有四个项目，MacroGenics 将收到 2500 万美元的预付款。此外，作为根据合作和许可协议授予再鼎权利的部分对价，再鼎与 MacroGenics 签订了股票购买协议，据此再鼎将在一次私募中购买 MacroGenics 总共 958,467 股新发行的普通股，每股面值 0.01 美元，每股购买价为 31.30 美元，总收益约 3000 万美元。本次发行已于 2021 年第二季度末完成。此外，MacroGenics 有资格获得高达 14 亿美元的潜在开发、监管和商业化里程碑付款。如合作产品被商业化，MacroGenics 还将根据特定产品的年净销售额获得分级特许权使用费，但在特定情况下会有所减少。再鼎还可选择通过支付约 8500 万美元，将主要研究分子的特许权使用费安排转换为全球 50/50 的损益分享安排。作为采用授权引进模式的代表性企业，再鼎和 MacroGenics 的长期战略合作弥补了其自身在治疗肿瘤领域研发能力和管线不足问题，同时其利用 MacroGenics 独有的双亲和重靶向技术平台进行开发，努力弥补了自己的研发短板。

5. 联合出海模式：公股权 + 技术交易和许可

含义：医药企业许可发放一项药品技术到海外基金新设立公司（NewCo），医药企业不仅能获得授权许可相关费用，还可获得对应海外基金新设立公司的股权，从而参与到海外新设立公司的决策中，并享受分红等。

优点：医药企业和海外基金等主体的该合作模式，在资源整合、风险共担、激励机制、决策灵活性、专注与创新、财务灵活性以及品牌和市场进入等方面，展现出诸多优势。

缺点：联合出海模式意味着医药企业作为药品技术许可方牺牲一定的现金收益，和海外投资方或合作方共担风险；海外基金新设立公司后续国际化运营和项目执行非常重要，如没有成功将产品管线开发出来，对各方造成的损失比较大。

代表实例：江苏恒瑞医药股份有限公司（以下简称恒瑞医药）与 Hercules 公司。2024 年 5 月，恒瑞医药达成了一项重大的海外授权协议，将其 GLP-1 产品组合的全球权益（大中华区除外）授予了 Hercules 公司。作为交易的一部分，恒

---

① Zai Lab Limited，*Overseas Regulatory Announcement*，HKEXnews（Jun.16，2021），https：//www1. hkexnews. hk/listedco/listconews/sehk/2021/0616/2021061601137. pdf.

瑞医药不仅获得了一笔高达 1.1 亿美元的首付款和近期里程碑款项，还将获得最高可达 60 亿美元的临床开发、监管及销售里程碑款项，以及基于产品销售额的一定比例提成。此外，恒瑞医药还取得了 Hercules 公司 19.9% 的股权，这一战略性的股权投资使其成为 Hercules 公司的重要股东之一。

Hercules 公司是一家由贝恩资本生命科学基金联合 Atlas Ventures、RTW 资本、Lyra 资本共同出资 4 亿美元成立的新公司，专注于生物医药开发。这次合作不仅为恒瑞医药带来了资金和市场拓展的机会，也代表了国际市场对其创新药物的高度认可，并有助于恒瑞医药进一步拓宽其创新管线的国际化道路，服务全球未满足的医疗需求。

通过这次合作，恒瑞医药探索了一种新的联合出海模式，与国际资本和市场深度融合，加速其创新药物的全球开发和商业化进程。这种模式有望为中国创新药械企业的国际化发展提供新的思路和路径。①

（二）药械企业技术交易架构设计考量因素

1. 合作双方企业性质

对于拟进行技术合作的双方而言，交易主体的性质和特点是设计技术交易架构需要考量的核心因素之一。

若一家生物科技公司和一家制药 / 跨国医药企业之间产生了合作的意向，那么通常会采用技术授权许可的方式进行交易或制药 / 跨国医药企业直接收购生物科技公司。生物科技公司处在成长初期，多数主攻前沿靶点和技术，并依赖于市场融资来获得资金支持，从而进行创新药物的研发，拥有核心技术和潜力产品。而对于一个药品后期开发的能力和资源，包括临床、合规注册、商业化生产、符合药品生产质量管理规范（GMP）的生产、药品销售等，生物科技公司的科学家和研究人员并不擅长。与此同时，制药 / 跨国医药企业在药品市场上已经具有一定的规模，并且有一定的资金实力，拥有成熟的早期开发、临床研究、生产和销售的完整产业链，非常适合将已经进入临床后期的项目继续向上市、生产、销售快速推进，可利用成熟的准入和销售体系以及医保目录谈判经验等，去实现药品

① 参见《江苏恒瑞医药股份有限公司关于签署授权许可协议暨对外投资的公告》，载上海证券交易所，http: //static. sse. com. cn/disclosure/listedinfo/announcement/c/new/2024-05-17/600276_20240517_URE4. pdf。

的商业化开发。

此外，部分市值和体量皆处于中等或较小水平的制药公司，在拥有强大、稳定且专业性极高的执行团队和稳定的资金支持的条件下，也是生物科技公司进行技术授权许可交易的可能合作对象，在药品的海外临床开发方面，制药公司不一定比跨国医药公司与企业弱，并且跨国医药公司通常同时掌握并预计开发多个技术，而制药公司则是全心全意专注投入。更关键的是，生物科技公司也能在决策时拥有足够的话语权和主动权。

若两家生物科技公司拟进行合作，那通常会选择合作开发的交易架构。合作双方都是有一定研发基础和研发实力的医药企业，在合作开发的过程中可以实现优势互补，互相学习交流，共同进行决策，并且双方可以分摊研发的高成本和长周期带来的各项风险。

若两家上市公司之间产生合作的意向，那么通常会采用投资并购的交易架构，以此可以解决同业竞争的问题，双方将资源和资金进行全方位的合作及整合，业务协同效应得到最大限度地发挥，对于双方未来的长期发展也有极大的促进作用。

若是一家医药企业正在市场上寻求前期技术研发的资金支持，那么可以合作的交易主体其实具有多样性，并不局限于各类医药企业，并且通常会采用成立合资公司的交易模式，一方以资金入股，以达到技术切入某一管线或研发领域的目的，另一方以技术入股，获取合作方充足的研发资金，合作双方各取所需。

2. 合作双方的商业诉求

在确定了合作双方的企业性质后，双方商业诉求的匹配是合作顺利开展和推进的前提和基础。

当合作一方的商业诉求是希望补充产品线或切入新业务领域，以相比自主研发较低的成本支出获得创新药品种权益，减少新药开发风险，尽早锁定创新产品，以丰富自身的产品管线，巩固在药品市场上的优势，维持公司的利润增长，而另一方的商业诉求是稳步推进创新药的研发进程，提高研发效率，获得现金流来解决研发过程中资金需求大的顾虑，并为未来的商业化做好准备，那么双方的商业诉求是有适配性的，合作的预期效果也是非常可观的。

若合作一方的商业诉求是追求在商业市场上快速变现，实现企业利润的快速增长，企业经营的重点是药品和医疗器械的生产、推广和销售等商业化活动，自身不具备一定的临床研究实力，而另一方着重于药械技术的开发，致力于药械技术的不断创新，增加某适应症治疗或治疗领域的可能性，那么双方的商业诉求是不匹配的，合作的效果也就不言而喻。

3. 技术特征和发展目标

以药品为例，药品技术的特征和对其未来的发展目标也是选择交易结构时不可忽略的因素：（1）针对已上市的药物产品的技术交易，或引入进口医药产品时，通常会采用设立合资公司的交易结构。（2）针对尚未上市的药物产品技术，通常会选择技术授权许可或合作开发、委托开发的交易结构。

同时，对于药品技术未来的战略发展方向，合作双方需保持一致性，譬如针对已成功上市的肿瘤治疗的药品，是选择继续深入开发技术，积极拓展其他的适应症，发展新靶点新技术，达到更高的技术壁垒，还是直接投入生产销售，转向商业化阶段，也是合作双方需要谨慎选择和商讨的内容。在满足药品技术特征和合作双方的发展目标的基础上，可以更好发挥技术本身的最佳价值，从长远角度，也促进了合作双方商业目标的最终实现。

三、药械出海等 BD 交易主要法律问题

（一）许可发放等出海交易重要合同条款

1. 惯常合同条款

许可发放等出海交易通常通过书面合同来确立双方的权利和义务。交易合同文件应明确约定许可的标的、类型、范围、期限、地域、领域（适应症）、费用、支付方式等具体条款，以及违约责任、合同终止情形和解决争议的方式等。

2. 商业对价条款

费用或商业对价条款通常由首付款、里程碑付款和销售分成这三个部分组成，应综合考量许可标的的专利有效期、研发进度、未来市场地位等因素来确定。

（1）首付款一般是指许可发放等出海交易的被许可方在交易协议签署并生效后的一定时间内向许可方支付的费用。就支付性质而言，首付款一般不可以退回，且应是一次性支付的。

（2）里程碑付款一般是指许可发放等出海交易中的被许可方根据交易双方设

置的许可产品 / 技术的研发、审批等进度或销售情况等里程碑事件或条件，分期向许可方支付的费用，其是一项重要的风险分担机制。一般而言，里程碑付款可以分为研发里程碑和销售里程碑两类。

（3）销售分成一般是指许可发放等出海交易中的许可方和被许可方针对新药上市后的净销售额（或其他指标）按照一定的比例享受收益分成。对此，交易双方在对销售分成相关条款进行约定时应重点关注净销售额、分成比例、分成期限以及增减情形四大板块的内容。

（二）知识产权权利和保护

1. 知识产权权利完整性

许可方必须拥有足够的知识产权以授权给被许可方使用。在许可发放等出海交易中，许可方应确保其拥有完整的、不受限制的、没有瑕疵的权利，不会对被许可方行使该权利造成任何阻碍或限制，不会影响合作目的的实现，以避免侵权和争议。此外，合作过程中新产生的与项目相关的知识产权、数据等的权属，也应在合同中明确约定。

2. 知识产权的转让和许可

许可发放等出海交易可能涉及知识产权的转让或许可。知识产权的转让和许可之间存在重要的法律区别，需要在合同中明确界定。除知识产权外，可能还涉及许可标的相关专有技术、临床前研究以及临床试验阶段产生的数据及相关资料的转移，对此需要明确约定交易双方主体在前述工作的分工和安排以及相关费用成本的具体承担。

3. 知识产权保护

许可发放等出海交易合同中通常会包括保护知识产权的条款，包括保密条款、非竞争条款、保护措施、知识产权争议纠纷的应对安排等，以确保被许可方不会滥用或泄漏许可方的知识产权。

（三）竞争法和反垄断法

许可发放等出海交易可能会涉及对反垄断和反竞争法律的考虑。如果许可方在某个市场上拥有垄断地位，并通过许可给予其他实体使用其知识产权的权利，可能会引起反垄断机构的审查和监管，因此在交易之前需进行反垄断的风险评估，以确保交易的顺利和合规开展。

（四）管辖权和法律选择

合同中通常会规定管辖权和适用法律。当技术授权许可交易涉及跨国业务时，管辖权和适用法律的选择尤为重要。基于公平的原则，一般会选择非交易双方所在地的中立第三国法律作为适用法律。考虑到项目保密的要求和时间成本，通常会选择仲裁作为争议解决的方式。一般而言，争议解决机构所在国家或地区往往和法律适用所在国家或地区一致，便于法院或仲裁机构的法律查明与适用。

（五）第三方权利及救济

许可方在许可发放等出海交易中应该确保不侵犯第三方的知识产权或其他权利。合同通常会包括第三方权利保护的条款和责任分配以及许可方对被许可方因此受到的损失的赔偿责任，该等损失可以约定包括直接损失和间接损失。

（六）违约和争议解决机制

合同应包括违约责任和争议解决机制，以确保当合同条款未能履行时能够得到补救，并且在双方出现争议时能够进行有效的解决。

实践中，为更好地保障一方违约情况下守约方的利益，倾向于建议交易双方在交易文件中将违约责任条款细化，明确并固定一定比例金额的违约金和/或赔偿损失。此外，医药技术交易双方可以引入联合指导委员会（joint steering committee）作为一个固定且特殊的合作管理组织，以协调和监督产品在区域内的合作和开发、注册监管和商业化的总体战略和方向，以及交易文件无法完全覆盖的细节条款以及可能发生的突发事项等，其决议的事项可以包括决定区域内的开发计划及商业化计划、决定战略方向、审查联合发展委员会（joint development committee）提供的报告和信息等。

（七）反腐败合规

在药械开展临床试验以及未来商业化的过程中，应避免向政府工作人员支付不正当利益以谋取优势地位，因此无论是许可方还是被许可方，都有必要对反腐败合规做出承诺保证，建立反腐败合规体系，并在交易文件中约定将尽最大商业努力遵守国内和国外所有应适用的反贿赂法律法规的要求，包括但不限于美国《反海外腐败法案》、2010 年英国《反贿赂法案》（UK Bribery Act，UKBA）、韩国《禁止不正当请托与收受财物法》及中国《反不正当竞争法》等。

近年来，各医药企业越发重视内部合规管理体系的构建，在企业内部制定了更为严格的合规管理制度。因此，在某些情形下，除法律规定外，许可方也可以在交易文件中约定被许可方应当遵守许可方的管理制度，并以附件形式附上许可方管理制度以作为交易文件的一部分，以更好地严格化对被许可方行为的约束。

（八）敏感个人信息及人类遗传资源信息的跨境传输问题

就数据从海外入境中国监管的角度，2024 年 2 月 28 日，美国总统拜登签署并发布了《防止受关注国家获取美国人士大量敏感个人数据和美国政府相关数据的行政命令》、美国司法部于同日发布了关于该命令拟议规则制定的预先通知（ANPRM）的事实说明；2024 年 3 月 6 日，美国参议院国土安全与政府事务委员会召开听证会通过《生物安全法案》，引起许多创新药企业对于限制人类遗传资源信息及敏感个人数据跨境流动规则的担忧。

在许可发放等出海交易项目中，可能涉及临床试验数据、药品不良反应信息跨境传输等情形，相关数据可能会涉及受试者的个人健康数据、人类生物学组学数据等敏感个人信息及其他人类遗传资源信息。我国生物科技企业应提前关注各国的人类遗传资源监管制度及数据流动监管制度，及早部署合规开展跨境合作。就数据从中国出境监管的角度而言，应根据数据的类型、数量等，履行监管要求中所需的审批或备案程序，例如，利用我国人类遗传资源开展国际合作科学研究的，应通过伦理审查并获得科技部的批准，并履行研究情况报告的义务。

（九）药械出海交易其他关注法律问题

立足于过往的法律实践服务经验与专业知识，在许可发放等出海交易中还应关注药械上市许可持有人条款、药械生产和供应条款、药械商业化安排以及交易文件终止及终止法律后果等条款的起草和谈判，同时关注药械技术进出口管制、跨境交易税务监管等相关核心法律问题。

四、药械出海等 BD 交易的知识产权关注要点

一是知识产权归属问题。在许可发放等出海交易文件中应就是否涉及所有权转让、是否允许技术改进以及技术改进所涉及知识产权的归属等作出明确约定，避免后续存在知识产权归属争议。

二是知识产权许可权限问题。就知识产权许可类型，需要明确界定许可知识

产权的范围、许可双方具体的权利义务以及被许可方是否具有再许可权限及被许可方的关联方授权范围等内容，对于已经转让所有权的知识产权，也会关注是否需要对知识产权卖方授予反向许可的内容。

三是知识产权布局及合规问题。需要关注许可发放等出海交易中所涉及知识产权的剩余保护期限、是否涉及所属国药械专利期限补偿制度、目前已有专利是否能完整保护药械技术方案以及是否存在侵权风险等问题，对开展不同国家的全面专利自由实施（FTO）分析的需求也越来越多。

根据法律尽职调查结果及专利自由实施分析调查结果，判断是否进一步开展合作或将知识产权侵权风险、专利布局空白、专利失效或专利保护期过短等问题纳入交易文件的兜底条款或对其设置改进义务等。

四是知识产权的涉税问题。在跨境许可发放等出海交易中涉及知识产权转让和许可两种类型，就不同的合作类型、合作药械企业所属国家或地区与我国的不同税收政策以及签署的双边协定，所涉及的征税主体、税率也存在差异。因此，在签署交易文件时，通常会关注本次交易所涉及的税务成本及税收风险，在设计跨境许可发放等出海交易架构时纳入考量，在交易文件内也会明确税款扣缴义务条款以及协助义务条款，为许可发放等出海交易的税务合规做好准备。

五是知识产权争议解决机制的设置。在许可发放等出海交易中，双方遇到知识产权纠纷时如何处理以及第三方侵权时的追责主体、解决知识产权对第三方构成的潜在侵权风险的责任主体等均需要在交易文件中明确约定。

五、结语

整体而言，药械出海趋势日益明显，难以逆转。对于药械企业而言，在资本市场等领域日益强化监管的背景下，无论是在产品和业务方面开展的长期战略合作，还是尝试初次就特定产品或技术进行合作，都面临着不同的出海模式或跨境 BD 交易的复杂性和各自的挑战。

深入了解药械出海等 BD 交易相关法律法规，选择创新且合适的交易架构，并持续关注跨境 BD 交易相关合规关注要点，将有助于药械企业规避或减少各类法律和合规风险，还能实现 BD 交易合作双方利益最大化，达到互利共赢目标，最终促使更多的药械产品与技术能够惠及更广泛的患者群体。

外商投资细胞与基因治疗行业合规指引

虞正春　李　欣

细胞与基因治疗（cell and gene therapy，CGT）是当今生物医药领域极具潜力的新赛道，是继小分子、大分子之后又一重磅治疗类型，在治疗肿瘤和罕见疾病方面具有巨大潜力。近年来，中国CGT临床试验数量爆发式增长，数量仅次于美国，在经历十余年的发展后，中国的CGT产业逐渐成熟，监管体系也更为健全，CGT行业也成为医药投资的热门领域。根据公开数据显示，2024年共有194家中国创新药企业宣布完成了不同轮次和性质的融资，其中有56家为CGT企业，占比约28.87%。

在投资热度高涨的背景下，CGT行业投资的合规也成为各投资方高度关注之处，鉴于涉及外商禁止投资的人体干细胞、基因诊断与治疗技术开发和应用领域，CGT行业在各个投资阶段均存在需特别注意的合规事项。

（一）前期立项阶段

在前期立项阶段，投资方需要着重考察外商投资准入政策，判断相关标的公司是否可以投资以及如何选择合适的投资架构。

根据国家发展和改革委员会及商务部发布的《外商投资准入特别管理措施（负面清单）（2024年版）》（以下简称《外商投资准入负面清单》）第17项的规定，“人体干细胞、基因诊断与治疗技术开发和应用”被列为禁止外商投资类业务。而根据《鼓励外商投资产业目录（2022年版）》第95条及第96条，我国鼓励外商投资的CGT产业包括：细胞治疗药物研发与生产（禁止外商投资领域除外）及疫苗、细胞治疗药物等生产用新型关键原材料、大规模细胞培养产品的开发、生产。

此外，2024年9月7日，商务部、国家卫生健康委员会、国家药品监督管理局发布《关于在医疗领域开展扩大开放试点工作的通知》，自通知印发之日起，在中国（北京）自由贸易试验区、中国（上海）自由贸易试验区、中国（广东）自由贸易试验区和海南自由贸易港允许外商投资企业从事人体干细胞、基因诊断与治疗技术开发和技术应用，以用于产品注册上市和生产。所有经过注册上市和批准生产的产品，可在全国范围使用。

综上所述，在CGT行业外商投资政策方面，我国现行监管如表1所示。

表1　相关监管内容

监管要求	行业分类	备注
鼓励	（1）细胞治疗药物研发与生产（禁止外商投资领域除外）； （2）疫苗、细胞治疗药物等生产用新型关键原材料、大规模细胞培养产品的开发、生产	无
禁止	人体干细胞、基因诊断与治疗技术开发和应用	在中国（北京）自由贸易试验区、中国（上海）自由贸易试验区、中国（广东）自由贸易试验区和海南自由贸易港试点放开

具有外资成分的投资方在立项阶段选择投资标的时，应当充分考虑到上述监管政策，若投资标的所处行业未落入《外商投资准入负面清单》，则投资方可考虑以股权直接投资的方式进行投资交易；若投资标的所处行业落入《外商投资准入负面清单》且标的企业不位于试点开放区域，则可考虑以搭建VIE架构（variable internet entity，可变利益实体）完成投资交易。VIE架构模式与股权直接投资的核心区别，在于控制权的路径与稳定性不同。股权直接投资是通过投资到被投公司，投资方成为股东后，行使股东的各项权利，进而控制被投公司；而VIE架构模式主要依靠层层设立的境外公司，通过在境内的外商投资企业（WFOE），与被投公司及其股东签署一系列协议（包括独家业务经营与咨询协议、股权购买期权协议、授权委托协议、股权质押协议等）的方式，控制被投公司的经营利润，在境外最顶层公司（一般是开曼公司）层面实现财务报表的合并，从而控制被投公司。

在我国逐步放宽 CGT 行业外商投资准入试点的政策下，投资方也可在前期立项阶段选择投资标的时，考量标的企业迁址的可行性，如标的企业可迁址至试点开放地区，将迁址明确作为交割先决条件可作为前期交易谈判的要点之一，从而实现后期交割后以股权直接投资。

此外，在前期立项阶段，投资方也应考虑各地区的特别优惠政策，在试点开放地区中，广州市南沙区的优惠政策最为直接。2024 年 4 月 30 日，广州南沙开发区管委会办公室、广州市南沙区人民政府办公室发布的《广州南沙促进生物医药产业高质量发展扶持办法》第 1 条规定："……对符合条件的外商投资企业在基因诊断与治疗技术开发和应用等领域进行扩大开放试点的，按其年实际外资入资金额 2% 的比例给予奖励。单个企业每年奖励金额不超过 1 亿元。"

（二）尽职调查

尽职调查，是指投资方在实际开展投资前，对拟投标的进行全面的调查和评估，尽职调查涵盖了业务、财务、法律和商业风险等多个方面，旨在揭示潜在的风险和问题，为投资者提供决策支持。委托专业的律师事务所开展法律尽职调查是投资方实际开展投资前的通常步骤，在 CGT 行业投资过程中开展的法律尽职调查应更加关注以下要点。

1. 管线进展

根据美国细胞和基因治疗学会（ASCGT）数据，目前中国 CGT 药物临床在研管线约 600 项，其中，Ⅰ期临床 250 余项，Ⅱ期临床 230 余项，Ⅲ期临床 20 余项，绝大多数 CGT 企业未实现盈利，管线的进展情况可与投资的交割、交易的对价以及后期的退出等相挂钩。在尽职调查过程中，应关注 CGT 药品研发过程中《药物非临床研究质量管理规范》（GLP）、《药物临床试验质量管理规范》（GCP）等标准的遵守情况，以及取得临床试验审批及新药审批的情况。

此外，许多 CGT 企业在开展以药品上市为目的的临床试验的同时，也会开展研究者发起的临床研究（IIT），根据目前的外商投资监管政策，在中国（北京）自由贸易试验区、中国（上海）自由贸易试验区、中国（广东）自由贸易试验区和海南自由贸易港试点放开允许外商投资企业从事人体干细胞、基因诊断与治疗技术开发和技术应用，应以产品注册上市和生产为目的。不以产品注册上市和生产为目的的 IIT 根据规则的字面意思不属于开放试点政策内的类型，需要主管部门进一步澄清相关细节，否则可能会存在合规层面的障碍或瑕疵。

2. 知识产权

知识产权尤其是专利权对 CGT 企业极为重要。针对 CGT 企业专利权的审查，需核查企业的专利登记和授权情况，确认专利是否在有效期内，是否按时缴纳年费；评估专利的保护范围和核心技术是否覆盖企业的主要产品和技术，并检查是否存在专利侵权诉讼或潜在侵权风险；对目标企业的专利布局策略开展分析，如核心专利与外围专利的分布情况，以及专利的国际申请情况；如知识产权涉及委托第三方研发或与第三方合作研发，需审查标的公司委托研发合同或合作研发合同以及支付凭证和发票，并重点关注知识产权的归属及利益分配方式等。

3. 股东情况

在 CGT 行业尽职调查过程中，还应关注标的公司其他股东的投资是否符合外商投资监管政策以及国有资产管理政策。在试点放开外商投资人体干细胞及基因治疗行业政策出台之前，项目经办过程中常出现标的公司的股东股权穿透后存在外资的情形，即使投资方本身符合产业投资政策，也可能因其他股东违反外商投资监管政策导致境内上市的路径受阻。此外，如果后期退出而采用搭建 VIE 架构境外上市，也需要各股东配合办理境外直接投资手续（ODI 手续）或依据《关于境内居民通过特殊目的公司境外投融资及返程投资外汇管理有关问题的通知》（汇发〔2014〕37 号）备案，如标的公司的股东含有较多国有资产，根据不同地区的监管口径差异，可能会存在一定难度，导致选择境外上市架构重组的路径受阻。

4. 创始人的身份

许多 CGT 企业的创始人系高校 / 科研院所教授，在法律尽职调查过程中，须关注高校 / 科研院所人员在标的公司投资或任职是否符合相关法律法规，是否违反事业单位管理、高校行政管理的相关规定，是否将相关投资、兼职及领薪情况报经高校 / 科研院所审批或备案；高校 / 科研院所人员是否与高校 / 科研院所存在竞业限制、保密义务、职务发明等方面的约定，是否存在对相关约定的违反。此外，针对高校 / 科研院所人员离岗创业 / 停薪留职的情形，应关注高校 / 科研院所人员的劳动人事关系、工资发放、社保和公积金缴纳情况是否符合法律规范等。

5. 商业贿赂

CGT 行业归属于医药行业。医药行业商业贿赂的形式复杂多样，包括回扣、报销消费发票、给付有价证券、赞助活动费用、假借科研费或诊疗费等名义给付开单提成等，即使管线处于较为前期阶段的 CGT 企业，也可能存在为推动临床试验招募而产生商业贿赂的情形，鉴于目前医药行业市场上商业贿赂问题的普遍性、严重性和多样性，投资前必须针对商业贿赂行为对标的公司进行严格的审查。

6. 人类遗传资源管理

CGT 行业可能涉及人类遗传资源的应用或传输，此类活动主要受到《生物安全法》《人类遗传资源管理条例》《人类遗传资源管理条例实施细则》等法律法规的调整与规定。如投资方及其他外资股东投资比例达到控制标的公司的程度，标的公司将被认定为外方单位，不得在中国境内采集、保藏及对外提供人类遗传资源，国际科学研究以及国际合作临床试验也应与中方单位合作申请行政审批与备案。在核查标的公司业务及管线情况时，应着重关注标的公司是否涉及人类遗传资源的采集、保藏、对外提供及利用，如涉及应关注是否有办理相关审批及备案手续。

7. 数据合规

根据《数据出境安全评估办法》第 2 条的规定，只有出境数据为重要数据或个人信息才适用出境安全评估。《网络数据安全管理条例》第 62 条第 4 项对重要数据进行了释明：重要数据，是指特定领域、特定群体、特定区域或者达到一定精度和规模，一旦遭到篡改、破坏、泄漏或者非法获取、非法利用，可能直接危害国家安全、经济运行、社会稳定、公共健康和安全的数据。CGT 行业相关数据可能涉及出口管制领域，且可能属于生物领域对国家安全、经济竞争实力有直接影响的科学技术成果数据，有较大可能被归入重要数据，且 CGT 行业进行临床试验通常涉及大量的个人信息数据，应特别关注标的公司的数据合规情况。

（三）交易文件及市场主体变更阶段

由于 CGT 行业受到严格的监管，在起草交易文件时，需特别注意以下事项：

1. 陈述与保证条款

建议由交易对方及目标公司对投资企业的业务、资产、知识产权、人类遗传资源管理、数据合规等方面的合法合规性作出全面的陈述与保证，并明确违反陈述与保证的法律后果（如赔偿责任、股权回购等）。

2. 整改与兜底承诺

对尽职调查过程中发现的不合规事项（如知识产权瑕疵、人类遗传资源管理问题等），应由交易对方及目标公司作出整改或兜底承诺，并明确整改期限及未整改的违约责任。针对 CGT 行业的特殊性，可增加对临床试验合规性（如 GLP、GCP 标准遵守情况）的兜底承诺。

3. 协议生效条件与交割先决条件

对于不适宜加入陈述保证或承诺条款的事项（如需要主管部门审批的事项），可根据项目的具体情况，分别设置为协议生效条件或协议交割先决条件。例如，目标公司迁址至试点开放地区（如北京、上海、广东自贸区或海南自贸港）可作为交割先决条件之一。在设置协议生效条件或交割先决条件时，应明确相关事项的完成标准和时限，以避免因条件未达成导致交易停滞。

4. 退出机制设计

鉴于 CGT 行业的高风险性和长周期特点，建议在交易文件中设计合理的退出机制（如股权回购条款、优先清算权等），以应对未来可能出现的合规风险或业务发展不达预期的情况。在股权回购条款中，可明确回购触发条件（如目标公司未取得临床试验批件、未实现商业化等）和回购价格的计算方式。

5. 交易文件冲突的优先顺序

在部分项目中，可能出现市场主体变更登记使用的文件与内部交易文件不一致的情形。为避免后续争议，应在交易文件中明确多份交易文件存在冲突时的优先顺序。例如，可约定"内部交易文件（如股权转让协议、股东协议等）优先于工商登记文件"，以避免后续产生争议。

在市场主体变更登记阶段，外商投资企业开办流程基本与内资企业一致，但需符合《负面清单》管理要求。《负面清单》说明第 4 条规定："有关主管部门在依法履行职责过程中，对境外投资者拟投资《负面清单》内领域但不符合《负面清单》规定的，不予办理许可、企业登记注册等相关事项；涉及固定资产投资项目核准的，不予办理相关核准事项。投资有股权要求的领域，不得设立外商投资合伙企业。"

外商投资企业设立或变更登记时，针对是否符合《负面清单》，实行投资方承诺制 + 登记机关形式审查制。应注意股东为外国投资者的，其主体资格文件或身份证明应当经所在国家公证机关公证并经中国驻该国使（领）馆认证。登记过程中所提交文件原件为外文的，应同时上传提交中文翻译件，外商投资企业或其投资者应确保中文翻译件内容与外文原件内容保持一致。提交材料、公证认证文书为外文的，应对其内容进行准确的中文翻译，同时提交中文翻译件、外文原件两种文书，并注明“翻译准确”字样。翻译单位应在翻译件上加盖翻译单位公章（翻译专用章）或附上营业执照复印件等主体资格证明文件复印件，同时注明翻译人及联系方式。自然人的应在翻译件上签名，注明联系方式，并附翻译人员相应翻译资质复印件或者身份证明复印件。

（四）退出阶段

CGT 企业一般产品周期较长，加上 CGT 产品研发投入较高，一般 CGT 企业盈利周期较长，在上市阶段难以达到盈利状态。对于符合外商投资监管要求的 CGT 企业当然可选择科创板第五套标准申请上市，但鉴于 2023 年 8 月 27 日，证监会发布《统筹一二级市场平衡优化 IPO、再融资监管安排》，其中提出证监会充分考虑当前市场形势，完善一二级市场逆周期调节机制，围绕合理把握 IPO、再融资节奏，根据近期市场情况，阶段性收紧 IPO 节奏。目前 A 股市场对于非盈利企业的 IPO 道路把关极度严格，因此 CGT 企业股东多选择并购退出、回购退出，或建议 CGT 企业于境外进行 IPO 上市。以申请香港上市为例，《香港联合交易所有限公司证券上市规则》第 18A 章为未盈利和没有收入的生物科技公司创设了上市条件。

1. VIE 架构上市

根据《外商投资准入负面清单》第 17 条的规定，外商禁止投资“人体干细胞、基因诊断与治疗技术开发和应用”。根据香港联交所 narrowly tailored 原则，一般而言，若并无外资持股的限制，发行人不应就其业务运营采用合约安排。在特殊情况下，若非限制性业务与禁止或限制性业务不可分割及 / 或其只占收入、利润或其他方面不重大部分，发行人可采用合约安排。在《外商投资准入负面清单》纳入该负面清单说明六的豁免规定前，CGT 企业若评估相关产品落入《外商投资准入负面清单》范畴之内，一般考虑搭建 VIE 上市架构。例如，以 CAR-T 免疫细胞治疗药物研发为主营业务的永泰生物、药明巨诺、科济药业。

根据《境内企业境外发行证券和上市管理试行办法》及其配套指引的规定，VIE 架构境外上市纳入监管范畴，仍需履行中国证监会国际部备案程序。该办法及其配套指引生效后，目前已有10余家企业搭建VIE架构并取得中国证监会备案通知书，如极兔快递、嘀嗒出行、迈富时、方舟云康、云工厂、广联科技等。

根据《监管规则适用指引——境外发行上市类第2号：备案材料内容和格式指引》的要求，拟搭建VIE架构实现境外上市的企业，在向中国证监会提交的备案报告中需包括：VIE架构搭建的原因及具体安排，包括VIE架构涉及的各方法律主体的基本情况、主要合同的核心条款和交易安排等；VIE架构可能引发的控制权、相关主体违约、税务等风险；风险应对措施安排；发行人（含子公司及境内运营主体）业务牌照资质涉及外商投资准入限制或禁止领域情况等。

针对搭建VIE架构办理境外上市备案的企业，中国证监会关注要点主要包括：（1）VIE架构设立的合规性，包括但不限于境外搭建架构和返程并购涉及的外汇管理、境外投资等监管程序情况、税费依法缴纳情况等；（2）VIE架构下相关主体之间的具体交易安排，包括但不限于对境内主体资金支持的时间、金额、途径、方式和定价公允性，有关资金往来、利润转移安排等情况；（3）发行人设立以来历次股份变动的金额、定价依据、价款支付情况及税费缴纳情况，涉及境内主体所履行的外汇管理、境外投资等境内监管程序情况；（4）主要境内运营实体注册资本是否实缴及其合规性，是否对本次发行上市构成实质影响；（5）VIE架构的稳定性问题。

此外，针对外商投资监管政策，中国证监会对目前已备案成功的企业仍会提出要求发行人应当按承诺严格落实国家发展和改革委员会、商务部等部门提出的整改要求。

2. H股上市

《外商投资准入负面清单》说明六规定："从事《外商投资准入负面清单》禁止投资领域业务的境内企业到境外发行股份并上市交易的，应当经国家有关主管部门审核同意，境外投资者不得参与企业经营管理，其持股比例参照境外投资者境内证券投资管理有关规定执行。"

如CGT企业不涉及"人体干细胞、基因诊断与治疗技术开发和应用"业务，境外投资者可直接持有CGT企业的股份，在满足监管要求的前提下，选择H股境外申请上市无任何疑问，但根据《外商投资准入负面清单》说明六的规定，从事"人体干细胞、基因诊断与治疗技术开发和应用"的CGT企业在满足以下三个前提下，也可以选择H股申请上市。

前提一：经国家有关主管部门审核同意。

根据《监管规则适用指引——境外发行上市类第 2 号：备案材料内容和格式指引》第 1 条的规定，如选择申请 H 股上市，行业主管部门等出具的监管意见、备案或核准等文件系申请首次公开发行或上市必要的备案材料之一。

鉴于 CGT 行业涉及多个管理部门，包括但不限于国家发展和改革委员会、商务部、国家卫生健康委员会、国家药品监督管理局等，应尽早向中国证监会境外发行上市备案管理部门申请预沟通，结合公司具体情况，针对性地取得中国证监会备案所需行业主管部门的核准文件。

前提二：境外投资者不得参与企业经营管理。

涉及《外商投资准入负面清单》规定的外商禁止投资行业的 CGT 企业，在选聘董事会及高级管理人员时，应注意避免境外投资者派出董事会及高级管理人员。

建议 CGT 企业可与中国证监会同步沟通董事会及高级管理人员人选，以避免在备案审核过程中被中国证监会要求调整董事会及高级管理人员组成的可能。

前提三：限制境外投资者持股比例。

《外商投资准入负面清单》说明六要求境外投资者的持股比例参照境外投资者境内证券投资管理有关规定执行，根据《关于实施〈合格境外机构投资者和人民币合格境外机构投资者境内证券期货投资管理办法〉有关问题的规定》第 7 条第 1 款规定的“合格境外投资者及其他境外投资者的境内证券投资，应当遵循下列持股比例限制：（一）单个合格境外投资者或其他境外投资者持有单个上市公司或者挂牌公司的股份，不得超过该公司股份总数的 10%；（二）全部合格境外投资者及其他境外投资者持有单个公司 A 股或者境内挂牌股份的总和，不得超过该公司股份总数的 30%”，鉴于《外商投资准入负面清单》对境外投资者持股比例予以 10% 及 30% 的限制，CGT 企业采用 H 股架构申请上市时，应注意申请“全流通”的股份比例及境外发行的新股合计比例符合上述限制。

具体选择何种架构应当根据 CGT 企业实际情况，与有关主管部门进行预沟通。

（1）中国证监会境外发行上市备案管理部门预沟通：《监管规则适用指引——境外发行上市类第 4 号规定：备案沟通指引》第 3 条规定：“在提交备案材料前，发行人可就以下事项提交沟通申请：（一）涉及发行人行业监管政策、控制架构等事项的；（二）对发行人是否属于备案范围存疑的；（三）其他需要沟通的事项。”根据该备案沟通指引的相关规定，CGT 企业可通过境内企业境外发行上市备案管理信息系统（https：//neris. csrc. gov. cn/），就行业监管政策及控制架构等事项提交沟通申请及相关材料，沟通方式包括书面沟通、电话沟通、视频沟通和现场沟通等方式，建议 CGT 企业优先申请视频沟通。

（2）香港联交所预沟通：就上市架构问题，CGT 企业可提早向香港联交所上市科咨询，上市科要求须实名及书信方式咨询，同时提交已填妥的上市电子表格，并经由电子呈交系统（ESS，https：//www1. esubmission. hkex. com. hk）进行呈交。

第三章

医疗器械合规

中国医疗器械企业主要出口国家和地区医疗器械产品认证、注册监管要求

杨文明　莫海洋　黄圆丽

一、概述

中国医疗器械出口历经三十余载，从低值耗材起步，逐渐拓展至高端技术与产品，国际竞争力持续增强。近年来，全球医疗器械市场稳步增长，发达国家医疗需求强烈，新兴市场增长迅猛，为中国企业提供了出海发展的机遇。

中国医疗器械海外注册量持续增长，面临各国（地区）产品认证、注册监管的挑战。根据《医疗器械监督管理条例》第59条的规定，医疗器械注册人应当保证其出口的医疗器械符合进口国（地区）的要求。但各国（地区）医疗器械注册监管、产品认证要求差异大，且中国医疗器械主要出口国家和地区对医疗器械的市场准入制订了较为严格的规则。因此，面对机遇与挑战，医疗器械企业应充分关注出口产品在销售地进行注册与质量认证的方式，出口销售是否符合销售地关于医疗器械销售的资质、流程要求，以及经销商是否取得了符合销售地法律要求的医疗器械经营资质等，遵守各国和地区监管制度，避免受到境外监管机构立案调查、行政处罚的风险。此外，在IPO审核实践中，上述事项也是监管机构重点关注的内容。

本文对中国医疗器械企业主要出口国家和地区的医疗器械产品认证、注册监管要求进行梳理。但鉴于各国和地区规定的差异性以及中国律师难以对域外法律充分掌握，建议医疗器械企业在境外销售前就准入问题咨询当地律师或具有相关经验的贸易代理，以避免合规风险。

二、欧盟

欧盟医疗器械的主要监管机构是欧盟委员会、主管当局和公告机构，欧盟委员会主要负责欧盟医疗器械产品监管立法，向成员国通报公告机构、合规产品和企业，查处违规事件等；主管当局是由各成员国自行任命的隶属于成员国的医疗器械主管部门，主要负责医疗器械市场监督管理、医疗器械分类决定、不良事件报告的处理、产品召回、咨询、制造商注册、制造商授权代表注册及临床评价审查等；公告机构是经过欧盟委员会及机构所在成员国审查并认可的实验室或检测机构，主要负责依照其遵照的欧盟法规，对提交申请的制造商的医疗器械产品执行符合性评估程序，并颁发 CE 证书。

根据欧盟颁布的《医疗器械法规》[（EU）2017/745，MDR］和《体外诊断器械法规》[（EU）2017/746，IVDR］，现在欧盟范围内医疗器械分两类：医疗器械（MD）和体外诊断器械（IVD）。根据申明的产品预期使用目的，如果产品是侵入式的或接触到皮肤的，则属于《医疗器械法规》管辖的医疗器械；如果是非侵入式的或完全接触不到皮肤的，则属于《体外诊断器械法规》管辖的体外诊断器械。

根据《医疗器械法规》，医疗器械根据风险等级分为Ⅰ类、Ⅱa 类、Ⅱb 类和Ⅲ类。Ⅰ类产品为不会穿透人体表面又无能量释放的器械，由生产企业自行负责治疗、安全性和有效性，位于欧盟以外的制造商需在主管当局备案，其中，无菌、测量产品应该由公告机构审查。Ⅱa 类产品为诊断设备、体液储存、输入器械以及短暂使用、侵入式的外科器械，由公告机构审查，产品设计由生产企业负责，公告机构主要检查质量体系。Ⅱb 类产品为短期使用、侵入式的外科用器械、避孕用具和放射性器械，由公告机构审查，检查质量体系、抽检样品，同时生产企业应提交产品设计文件。Ⅲ类产品为与中枢神经系统或中央循环系统接触的器械、在体内降解的器械、植入体内的器械、药物释放器械、长期使用的侵入式的外科器械，由公告机构审查，检查质量体系、抽检样品、审查产品设计文件。

根据《体外诊断器械法规》，体外诊断器械依据风险等级由低到高分为 A、B、C、D 四类。其中 A 类（无菌）、B 类、C 类、D 类器械的认证需要公告机构进行评估，A 类（非无菌）不需要公告机构的介入，通过自我符合性声明（DoC）及在欧盟主管当局递交符合《体外诊断器械法规》的产品技术文档进行 CE 备案即可。

在前述规定下，企业申请产品 CE 标志的主要流程为，确定产品符合的指令和协调标准，并据此确定相应的符合性评价程序，具体包括以下两类。

1. 自我符合性声明

自我符合性声明的流程为：（1）委托相关机构对产品进行测试并且检查其是否符合欧盟相关协调标准的要求；（2）建立技术文件和质量管理体系；（3）签署符合性声明，到成员国主管当局注册登记；（4）产品加贴 CE 标志。

2. CE 认证

CE 认证申请流程为：（1）向具备条件的公告机构提交符合性评价申请；（2）建立技术文件和质量管理体系；（3）依据 CE 证书签署符合性声明；（4）产品加贴 CE 标志。

相比此前欧盟施行的医疗器械产品规则，前述法规对产品分类规则更为复杂、严格，导致产品重新分类后的注册周期延长、注册费用提升，这将对我国国内企业的自主品牌产品或采用原创设计制造商（ODM）模式下的产品等出海业务产生实质影响。特别是在 ODM 模式下，对于业务规模较大、运营能力较强的 ODM 而言，仍可继续作为合法制造商，只是将面临比较严格的资质审查和监管要求；而对另有部分自身规模较小、能力有限的 ODM 客户来说，可能无法满足作为制造商的资质和监管要求，或可转为进口商或分销商与我国国内企业合作。尽管新规趋严，但并非所有的出口医疗器械产品均需取得认证。以体外诊断试剂为例，体外诊断试剂半成品作为一般原材料出口，欧盟地区的进口国一般无资质要求；而体外诊断试剂产成品属于医疗器械，如涉及自主出口，则应当根据进口国要求满足上述新规的相关条件。

三、英国

英国医疗器械的主要监管机构是其药品和医疗保健产品监管局（MHRA）。自英国脱欧启用英国认证委员会（UK Conformity Assessed，UKCA）标志以来，医疗器械产品进入英国市场（北爱尔兰除外）需根据英国《2002 年医疗器械法规》（Medical Devices Regulations 2002，已修订，SI 2002 No 618，修订版）满足准入要求。对于已有欧盟 CE 注册的医疗器械产品，MHRA 提供了宽限期进行注册，具体要求如下。

1. 符合欧盟《医疗设备指令》（EU MDD）或欧盟活性植入医疗设备指令（EU AIMDD）的一般医疗设备，并具有有效的声明和 CE 标记，可以在证书过期或 2028 年 6 月 30 日之前进入英国市场。

2. 符合欧盟《体外诊断医疗设备指令》（EU IVDD）的体外诊断医疗设备可以在证书过期或 2030 年 6 月 30 日之前进入英国市场。

3. 符合欧盟《医疗器械法规》的一般医疗设备，包括定制设备，以及符合欧盟《体外诊断器械法规》的体外诊断医疗设备，可以在 2030 年 6 月 30 日之前进入英国市场。

除上述对已由欧盟 CE 注册的医疗器械产品的相应宽限期规定，英国药品和医疗保健产品监管局新规要求医疗器械产品在英国进行销售前必须在英国药品和医疗保健产品监管局完成注册。英国认证委员会标志申请过程基本遵循了与 CE 标志相同的规则。一类医疗器械制造商可以根据测试结果和其他技术文档自行声明产品并在英国市场销售，但二类及以上医疗器械制造商需要通过英国合格评定机构进行的符合性评估才能向英国市场销售相关产品。

在英国认证委员会制定的规则下，英国认证委员会标志只能由制造商或其授权代表（在相关法律允许的情况下）贴在产品上；加贴英国认证委员会标志时，制造商对产品符合相关法规要求承担全部责任；制造商必须仅使用英国认证委员会标志来证明产品符合相关的英国法规；制造商不得将可能误解英国认证委员会标志的含义或形式的任何标志放在第三方产品上；制造商不得在产品上附加影响英国认证委员会标志的可见性、易读性或含义的其他标志；英国认证委员会标志不能放在产品上，除非有立法作出的特定需求。从政策上看，英国认证委员会制定的规则除标识区分以外，其他基本与目前 CE 认证程序基本一致。

四、美国

美国医疗器械的主要监管机构是美国食品药品监督管理局（FDA）、美国食品药品监督管理局下属的医疗器械与放射健康中心（CDRH）负责具体的监管工作。美国食品药品监督管理局的职责包括确保医疗器械的安全性和有效性，通过对产品开发、数据评估和临床应用进行审查，为监管机构提供决策依据。此外，美国食品药品监督管理局还负责制定和执行医疗器械的标准和质量体系规范，审查和评价医疗器械上市前批准的申请和上市前通知等。

美国食品药品监督管理局对医疗器械的认证和监管的政策、法律主要包括《医疗器械安全法案》《医疗器械质量体系规范》《食品、药品和化妆品法案》，这些法律赋予美国食品药品监督管理局更大的权力来确保医疗器械的安全性和有效性，并要求对医疗器械的有效性和安全性进行评估。

美国食品药品监督管理局将医疗器械分为三类，即Ⅰ类、Ⅱ类和Ⅲ类，不同类别的医疗器械在上市前需要满足不同的监管要求，其对医疗器械分类及准入要求如下。

（1）Ⅰ类医疗器械，即风险小或无风险的产品。只需遵守一般控制措施，多数可豁免上市前通告程序，生产企业需向美国食品药品监督管理局提交文件以证明其符合医疗器械生产质量管理规范（GMP）并登记后方可上市。

（2）Ⅱ类医疗器械，在普通管理的基础上，实施标准管理或特殊管理，以保证质量和安全有效性。Ⅱ类医疗器械必须符合美国食品药品监督管理局的性能标准，大部分Ⅱ类医疗器械产品需要进行上市前通告。生产企业在产品上市前向美国食品药品监督管理局提交申请，通过审查后即可上市销售。

（3）Ⅲ类医疗器械具有较高风险性或危害性，通常是维持生命或支持生命的医疗器械，必须获得美国食品药品监督管理局的上市前批准（PMA），即生产企业在产品上市前向美国食品药品监督管理局提交申请资料，证明产品质量符合要求，临床使用安全有效。美国食品药品监督管理局在收到上市前批准申请后45天内通知厂家是否立案审查，并在180天内对其做出是否批准的决定。

美国食品药品监督管理局还负责确保进口美国的医疗器械（包括体外诊断器械）符合美国的法规。外国制造商必须遵守设立注册（包括指定美国代理）、医疗器械清单、质量体系、预市场通知或预市场批准、标签和医疗器械报告等要求。根据医疗器械报告条例，进口商必须报告可能导致死亡或严重伤害的设备，以及某些故障。

五、加拿大

加拿大医疗器械准入认证为医疗器械合规评估体系（CMDCAS）认证，由加拿大卫生部发布。加拿大实行政府注册结合第三方的质量体系审查，该第三方机构须经加拿大医疗器械认证认可机构认可。据此，相关产品进入市场前须先通过第三方的CMDCAS认证，然后在当地政府进行产品注册，取得产品注册编码后方可在当地进行销售。

依据《加拿大医疗设备管理条例》（CMDR，SOR/98-282），医疗器械的使用风险分为Ⅰ、Ⅱ、Ⅲ、Ⅳ四个分类，Ⅰ类器械为最低风险，Ⅳ类器械风险为最高。而加拿大的现行质量体系标准为CAN/CSA-ISO 13485-03（R2013），对Ⅰ类医疗器械（包括体外诊断器械）没有质量体系要求，并豁免产品注册许可，Ⅱ类医疗器械制造商应符合质量体系标准中除设计以外的要求，Ⅲ类和Ⅳ类器械应符合包括设计在内的所有要求。为此针对制造者提出的产品注册要求相应逐级增加，要求制造者实行的体系愈加详尽，具体要求如下。

1. Ⅰ类

针对Ⅰ类医疗器械，要求：（1）为申请加拿大医疗器械营业许可证（MDEL）准备相应的技术文件；（2）提交MDEL申请，支付加拿大卫生部行政费用；（3）申请评审通过，将在加拿大卫生部网站公示。

2. Ⅱ、Ⅲ、Ⅳ类

针对Ⅱ、Ⅲ、Ⅳ类医疗器械，要求：（1）通过CMDCAS认可的认证机构进行ISO 13485医疗器械质量管理体系审核认证（体系审核除ISO 13485要求外还要包括《加拿大医疗设备管理条例》的特殊要求），获得证书；（2）准备加拿大医疗器械许可证（MDL）申请；（3）提交MDL申请，并交纳加拿大卫生部行政费用；（4）加拿大卫生部评审MDL申请，评审通过后进行网站公示。

此外，加拿大对Ⅲ、Ⅳ类医疗器械还需审核上市前审查文件。

不同于欧洲或其他国家的注册，在加拿大注册医疗器械，是不需要授权代表的，但是可以存在法规联络人的角色。这个角色既可以是制造商本身，也可以是第三方。

六、俄罗斯

俄罗斯对医疗器械的注册实行强制性的监管，主要由俄罗斯联邦卫生监督局（Federal Service for Supervision of Healthcare of the Russian Federation，Roszdravnadzor，RZN）负责医疗器械注册。医疗器械只有按照俄罗斯联邦政府及其授权的联邦执行机关规定的程序进行注册后，才允许在俄罗斯联邦境内流通。

俄罗斯医疗器械注册的主要规定包括《俄罗斯联邦公民健康保护基本原则》《关于通过联邦卫生监督局章程的第 323 号俄联邦政府令》《关于通过医疗器械国家注册规则的第 1416 号俄罗斯政府令》等。

与欧盟一样，俄罗斯的医疗器械风险等级由低到高分为四类：1、2a、2b、3。针对 3 类、2b 类和某些 2a 类医疗器械，采用注册证的方式注册，强制性审核注册，获得注册证后才允许在俄罗斯销售和使用。注册所需的文件包括医疗器械设计、技术文件、产品标签和说明书、产品生产资质和临床测试报告等。针对 1 类低风险医疗器械采用注册声明的方式注册，不需要获得俄罗斯注册证。但是，申请人需要提交合法证明文件，并确保产品符合相关俄罗斯标准和法规。

如果医疗器械制造商在俄罗斯没有实体存在，那么就必须任命一名俄罗斯当地授权代表作为该制造商在俄罗斯的联络人，代表制造商与主管当局进行联络、沟通并负责注册资料的递交。俄罗斯当地代表必须得到制造商的官方授权［授权书（LoA）或者委托书（PoA）］，其职责包括确保获取进口设备样品进行国内测试的临时进口许可证，编制和提交注册档案，并担任制造商与俄罗斯当局之间的联络人。

俄罗斯医疗器械注册与其他国家或地区的医疗器械国际注册最大的不同是，根据《关于通过医疗器械国家注册规则的第 1416 号俄罗斯政府令》，获取俄罗斯医疗器械注册证必须进行俄罗斯本土测试。外国制造商提交的相关文件需要在俄罗斯当地有资质的翻译机构以及律师事务所进行公证，以证明其提交的资料符合当地法律的要求，且内容正确无误。

七、日本

日本有两个监管机构负责医疗器械监管：日本厚生劳动省（Ministry of Health，Labour and Welfare，MHLW）负责医疗器械的质量和安全，并推动相关政策、法规的制定和实施；日本药品和医疗器械管理局（Pharmaceuticals and Medical Devices Agency，PMDA）负责产品审查和监管医疗器械上市。

日本进口医疗器械产品认证、注册监管主要规则为《药品与医疗器械法令》（Pharmaceutical and Medical Device Act，PMD）、《药事法》（Pharmaceutical Affairs Law，PAL）。

日本医疗器械风险等级由低到高分为四类：Ⅰ、Ⅱ、Ⅲ、Ⅳ。Ⅰ类产品可以直接向日本药品和医疗器械管理局提交注册申请，无须具体审核技术文件及质量管理体系。Ⅱ类和Ⅲ类低管制产品需通过第三方注册认证机构（RCB）审核，包括技术文件、质量管理体系等，获得许可证书。Ⅱ类和Ⅲ类高管制产品以及Ⅳ类产品需要直接向日本药品和医疗器械管理局提交申请，由当局亲自负责审核技术文件和质量管理体系，由日本厚生劳动省发放许可证书。

在日本销售医疗器械，外国制造商必须根据《药品与医疗器械法令》，通过日本上市许可持有人（MAH）或由该外国制造商指定的日本制造商获得批准/认证或提交通知。对于中国的制造商，通常有两种常见形式：上市许可持有人和指定上市许可持有人（designated marketing authorization holder，D-MAH）。上市许可持有人模式下，中国制造商委托一家在日本成立的法人单位为上市许可持有人，同时是产品注册的申请人、注册人持有人。因此，上市许可持有人对产品的生产、上市商业化有控制权，同时对产品的合规负责。指定上市许可持有人模式下，中国制造商委托一家在日本成立的法人单位为指定上市许可持有人，只在产品注册期间和上市后承担中国制造商代表。产品注册的申请人、注册证的持证人仍然是中国制造商，但需履行必要的质量控制责任。两种模式各有利弊，取决于公司规模、日本当地经销商的合作模式等。

八、韩国

韩国医疗器械产品注册由韩国食品药品管理局（Ministry of Food and Drug Safety，MFDS）负责。

韩国进口医疗器械产品认证、注册监管主要规则为《医疗器械法》《体外诊断医疗器械法》《医疗器械产业促进和创新医疗器械支持法》。

韩国按照危险程度、与人体的接触面积和接触时间、产品的安全性和有效性将医疗器械分为四类（Ⅰ、Ⅱ、Ⅲ、Ⅳ），Ⅳ类医疗器械风险最高。原则上，Ⅰ类和Ⅱ类医疗器械由医疗器械信息和技术援助中心（MDITAC）和国家医疗器械安全信息研究所（NIDS）认证，Ⅲ类和Ⅳ类医疗器械由韩国食品药品管理局批准。通常高风险的Ⅲ类、Ⅳ类医疗器械由监管当局韩国食品药品管理局审核，而Ⅱ类和低风险的Ⅲ类、Ⅳ类的医疗器械交由第三方管理者（TPA）审核，第三方管理者的加入，分担了韩国食品药品管理局的工作量，大大缩短了审核周期。

在韩国，没有实体办公场所的公司必须指定一名韩国许可持有人（Korean License Holder，KLH）来负责与韩国食品药品管理局的医疗器械注册事务。韩国许可持有人负责医疗器械的注册，并帮助海外制造商遵守韩国的良好生产规范（Korean Good Manufacturing Practice，KGMP）。出口到韩国的Ⅱ类、Ⅲ类、Ⅳ类医疗器械制造商都需要符合韩国的良好生产规范的要求。韩国的良好生产规范的要求与 ISO 13485 相类似。在产品获得批准后，韩国许可持有人还需负责进口医疗器械的年度报告事宜，并接受韩国食品药品管理局的突击审核。一般企业会选择在韩国的分销商作为持证人来协助企业进行产品的注册。但是分销商作为持证人往往会有一些影响，尤其是产品进入韩国市场后，分销商将不可更改。企业通常选择一个没有销售合作并且有能力协助产品注册的韩国企业作为企业的持证人。

此外，从国外进口医疗器械到韩国的应取得进口经营许可证。营业许可证审批由经营场所所在地的韩国食品药品管理局有关地区办事处办理。由于申请人必须持有至少一个产品许可证才能获得营业许可证，所以营业许可证和产品许可证的审批过程同时进行。

九、中国香港特区

中国香港特区医疗器械的监管机构是香港特区政府卫生署医疗仪器科（MDD）。

中国香港特区相关进口医疗器械产品认证、注册监管主要法规包括：《全球协调医疗仪器规管专责小组医疗仪器分级原则》和《国际医疗器械监管机构论坛体外诊断医疗仪器分级原则》。

中国香港特区医疗器械根据风险等级分为Ⅰ类至Ⅳ类，体外诊断医疗器械风险等级分为 A 类至 D 类。Ⅳ类医疗器械和 D 类体外诊断医疗器械的风险最高。

虽然在中国香港特区所有的器械无须注册登记就可以进口，但许多招标会优先考虑注册器械。香港特区政府卫生署医疗仪器科已经建立了一个自愿上市系统——医疗器械行政控制系统（MDACS），可以帮助企业过渡到一个完全受监管的环境。需要强调的是，香港特区政府卫生署医疗仪器科仅受理Ⅱ类、Ⅲ类、Ⅳ类医疗器械及 B 类、C 类、D 类体外诊断医疗器械的表列申请。每项医疗器械的实际分级须以其设计及制造商就该仪器的原拟用途而定。香港特区政府卫生署医疗仪器科通过《医疗仪器行政管理制度》提供了一个自愿的表列制度，帮助制造商和进口商适应未来的法定监管模式。除了 I 类一般医疗器械和 A 类体外诊断医疗器械，其他类别的医疗器械制造商的本地负责人可以根据表列制度，自愿向香港特区政府卫生署医疗仪器科表列其产品。

有意申请把仪器纳入“医疗仪器列表”的制造商，如在中国香港特区没有注册营业地址，则须在提出申请前，委任一名本地负责人（LRP）。制造商如在中国香港特区有注册营业地址，也可委任本地负责人，但如果制造商选择不作委任，则自动成为本地负责人。本地负责人将须承担与申请有关的责任，包括向医疗仪器科提供所需资料和样本以便进行申请审核。如申请获批，本地负责人将被视为把仪器推出市面的负责人。仪器推出市面后，本地负责人会承担多项与仪器相关的责任，包括接受和处理客户投诉，呈报及调查医疗事件，以及展开及管理任何回收行动等。注册申请要提交的资料主要包括：制造商资料、制造商质量管理体系资料、本地负责人资料、产品的基本资料、安全及风险分析报告、测试报告、临床评估等。

十、东南亚诸国

东南亚国家联盟（以下简称东盟）成立于 1967 年，由印度尼西亚、马来西亚、菲律宾、新加坡、泰国、越南、文莱、老挝、缅甸和柬埔寨等 10 国组成，旨在加快区域经济增长、社会进步、文化建设。为此，成员国正在努力制定统一的标准，以消除技术性贸易壁垒，并支持建立一个综合市场，医疗保健便是其中主要行业之一。

东盟标准和质量咨询委员会的医疗器械产品工作组（Medical Device Product Working Group，MDPWG）负责协调各国医疗器械监管政策的制定工作。2004 年，MDPWG 制定了东盟统一的医疗器械监管方案——《东盟医疗器械指令》（Asean Medical Device Directive，AMDD）。该指令为东盟成员国提供了统一的监管标准，提出了统一的医疗器械安全与性能基本要求、分类系统、通用医疗设备档案模板（Common Submission Dossier Template，CSDT）和上市后警报系统。《东盟医疗器械指令》规定每个东盟成员国采取适当措施，采纳和实施通用医疗设备档案模板、上市后警报系统及产品所有者或实际制造商一致性声明要素等技术文件。如果每个东盟成员国均采取了适当的措施，即可简化医疗器械产品在不同国家的注册流程。

（一）越南

越南医疗器械统一由越南卫生部（Ministry of Health，MOH）下设的医疗设备和建设部（Department of Medical Equipment and Construction，DMEC）专责管辖，负责医疗器械相关的注册上市、进口、临床试验、上市后监管等工作。

越南相关进口医疗器械产品认证、注册监管规则主要为《第 98/2021/ND-CP 号有关医疗器械管理法令》（第 98 号法令），并参考《东盟医疗器械指令》。

越南的医疗器械按风险高低分为四级：A 级（低风险）、B 级（较低风险）、C 级（较高风险）及 D 级（高风险）。较低风险的 A 级、B 级产品的注册可以直接向省级卫生厅进行申请，注册的时间较短。较高风险的 C 级、D 级产品的注册则需要经过越南卫生部的审批，对技术文件的要求相比于低风险产品更为严格，注册时间也相对更长。制造商均应具备适当的质量管理体系，例如 ISO 13485。但如果是已经在中国、美国、欧盟、加拿大、日本、韩国或澳大利亚等参考国家注册过的 C 级、D 级医疗器械产品，在越南可以适用快速审查流程，审批时间大幅缩短。此外，为了帮助已经上市的制造商顺利过渡到 MA 许可证，越南卫生部还将允许对具有进口许可证的产品免除 C 级和 D 级产品的技术审查。

外国制造商可以通过以下三种方式在越南注册其医疗器械：（1）设立法人附属实体注册医疗器械，该实体需要在当地规划和投资部门注册，获得投资证书和营业执照。（2）指定持有有效的医疗器械注册经营许可证的当地进口商或分销商。（3）指定一个越南当地企业的独立第三方。此外，注册持有人可以授权无数量限制的经销商实施进口以及参与公开招标。越南指定的代理人实际为注册持有人，履行注册持有人义务。

（二）马来西亚

马来西亚的医疗器械产品注册由马来西亚卫生部下属的医疗器械管理局（Medical Device Authority，MDA）监管。在马来西亚境内，所有进口、出口或上市的医疗器械，无论是否本土制造，都必须先完成医疗器械管理局的注册，才能供应。

马来西亚相关进口医疗器械产品认证、注册监管规则主要为 2012 年《医疗器械法》（Medical Device Act 2012，Laws of Malaysia Act 737）、2012 年《医疗器械管理局法》（Medical Device Authority Act 2012，Laws of Malaysia Act 738），并参

考《东盟医疗器械指令》。

马来西亚根据风险高低将医疗器械划分为 A、B、C、D 四类：A 类医疗器械风险最低，B 类、C 类居中，D 类风险最高。合格评定程序适用于 A 类、B 类、C 类和 D 类医疗器械，但 A 类医疗器械可豁免合格评定程序，直接向当局递交相关申请。而较高风险的 B 类、C 类、D 类产品则需要先由第三方符合性评定机构（CAB）执行符合性评价，才可以递交注册申请。对于医疗器械管理局认可国家和地区批准的医疗器械，合格评定流程简化，加快了注册审评。参考机构包括：澳大利亚药品管理局、加拿大卫生部、欧盟公告机构、日本厚生劳动省、美国食品药品监督管理局、其他国外监管机构或公告机构（由医疗器械管理局确定）。

所有在马来西亚生产、进口的医疗器械产品都必须在医疗器械管理局进行注册后方可进入市场。注册申报系统为医疗器械管理局医疗器械注册系统［Medical Device Centralized Online Application System（MeDC@St）*］。对于进口的医疗器械生产商而言，需找到授权代理（authorized represetative，AR）完成注册事宜及负责上市后的跟踪等事务，授权代表必须是马来西亚公民或永久居民，并且必须持有营业执照和医疗器械良好分销规范（GDPMD）证书。医疗器械注册申请将由授权代表提交，而符合性评估机构的证书也将以授权代表的名义签发。

（三）菲律宾

菲律宾的医疗器械监管机构为卫生部下设的菲律宾食品和药物管理局（PFDA）。菲律宾食品和药物管理局下属的器械监管、辐射健康和研究中心（CDRRHR）负责医疗器械的监管工作。医疗器械注册［医疗器械通知证书（CMDN）和医疗器械注册证书（CMDR）］由器械监管、辐射健康和研究中心管理。

菲律宾相关进口医疗器械产品认证、注册监管规则主要为《第 9711 号共和国法》（Republic Act No.9711）、《2009 年食品和药物管理法》（The Food and Drug Administration Act of 2009）、第 2018-0002 号行政命令等，并参考《东盟医疗器械指令》。

菲律宾医疗器械产品分类根据《东盟医疗器械指令》进行了统一，从低风险到高风险分为：A、B、C 和 D 四个类别。A 类医疗器械获得医疗器械通知证书，B 类、C 类、D 类医疗器械获得医疗器械注册证书才可获得菲律宾进口投放市场。所有类别的设备都需要本国批准或经过欧盟、澳大利亚、加拿大、美国、日本等国家和地区的认证。根据菲律宾食品和药物管理局第 2022-008 号通告，已获东盟成员国批准的 B 类、C 类和 D 类医疗器械将有资格采用 Reliance Route 注册，从而可加快审查和加快市场准入。

在菲律宾注册医疗器械，公司必须首先获得经营许可（license to operate，LTO）。LTO 可以通过电子服务系统申请，获批后，将由菲律宾食品和药物管理局签发。目前，只有当地（菲律宾）公司可以申请 LTO。因此，外国制造商有 3 种路径在菲律宾注册其医疗器械：（1）在菲律宾设立一个合法的实体公司来注册医疗器械；（2）指定一个在菲律宾拥有 LTO 的经销商来注册医疗器械；（3）指定一名合法的菲律宾医疗器械独立代理人，直接代表外国制造商注册医疗器械。

（四）泰国

泰国医疗器械受泰国公共卫生部（MOPH）下属的泰国食品和药物管理局（Thai FDA）监管，在医疗器械产品合法引入泰国市场之前，需要在泰国食品和药物管理局进行注册。

泰国进口医疗器械注册的主要法律依据是《医疗器械法案》（B. E. 2562，2019），并参考《东盟医疗器械指令》。

泰国将医疗器械根据其风险程度从低到高分为四个等级：1 为低风险、2 为较低至中风险、3 为中至高风险、4 为高风险。不同风险等级的医疗器械在注册时需要满足不同的要求。最低风险的 1 类产品只需要列名（listing）；风险较高的 2 类和 3 类产品需要进行通知（notification）；而风险最高的 4 类产品则需要批准许可（license）。所有风险等级的医疗器械在泰国注册时需要提交的技术文件应参照东盟通用提交档案模板（CSDT）。对于 1 类医疗器械，所需提交的资料较少。对于 2 类、3 类、4 类产品，还需提供 ISO 13485 质量管理体系的证明。

泰国医疗器械注册共有三种路径：（1）全面评估。（2）简明路径，即泰国承认的参考机构批准，可加快注册进程并减少评估费用，适用于 2 类、3 类、4 类产品。这是指医疗器械必须在欧盟公告机构、加拿大卫生部、日本厚生劳动省、澳大利亚药品管理局、美国食品药品监督管理局、世界贸易组织六个参考监管机构之一注册（通过全面评估）并上市 1 年以上，且未发生任何严重不良事件。（3）信赖计划，即依赖于新加坡卫生科学局（HSA）的批准，可以加快注册进程并减少评估费用，2类、3类、4类产品。

境外制造商首先必须在泰国指定授权当地代理人（AR），这一角色既可以是自然人，也可以是法人。而代理人在代表境外制造商办理相关医疗器械注册手续前，应先申请营业许可证（establishment licence for importing），取得相应证照后，才能向泰国食品和药物管理局提交注册申请，产品的注册证亦由代理人持有。

（五）印度尼西亚

印度尼西亚医疗器械监管机构隶属于印度尼西亚卫生部（Ministry of Health Republic of Indonesia，MoH）的医药服务和医疗器械总局（NADFC），负责国产和进口医疗器械的法规性事务，卫生部则依据印度尼西亚共和国卫生部第1191/MENKES/PER/VIII/2010号条例对医疗器械的销售进行管理。

印度尼西亚进口医疗器械注册的主要法律依据是《医疗器械监督管理条例》（20201221）、《医疗器械注册管理办法》（20141001）等，并参考《东盟医疗器械指令》。

印度尼西亚将医疗器械根据风险从低到高分为A、B、C和D四类。所有类别的产品都需要通过印度尼西亚当局的注册审批，制造商也应满足ISO 13485质量管理体系的要求。医疗器械在印度尼西亚注册大多数情况下不需要原产国的批准，但通常需要提供原产国的自由销售证明（CFS），若不在原产国销售，则需要获取参考国或地区（澳大利亚/加拿大/欧盟/日本/美国）认证。

印度尼西亚没有快速审查流程。任何希望将产品进口到印度尼西亚的公司都必须首先通过在线单一提交（OSS）系统进行注册，以获得作为基本进口许可证的商业识别号（NIB）。只有印度尼西亚当地公司才能（通过OSS）申请NIB和医疗器械经销许可证（Izin Distribusi Alat Kesehatan，IDAK），从而注册和进口医疗器械。因此，外国制造商有3种路径获得IDAK，从而在印度尼西亚注册其医疗器械：（1）设立一个合法的实体公司；（2）指定一个当地经销商；（3）委任独立第三方代理人。此外，外国制造商必须在印度尼西亚指定一位授权代表（当地实体公司，且拥有印度尼西亚卫生部颁发的医疗器械经销商许可证）。此外，外国制造商必须签发一份公司信笺上的授权书，由公司高管签字并盖章，授权印度尼西亚国内代表注册医疗器械，且授权书必须由当地印度尼西亚大使馆认证。

医疗器械制造商需要获得工业营业执照和生产证书；经销自身生产的医疗器械生产商应当取得医疗器械经销许可证；经销的医疗器械应当符合印度尼西亚药典、印度尼西亚国家标准、医疗器械评估指导意见或其他相关法规适用的要求和标准。

进口到印度尼西亚境内并在印度尼西亚境内使用、流通的医疗器械应当取得上市许可。医疗器械进口商同样需要遵守印度尼西亚贸易部的相关规定，持有医疗器械经销许可证及相关医疗器械的上市许可证，以获取进口标识号。

（六）新加坡

新加坡卫生科学局负责监管新加坡医疗器械的进口、制造、出口和供应。

新加坡进口医疗器械注册的主要法律依据是《2007 年健康产品法》（Health Products Act 2007）、《2010 年健康产品（医疗器械）条例》[Health Products（Medical Devices）Regulations 2010]。

除了豁免产品，所有类别的医疗器械产品都必须经过新加坡卫生科学局注册方可在新加坡上市销售。新加坡卫生科学局将医疗器械与体外诊断器械根据风险由低至高分为 A、B、C、D 四个等级。A 类风险最低，D 类风险最高。非无菌类 A 类医疗器械免予产品注册，无菌 A 类医疗器械（含体外诊断器械）仍需进行注册。B 类、C 类、D 类产品参照东盟通用提交资料模板，同时还应提交良好的流通规范证书（GDPMDS）或 ISO 13485 医疗器械质量管理体系证书。新加坡卫生科学局认可的海外参考监管机构分别是：澳大利亚药品管理局、欧盟公告机构、加拿大卫生部、日本厚生劳动省、美国食品药品监督管理局。值得注意的是，未经新加坡卫生科学局任何海外参考监管机构事先批准的医疗器械必须经过全面评估。而同一产品在越多的海外参考监管机构获得上市许可，则在新加坡注册的流程越为简单，在提供相关证明文件后，可加快注册甚至立即注册。

无当地主体的制造商需指定当地代表作为注册人。新加坡卫生科学局注册人或申请人必须是一家新加坡注册公司，注册人或申请人须通过新加坡卫生科学局的医疗器械信息与通信系统（MEDICS）在线提交申请。凡是经过注册的医疗器械，都列入新加坡医疗器械注册清单（SMDR）中。

十一、墨西哥

在墨西哥，医疗器械进入市场需符合墨西哥官方标准（NOMs），还必须获得由墨西哥联邦卫生风险保护委员会（COFEPRIS）的认证。墨西哥联邦卫生风险保护委员会作为墨西哥的卫生监管机构，监管范围覆盖了从注册到市场准入的各个环节。

墨西哥的医疗器械注册主要遵循《药事法》(Pharmaceutical Affairs Act, PAA）及《医疗器械注册规定》(Regulation for Registration of Medical Devices）。

墨西哥联邦卫生风险保护委员会根据风险高低将医疗器械分为：低风险、Ⅰ类、Ⅱ类、Ⅲ类。墨西哥联邦卫生风险保护委员会提供被认定为低风险型的产品清单，这些产品依然受到管制，但是审查与批准的时间会比较快。注册周期根据类别不同，会有差异，大概在4—10个月之间，分类不当可能会影响监管审批流程及相关成本。

获得墨西哥联邦卫生风险保护委员会的批准有两条申请路径，分别是等效性审查路径与标准审查路径。等效性审查针对已经在日本、美国或加拿大获得批准的医疗技术公司，通过对比新器械与已批准的类似产品来加速审批过程，主要适用于低风险医疗器械。标准审查路径则需要对器械的安全性、有效性及其符合性进行全面评估，这一过程通常需要更多时间，适用于风险等级较高的产品。标准审查流程的申请也可以采用第三方审查（TPR）。第三方审查往往是由墨西哥联邦卫生风险保护委员会授权的商业性私人组织来初步审查申请。如果所有部分都符合他们的标准，他们将为墨西哥联邦卫生风险保护委员会写一份正式的技术报告，建议批准。通常情况下，在第三方审查机构提交他们的报告后，不需要再向墨西哥联邦卫生风险保护委员会提交其他资料，因此能加快审批时间。

与阿根廷、巴西等国家类似，不在墨西哥的医疗器械制造商在申请市场准入时需要委任一名墨西哥注册持有人（MRH）作为在墨西哥的官方代表，负责处理与墨西哥联邦卫生风险保护委员会的所有事务。准备并提交自由销售证书（CFS）或致外国政府函（CFG），以证明医疗器械在原产国已获得合法批准。

对于低风险器械，只需提交基本的医疗设备信息，以及 ISO 或等效国家文件。对于Ⅰ类、Ⅱ类、Ⅲ类器械，需提交包含详细器械信息、制造流程、实验室测试报告、质量管理体系认证（如 ISO 13485）及 CE 证书（如适用）的完整注册档案。所有类别的器械必须满足 NOM-137-SSA1-2008 的标签规定。

通过审查后，墨西哥联邦卫生风险保护委员会将颁发医疗器械认证证书，证书有效期为 5 年。医疗器械公司可指定一个合格的经销商将医疗器械带入墨西哥。

十二、南非

南非医疗器械的注册必须获得南非卫生产品监管局（South African Health Products Regulatory Authority，SAHPRA）的批准，未取得有效的南非卫生产品监管局医疗器械机构许可证，不得制造、分销、进口、出口或销售任何医疗器械。

南非的医疗器械注册遵循 1965 年《药品和相关物质法》。南非卫生产品监管局将医疗器械分为：A 类、B 类、C 类、D 类四类。其中 A 类风险最低，D 类风险最高。

非无菌、非测量的 A 类医疗设备的制造商、分销商、批发商免予许可。B 类医疗设备的制造商、分销商、批发商需提供原产国的免费销售证明。C 类和 D 类医疗设备的制造商、分销商、批发商需提供以下市场之一的市场批准证明：澳大利亚、美国、欧盟、巴西、加拿大和 / 或日本。注册持有人还必须持有技术文件的副本。

此外，申请南非卫生产品监管局许可证的医疗器械机构必须任命一名授权代表，该代表必须是驻南非的当地人，并提交产品说明书、生产厂商的文件资料、相关临床试验数据、质量流程文件和药品或医疗器械的安全性资料等证明材料。企业必须具有生产药品或者医疗器械的相关资质和认证要求。医疗器械生产和质量体系如符合 ISO 13485、美国食品药品监督管理局质量体系所要求的生产规范或欧洲医疗器械指示，并包含 CE 标志，将对药品管理委员会对产品的注册、认证起到很大的帮助。

南非卫生产品监管局注册申请的时间会因产品类型、审核的工作量而异，通常需要几个月。注册获批后需要遵守南非卫生产品监管局的所有要求和规定，包括生产和质量控制标准、报告任何安全问题、进行持续监测和评估等。

综上所述，2024 年中国医疗器械的主要出口国家（地区）为美国、德国、日本等。上述国家（地区）关于医疗器械准入的监管原则基本相同，均基于产品风险区分注册申报资料要求，但在细节上存在差异。欧盟、加拿大、俄罗斯等多数国家和地区将医疗器械按风险程度分为 4 个管理类别，而美国则将医疗器械按风险程度分为 3 个管理类别。

各国家（地区）医疗器械准入难度不同，全球 90% 以上的国家（地区）的医疗器械市场规模并不大，也没有自己的医疗器械产业链，因此，这些国家（地区）并没有建立自己的医疗器械认证体系，所以这类国家（地区）会选择认可某一种注册证，比如：中国国家药品监督管理局注册证、CE 认证、美国食品药品监督管理局认证等。其中美国、欧盟、日本等国家（地区）注册门槛高，其余国家（地区）相对较为容易。美国和欧盟已经建立起了相对完善的医疗器械法规体系，国际协调组织（GHTF）的指导性文件的大部分内容即建立在美国和欧盟法规的基础之上。欧盟委员会给各个成员国先制定一个比较大、比较统一、比较重要的法则，各个成员国要保证管理过程中不会违反整体的医疗管理框架，而后再结合各个成员国的实际情况制定不同的监管医疗器械模式。

各国家（地区）对代理人的要求存在不同的思路。其中美国的要求较为宽松，欧盟的要求最为严格。美国的代理人要求更多地强调的是以制造商为主体的管理模式。欧盟的代理人则需要承担上市评估的部分职责、保存技术文件、上市后监测的部分活动以及协助监管部门检查等义务。不同于其他国家（地区）的注册，在加拿大注册医疗器械，是不需要授权代表的，但是可以存在法规联络人的角色。这个角色既可以是制造商本身，也可以是第三方。

中国企业通常会优先选择医疗水平相对较高，医疗设备市场规模庞大，政策环境相对稳定的国家（地区）如美国、德国、日本等国家（地区）出口医疗器械产品，同时注册和审批程序也相对规范和严格。但中国医疗器械公司也将重点放在亚洲、非洲和拉丁美洲的新兴市场，这些市场对医疗基础设施和设备的需求日益增长。中国医疗器械企业出海的模式大致可以分为三种：代工、收购、自主注册。目前国内医疗器械企业出海更倾向选择注册模式，即将医疗器械产品在海外市场注册，以符合当地的规定和标准，获得销售许可证，进入当地市场销售的模式，为企业的长期发展提供保障。满足国际标准以及获得 CE 认证和美国食品药品监督管理局认证，有助于中国医疗器械制造商进入境外市场。

医疗器械企业临床试验合规指引

肖　浩　李　雪　张宏瑞　陈丽咏

医疗器械临床试验作为验证产品安全性和有效性的核心环节，其规范性和质量直接影响着医疗产品的上市进程和公众的健康福祉，在试验设计、执行、监管等环节中出现的法律风险可能会影响试验结果的可靠性和有效性，导致试验数据失真和不准确，进而影响产品上市和患者治疗效果。鉴于此，本文旨在初步探讨医疗器械临床试验中常见的法律风险，并提出有针对性的合规策略，以期为相关机构和从业者提供有益指导。

一、医疗器械临床试验监管法律框架概述

（一）国内外医疗器械临床试验法律法规概述

医疗器械临床试验的法律法规是确保试验安全、有效和合规的重要保障。各国和地区根据自身的法律体系和监管需求，制定了相应的规则和指导原则。以下是对医疗器械临床试验法律法规的进一步概述。

1. 国内监管法律框架

我国高度重视医疗器械的安全与有效性，逐步建立了较为完善的监管法律体系。《医疗器械监督管理条例》作为核心法规，明确了医疗器械临床试验的基本要求和监管原则。而后国家药品监督管理局（NMPA）、国家卫生健康委员会（以下简称国家卫健委）于 2022 年 3 月 24 日发布了《医疗器械临床试验质量管理规范》，该规范自 2022 年 5 月 1 日起施行。它涵盖了医疗器械临床试验的全过程，包括方案设计、实施、监查、稽查、检查以及数据的采集、记录、保存、分析、总结和报告等。此外，国家药监局还发布了一系列医疗器械临床试验指导原则，

为临床试验的设计和实施提供了详细指导，以及针对特定类型的医疗器械如体外诊断试剂的临床试验要求等提出规定、政策。

根据医疗器械规定、要求，在进行医疗器械临床评价时，当现有临床文献资料、临床数据不足以确认产品安全、有效的医疗器械时，应进行临床试验。医疗器械临床试验应依据医疗器械相关规定在经备案的临床试验机构中开展。在中国，医疗器械临床试验的监管主要由国家药监局负责。医疗器械临床试验相关主要规定见表1。

表1　相关规定分类

医疗器械临床规定分类	文件	发布部门	发布时间
临床试验主要法规、规章	《医疗器械监督管理条例》	国务院	2021年2月9日
	《医疗器械注册与备案管理办法》	国家市场监督管理总局	2021年8月26日
	《体外诊断试剂注册与备案管理办法》	国家市场监督管理总局	2021年8月26日
	《医疗器械临床试验质量管理规范》	国家药监局、国家卫健委	2022年3月24日
	《人类遗传资源管理条例》	国务院	2024年3月10日
	《人类遗传资源管理条例实施细则》	科学技术部	2023年5月26日
医疗器械临床试验通用指导原则	《决策是否开展医疗器械临床试验技术指导原则》	国家药监局	2021年9月18日
	《医疗器械临床试验数据递交要求注册审查指导原则》	国家药监局	2021年11月25日
	《体外诊断试剂临床试验数据递交要求注册审查指导原则》	国家药监局	2021年11月25日

续表

医疗器械临床规定分类	文件	发布部门	发布时间
医疗器械临床试验通用指导原则	《医疗器械临床试验设计指导原则》	原国家食品药品监督管理总局	2018 年 1 月 4 日
	《体外诊断试剂临床试验技术指导原则》	国家药监局	2021 年 9 月 16 日
	《医疗器械临床评价技术指导原则》	国家药监局	2021 年 9 月 18 日
	《真实世界数据用于医疗器械临床评价技术指导原则（试行）》	国家药监局	2020 年 11 月 24 日
	《接受医疗器械境外临床试验数据技术指导原则》	原国家食品药品监督管理总局	2018 年 1 月 10 日
	《使用体外诊断试剂境外临床试验数据的注册审查指导原则》	国家药监局	2021 年 11 月 26 日
	《医疗器械临床试验检查要点及判定原则》	国家药监局	2018 年 11 月 19 日
	《来源于人的生物样本库样本用于体外诊断试剂临床试验的指导原则》	国家药监局	2022 年 11 月 22 日
	《无源植入性医疗器械临床试验审批申报资料编写指导原则》	国家药监局	2018 年 6 月 4 日
医疗器械临床试验技术审评要点	《透明质酸钠复合溶液临床试验技术审评要点（征求意见稿）》	国家药监局	2023 年 5 月 17 日
	《经导管二尖瓣夹系统临床评价审评概述及审评关注点》	国家药监局医疗器械技术审评中心	2023 年 10 月 12 日
	《介入式左心室辅助装置用于高危经皮冠状动脉介入术临床评价简介及审评关注点》	国家药监局医疗器械技术审评中心	2023 年 10 月 27 日

续表

医疗器械临床规定分类	文件	发布部门	发布时间
医疗器械注册审评报告	植入式无导线心脏起搏器、硬性巩膜接触镜、IFI44L 基因甲基化检测试剂盒（PCR- 熔解曲线法）、个性化基台冠桥、碳纤维聚醚醚酮接骨板系统、植入式脑深部刺激电极、可吸收骨蜡、人外泌体 CA125、HE4、C5a 检测试剂盒（化学发光法）、胃转流支架系统、血管内冲击波治疗设备、人类 FMR1 基因检测试剂盒（荧光 PCR- 毛细管电泳法）、一次性使用冠脉血管内冲击波导管、质子治疗系统、心脏脉冲电场消融仪、一次性使用心脏脉冲电场消融导管、人乳腺癌分子分型检测试剂盒（PCR- 荧光探针法）、一次性使用环形肺动脉射频消融导管、肺动脉射频消融仪、可降解镁金属闭合夹、骨盆骨折复位手术导航定位系统、球囊型冷冻消融导管、冷冻消融设备、明胶 - 聚己内酯分层牙龈修复膜、肝脏局灶性病变 MR 图像辅助分诊软件、腹腔内窥镜单孔手术系统、颅内动脉瘤 CT 血管造影图像辅助分诊软件、增材制造聚醚醚酮颅骨缺损修复假体、自体脂肪及脂肪基质成分回收设备、甲状腺结节超声影像辅助诊断软件、肠息肉电子下消化道图像辅助检测软件、等离子体治疗仪、关节置换手术模拟软件等	国家药监局	根据各个产品的审评周期和审评报告的完成时间发布审评报告

2. 国际监管法律框架

医疗器械临床试验是评估医疗器械安全性和有效性的重要环节，对保护患者权益、保障公共健康至关重要。各国和各地区在医疗器械临床试验的监管方面都有相应的法律法规和指导原则。在实际医疗器械临床试验执行过程中，除了遵循法律法规，还应考虑具体临床试验要求和医疗器械产品特点，参考国内外相关产品临床试验数据及文献数据，结合审评要求，以确保医疗器械临床试验的规范并成功通过技术审评。

（1）国际标准

在国际层面，医疗器械临床试验的法规主要由世界卫生组织（WHO）和国际医疗器械监管者论坛（IMDRF）等机构提供指导。WHO 发布的《医疗器械临床试验规范》为各国制定相关法规提供了基础框架。IMDRF 通过发布《临床评价原则》等文件，将医疗器械临床试验定义为在一例或多例受试者中开展的系统性的试验或研究，用以评价医疗器械的安全性、临床性能和 / 或有效性，推动全球医疗器械监管的协调一致。此外，ISO 14155 是医疗器械临床试验的国际标准，提供了设计、实施、记录和报告临床试验的基本要求。GCP（Good Clinical Practice）是国际上普遍接受的临床试验管理标准，确保试验的设计、实施、记录和报告符合伦理和科学标准。遵循 GCP 可以增强试验结果的可信度，并保障受试者的权利和安全。

（2）美国法规

在美国，医疗器械临床试验的监管主要受到食品药品监督管理局（FDA）的监督。根据美国《联邦食品药品和化妆品法案》和《良好临床实践规范》等相关法规，FDA 进行管理。此外，FDA 发布了《医疗器械临床试验指南》，详细阐述了临床试验的设计、实施和报告要求。FDA 要求临床试验申请人必须提供医疗器械新产品的安全性和有效性证据，并且必须通过临床试验医疗器械豁免（IDE）或上市前许可申请（PMA）。FDA 对医疗器械临床试验的监管要求十分严格，申请人必须在试验前提交医疗器械豁免申请并获得批准后才能进行试验。此外，FDA 还要求持续监督试验，以确保遵守 GCP 和其他相关规定。

（3）欧盟法规

欧盟的医疗器械临床试验规定主要见于《临床评价制造商和公告机构指南》，这些规定包括对《医疗器械法规》（MDR）和《体外诊断器械法规》（IVDR）中的临床试验进行规范，要求制造商在临床试验前进行风险评估，并确保受试者的知情同意。欧盟要求开展医疗器械临床试验需遵守 ISO 14155 标准的要求；而对于体外诊断试剂，除了遵守 ISO 14155 标准，还需要遵守 ISO 20916 标准的要求。

此外，欧盟还颁布了《临床试验指令》(2001/20/EC)，为临床试验提供了具体的操作指南。

在国际上，欧盟和美国的医疗器械监管法律框架具有重要的借鉴意义。欧盟的医疗器械法规以严格的安全性和有效性评估为特点，对于不同风险等级的医疗器械实行分类管理。其体外诊断医疗器械相关规定也日益完善，强调了临床试验数据的可靠性和可追溯性。例如，在欧盟的医疗器械监管法规中，体外诊断医疗器械的监管要求相关的临床试验数据必须具有可靠性和可追溯性，以确保产品的安全性和有效性。相比之下，美国的医疗器械监管法律框架则注重创新与安全的平衡，通过特殊审评途径鼓励创新医疗器械的研发和上市，同时加强对临床试验的监管，以保障公众健康。

（二）医疗器械分类与临床试验合规监管要求

1. 医疗器械分类

医疗器械分类是指根据器械的用途、风险程度和监管需要，将医疗器械划分为不同的类别。不同类别的器械在注册、审批和监管方面有不同的要求。医疗器械通常根据风险等级分为三类。

（1）第一类医疗器械：风险较低，通常包括普通体外诊断试剂、手术器械等。这类器械的监管相对宽松，一般只需进行备案即可上市销售。

（2）第二类医疗器械：风险中等，包括一些常见的诊断和治疗设备，如超声波诊断仪、心电图机等。这类器械需要通过注册审批，提交相关技术资料和临床试验报告。

（3）第三类医疗器械：风险较高，通常涉及生命支持和重大疾病治疗的设备，如心脏起搏器、人工关节等。这类器械的审批程序最为严格，需要进行详细的临床试验和长期跟踪评估。

2. 医疗器械临床试验合规监管要求

在医疗器械临床试验的合规性方面，特别是针对高风险的第三类医疗器械，监管机构设定了较为严格的规范。这些法律法规确保了医疗器械临床试验在保护受试者权益和安全方面达到高标准，并要求所有试验必须通过严格的伦理审查。在执行层面，合规的关键点包括科学严谨的数据收集、规范的数据处理流程，以及对报告的严格审核。对于风险较低的医疗器械，临床试验在样本量和试验周期等方面可能享有一定程度的灵活性，但同样必须满足所有基本规定和标准。图 1 是医疗器械临床试验合规监管的具体要求。

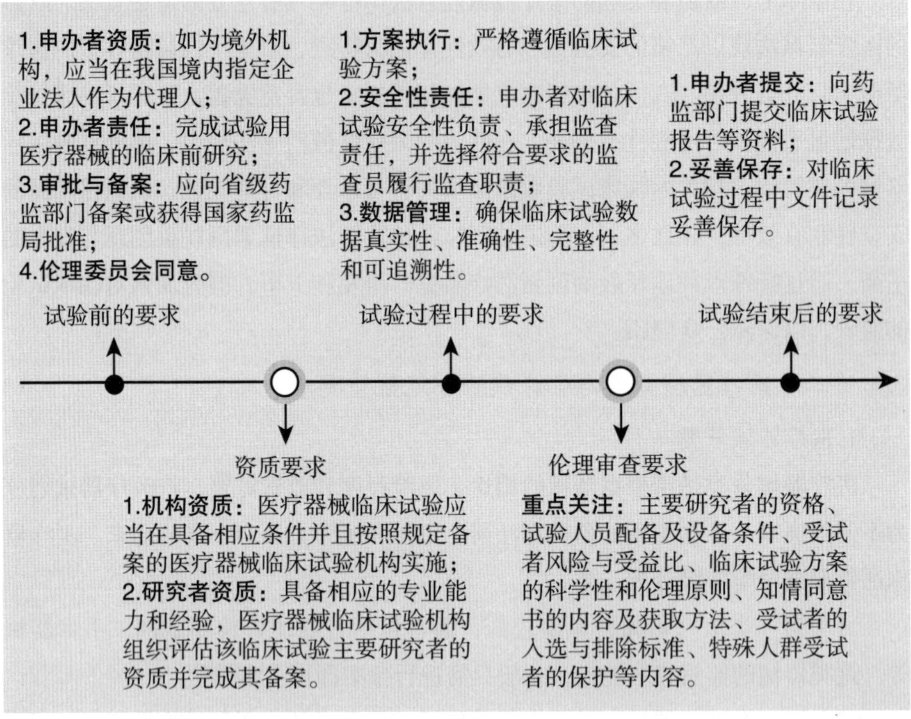

1.申办者资质：如为境外机构，应当在我国境内指定企业法人作为代理人；
2.申办者责任：完成试验用医疗器械的临床前研究；
3.审批与备案：应向省级药监部门备案或获得国家药监局批准；
4.伦理委员会同意。
1.方案执行：严格遵循临床试验方案；
2.安全性责任：申办者对临床试验安全性负责、承担监查责任，并选择符合要求的监查员履行监查职责；
3.数据管理：确保临床试验数据真实性、准确性、完整性和可追溯性。
1.申办者提交：向药监部门提交临床试验报告等资料；
2.妥善保存：对临床试验过程中文件记录妥善保存。
试验前的要求
试验过程中的要求
试验结束后的要求
资质要求
伦理审查要求
1.机构资质：医疗器械临床试验应当在具备相应条件并且按照规定备案的医疗器械临床试验机构实施；
2.研究者资质：具备相应的专业能力和经验，医疗器械临床试验机构组织评估该临床试验主要研究者的资质并完成其备案。
重点关注：主要研究者的资格、试验人员配备及设备条件、受试者风险与受益比、临床试验方案的科学性和伦理原则、知情同意书的内容及获取方法、受试者的入选与排除标准、特殊人群受试者的保护等内容。

图 1　相关具体要求

结合上述医疗器械临床试验合规相关要求，国家和地方行政监管部门不断加强对医疗器械违规行为的监管力度，总体上呈现出“开放管理、严格监管”的监管趋势。国家法律法规、行业规章以及各省的规定共同构成了医疗器械企业合规经营的牢固基础。医疗器械企业需严格遵守各项医疗器械法律法规以及地方监管部门的规定，持续提升和规范其合规管理水平。

二、医疗器械临床试验各环节主体合规性探讨

医疗器械临床试验作为评估产品安全性与有效性的核心步骤，其合规性监管要求覆盖了试验的全生命周期，确保试验结果的真实、可靠与公正。本部分将围绕医疗器械临床试验涉及的各个主体，包括“临床试验机构”“伦理委员会”“申

办者”“研究者及操作人员”“临床试验服务机构”关键主体，简要阐述医疗器械临床试验的合规监管框架。

（一）临床试验机构

1. 合规性监管要求

医疗器械临床试验是确保产品安全有效的重要步骤，其准确性和可靠性对产品审批和上市至关重要。监管机构需对临床试验机构的资质、研究人员的资格、伦理审查、试验设计与执行、受试者保护、设施设备管理、文档记录与存档以及现场检查与反馈等方面进行严格监管。监管内容包括临床试验机构的执业许可、研究人员的专业背景和伦理培训、试验方案的伦理审查、试验的科学设计与执行监督、受试者的权益保护、设施设备的合规性检查、试验文档的管理以及定期的现场检查和问题反馈机制。

2. 常见违规风险

医疗器械临床试验是验证医疗器械安全性和有效性的关键环节，其过程的合规性直接关系试验结果的准确性和可靠性，进而影响医疗器械的审批与临床应用。然而，在实际操作中，医疗器械临床试验机构可能面临多种违规风险，常见的违规风险有以下几种。

（1）伦理违规是临床试验中最为严重的问题之一，主要表现为未经充分知情同意即开展试验、试验方案未获得伦理委员会批准或违反伦理委员会批准等。

（2）数据造假是临床试验中另一严重问题，主要表现为篡改、伪造或隐瞒试验数据，以达到预期的试验结果。这种行为不仅破坏了试验的科学性和公正性，还可能误导监管机构和临床医生的决策。

（3）操作不当可能导致试验过程中出现偏差或错误，影响试验结果的准确性。例如，未按照试验方案执行试验、未正确操作试验设备或未准确记录试验数据等。

（4）设备缺陷可能影响试验结果的准确性和可靠性。例如，试验设备未经校准或维护、设备故障导致数据失真等。

（5）违规招募可能导致不符合条件的受试者参与试验，增加试验的风险性和不确定性。例如，未按照试验方案规定的入选标准和排除标准招募受试者、未获得受试者或其法定代理人的知情同意即进行试验等。

3. 合规性建议

临床试验机构应严格遵循医疗器械相关规定及指导原则，同时强化伦理审查机制，以保障受试者的合法权益。其中试验设计需科学合理，执行过程中应严格依照既定方案进行。同时确保受试者的知情权及隐私权，并持续监测受试者的安全状况，及时报告任何不良事件。临床试验机构应全面考虑各项因素，规范操作流程，确保临床试验的合规性。

（二）伦理委员会

1. 合规性与真实性监管要求

伦理审查是医疗器械临床试验中的重要环节。伦理审查的主要目的在于保护受试者的权益，确保医疗器械临床试验的合规性与真实性。伦理委员会需从多个方面实施严格监管，并对试验程序、人员安全、试验结果等方面进行审查。例如，伦理委员会需要审核试验方案中关于受试者知情同意的细节，以确保受试者在试验过程中的权益得到充分尊重。此外，在试验过程中，伦理委员会对试验数据的真实性进行监督，以防止虚假数据的出现。

（1）审查试验方案

伦理委员会的首要任务是详细审查试验方案，确保其内容符合国内及国际法律法规、伦理原则以及良好的临床试验规范。审查要点包括试验目的、设计、方法，预期效益与风险比，受试者保护措施等，特别关注是否存在潜在的伦理冲突或不当行为。

（2）伦理委员培训

为提高伦理审查的专业性和公正性，伦理委员会成员需接受定期的伦理知识和法规培训。培训内容涵盖最新法律法规、伦理原则、临床试验设计规范、受试者权益保护等方面，确保委员能够准确理解和应用相关知识进行审查。

（3）知情同意书审核

知情同意书是保障受试者权益的重要文件。伦理委员会需仔细审核知情同意书的内容，确保其清晰、完整、准确，无误导性信息。同时，应关注知情同意过程中是否充分尊重了受试者的自主权和隐私权，确保受试者在完全知情的基础上自愿参与试验。

（4）安全风险评估

伦理委员会需对试验可能带来的安全风险进行全面评估，以确保试验风险在可控范围之内，并且风险与预期效益之比要合理。评估内容包括试验器械的安全性、试验设计的合理性、受试者的保护措施等。

（5）不良事件监测

伦理委员会应建立不良事件监测机制，密切关注试验过程中可能出现的不良事件或严重不良事件。一旦发现不良事件，应及时要求申办方和研究者报告并采取有效措施进行处理，以保障受试者的安全。

（6）数据管理审查

为确保试验数据的真实性和可靠性，伦理委员会需对数据管理过程进行审查。审查内容包括数据收集、录入、处理、分析和保存等环节是否遵循了预定的数据管理制度和操作规程，是否存在数据造假或篡改等行为。

（7）持续跟踪审查

伦理委员会的监管不应仅限于试验开始前的审查，还应贯穿于整个试验过程。因此，建立持续跟踪审查机制至关重要。通过定期或不定期的审查，伦理委员会可以及时了解试验进展、受试者安全情况、数据真实性等信息，确保试验始终在合规和伦理的框架内进行。

（8）违规行为处理

对于在审查或跟踪过程中发现的违规行为，伦理委员会应依法依规进行处理。处理方式包括但不限于警告、暂停或终止试验、要求改正、提交整改报告等。对于严重违规行为，伦理委员会还有权向相关监管机构报告，以便采取进一步的法律措施。

2. 常见违规风险

伦理委员会在履行职责过程中，可能面临多种违规风险。这些风险不仅影响试验的合规性和伦理性，还可能对受试者的权益和安全造成损害。以下是一些常见的违规风险。

（1）试验方案设计不当

如果临床试验方案设计存在缺陷，可能会导致试验结果不准确或不可靠。这不仅浪费资源，还可能使受试者暴露于不必要的风险之中。

（2）受试者知情同意过程不规范

知情同意是保护受试者权益的重要环节。如果在获取知情同意过程中存在误导、隐瞒或强迫等行为，将严重违反伦理原则。

（3）数据管理不严格

临床试验数据的准确性和完整性是试验成功的关键。如果数据管理不规范，可能导致数据造假、篡改或丢失，从而影响试验结果的可信度。

（4）监督和审查不力

如果监督和审查不到位，可能导致试验过程中出现违规行为而未被及时发现和纠正，从而对受试者权益和试验质量造成影响。

（5）利益冲突未妥善处理

在临床试验中，研究者、赞助商和其他相关人员可能存在利益冲突。如果这些冲突未被充分披露和妥善处理，可能影响试验的公正性和客观性。

3. 合规性建议

通过识别和防范以上违规风险，笔者建议伦理委员会应严格遵循法规与指南，密切关注国内外医疗器械临床试验相关的法律法规、伦理指导原则及行业标准的更新，确保审查工作始终符合最新规范要求。同时加强伦理审批的严格性，完善知情同意过程，实施风险最小化措施，保障数据保密与安全，加强不良事件监测，开展伦理培训与教育。

（三）申办者

1. 合规性与真实性监管要求

（1）试验前的准备责任

第一，完成临床前研究：申办者应当完成试验用医疗器械的临床前研究，包括产品设计（结构组成、工作原理和作用机理、预期用途、适用范围及适用的技术要求）和质量检验、动物试验以及风险分析等，且结果应当能够支持该项临床试验。质量检验结果包括自检报告和具有资质的检验机构出具的一年内的产品注册检验合格报告。

第二，选择合格的试验机构和研究者：申办者所选择的试验机构应当是经资质认定的医疗器械临床试验机构，且设施和条件应当满足安全有效地进行临床试验的需要。选择的研究者应当具备承担该项临床试验的专业特长、资格和能力，并经过培训。

第三，签订书面协议：申办者与临床试验机构和研究者应当就试验设计、试验质量控制、试验中的职责分工、申办者承担的临床试验相关费用以及试验中可能发生的伤害处理原则等达成书面协议。

第四，获得相关批准和备案：临床试验应当获得医疗器械临床试验机构伦理委员会的同意。列入需进行临床试验审批的第三类医疗器械目录的，还应当获得国家药监局的批准。同时，申办者应当及时向所在地省级药监部门备案。

（2）试验过程中的管理责任

第一，提供合格的试验用器械：试验用医疗器械的研制应当符合适用的医疗器械质量管理体系相关要求，申办者要确保提供充足且质量合格的试验用器械。

第二，确保数据的真实性和可靠性：申办者对临床试验数据的真实性、准确性、完整性、可追溯性负责。应建立有效的数据管理系统，监督数据的收集、记录和报告过程，防止数据造假、篡改或丢失。

第三，承担监查责任：申办者应对试验用医疗器械在临床试验中的安全性负责，并选择符合要求的监查员履行监查职责。监查员应定期对临床试验机构进行访视，检查试验的进展、数据的收集以及受试者的权益保护等情况，发现问题及时纠正。

第四，安全保障：申办者为发生与临床试验相关的伤害或者死亡的受试者承担治疗的费用以及相应的经济补偿，但在诊疗活动中因医疗机构及其医务人员过错造成的损害除外。对受试者在试验过程中出现的不良反应或不良事件，应及时进行处理和报告。

第五，对方案的遵循和调整：申办者应当保证实施临床试验的所有研究者严格遵循临床试验方案，若需修改方案，应重新进行伦理审查并获得批准后方可实施。

（3）试验后的报告与责任

第一，提交临床试验报告：试验结束后，申办者应按照规定的格式和内容，及时向相关部门提交临床试验报告，包括但不限于试验的基本信息、方法、结果、结论等。

第二，保存试验资料：申办者应当建立和保存完整的临床试验文档，包括试验方案、知情同意书、原始数据记录、试验报告等。文档应按规定的期限妥善保存，以备监管部门检查。

2. 常见违规风险

（1）未经备案擅自开展临床试验

若未经医疗器械临床试验机构备案就开展临床试验，或者申办者开展临床试验未经备案，会被责令停止临床试验，并处5万元以上10万元以下罚款。未经备案开展临床试验且造成严重后果的，5年内禁止其开展相关专业医疗器械临床试验。

（2）未严格按照方案执行

可能被药品监督管理部门责令停止临床试验，并处以罚款。相关临床试验数据可能被判定为不可用于产品注册、备案，这将极大地影响医疗器械的上市进程。

（3）未经批准开展第三类医疗器械临床试验

未经批准开展第三类医疗器械临床试验的，责令立即停止临床试验，处10万元以上30万元以下罚款；造成严重后果的，处30万元以上100万元以下罚款。该临床试验数据不得用于产品注册，并且10年内不受理相关责任人以及单位提出的医疗器械临床试验和注册申请。对违法单位的法定代表人、主要负责人、直接负责的主管人员和其他责任人员，没收违法行为发生期间自本单位所获收入，并处所获收入30%以上3倍以下罚款。

（4）提供虚假临床试验资料

申办者在申请医疗器械行政许可时提供虚假资料或者采取其他欺骗手段涉及临床试验的，10年内不受理相关责任人以及单位提出的医疗器械许可申请；情节严重的，责令停产停业，相关责任人终身禁止其从事医疗器械生产经营活动（也会影响到后续的临床试验资格）。

3. 合规性建议

对于医疗器械临床试验的申办者而言，确保其合规性具有至关重要的意义。这不仅是法律法规的要求，更是保障公众健康和安全的必要举措。合规的临床试验能够为医疗器械的安全性和有效性提供可靠的证据，为产品的上市和广泛应用奠定基础。医疗器械临床试验申办者应通过了解法律法规要求、制定科学方案、提交伦理审查、准备翔实文件、保证物资质量、有效管理风险、规范数据管理及持续沟通监督等措施，全面履行合规性责任，确保试验活动的合法合规性、科学性和伦理性。

（四）研究者及操作人员

1. 合规性与真实性监管要求

研究者和操作人员在进行实验和数据处理的过程中，必须严格遵守相关的法律法规和行业标准。他们需要确保所有的实验设计、数据收集和分析方法都符合科学规范，以保证研究结果的真实性和可靠性。此外，研究者和操作人员还应遵循伦理准则，确保实验过程中对受试者的权益得到充分保护，避免任何可能对受试者造成伤害的行为。

2. 常见违规风险

在研究过程中，研究者和操作人员可能会面临一些常见的违规风险。这些风险包括但不限于数据造假、篡改或隐瞒数据、选择性报告结果、违反伦理准则等。这些违规行为不仅会损害研究的可信度，还可能导致严重的法律后果和职业声誉的损失。因此，研究者和操作人员必须时刻保持警觉，避免这些违规行为的发生。

3. 合规性建议

为确保研究的合法性和真实性，研究者和操作人员应当采取以下建议措施：首先，加强对相关法律法规和行业标准的学习和理解，以保证在研究过程中严格遵守；其次，建立和持续完善内部监督机制，定期进行合规性检查，及时发现并改正违规行为；再次，鼓励研究者和操作人员积极参与伦理培训，增强伦理意识，以确保在实验过程中尊重和保护受试者的权益；最后，支持开放透明的研究环境，鼓励研究者和操作人员主动报告研究中的问题和疑虑，以共同维护科学研究的诚信和质量。

（五）合同研究组织

在医疗器械临床试验中，合同研究组织（Contract Research Organization，CRO）在多方面发挥重要作用（见表2）。

表2　发挥的作用

序号	事项	主要内容
1	临床研究计划制定	CRO协助申办方制订科学、可行的临床研究计划，包括进度安排、启动计划、监查计划、统计计划、总结计划以及费用预算等
2	临床试验方案设计	CRO设计临床试验方案、知情同意书、CRF等初稿，并根据伦理委员会和研究者的意见进行修订
3	研究中心筛选与管理	CRO负责筛选合适的临床研究中心，并对其进行监查，确保临床试验的质量和进度

续表

序号	事项	主要内容
4	患者招募	CRO 采用各种策略优化患者招募，如实施广告活动、利用患者数据库与医疗机构合作，以确保按时完成患者入组
5	数据管理	CRO 制订全面的数据管理计划，包括数据收集、清理、验证和存储，确保数据的完整性和准确性
6	监查与质量控制	CRO 定期访视研究中心，评估方案依从性、数据准确性和患者安全性，确保试验符合 GCP 和监管要求
7	监管合规	CRO 负责确保临床试验遵守当地法规、国际指南和伦理标准，与监管机构保持沟通，提交必要的文件以获得批准
8	项目管理	CRO 提供项目管理服务，包括协调和监督所有试验活动，确保试验按计划和预算进行
9	数据分析	CRO 拥有统计分析专业知识，负责分析试验数据，生成有意义的结论，支持循证决策
10	药物警戒	CRO 监测、评估、理解和预防与研究医疗器械相关的不良事件，确保受试者安全
11	监管申报	CRO 协助申办方准备监管申报资料，包括新药临床试验申请、伦理委员会批准和临床研究报告，以获得监管机构的批准
12	国际多中心临床试验管理	CRO 管理国际多中心临床试验，确保不同国家或地区开展的试验符合当地法规和国际标准
13	真实世界证据（RWE）的应用	CRO 利用真实世界证据来补充传统试验数据，提供更全面的治疗效果评估
14	适应性临床试验设计	CRO 采用适应性设计，允许根据累积数据实时调整试验，提高资源利用效率和试验成功率

CRO 的参与可以推进临床试验降本增效，同时加速医疗器械产品的上市进程。当前，中国医疗器械行业正处于快速发展阶段，CRO 在产品全生命周期中所扮演的角色日益重要。

1. 合规性与真实性监管要求

CRO 在医疗器械研发及临床试验过程中应遵守的部分监管要求如表 3 所示。

表 3　部分监管要求

序号	名称	文号	制定主体	生效时间
1	《医疗器械临床试验质量管理规范》	国家药品监督管理局 国家卫生健康委员会 公告 2022 年第 28 号	国家药品监督管理局、国家卫生健康委员会	2022 年 5 月 1 日
2	《医疗器械监督管理条例》	国务院令第 739 号	国务院	2021 年 6 月 1 日
3	《医疗器械注册与备案管理办法》	国家市场监督管理总局令第 47 号	国家市场监督管理总局	2021 年 10 月 1 日
4	《体外诊断试剂注册与备案管理办法》	国家市场监督管理总局令第 48 号	国家市场监督管理总局	2021 年 10 月 1 日
5	《医疗器械临床评价技术指导原则》	国家食品药品监督管理总局通告 2014 年第 14 号	原国家食品药品监督管理总局	2015 年 5 月 19 日
6	《真实世界数据用于医疗器械临床评价技术指导原则（试行）》	国家药品监督管理局通告 2020 年第 77 号	国家药品监督管理局	2020 年 11 月 24 日
7	《国家药监局关于发布医疗器械临床评价技术指导原则等 5 项技术指导原则的通告》	国家药品监督管理局通告 2021 年第 73 号	国家药品监督管理局	2021 年 9 月 18 日
8	《国家药监局关于发布医疗器械临床试验数据递交要求等 2 项注册审查指导原则的通告》	国家药品监督管理局通告 2021 年第 91 号	国家药品监督管理局	2021 年 11 月 25 日

以上规范和指导原则为 CRO 在医疗器械临床试验中的数据管理、伦理审查、试验实施等方面提供了详细的法规依据和操作指导。CRO 在执行临床试验时，必须严格遵守这些法律法规，确保临床试验的合规性和受试者的安全。除上述规范和指导原则外，还需遵循一些国际标准或指南，这些标准或指南旨在

确保医疗器械的安全性、有效性和质量控制，部分重要的国际标准和指南如表4所示。

表4　部分重要的国际标准和指南

序号	名称	主要内容
1	ISO 14155：2020 Clinical investigation of medical devices for human subjects — Good clinical practice	这是一份国际标准，涉及人体受试者进行的医疗器械临床研究的良好临床实践（Good Clinical Practice，GCP）。它旨在保护受试者的权利、安全和福祉，确保临床研究的科学性以及研究结果的可信度，并定义了申办者和主要研究者的责任。ISO 14155：2020适用于医疗器械的临床研究，但不适用于体外诊断医疗器械。ISO 14155的最新版本于2020年7月发布，并计划在五年后进行修订
2	ICH Guidelines	国际协调会议（The International Council for Harmonisation，ICH）制定了一系列关于药品和医疗器械临床试验的指南，这些指南被全球多个国家和地区的监管机构所接受。例如，ICH E6（R2）提供了涉及人体受试者参与的临床试验的设计、执行、记录和报告的GCP统一标准
3	ISO 13485：2016	这是一份国际标准，专门针对医疗器械行业的质量管理体系。它规定了医疗器械设计和生产过程中必须遵守的质量管理体系要求，以确保最终产品的安全性和可靠性。ISO 13485：2016是医疗器械行业广泛认可的标准，适用于医疗器械的全生命周期，包括设计、开发、生产、安装和服务
4	IMDRF（International Medical Device Regulators Forum）	国际医疗器械监管者论坛（International Medical Device Regulators Forum，IMDRF）是一个国际性的医疗器械监管机构论坛，旨在促进医疗器械法规的国际协调和融合。IMDRF制定了一系列指南和标准，以支持医疗器械的安全和性能的全球监管
5	WHO Global Model Regulatory Framework for Medical Devices	世界卫生组织（World Health Organization，WHO）发布的医疗器械全球监管框架模型，包括体外诊断医疗器械，提供了监管框架的指导原则和协调一致的定义，并指定了有效和高效监管的属性

续表

序号	名称	主要内容
6	Regulation (EU) 2017/745 of the European Parliament and of the Council on medical devices	该法规系由欧洲议会和欧盟理事会制定，主要规定了医疗器械在欧洲市场上市和监管的要求，包括临床试验的要求

这些国际标准和指南为医疗器械的研发、生产和临床试验提供了全球协调一致的指导，有助于提高医疗器械的安全性和有效性，并促进国际间的监管互认和市场准入。

总体而言，CRO 必须通过必要的资质认证，如中国合格评定国家认可委员会认可（China National Accreditation Service for Conformity Assessment，CNAS）或中国计量认证（China Inspection Body and Laboratory Mandatory Approval，CMA），以及实验动物使用许可证等。同时，应建立完整的标准操作流程（Standard Operate Process，SOP），并确保关键人员具备适当的专业知识和经验。CRO 还需确保临床试验的方案设计、实施、监查、稽查、检查以及数据的采集、记录、保存、分析、总结和报告全过程符合规范要求，需保证提供的数据具有真实性、完整性及可追溯性，并承担因数据合规问题而给委托方造成的损失。

2. 常见违规风险

CRO 在医疗器械临床试验中可能遇到的部分常见违规风险如下：

（1）数据造假或篡改：CRO 可能为了达到预期的试验结果或满足客户要求，而对临床试验数据进行造假或篡改。这种行为不仅违反了临床试验的伦理原则和相关法规，而且可能导致不安全或无效的医疗器械被批准上市，对公众健康造成严重威胁。例如，2015 年的“722 风暴”中，超过千余个药物注册申请被申请方主动撤回，多个注册申请因临床试验真实性问题而被不予批准，多家药企因临床试验数据真实性问题遭处罚。国家药监局在 2020 年对在审的 10 个医疗器械注册申请项目开展的临床试验监督抽查中，亦发现存在临床试验数据无法溯源的问题，导致相关注册申请项目不予注册，并在一定时期内不再受理该项目的注册申请。

（2）违反 GCP 原则：CRO 在临床试验过程中可能未能遵守 GCP 原则，包括但不限于受试者保护、数据记录和报告等方面的规定。违反 GCP 原则可能导致临床试验结果的科学性和可靠性受到质疑，影响医疗器械的注册和市场准入。同时，CRO 企业还可能会面临一系列法律后果，具体如表 5 所示。

表 5　相关法律后果

法律责任	主要内容
民事责任	如果 CRO 企业的违规行为导致受试者受到伤害，CRO 企业可能需要对其承担侵权赔偿责任，同时还可能需要向委托方承担违约责任
行政责任	根据《医疗器械监督管理条例》和《医疗器械临床试验质量管理规范》，CRO 企业如果未能遵守 GCP 原则，可能会被责令改正违法行为，并可能面临罚款、临床试验数据不被接受、医疗器械注册申请不予批准等行政处罚。例如，如果临床试验数据不真实，根据《医疗器械监督管理条例》第 86 条，可能会被责令改正，并处以罚款，甚至吊销相关许可证件
刑事责任	数据造假等严重违规行为可能会触犯《刑法》的相关规定。例如，故意提供虚假临床试验数据，可能构成提供虚假证明文件罪，根据《刑法》第 229 条，责任人可能面临刑事处罚，包括罚金和有期徒刑

违规行为一旦被公布，CRO 企业的信誉可能受到严重影响，这可能导致客户流失、业务机会减少，甚至影响企业的生存和发展。

在 2015 年，中国食品药品监督管理总局开展了临床试验数据自查核查工作，发现多家企业存在临床试验数据不真实、不完整和不规范等问题。这些问题违反了 GCP 原则和相关法规，导致相关注册申请被拒绝，企业面临了行政处罚，包括罚款和临床试验资格的取消。同时，YTYY 以 9 亿元的价格收购 SHXGF（CRO 公司）被发现存在财务造假的情况，3 年内虚增营收 4.54 亿元，这种行为违反了 GCP 原则和相关财务法规，不仅要面临行政处罚，还可能触及刑事责任。

（3）未经授权的试验行为：CRO 可能在未经伦理委员会审查或未获得受试者知情同意的情况下开展临床试验，这种行为违反了伦理原则和相关法规，可能导致 CRO 和相关医疗机构受到法律制裁。

（4）不合规的试验操作：CRO 在临床试验过程中可能未能按照临床试验方案执行，如改变试验流程、不按规定进行样本收集和分析等。不合规的操作可能导致临床试验结果的偏差，影响医疗器械的有效性和安全性评估。

（5）财务不透明：CRO 可能存在财务不透明的问题，如虚报费用、不正当财务往来等，这可能涉及商业贿赂等违法行为。例如，上海芮 X 医药科技有限公司等四家临床试验服务机构因商业贿赂行为被处罚。

（6）人员资质问题：CRO 可能雇用不具备相应资质的人员，如未获得相应资质的研究人员或监查员参与临床试验的关键工作。人员资质问题可能导致临床试验的专业性和质量控制不达标。

（7）不良事件报告不规范：CRO 在临床试验中可能未能及时、准确地报告不良事件，或未能采取适当的措施来处理和预防不良事件的发生。不良事件报告不规范可能导致患者安全受到威胁，影响医疗器械的风险评估和监管决策。

（8）试验用医疗器械管理不当：CRO 可能未能妥善管理试验用医疗器械，包括器械的储存、分发、使用和回收等，这可能影响试验的安全性和有效性。

为了降低这些风险，CRO 应当建立和维护一个全面的质量管理体系，确保所有临床试验活动都符合相关法律法规和 GCP 原则。此外，CRO 还应当加强对员工的培训和监督，确保他们了解并遵守临床试验的相关规定。同时，CRO 应当与申办者、研究者和监管机构保持良好的沟通，确保临床试验的透明度和合规性。通过这些措施，CRO 可以有效地管理和降低临床试验中的违规风险，确保临床试验的质量和受试者的安全。

3. 合规性建议

在医疗器械临床试验中，CRO 企业进行有效的风险管理是确保试验质量和受试者安全的关键。部分合规性建议如表 6 所示。

表 6　部分合规性建议

序号	事项	主要内容
1	风险识别与评估	CRO 企业应建立系统的风险识别和评估流程，对临床试验的每个阶段进行风险评估，包括但不限于试验设计、试验实施、数据管理、伦理审查等
2	制订风险管理计划	基于风险评估结果，CRO 企业应制订详细的风险管理计划，包括风险控制措施、预防措施和应急预案
3	培训与资质管理	确保所有参与临床试验的人员都经过适当的培训，具备必要的资质和经验，以减少因操作不当导致的风险

续表

序号	事项	主要内容
4	质量管理体系建设	建立和维护一个全面的质量管理体系，包括标准操作流程（SOPs）、内部审计和质量控制措施
5	数据管理与监控	采用有效的数据管理系统，确保数据的完整性、准确性和可追溯性。如果数据管理系统存在缺陷，可能会导致数据丢失或篡改，从而影响临床试验结果的可靠性。因此，CRO 企业应采用符合《良好临床实践规范》要求的电子数据采集系统，并定期进行数据备份、监控和安全检查
6	沟通与报告	建立清晰的沟通渠道和报告机制，确保所有风险事件和违规行为都能被及时识别、记录和报告。同时，还应加强与委托方的沟通，确保临床试验方案的科学性和合理性，并在试验过程中及时沟通变更和问题
7	持续改进	基于内部审计、外部检查和临床试验结果，不断改进风险管理流程和措施
8	遵守法律法规	严格遵守相关法律法规，确保临床试验的合法性和合规性

综上所述，CRO 在医疗器械临床试验中的合规性与真实性监管要求严格，需要通过多措并举实现违规风险管控，确保试验的顺利进行和受试者的安全，进而提高服务质量，促进医疗器械的健康发展。

（六）受试者

1. 合规性与真实性监管要求

根据《医疗器械临床试验质量管理规范》，临床试验应遵循《世界医学会赫尔辛基宣言》的伦理准则和国家相关伦理规范，确保受试者权益和安全，保证试验过程规范，结果真实、准确、完整和可追溯。

临床试验方案需获得伦理委员会的审查和同意，且申办者需建立覆盖临床试验全过程的质量管理体系，确保符合相关法律法规，保护受试者权益。

知情同意书是保护受试者权益的重要文件，它应包含研究目的、方法、预期风险和益处等信息，并确保受试者在充分了解后自愿参与。

在医疗器械临床试验中，确保受试者权益保护是至关重要的。根据国内现行法律法规和相关指引文件的要求，受试者权益保护主要从以下几个方面展开（见表7）。

表7 相关规定

序号	事项	主要内容
1	伦理审查	根据《医疗器械临床试验质量管理规范》，所有医疗器械临床试验必须获得伦理委员会的同意。伦理委员会负责审查试验方案的伦理性和科学性，确保受试者的权益和安全得到保护
2	知情同意	研究者应当使用经伦理委员会同意的最新版本知情同意书。在受试者参与临床试验前，研究者应向受试者或其法定代理人详细说明试验目的、过程、期限、风险与受益等，并获取受试者的书面知情同意。如果受试者是未成年人或无完全民事行为能力人，研究者必须获得其法定监护人的书面同意，并确保知情同意书的表述通俗易懂，以便受试者或其监护人能够充分理解
3	受试者信息保护	研究者应确保受试者的个人资料保密，仅在必要时由伦理委员会、药品监督管理部门等查阅，且不得对外披露
4	风险与受益评估	临床试验方案应充分考虑受试者可能遭受的风险与试验预期的受益，确保风险最小化，受益最大化
5	自愿参与和随时退出的权利	受试者参与临床试验应完全自愿，且在任何时候有权退出试验，而不受任何形式的歧视或报复
6	补偿和保险	若受试者因参与临床试验遭受伤害，申办者应提供相应的补偿或保险
7	不良事件报告	研究者应及时报告临床试验中发生的所有不良事件，并采取适当措施保护受试者的安全。如果在临床试验中发现试验医疗器械存在安全隐患，研究者和CRO应立即向伦理委员会报告，并评估是否需要修改知情同意书或暂停试验，以保护受试者的安全
8	跟踪审查	伦理委员会应对医疗器械临床试验进行跟踪监督，确保受试者权益和安全得到持续保障

2. 常见违规风险

（1）数据造假或记录不真实，可能导致临床试验结果无效或误导监管决策，如在某些案例中，临床试验数据无法溯源，存在真实性问题。

（2）未获得必要的资质或许可证进行临床试验或使用试验动物。

（3）未能妥善保护受试者隐私和个人信息，尤其是在大数据研究背景下，电子数据的使用增加了隐私泄漏的风险。

（4）未能遵守临床试验方案或未及时报告不良事件。

3. 合规性建议

（1）加强对临床试验相关人员的法律法规和伦理培训，提升对受试者权益保护的认识和能力。

（2）建立严格的数据管理和监控系统，确保数据的真实性和完整性，如使用电子数据采集系统，并确保数据的安全性和隐私保护。

（3）强化伦理委员会的审查作用，确保所有临床试验方案均经过伦理委员会审查，且在试验过程中持续监督。

（4）明确知情同意过程，确保受试者充分理解试验内容及潜在风险，并自愿参与。

（5）建立应急预案，对可能的违规风险进行评估和预防，如制定不良事件报告和处理流程。

（6）定期进行内部审计和质量检查，及时发现并纠正不合规行为。

通过上述措施，可以有效地保护医疗器械临床试验中受试者的权益，确保试验的合规性与真实性。

（七）临床试验服务机构

1. 合规性与真实性监管要求

在医疗器械临床试验中，临床试验服务机构（site management organization，SMO）的合规性与真实性要求是确保临床试验质量和受试者安全的关键。SMO 如违反相关法律法规，可能面临法律责任，包括罚款、业务限制等处罚。《医疗器械监督管理条例》中规定了对违规行为的严格处理和监管要求。以下是 SMO 在临床试验中应遵守基本的合规性、真实性要求的简要阐述。

（1）合规性

资质和备案：SMO 及其派遣的 CRC（clinical research coordinator）必须具备相应的资质和经过 GCP 培训。SMO 应当在国家药品监督管理局指定的平台上进行备案，确保其合法性和专业性。根据《医疗器械临床试验质量管理规范》，SMO 需要确保其操作符合规定的标准。

质量管理体系：SMO 应建立和维护一个全面的质量管理体系，包括 SOP 和定期的内部审计。这一体系应涵盖临床试验的全过程，包括培训和考核、临床试验的实施、医疗器械的管理、生物样本的管理、不良事件和器械缺陷的处理以及安全性信息的报告、记录、质量控制等。《医疗器械临床试验质量管理规范》中明确了对临床试验全过程的管理要求。

数据管理：SMO 需要确保所有临床试验数据的真实性、准确性和完整性。这包括对数据的收集、记录、保存、分析和报告的全过程进行严格管理，确保数据的可溯源性和防止数据篡改。《医疗器械临床试验质量管理规范》中对数据管理有详细的规定，要求数据管理应符合 GCP 原则。

伦理审查：SMO 应确保所有临床试验活动均获得伦理委员会的批准，并在受试者充分知情同意的基础上进行。《医疗器械临床试验质量管理规范》中提到，伦理审查是保障受试者权益的重要措施。

人员培训：SMO 应确保其 CRC 和参与临床试验的其他人员接受专业的培训，包括 GCP、临床试验方案、医疗器械使用和维护等，以确保他们能够有效地执行临床试验任务。《医疗器械临床试验质量管理规范》中强调了对研究团队进行培训的重要性。

监督和稽查：SMO 应定期进行自我监督和稽查，以确保临床试验的每个环节都按照既定的方案和 GCP 进行。《医疗器械临床试验质量管理规范》中提到，监督和稽查是确保临床试验质量的重要手段。

问题报告和纠正：SMO 应及时报告任何可能影响数据真实性的问题，并采取适当的纠正措施。《医疗器械临床试验质量管理规范》中规定了对不良事件、并发症和器械缺陷的及时记录和报告要求。

（2）真实性

临床试验数据的真实性：SMO 必须确保所有临床试验数据的真实性，包括受试者信息、试验过程记录、研究数据和检测数据等。任何编造或篡改数据的行为都是不被允许的，且会影响医疗器械的安全性和有效性评价结果。根据《医疗器械临床试验质量管理规范》，临床试验数据应当真实、准确、完整、具有可追溯性。

数据溯源：临床试验数据必须可溯源，包括入选排除标准、主要疗效指标、重要的安全性指标等。这意味着所有数据都能够追溯到其原始来源，确保数据的完整性和准确性。《医疗器械临床试验质量管理规范》中提到，CRF中数据应当与源文件一致，如有不一致应作出解释。

试验用医疗器械的真实性：SMO需确保试验用医疗器械的真实性，不得使用虚假或替代的医疗器械进行试验。这包括确保医疗器械的运输、接收、储存、分发、回收与处理等记录的完整性和准确性。

严重不良事件和器械缺陷的报告：SMO应及时报告与临床试验用医疗器械相关的严重不良事件和可能导致严重不良事件的医疗器械缺陷。瞒报或延迟报告都是违反监管要求的行为。《医疗器械临床试验质量管理规范》中规定了对不良事件、并发症和器械缺陷的及时记录和报告要求。

临床试验报告的一致性：注册申请的临床试验报告中的数据应与临床试验机构保存的临床试验报告中的数据一致。任何不一致都可能影响医疗器械安全性和有效性的评价结果。

监督检查：SMO应配合药品监督管理部门的监督检查，包括日常监督检查、有因检查和其他检查。监督检查是为了确保SMO持续符合法定要求，保护受试者的权益和安全，保证试验结果的真实、准确、完整、可追溯。《医疗器械监督管理条例》中规定了医疗器械临床试验的法律责任。

2. 常见违规风险

临床试验数据的真实性问题：监管案例显示，例如，杭州某生物科技股份有限公司在浙江某医学院附属第一医院开展的临床试验中，医疗机构留档的电子照片拍摄时间、地点与临床试验实际时间、地点不一致，导致临床试验数据无法溯源，存在真实性问题。国家药监局决定对该注册申请项目不予注册，并自不予注册之日起1年内不予再次受理该项目的注册申请。

数据溯源问题：在临床试验中，数据必须可溯源，包括入选排除标准、主要疗效指标、重要的安全性指标等。例如，内蒙古某基因科技有限公司在江西某大学附属医院开展的临床试验中，未在荧光定量PCR仪器操作系统中查询到该临床试验的使用痕迹记录，导致临床试验数据无法溯源，存在真实性问题，对上述注册申请项目不予注册，并自不予注册之日起1年内不予再次受理。

不良事件报告问题：SMO应及时报告与临床试验用医疗器械相关的严重不良

事件和可能导致严重不良事件的医疗器械缺陷。瞒报或延迟报告都是违反监管要求的行为。

监督检查问题：SMO 应配合药品监督管理部门的监督检查，包括日常监督检查、有因检查和其他检查。例如，国家药监局发布的《医疗器械临床试验检查要点及判定原则》列出了六大方面、66 个现场检查要点，涉及临床试验前准备、受试者权益保障、临床试验方案、临床试验过程、记录与报告，以及试验用医疗器械管理等方面。

3. 合规性建议

确保资质和备案：SMO 及其 CRC 必须具备相应的资质，并且 SMO 应在国家药品监督管理局指定的平台上进行备案，确保其合法性和专业性。这是确保 SMO 合规性的基础，也是监管机构监督检查的重点之一。

建立全面的质量管理体系：SMO 应建立和维护一个全面的质量管理体系，包括 SOP 和定期的内部审计。这一体系应涵盖临床试验的全过程，包括培训和考核、临床试验的实施、医疗器械的管理、生物样本的管理、不良事件和器械缺陷的处理以及安全性信息的报告、记录、质量控制等。《医疗器械临床试验质量管理规范》中明确了对临床试验全过程的管理要求。

强化人员培训：SMO 应确保其 CRC 和参与临床试验的其他人员接受适当的培训，包括 GCP、临床试验方案、医疗器械使用和维护等，以确保他们能够有效地执行临床试验任务。

确保数据的真实性和完整性：SMO 必须确保所有临床试验数据的真实性，包括受试者信息、试验过程记录、研究数据和检测数据等。任何编造或篡改数据的行为都是不被允许的，且会影响医疗器械的安全性和有效性评价结果。

及时报告不良事件：SMO 应及时报告与临床试验用医疗器械相关的严重不良事件和可能导致严重不良事件的医疗器械缺陷。

遵守伦理审查要求：SMO 应确保所有临床试验活动均获得伦理委员会的批准，并在受试者充分知情同意的基础上进行。

配合监督检查：SMO 应配合药品监督管理部门的监督检查，包括日常监督检查、有因检查和其他检查。

明确法律责任：SMO 如违反相关法律法规，可能面临法律责任，包括罚款、业务限制等处罚。《医疗器械监督管理条例》中规定了对违规行为的严格处理和监管要求。

持续改进：SMO 应定期评估自身的合规性，进行内部自查，发现并纠正任何潜在的问题。

（八）医疗器械临床试验主体间法律关系与合规分析（总结）

申办者：负责发起、申请、组织、资助和监查临床试验。申办者可以将其临床试验的部分或全部工作和任务委托给 CRO 或 SMO，但仍然是临床试验数据质量和可靠性的最终责任人。申办者需确保产品设计已定型，完成临床前研究，并负责制定研究者手册、临床试验方案等文件。申办者对临床试验的真实性、可靠性负责，并在必要时提供经济补偿。申办者需与 CRO 或 SMO 签订合同，明确各方权利和义务，并负责试验医疗器械的提供和运输，以及受试者与临床试验相关的费用和可能的损害赔偿。

临床试验机构：应当具备相应条件并按规定备案，负责提供符合要求的设施和条件，确保临床试验的顺利进行。机构应建立临床试验管理组织架构和管理制度，确保主要研究者履行其临床试验相关职责，保证受试者得到妥善的医疗处理，确保试验产生数据的真实性。

研究者：在临床试验机构中负责实施临床试验的人员，负责按照临床试验方案进行试验，并确保数据的真实性和准确性。研究者需获得知情同意，管理试验医疗器械，及时报告不良事件，并在必要时提供给受试者适当的医疗处理。

伦理委员会：负责审查临床试验项目的科学性和伦理性，确保受试者的权益得到保护。伦理委员会有权要求修改临床试验方案、知情同意书等文件，并在必要时暂停或终止临床试验。

受试者：自愿参加临床试验的个人，有权在任何时候退出试验。受试者应被充分告知试验的详细情况，并获得受试者或其监护人的知情同意。

合规性方面，所有参与主体都必须遵守《医疗器械临床试验质量管理规范》等相关法律法规。CRO 和 SMO 在执行临床试验任务时，必须确保其工作符合 GCP 和相关法律法规的要求，并通过合同明确与申办者、临床试验机构或研究者的权利、义务和责任。CRO 和 SMO 都需要对其在临床试验中的行为承担责任。如果因为 CRO 或 SMO 的行为导致临床试验数据不真实、不完整或不准确，可能会受到监管机构的处罚，包括但不限于警告、罚款、禁止参与未来的临床试验等。此外，如果因为 CRO 或 SMO 的行为给受试者造成损害，还可能需要承担民事赔偿责任。

综上所述，医疗器械临床试验的法律关系与合规性分析是一个全面且复杂的过程，涉及多个主体和法律法规，所有参与方都必须严格遵守相关规范，确保临床试验的顺利进行和受试者的权益保护。

三、医疗器械临床试验数据管理的合规性挑战与机遇

（一）医疗数据的全生命周期管理

医疗数据的全生命周期合规管理是确保患者隐私、数据安全和促进医疗行业健康发展的重要环节。总体来看，医疗数据管理需遵守《个人信息保护法》《数据安全法》等法律法规，这些法规对数据的收集、存储、使用、共享和销毁等方面提出了严格要求。随着技术的发展，医疗数据的采集、存储和处理方式不断变化，如何确保数据在新技术环境下的安全性和合规性是一个挑战。同时，医疗机构间数据不互联互通，普遍存在数据孤岛现象，导致数据共享困难，也对数据的有效利用和患者服务的优化产生了一定的不利影响。此外，医疗数据的跨境传输需要符合国家相关法律法规，这对数据的国际合作和科研活动提出了更高的合规要求。以下是从不同角度对医疗数据全生命周期合规管理的挑战与机遇进行的分析（见表 8）。

表 8　挑战与机遇

序号	主体	挑战与机遇
1	申办者	在开展医疗器械临床试验过程中，申办者需确保临床试验数据的真实性、完整性和可靠性，同时要符合国内和国际法规要求，如 ICH GCP 和《医疗器械临床试验质量管理规范》。他们面临的挑战包括数据的标准化、数据管理系统的建立和验证、以及数据的安全性和隐私保护。相应地，申办者可以通过采用先进的电子数据采集系统（electronic data capture，EDC）和临床数据管理系统来提高数据管理的效率和质量。此外，通过与 CRO 合作，可以利用其专业知识和经验来优化数据管理流程

续表

序号	主体	挑战与机遇
2	研究者	研究者负责确保临床试验中收集的数据准确无误，并且与源数据一致。他们需要对数据的任何更改进行记录和解释，同时保护受试者隐私。对此，研究者可以通过培训和使用标准化操作程序来提高数据管理能力。此外，通过与申办者和 CRO 的合作，可以更好地理解和执行数据管理的要求
3	伦理委员会	伦理委员会负责审查和批准临床试验方案，确保受试者的权益得到保护。他们面临的挑战包括评估数据管理计划的充分性和保护受试者隐私的措施。对此，伦理委员会可以通过更新审查指南和加强与申办者的沟通来提高审查质量，确保临床试验的伦理性和合规性
4	合同研究组织	CRO 在数据管理中扮演着重要角色，需要确保其服务符合申办者的质量标准和法规要求。他们面临的挑战包括数据的安全性、隐私保护和数据管理系统的验证。CRO 可以通过提供专业的数据管理服务和采用先进的技术来提高服务质量，同时通过建立严格的质量管理体系来增强客户信任
5	监管机构	监管机构负责监督和指导医疗器械临床试验的合规性。他们面临的挑战包括确保临床试验数据的合规性、及时更新法规和指导原则，以及提高监管效率。监管机构可以通过加强国际合作、采用风险为基础的监管方法和利用信息技术来提高监管效能
6	受试者	受试者的隐私权和个人信息保护是临床试验中的重要考虑因素。随着电子数据的广泛应用，保护受试者隐私面临新的挑战。对此，需要通过加强法律法规的制定和执行，以及提高公众对临床试验数据管理重要性的认识，从而更好地保护受试者的权益

综上所述，医疗器械临床试验数据管理的合规性挑战与机遇并存。医疗数据的全生命周期合规管理需要医疗机构、技术服务提供商和监管部门共同努力，不断适应新的法规要求和技术发展。同时，可以通过制定合理的政策、采用先进的技术和加强国际合作，以确保数据的安全、合规和有效利用。同时，应关注跨境数据流动的合规性，在提高临床试验的效率和质量的同时，确保在全球化背景下

的医疗数据安全和和受试者权益得到充分保护。

（二）医疗机构数据安全对临床试验数据传输的影响

在中国境内，医疗机构数据安全对临床试验数据传输的影响主要体现在以下几个方面：

首先，医疗机构在进行临床试验数据传输时，必须遵守《网络安全法》、《数据安全法》和《个人信息保护法》等相关法律法规对数据的收集、存储、传输、使用和销毁等方面的要求，以确保数据安全和个人隐私的保护。

其次，随着全球化临床试验的增加，跨境数据传输变得频繁，医疗机构需确保数据跨境传输符合相关法规要求。不同国家和地区有不同的数据保护法规，如欧盟的GDPR、美国的HIPAA等。就中国而言，根据《数据出境安全评估办法》，如中国境内的医疗机构需要将数据传输到国外合作方，医疗机构在向境外传输临床试验数据时，可能需要向国家网信部门申报数据出境安全评估，以确保数据传输的合法性。如果未能通过安全评估而擅自传输数据，可能会面临法律后果，包括罚款和业务限制等。

再次，临床试验数据传输应符合数据保护技术要求。医疗机构需要采用加密、访问控制等技术手段来保护临床试验数据的安全，防止数据在传输过程中被非法访问或篡改。同时，医疗机构需要建立完善的数据治理框架和内部控制机制，以确保数据的准确性、完整性和可靠性，这对于临床试验的成功至关重要。

最后，在临床试验数据传输过程中，医疗机构必须确保受试者的个人信息得到充分保护，避免未经授权的披露。如果医疗机构在未经受试者同意的情况下，将包含个人隐私信息的临床试验数据传输给第三方，可能会侵犯受试者的隐私权，导致法律诉讼和赔偿责任。

综上所述，医疗机构在进行临床试验数据传输时，必须严格遵守相关法律法规，采取有效的数据保护措施，确保数据安全和受试者权益的保护。同时，医疗机构应当密切关注法律法规的变化，及时调整数据管理和传输策略，以应对可能的法律风险。

建立关键的合规管理机制是确保数据安全和合规性的重要环节，医疗机构可从以下几个方面着手开展数据治理工作（见表9）。

表 9　数据治理

序号	事项	主要内容
1	数据访问控制	实施严格的数据访问权限管理，确保只有授权人员才能访问敏感数据。这包括账号专人专用、账号独立、账号授权审批、最小授权原则、账号及时回收、行为内部审计和定期账号稽核等措施
2	数据使用过程管理	对数据的使用过程进行严格的监控和管理，包括批量操作审批、高敏感数据访问审批、指定设备和地点访问、访问过程的内部审计记录、开发测试访问模糊化和访问行为的定期稽核
3	数据共享权限管理	对数据共享（提取）权限进行管理，实施最小共享和泛化原则、共享（提取）审批、最小使用范围、责任传递和定期稽核
4	数据存储管理	确保涉密数据存储的网络区隔、敏感数据存储加密、备份访问管理、存储设备的移动管理和存储设备的销毁管理
5	风险评估与分析	定期进行数据安全风险评估，识别和分析潜在的数据安全威胁，制定相应的风险消除措施和保护技术
6	安全组织建设	在合规或 IT 部门成立专业化的数据安全团队，与数据治理组织协同配合，保证数据安全管理工作的长期持续执行
7	制定制度规范	建立整体方针政策，加强数据资产分级分类和管控，制定场景对应的制度规范、操作标准和模板
8	建立技术架构	规划数据安全技术架构，保护计算单元、存储设备、操作系统、应用程序和网络边界各层免受威胁
9	持续优化管理体系	通过行为管理、内部审计稽核和闭环管理等措施，推进数据安全管理体系的不断优化
10	法律法规遵循	遵循《国家医疗保障局关于加强网络安全和数据保护工作的指导意见》等相关法律法规，确保数据的产生、传输、存储、使用、共享、销毁等全生命周期安全管理

通过上述措施，医疗机构可以确保数据治理的合规性，同时提高数据安全防护能力，保护个人隐私和数据安全（见表10）。

表10　相关法律法规

效力层级	名称	制定主体	生效时间
法律	《网络安全法》	全国人民代表大会常务委员会	2017年6月1日
	《数据安全法》	全国人民代表大会常务委员会	2021年9月1日
	《个人信息保护法》	全国人民代表大会常务委员会	2021年11月1日
	《基本医疗卫生和健康促进法》	全国人民代表大会常务委员会	2020年6月1日
	《生物安全法》	全国人民代表大会常务委员会	2021年4月15日实施，2024年4月26日修订
行政法规	《人类遗传资源管理条例》（国务院令第717号）	国务院	2019年7月1日实施，2024年5月1日修订
	《医疗器械监督管理条例》（国务院令第739号）	国务院	2021年6月1日
	《关键信息基础设施安全保护条例》（国务院令第745号）	国务院	2021年7月30日
部门规章和规范性文件	《医疗器械临床试验机构监督检查办法（试行）》（国家药品监督管理局通告2024年第22号）	国家药品监督管理局	2024年10月1日
	《医疗器械临床试验质量管理规范》（国家药品监督管理局、国家卫生健康委员会公告2022年第28号）	国家药品监督管理局、国家卫生健康委员会	2022年5月1日

续表

效力层级	名称	制定主体	生效时间
部门规章和规范性文件	《数据出境安全评估办法》（国家互联网信息办公室令第 11 号）	国家互联网信息办公室	2022 年 9 月 1 日
	《网络安全审查办法》（国家互联网信息办公室令第 8 号）	国家发展和改革委员会、工业和信息化部、公安部、国家安全部、财政部、商务部、中国人民银行、国家市场监督管理总局、国家广播电视总局、中国证券监督管理委员会、国家保密局、国家密码管理局	2022 年 2 月 15 日

四、新兴技术在医疗器械临床试验中的应用与合规

随着科技的飞速发展，新兴技术如人工智能（artificial intelligence，AI）、大数据、云计算、物联网等正逐步渗透到医疗器械临床试验的各个环节，为临床试验的设计、实施、管理和数据分析带来了前所未有的变革。这些新兴技术的应用不仅提高了临床试验的效率和准确性，还为医疗器械的研发和上市提供了更为可靠的数据支持。然而，新兴技术的应用也伴随一系列合规性挑战，如何在享受技术红利的同时确保合规，成为当前医疗器械临床试验领域亟待解决的问题。

（一）新兴技术在临床试验阶段的应用

1. AI 在临床试验中的应用

（1）智能筛选与招募

在临床试验的初始阶段，受试者的筛选和招募是一项烦琐且耗时的工作。传统方法往往依赖于人工筛选和招募，效率低下且易受主观因素影响。而 AI 技术的应用则极大地改变了这一现状。通过自然语言处理和机器学习技术，AI 能够自动分析患者的电子病历、基因数据、影像资料等，快速识别出符合试验入组标准的受试者，并自动发送招募信息。这种智能化的筛选与招募方式不仅提高了效率，还减少了人为误差，确保了受试者的准确性和代表性。

（2）试验设计与优化

临床试验的设计是试验成功的关键。传统的设计方法往往依赖于经验和统计学原理，难以充分考虑到个体差异和复杂因素。而AI技术则能够通过大数据分析和模拟仿真等手段，对试验方案进行精准设计和优化。例如，AI可以基于历史数据预测不同试验设计的预期效果，帮助研究人员选择最优方案；同时，AI还能在试验过程中实时监测数据变化，及时调整试验方案以应对突发情况。

（3）智能监测与预警

在临床试验过程中，对受试者的安全监测至关重要。AI技术能够实时监测受试者的生理指标、用药情况等数据，通过数据分析预测可能出现的风险和不良事件，并及时发出预警。这种智能化的监测与预警系统不仅提高了安全性，还减少了人工干预的需求，降低了成本。

（4）数据分析与挖掘

临床试验产生的大量数据是宝贵的研究资源。然而，传统的数据分析方法往往难以充分挖掘数据的价值。AI技术的应用则能够解决这一问题。通过机器学习和深度学习技术，AI能够对海量数据进行深度挖掘和分析，发现潜在的安全性和有效性问题；同时，AI还能生成可视化的报告和图表，帮助研究人员更好地理解数据并做出决策。

2. 大数据与云计算在临床试验中的应用

（1）数据存储与管理

临床试验产生的数据量庞大且复杂，传统的数据存储方式难以满足需求。大数据和云计算技术的应用为数据存储和管理提供了新的解决方案。通过云计算平台，可以实现海量数据的集中存储和分布式管理；同时，大数据技术能够对这些数据进行有效整合和分析，提高数据的利用率和价值。

（2）数据分析与挖掘

大数据技术在临床试验数据分析中的应用同样具有重要意义。通过大数据技术，可以对海量数据进行深度挖掘和分析，发现隐藏在数据背后的规律和趋势；同时，大数据技术还能实现多源数据的融合和交叉验证，提高数据分析的准确性和可靠性。

（3）远程协作与信息共享

在全球化背景下，跨国临床试验日益增多。然而，不同国家和地区之间的数据交换和共享存在诸多障碍。大数据和云计算技术的应用则为远程协作和信息共享提供了便利。通过云计算平台，可以实现跨国试验数据的实时传输和共享；同时，大数据技术还能对数据进行加密和脱敏处理，确保数据的安全性和隐私性。

（二）新兴技术面临的合规性挑战

1. 数据安全与隐私保护

在医疗器械临床试验中，受试者的数据安全与隐私保护是首要问题。新兴技术的应用虽然提高了数据处理和分析的效率，但也带来了数据泄漏和滥用的风险。如何确保受试者的个人信息和敏感数据不被非法获取和利用，将会带来合规性的挑战。

（1）加强数据加密与防护

为了保障受试者的数据安全与隐私保护，必须加强对数据的加密与防护。在数据传输和存储过程中，应采用先进的加密技术确保数据的安全性；同时，还应建立完善的访问控制机制和数据备份策略以防止数据泄漏和丢失。

（2）完善法律法规体系

除了技术手段外，还需要完善法律法规体系来保障受试者的数据安全与隐私保护。政府应根据新兴技术的不断发展制定实时的法规以明确数据收集、处理、存储和共享的规范和要求；同时还应加强对违法行为的监管和处罚力度以维护市场秩序和公众利益。

2. 伦理审查与受试者权益保护

伦理审查是医疗器械临床试验不可或缺的一环。新兴技术的应用虽然为试验带来了诸多便利但也可能对伦理审查造成挑战。如何确保试验方案符合伦理准则并充分保护受试者的权益亦成为合规性挑战。

（1）加强伦理审查机制建设

为了加强伦理审查机制建设，应建立完善的伦理审查委员会制度，明确其职责和权利；同时还应加强对伦理审查人员的培训和考核，增强其专业素养和伦理意识；此外还应建立健全的伦理审查流程和规范确保审查过程的公正性和透明度。

（2）保障受试者充分知情与自主选择

在新兴技术应用于临床试验时，确保受试者充分知情并自主选择参与试验尤为重要。这要求研究人员在招募过程中，详细解释试验目的、方法、可能的风险与益处以及新兴技术的具体应用，使用受试者能够理解的语言，并提供充分的书面材料。同时，应确保受试者在充分了解信息后，有足够的时间考虑是否参与试验，并在无外界压力下做出自主决定。

（3）保障受试者隐私与匿名性

即使在使用新兴技术进行数据处理和分析时，也应严格遵守隐私保护原则，确保受试者的个人信息和敏感数据不被泄漏。对于需要收集受试者个人信息的试验，应采取匿名化处理措施，尽可能减少直接识别受试者的风险。在数据处理和共享过程中，应严格限制访问权限，确保只有经过授权的人员才能访问相关数据。

3. 技术验证与标准制定

新兴技术在医疗器械临床试验中的应用尚处于起步阶段，相关技术和方法的验证尚不充分，标准制定可能也会滞后于技术发展。这可能导致不同试验间数据可比性差，影响试验结果的准确性和可靠性。

（1）加强技术验证与评估

在将新兴技术应用于临床试验之前，应进行充分的技术验证与评估。这包括技术原理的验证、方法学的评估、准确性与稳定性的测试等。通过严格的验证与评估，确保新兴技术的可靠性和适用性，为临床试验提供坚实的技术支撑。

（2）推动标准制定与国际化

为了规范新兴技术在医疗器械临床试验中的应用，应积极推动相关标准的制定与国际化。这包括制定技术标准、操作规范、数据标准等，为不同国家和地区之间的数据交换和共享提供统一的标准。同时，还应加强国际合作与交流，共同推动新兴技术在全球范围内的规范应用和发展。

4. 创新器械注册申报

（1）创新医疗器械注册流程

关于第二类和第三类创新医疗器械注册申报流程如图 2、图 3 所示。

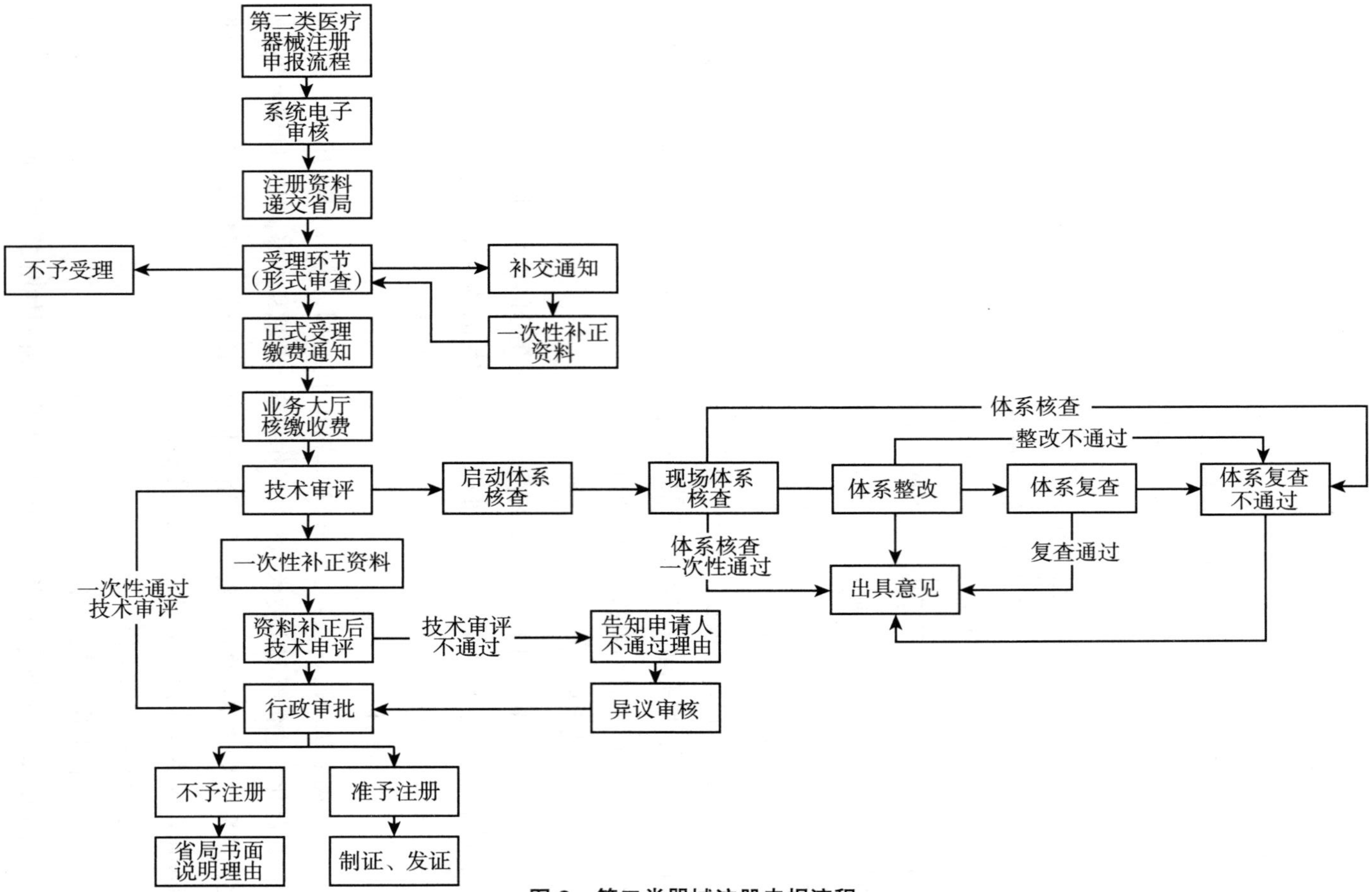

图 2　第二类器械注册申报流程

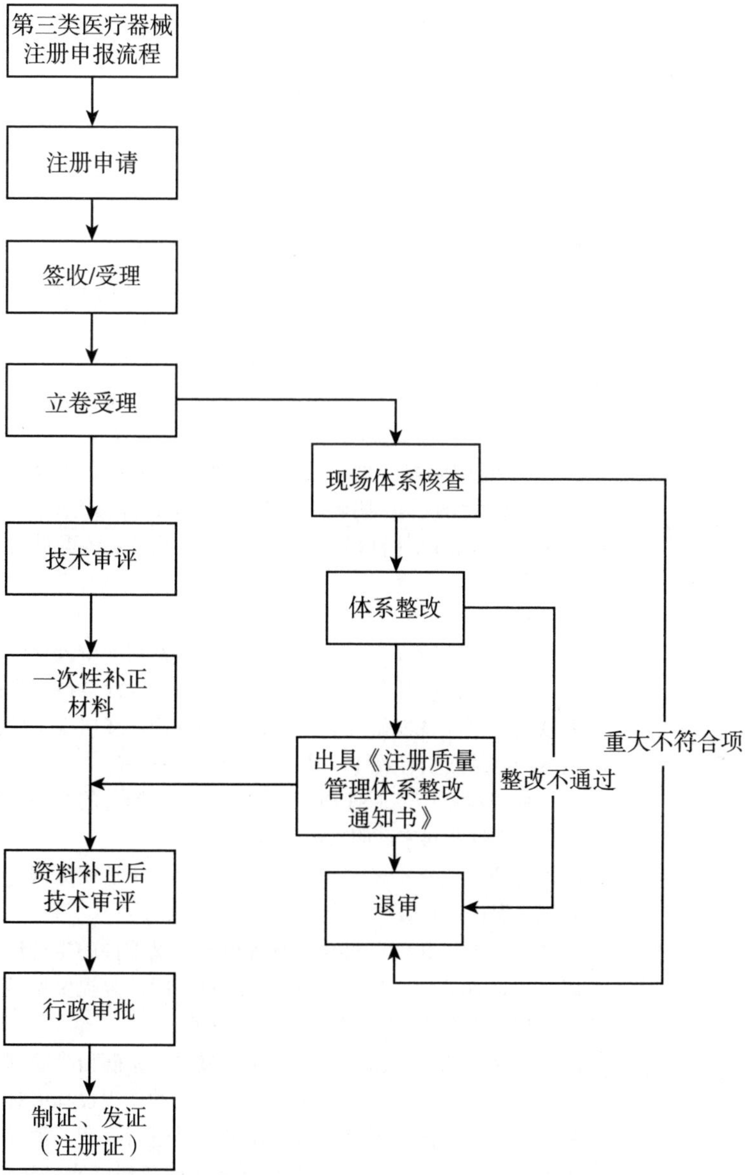

图 3　第三类器械注册申报流程

（2）在注册申报过程中发现的问题

在企业注册申报创新器械过程中，发现主要存在以下几点问题（见表 11）。

表 11　主要问题

序号	创新器械注册审评要点	存在的问题
1	注册申报表	（1）产品名称：部分产品命名以治疗病种、治疗功效等方式命名，明显不符合医疗器械产品命名原则。 （2）型号规格：申请表中型号规格与技术要求、说明书等资料中型号规格不一致，存在型号规格命名不合理的情况。 （3）适用范围：产品适用范围中未明确适用人群或适用范围过度夸大，不符合产品实际适用范围。 （4）产品成分：产品结构组成成分描述存在不准确的情况
2	综述资料	（1）预期使用环境、使用人群和申请表使用范围不一致。 （2）产品作用机制不明确、缺少主体产品内部结构图。 （3）产品内部配件材料、用途、内部结构图、各配件连接图示的缺失
3	研究资料	（1）产品性能研究资料。医疗产品从研发到上市过程中必须经过一系列的连续评价活动，以保证上市的医疗器械产品是安全有效的。产品性能研究资料可以从多方面、多层次来验证医疗器械产品的安全有效性。其存在的常见问题有： ①性能资料中产品原理描述不清晰、产品制定的关键参数未能提供证据性资料来证明参数的合理性。 ②性能研究资料中未列明国标、行业标准不适用原因，或性能指标未引用最新版颁布的国标和行业标准。 ③产品性能研究中资料缺少有源设备产品配件的生产厂家、品牌、规格等信息，产品配置表、组件、附件未提供型号、部件号，相关信息缺少应有的检测报告支持。 （2）灭菌、消毒工艺资料。医疗器械对于疾病治疗起到了非常关键的作用，但是医疗器械在治疗疾病的使用过程中难免会接触到病毒、细菌，因此对医疗器械产品进行灭菌、消毒是至关重要的。产品经灭菌和消毒后能有效避免伤口遭受病毒感染，降低医疗风险，保障患者的安全健康。灭菌消毒工艺资料的常见问题包含： 消毒工艺中使用的消毒液和产品说明书中消毒液不一致。

续表

序号	创新器械注册审评要点	存在的问题
3	研究资料	（3）现阶段生物学评价出现的问题涵括： ①有源产品与人体接触的配件未进行生物相容性评价、生物相容性检测项目不齐全和采用的浸提介质不齐全；如在生物相容性试验里面，迟发性超敏反应试验、皮肤刺激试验和黏膜刺激试验应按照 GB/T 16886 最新系列标准分别使用极性和非极性两种浸提介质进行试验，但企业进行送检时常常仅选择其中一种介质进行浸提，对生物安全性评价不够。 ②选择代表性型号配件进行生物学检测、覆盖其他型号配件，未对代表型号与覆盖型号进行材质工艺、接触部位进行对比分析。 ③企业提供供应商的报告存在问题，不能用作于生物相容性评价资料使用。 （4）医疗器械产品有效期资料。医疗设备经过长时间使用，设备老化将导致安全性能大幅度降低，对医疗器械使用者带来潜在的风险危害。产品安全使用年限是保证医疗器械使用者安全保障的关键，产品有效期验证中常见问题有： ①有效期研究资料中未考虑关键元器件、运动部件等对产品使用期限影响。 ②加速老化的温度和时间设置存在不合理的问题，其会导致对产品有效安全期的评估出现偏差
4	产品技术要求	（1）技术要求格式不正确，未包含具体的检测方法；技术要求里面产品纳入检测的国行标准不齐全、引用的标准不正确，未按照《医疗器械产品技术要求编写原则》（2022 年第 8 号）来采纳合适的标准。 （2）技术要求中未提供检测方法或提供的检测方法具有歧义，无法根据技术要求进行检测。 （3）技术要求附录中未注明附件信息、生产商、主要产品特征等信息
5	产品注册检测报告	（1）产品进行检测时，因差异较大往往需要进行全项目检测，而企业则存在使用差异性申请表来替代全项目检测的情况；例如，转速不同的高速涡轮手机，核心元器件电机不同的雾化器等有源产品在注册过程中均存在此类问题。 （2）在安规检测出现不合格的情况下，产品进行整改过程中未对电磁兼容再次进行全项目检测。

续表

序号	创新器械注册审评要点	存在的问题
5	产品注册检测报告	（3）电磁兼容和安规检测报告输入功率不一致，电磁兼容和安规检测报告未进行关联。 （4）检验报告中样品铭牌上的生产地址和企业申办注册的地址不一致
6	产品临床评价与试验资料	（1）创新医疗器械的临床试验应当按照医疗器械临床试验相关规定的要求进行临床试验，药品监督管理部门应当根据临床试验的进程进行监督检查。 （2）临床试验的方案设计应考虑误差，例数，脱落率，临床试验方法，观察指标，判定准则，统计方法，差异分析，结论。 （3）在无对照产品的情况下，考虑是否适合采用单组目标值进行临床试验，同时应考虑入组例数的统计学意义。 （4）诊断软件类产品在特定情况下可以考虑开展回顾性临床试验的方式
7	产品说明书和标签	（1）产品说明书未按照《医疗器械说明书、标签和包装标识管理规定》要求进行编写，说明书未列明禁忌证、使用范围，样品标签缺少使用期限或失效日期。 （2）说明书和标签过度夸大产品性能、包含根治、最佳治疗等字眼。 （3）辐射类医疗器械产品标签上缺少警示标识。 （4）说明书缺少软件版本

可见，医疗器械临床试验中新兴技术的应用为医疗器械的研发和上市提供了有力支持，但也伴随合规性挑战。为确保新兴技术合规应用并充分发挥优势，需要加强数据安全与隐私保护、伦理审查、受试者权益保护、技术验证与标准制定以及注册申报等方面的工作。新兴技术的发展常超出现有法规适用范围，因此需要及时调整法规，为新技术在医疗器械临床试验中提供合规路径。监管部门应加强对新兴技术的研究和评估，制定相应的技术标准和指南，确保新技术的安全性和有效性。对采用新兴技术的医疗器械，建议根据其风险等级进行分类管理调整。对于高风险的新兴技术医疗器械，要加强临床试验的监管，确保符合严格的合规要求。对于低风险的新兴技术医疗器械，可以适当简化临床试验程序，但也

不能放松对其安全性和有效性的监管。

五、医疗器械临床试验合规性策略与建议

在医疗器械行业，临床试验是验证产品安全性和有效性的关键步骤。随着法规的日益严格和市场的竞争加剧，申办方必须确保其临床试验的合规性，以避免法律风险和商业损失。

国家药品监督管理局近五年来对医疗器械临床试验的监管和处罚主要集中在确保临床试验的合规性和数据的真实性上。通过制定和执行《医疗器械临床试验质量管理规范》，国家药品监督管理局对临床试验机构进行监督检查，以保障临床试验的质量和受试者的安全。在监督检查中，若发现临床试验机构未遵守临床试验质量管理规范，国家药品监督管理局会采取责令改正或立即停止临床试验的措施，并可能处以 5 万元以上 10 万元以下的罚款。情节严重的，可能 5 年内禁止其开展相关专业的医疗器械临床试验，并处以更高额的罚款。若临床试验机构出具虚假报告，将面临 10 万元以上 30 万元以下的罚款，且 10 年内禁止其开展相关专业的医疗器械临床试验。此外，国家药品监督管理局还发布了《医疗器械临床试验机构监督检查办法（试行）》，进一步规范了医疗器械临床试验机构的监督检查工作，加强了医疗器械临床试验管理。监督检查办法明确了检查机构的职责、检查程序、检查结果的处理等内容，为医疗器械临床试验的监管提供了更为详细的操作规范（见表 12）。

表 12　操作规范

企业名称	违法事实	处罚内容	罚款金额 / 元	处罚日期	发布机关
重庆 ×× 商贸有限公司[1]	在天猫商城销售第二类医疗器械“壳聚糖肛肠抗菌凝胶”，未及时更新展示医疗器械注册证信息，被责令改正、给予警告后，逾期仍未改正	给予当事人行政处罚	—	2024 年 7 月 15 日	国家药品监督管理局

续表

企业名称	违法事实	处罚内容	罚款金额/元	处罚日期	发布机关
温州××药房连锁有限公司伯乐店[2]	在美团平台销售第二类医疗器械“医用棉签(无菌)”等产品，未及时更新展示医疗器械注册证等，被责令改正、给予警告后，逾期仍未改正	给予当事人行政处罚	—	2024年7月12日	国家药品监督管理局
上海××贸易有限公司[3]	当事人医疗器械经营许可证核准的经营方式为批发，在小红书平台擅自零售第三类医疗器械“软性亲水接触镜”	给予当事人行政处罚	—	2024年6月14日	国家药品监督管理局
白城市××义乌小商品店[4]	未取得医疗器械经营许可证，销售无合格证明文件的第三类医疗器械“软性亲水接触镜”等产品	责令当事人改正违法行为，并对当事人处以没收涉案产品、没收违法所得390.3元、罚款	50000	2024年5月20日	国家药品监督管理局
天全县××大药房[5]	在美团销售第二类医疗器械“便携式氧气呼吸器”等产品，未按照规定告知负责药品监督管理的部门	给予当事人行政处罚	—	2024年5月9日	国家药品监督管理局
广东××健康科技有限公司[6]	存在临床试验真实性问题，该临床试验318例样本临床试验数据汇总表检测时间与原始仪器记录检测时间不一致，临床试验总结报告病毒鉴定结果数据与原始文件不一致	对该注册申请项目不予注册，并自不予注册之日起1年内不予再次受理该项目的注册申请	—	2024年4月16日	国家药品监督管理局

续表

企业名称	违法事实	处罚内容	罚款金额 / 元	处罚日期	发布机关
陕西××生物药业有限公司[7]	生产的第一类医疗器械“医用退热凝胶”说明书、标签中的使用方法，与备案内容不一致，且存在拒不改正情形	罚款	85000	2024年4月2日	国家药品监督管理局
××医疗科技（常州）有限公司[8]	存在临床试验产品真实性问题，产品注册检验报告中显示的收样日期早于生产设备和检验设备购进日期，注册检验报告所用检验产品不是该公司生产	对该注册申请项目不予注册，并自不予注册之日起1年内不予再次受理该项目的注册申请	—	2024年1月5日	国家药品监督管理局
苏州××贸易有限公司[9]	备案时提交法定代表人和质量负责人的个人资料为虚假资料	罚款	20000	2023年12月20日	国家药品监督管理局
元阳县××医院[10]	使用过期医疗器械“α-羟丁酸脱氢酶测定试剂盒”等产品	责令当事人改正违法行为，并对当事人处以没收涉案产品、罚款	56864	2023年12月19日	国家药品监督管理局
上海××贸易有限公司[11]	经营未取得医疗器械注册证第三类医疗器械“FX80 classix 空心纤维血液透析滤过器”	没收违法所得18719.81元、罚款	967680	2023年11月21日	国家药品监督管理局
贵阳××职工医院[12]	使用过期医疗器械“血细胞分析用溶血剂”	责令当事人改正违法行为，并对当事人处以没收涉案产品、罚款	30000	2023年11月12日	国家药品监督管理局
武汉××医疗器械有限公司[13]	生产未取得医疗器械注册证的第三类医疗器械“个性化基台”	没收用于违法生产经营的设备及原材料等物品、没收违法所得12000元、罚款	322200	2023年10月19日	国家药品监督管理局

续表

企业名称	违法事实	处罚内容	罚款金额/元	处罚日期	发布机关
鄂尔多斯市××商贸有限公司[14]	经营未取得医疗器械注册证的第二类医疗器械"脉搏血氧仪"，未建立进货查验记录制度	责令当事人改正违法行为，并对当事人处以警告、没收涉案产品、没收违法所得7540元、罚款	50000	2023年9月26日	国家药品监督管理局
长春市××技术研发有限公司[15]	生产第二类医疗器械"定制式固定义齿"和"定制式活动义齿"包装标示的生产企业名称，与经注册内容不一致	责令当事人改正违法行为，并对当事人处以罚款	40000	2023年8月28日	国家药品监督管理局
××医学视光科技有限公司[16]	未经许可经营第三类医疗器械"硬性角膜接触镜护理液"和"透气角膜接触镜润滑液"	没收涉案产品、没收违法所得76044元、罚款	1140660	2023年8月17日	国家药品监督管理局
上海××医药科技有限公司[17]	未取得医疗器械生产许可情况下，生产未取得医疗器械注册证第二类医疗器械"医用透明质酸钠修复贴"	没收违法所得16619.98元、罚款	375630	2023年7月31日	国家药品监督管理局
广州市××医疗美容仪器有限公司[18]	生产未取得医疗器械注册证的第三类医疗器械"塑拉提"和"面部女王"	没收涉案产品、没收违法所得17600元、罚款	490000	2023年7月12日	国家药品监督管理局
重庆××医疗美容门诊部[19]	使用未依法注册第三类医疗器械"电光调Q激光设备"和"M22强脉冲光设备"，使用过期医疗器械产品，且未建立进货查验记录制度	责令当事人改正违法行为，并对当事人处以警告、没收涉案产品、罚款	8340000	2023年7月3日	国家药品监督管理局

续表

企业名称	违法事实	处罚内容	罚款金额/元	处罚日期	发布机关
绍兴××医疗科技有限公司[20]	生产不符合产品技术要求的医疗器械“液体伤口敷料”	责令改正违法行为，处以罚款	4200000	2023年5月17日	国家药品监督管理局
重庆××医疗美容门诊部有限公司[21]	使用未依法注册第三类医疗器械“调QNd:YAG激光治疗机”	责令改正违法行为，没收涉案产品、罚款	300000	2023年4月20日	国家药品监督管理局
南昌××电子商务有限公司[22]	未经许可经营第三类医疗器械“新型冠状病毒（2019-nCoV）抗原检测试剂盒”	没收涉案产品、没收违法所得36152元、罚款	1137360	2023年3月27日	国家药品监督管理局
贺州市××医院[23]	使用未依法注册第二类医疗器械“语言认知康复系统”	责令改正违法行为，没收涉案产品、罚款	502350	2023年2月15日	国家药品监督管理局
河北××医疗器械贸易有限公司[24]	经营无合格证明文件第二类医疗器械“子午流注低频治疗仪”	责令改正违法行为，处以罚款	675000	2022年6月27日	国家药品监督管理局
广州××医疗器械有限公司[25]	经营未取得医疗器械注册证的第三类医疗器械“冷冻溶脂SPA美容机”	没收违法所得33.268642万元、罚款	770000	2022年6月	国家药品监督管理局
杭州××生物科技股份有限公司[26]	医疗机构留档的电子照片拍摄时间、地点与临床试验实际时间、地点不一致，临床试验数据无法溯源，存在真实性问题	对该注册申请项目不予注册，并自不予注册之日起1年内不予再次受理该项目的注册申请	—	2021年1月14日	国家药品监督管理局
内蒙古××基因科技有限公司[27]	临床试验数据无法溯源，存在真实性问题	对注册申请项目不予注册，并自不予注册之日起1年内不予再次受理	—	2020年2月28日	国家药品监督管理局

续表

企业名称	违法事实	处罚内容	罚款金额/元	处罚日期	发布机关
北京 ×× 技术有限公司〔28〕	存在真实性问题，未按医疗器械注册申报提交的临床试验方案中随机对照要求开展试验。注册申请提交的临床试验资料与临床试验机构保存的试验资料不一致	对注册申请项目作出不予注册的决定，并自不予注册之日起1年内不予再次受理	—	2019年4月30日	国家药品监督管理局
江苏 ×× 医疗器械有限公司〔29〕	17例受试者入组时间由早于伦理委员会批准时间改为晚于伦理委员会批准时间，临床试验数据无法溯源	对注册申请项目作出不予注册的决定，并自不予注册之日起1年内不予再次受理	—	2019年4月30日	国家药品监督管理局

〔1〕参见国家药监局通报4起医疗器械网络销售违法违规案件信息（第七批），载国家药品监督管理局官网，https://www.nmpa.gov.cn/yaowen/ypjgyw/ylqxyw/20240929165713120.html，最后访问时间：2024年10月8日。

〔2〕参见国家药监局通报4起医疗器械网络销售违法违规案件信息（第七批），载国家药品监督管理局官网，https://www.nmpa.gov.cn/yaowen/ypjgyw/ylqxyw/20240929165713120.html，最后访问时间：2024年10月8日。

〔3〕参见国家药监局通报4起医疗器械网络销售违法违规案件信息（第七批），载国家药品监督管理局官网，https://www.nmpa.gov.cn/yaowen/ypjgyw/ylqxyw/20240929165713120.html，最后访问时间：2024年10月8日。

〔4〕参见《国家药监局公布4起医疗器械违法案件信息》，载国家药品监督管理局官网，https://www.nmpa.gov.cn/yaowen/ypjgyw/ylqxyw/20240903173623132.html，最后访问时间：2024年10月8日。

〔5〕参见国家药监局通报4起医疗器械网络销售违法违规案件信息（第七批），载国家药品监督管理局官网，https://www.nmpa.gov.cn/yaowen/ypjgyw/ylqxyw/20240929165713120.html，最后访问时间：2024年10月8日。

〔6〕参见《国家药监局关于医疗器械临床试验监督抽查情况的通告（2024年第15号）》，载国家药品监督管理局官网，https://www.nmpa.gov.cn/xxgk/ggtg/ylqxggtg/ylqxzhlgg/20240416152617130.html，最后访问时间：2024年10月8日。

〔7〕参见《国家药监局公布4起医疗器械违法案件信息》，载国家药品监督管理局官网，https://www.nmpa.gov.cn/yaowen/ypjgyw/ylqxyw/20240903173623132.html，最后访问时间：2024年10月8日。

〔8〕参见《国家药监局关于医疗器械临床试验监督抽查情况的通告（2024 年第 3 号）》，载国家药品监督管理局官网，https：//www. nmpa. gov. cn/xxgk/ggtg/ylqxggtg/ylqxzhlgg/20240108152110184. html，最后访问时间：2024 年 10 月 8 日。

〔9〕参见《国家药监局公布 6 起医疗器械违法案件典型案例信息》，载国家药品监督管理局官网，https：//www. nmpa. gov. cn/yaowen/ypjgyw/ylqxyw/20240425165003120. html，最后访问时间：2024 年 10 月 8 日。

〔10〕参见《国家药监局公布 6 起医疗器械违法案件典型案例信息》，载国家药品监督管理局官网，https：//www. nmpa. gov. cn/yaowen/ypjgyw/ylqxyw/20240425165003120. html，最后访问时间：2024 年 10 月 8 日。

〔11〕参见《国家药监局公布 8 起医疗器械违法案件典型案例信息》，载国家药品监督管理局官网，https：//www. nmpa. gov. cn/yaowen/ypjgyw/ylqxyw/20240108164015162. html，最后访问时间：2024 年 10 月 8 日。

〔12〕参见《国家药监局公布 4 起医疗器械违法案件信息》，载国家药品监督管理局官网，https：//www. nmpa. gov. cn/yaowen/ypjgyw/ylqxyw/20240903173623132. html，最后访问时间：2024 年 10 月 8 日。

〔13〕参见《国家药监局公布 4 起医疗器械违法案件信息》，载国家药品监督管理局官网，https：//www. nmpa. gov. cn/yaowen/ypjgyw/ylqxyw/20240903173623132. html，最后访问时间：2024 年 10 月 8 日。

〔14〕参见《国家药监局公布 6 起医疗器械违法案件典型案例信息》，载国家药品监督管理局官网，https：//www. nmpa. gov. cn/yaowen/ypjgyw/ylqxyw/20240425165003120. html，最后访问时间：2024 年 10 月 8 日。

〔15〕参见《国家药监局公布 6 起医疗器械违法案件典型案例信息》，载国家药品监督管理局官网，https：//www. nmpa. gov. cn/yaowen/ypjgyw/ylqxyw/20240425165003120. html，最后访问时间：2024 年 10 月 8 日。

〔16〕参见《国家药监局公布 8 起医疗器械违法案件典型案例信息》，载国家药品监督管理局官网，https：//www. nmpa. gov. cn/yaowen/ypjgyw/ylqxyw/20240108164015162. html，最后访问时间：2024 年 10 月 8 日。

〔17〕参见《国家药监局公布 6 起医疗器械违法案件典型案例信息》，载国家药品监督管理局官网，https：//www. nmpa. gov. cn/yaowen/ypjgyw/ylqxyw/20240425165003120. html，最后访问时间：2024 年 10 月 8 日。

〔18〕参见《国家药监局公布 8 起医疗器械违法案件典型案例信息》，载国家药品监督管理局官网，https：//www. nmpa. gov. cn/yaowen/ypjgyw/ylqxyw/20240108164015162. html，最后访问时间：2024 年 10 月 8 日。

〔19〕参见《国家药监局公布 6 起医疗器械违法案件典型案例信息》，载国家药品监督管理局官网，https：//www. nmpa. gov. cn/yaowen/ypjgyw/ylqxyw/20240425165003120. html，最后访问时间：2024 年 10 月 8 日。

〔20〕参见《国家药监局公布 8 起医疗器械违法案件典型案例信息》，载国家药品监督管理局官网，https：//www. nmpa. gov. cn/yaowen/ypjgyw/ylqxyw/20240108164015162. html，

最后访问时间：2024 年 10 月 8 日。

〔21〕参见《国家药监局公布 8 起医疗器械违法案件典型案例信息》，载国家药品监督管理局官网，https：//www. nmpa. gov. cn/yaowen/ypjgyw/ylqxyw/20240108164015162. html，最后访问时间：2024 年 10 月 8 日。

〔22〕参见《国家药监局公布 8 起医疗器械违法案件典型案例信息》，载国家药品监督管理局官网，https：//www. nmpa. gov. cn/yaowen/ypjgyw/ylqxyw/20240108164015162. html，最后访问时间：2024 年 10 月 8 日。

〔23〕参见《国家药监局公布 8 起医疗器械违法案件典型案例信息》，载国家药品监督管理局官网，https：//www. nmpa. gov. cn/yaowen/ypjgyw/ylqxyw/20240108164015162. html，最后访问时间：2024 年 10 月 8 日。

〔24〕参见《国家药监局公布 8 起医疗器械违法案件典型案例信息》，载国家药品监督管理局官网，https：//www. nmpa. gov. cn/yaowen/ypjgyw/ylqxyw/20240108164015162. html，最后访问时间：2024 年 10 月 8 日。

〔25〕参见《国家药监局公布第三批药品安全专项整治典型案例》，载国家药品监督管理局官网，https：//www. nmpa. gov. cn/yaowen/ypjgyw/zhyw/20221116162024123. html，最后访问时间：2024 年 10 月 8 日。

〔26〕参见《国家药监局关于 2020 年医疗器械临床试验监督抽查中真实性问题的公告（2021 年第 11 号）》，载国家药品监督管理局官网，https：//www. gov. cn/zhengce/zhengceku/2021-01/16/content_5580376. htm，最后访问时间：2024 年 10 月 8 日。

〔27〕参见《国家药监局关于 2019 年医疗器械临床试验监督抽查中真实性问题的公告（2020 年第 22 号）》，载国家药品监督管理局官网，https：//www. nmpa. gov. cn/xxgk/ggtg/ylqxggtg/ylqxqtggtg/20200228171401620. html，最后访问时间：2024 年 10 月 8 日。

〔28〕参见《关于 2018 年第二批医疗器械临床试验监督抽查情况的公告（2019 年第 38 号）》，载国家药品监督管理局官网，https：//yjj. sh. gov. cn/ylqx/20210517/4c80f9e21fc64403a2e37f868bb7100d. html，最后访问时间：2024 年 10 月 8 日。

〔29〕参见《关于 2018 年第二批医疗器械临床试验监督抽查情况的公告（2019 年第 38 号）》，载国家药品监督管理局官网，https：//yjj. sh. gov. cn/ylqx/20210517/4c80f9e21fc64403a2e37f868bb7100d. html，最后访问时间：2024 年 10 月 8 日。

地方药品监督管理部门在近五年内对医疗器械临床试验的监管和处罚主要依据《医疗器械监督管理条例》进行。这些处罚通常涉及对临床试验机构、申办者以及参与临床试验的其他相关方的监管，如表 13 所示。处罚的具体情况可能包括但不限于：对于未按规定进行医疗器械临床试验的机构，监管部门可责令其改正或停止临床试验，并可能处以罚款；若临床试验机构出具虚假报告，可能会面临更严厉的处罚，如较高金额的罚款，没收违法所得，以及一段时间内禁止其开展相关专业的医疗器械临床试验；对于在临床试验中存在严重违规行为的申办者，药品监督管理部门可以不予注册其产品，并在一定时期内不受理其再次提交的注册申请；对于涉及医疗器械临床试验的不良行为，地方药品监督管理部门还会依法对相关责任人员进行处罚，如给予降级、撤职或开除等行政处分。

表 13　相关监管

企业名称	违法事实	处罚内容	罚款金额/元	处罚日期	发布机关
上海 ×× 实业有限公司[1]	经营未经注册的医疗器械	警告、没收违法所得 13144.8 元、罚款	43608	2024 年 9 月 30 日	上海市药品监督管理局
上海 ×× 科技有限公司[2]	使用未经注册的医疗器械	没收违法产品和罚款	498000	2024 年 9 月 30 日	上海市药品监督管理局
徐州 ×× 医药连锁有限公司食品城店[3]	在饿了么平台销售第二类医疗器械“医用重组Ⅲ型人源化胶原蛋白软膏”，未按照规定告知负责药品监督管理的部门，且未展示医疗器械注册证等	行政处罚	—	2024 年 4 月 22 日	江苏省药品监督管理局
广东 ×× 医疗科技有限公司[4]	生产不符合强制性标准及经注册的产品技术要求的医疗器械	吊销医疗器械生产许可证及其持有的该类产品全部 3 个医疗器械注册证	—	2024 年 3 月 26 日	广东省药品监督管理局
汕尾市海丰县 ×× 大药房有限公司[5]	未取得第三类医疗器械经营许可资质销售第三类医疗器械	警告、没收扣押的第三类医疗器械、没收违法所得 120 元、罚款	50000	2024 年 3 月 25 日	广东省药品监督管理局
广州 ×× 医疗科技有限公司[6]	生产未取得医疗器械注册证的第三类医疗器械	没收违法所得 114575 元、罚款	802200.14	2024 年 2 月 2 日	广东省药品监督管理局

续表

企业名称	违法事实	处罚内容	罚款金额/元	处罚日期	发布机关
河源市连平县××卫生站[7]	使用过期医疗器械	没收过期的医疗器械、罚款	2000	2024年1月17日	广东省药品监督管理局
南通××医疗器械有限公司[8]	未经许可从事第二类医疗器械生产	没收违法所得及物资、罚款	4560000	2023年7月	江苏省药品监督管理局
广东××塑胶制品有限公司[9]	未经许可生产假冒伪劣第三类医疗器械试剂盒	温某桥、周某富分别被判处有期徒刑2年6个月、1年6个月，分别被并处罚金	200000、300000	2023年6月	广东省药品监督管理局
江阴××医疗美容诊所有限公司[10]	使用未经注册的医疗器械	没收违法所得2940元、罚款	360000	2023年5月	江苏省药品监督管理局
苏州××美容医院有限公司[11]	使用无合格证明文件的医疗器械	警告、没收涉案医疗器械、罚款	400000	2023年5月	江苏省药品监督管理局
深圳市××公司[12]	生产不符合备案产品技术要求的医疗器械	责令改正违法行为，没收违法所得18734元、罚款	56202	2023年2月8日	广东省药品监督管理局
××（北京）医疗器械有限公司[13]	提供虚假临床试验资料	该注册申请项目不予注册，并自不予注册之日起1年内不予再次受理该项目的注册申请	—	2021年9月6日	北京市药品监督管理局
浙江××生物工程有限公司[14]	临床试验存在合规性问题，未发现真实性问题	—	—	2019年12月24日	浙江省药品监督管理局

续表

企业名称	违法事实	处罚内容	罚款金额/元	处罚日期	发布机关
上海××生物技术有限公司〔15〕	部分样本收集严重偏离临床试验方案，不能提供样本的保存、交接记录，临床试验过程无复核记录	要求该项目按照临床试验方案重新收集相关样本、规范开展临床试验，并在规定时限内补充提交临床评价资料	—	2018年8月3日	上海市药品监督管理局

〔1〕参见《上海市药品安全巩固提升行动第四批典型案例》，载上海市药品监督管理局官网，https：//yjj. sh. gov. cn/ypaqggtsxd/20240930/5f1c9482ba49461c83e04268bf6d8825. html，最后访问时间：2024年10月8日。

〔2〕参见《上海市药品安全巩固提升行动第四批典型案例》，载上海市药品监督管理局官网，https：//yjj. sh. gov. cn/ypaqggtsxd/20240930/5f1c9482ba49461c83e04268bf6d8825. html，最后访问时间：2024年10月8日。

〔3〕参见《国家药监局通报第六批医疗器械网络销售违法违规案件信息》，载江苏省药品监督管理局官网，https：//da. jiangsu. gov. cn/art/2024/6/12/art_84700_11277768. html，最后访问时间：2024年10月8日。

〔4〕参见《广东办好典型案件发挥“处罚到人”警示作用》，载广东省药品监督管理局官网，https：//mpa. gd. gov. cn/ztzl/zdly/zxzz/content/post_4477547. html，最后访问时间：2024年10月8日。

〔5〕参见《广东省药品安全巩固提升专项行动典型案例（第六批）》，载广东省药品监督管理局官网，https：//mpa. gd. gov. cn/ztzl/ygzwzl/xzcf/bgt/content/post_4460896. html，最后访问时间：2024年10月8日。

〔6〕参见《行政处罚决定信息公开表（粤药监械罚〔2024〕4001号）》，载广东省药品监督管理局官网，https：//mpa. gd. gov. cn/zwgk/sgs/xzcf/content/post_4401142. html，最后访问时间：2024年10月8日。

〔7〕参见《广东省药品安全巩固提升专项行动典型案例（第六批）》，载广东省药品监督管理局官网，https：//mpa. gd. gov. cn/ztzl/ygzwzl/xzcf/bgt/content/post_4460896. html，最后访问时间：2024年10月8日。

〔8〕参见《药品安全巩固提升行动典型案例第二期》，载江苏省药品监督管理局官网，https：//da. jiangsu. gov. cn/art/2023/11/14/art_89662_11070489. html，最后访问时间：2024年10月8日。

〔9〕参见《广东省药品安全巩固提升专项行动典型案例（第五批）》，载广东省药品监督管理局官网，https：//mpa. gd. gov. cn/zwgk/jgsz/jcj/xgdt/content/post_4415983. html，最

后访问时间：2024 年 10 月 8 日。

〔10〕参见《药品安全巩固提升行动典型案例第二期》，载江苏省药品监督管理局官网，https：//da. jiangsu. gov. cn/art/2023/11/14/art_89662_11070489. html，最后访问时间：2024 年 10 月 8 日。

〔11〕参见《药品安全巩固提升行动典型案例第二期》，载江苏省药品监督管理局官网，https：//da. jiangsu. gov. cn/art/2023/11/14/art_89662_11070489. html，最后访问时间：2024 年 10 月 8 日。

〔12〕参见《广东省药品安全巩固提升专项行动典型案例（第五批）》，载广东省药品监督管理局官网，https：//mpa. gd. gov. cn/zwgk/jgsz/jcj/xgdt/content/post_4415983. html，最后访问时间：2024 年 10 月 8 日。

〔13〕参见《北京市药品监督管理局关于 2020 年医疗器械临床试验监督抽查中真实性问题的公告》，载北京市药品监督管理局官网，https：//yjj. beijing. gov. cn/yjj/zwgk20/gg17/11080603/，最后访问时间：2024 年 10 月 8 日。

〔14〕参见《2019 年医疗器械临床试验监督检查情况通报》，载浙江省药品监督管理局官网，https：//mpa. zj. gov. cn/art/2019/12/24/art_1228989343_41322525. html，最后访问时间：2024 年 10 月 8 日。

〔15〕参见《上海市食品药品监督管理局关于对本市 2018 年第一批医疗器械临床试验监督抽查情况的通报（2018 年 8 月 10 日）》，载上海市药品监督管理局官网，https：//yjj. sh. gov. cn/zx-ylqx/20191212/0003-21421. html，最后访问时间：2024 年 10 月 8 日。

综上所述，本文最后将浅尝探讨相关从业企业构建和加强医疗器械临床试验的合规性策略。

（一）构建健全的合规管理体系

1. 法律法规遵循性

申办方在进行医疗器械临床试验时，必须严格遵守《医疗器械监督管理条例》《医疗器械注册与备案管理办法》等相关法律法规。这些法规为申办方提供了临床试验的法律框架，包括试验设计、执行、记录和报告等方面的具体要求。申办方应当确保所有试验活动均在法律允许的范围内进行，并且及时更新内部合规政策以适应法规的变更。

2. 伦理审查与研究者资质

伦理审查是临床试验合规性的核心。申办方应确保所有临床试验方案均获得伦理委员会的审查和批准，并且研究者具备相应的资质和培训。这要求申办方在选择临床试验机构和研究者时，进行严格的资质审核和背景调查。

3. 风险管理与电子信息系统

风险管理是识别、评估和控制临床试验过程中可能出现的风险的过程。申办方应建立全面的风险管理体系，包括风险评估、风险控制措施和风险监控。同时，利用电子信息系统提高数据管理的效率和准确性，确保临床试验数据的真实性、完整性和可追溯性。

（二）加强临床试验的监管与合规性审查

1. 现场核查与监督检查

申办方应增强对临床试验的监查，增加监查次数，提升监查质量，确保试验严格按照既定方案进行，并及时识别与纠正偏差。同时，申办方应积极配合监管机构的现场核查和监督检查，确保所有文件和记录的完整性、准确性和可追溯性。这包括但不限于试验方案、知情同意书、病例报告表和试验用医疗器械的管理记录。

2. 合规性问题的责任与真实性问题

申办方须明确临床试验中合规性问题的责任分配。一旦发现合规性问题，应立即采取纠正措施，并进行根本原因分析，以防止问题的再次发生。真实性问题是临床试验中最为严重的问题之一，申办方应确保所有试验数据的真实性和准确性，避免因数据造假导致的法律责任。

3. 持续改进与技术更新

随着新兴技术的发展，申办方应不断更新临床试验的管理和操作流程，采用最新的技术和方法提高临床试验的效率和质量。同时，申办方应关注新兴技术带来的法律挑战，如数据隐私和网络安全等，并确保这些新技术的合规使用。

六、结语

医疗器械临床试验的合规性是确保患者安全和产品有效性的关键。申办方应通过构建健全的合规管理体系，加强监管与审查，确保临床试验的每一个环节都符合最高的伦理和科学标准，并定期对合规管理体系进行审查和更新，确保其适应新的法规要求和技术变革。申办方和医疗机构作为临床试验的重要参与者，应共同努力，明确职责，齐心协力，促进医疗器械临床试验质量的提高，以期顺利完成产品上市，共同推动行业健康发展。

医疗器械网络营销合规指引

杨明星

一、医疗器械网络营销监管概览

（一）关于医疗器械网络销售的监管与资质要求

1. 医疗器械网络销售

医疗器械网络销售，是指通过互联网等信息网络销售医疗器械的经营行为。

随着互联网信息技术的发展与普及，医疗器械经营企业为降低营销和运营成本，不断创新业务开展模式，将其销售渠道从传统线下经营实体逐步拓展至线上互联网领域。同时，基于医疗器械所具有的特殊商品属性，其网络销售活动在满足电子商务领域的法律规则要求外，还需要符合我国医疗器械监管领域的特殊管控要求。

2. 医疗器械网络销售常见模式及其资质要求

《医疗器械网络销售监督管理办法》第 9 条第 1 款规定，从事医疗器械网络销售的企业应当通过自建网站或医疗器械网络交易服务第三方平台开展医疗器械网络销售活动。其中，自建网站销售包括自建网站平台及客户端应用程序，第三方平台包括平台电商和“线上到线下”（online to offline，O2O）电商。此外，伴随自媒体等新兴媒体的发展，通信服务 App 销售也逐渐成为网络销售的新生渠道。

以下内容将对自建网站或客户端、第三方平台及通信服务 App 三种销售模式的参与主体、开展模式及资质要求分别进行分析。

（1）自建网站或客户端销售模式

①模式简介及参与主体

医疗器械网络销售企业可以通过自建网站或者客户端开展医疗器械网络销售

活动，在此交易模式下，医疗器械的网络销售主体仅包括交易双方，其交易事项的权利与义务并不涉及第三方主体。

②资质要求

第一，医疗器械经营资质。

根据《医疗器械监督管理条例》《医疗器械经营监督管理办法》的相关规定，从事医疗器械经营活动，应当有与经营规模和经营范围相适应的经营场所和贮存条件，以及与经营的医疗器械相适应的质量管理制度和质量管理机构或者人员。

在具备上述经营条件的基础上，医疗器械经营者需根据其经营的医疗器械产品类型办理经营备案或许可：从事第一类医疗器械经营无须办理备案 / 许可手续；经营第二类医疗器械实行备案管理，应向所在地设区的市级人民政府负责药品监督管理的部门进行经营备案，取得第二类医疗器械经营备案凭证；经营第三类医疗器械实行许可管理，经营企业应当向所在地设区的市级人民政府负责药品监督管理的部门申请经营许可，取得医疗器械经营许可证。

医疗器械注册人、备案人在其住所或者生产地址经营其注册、备案的医疗器械，无须办理医疗器械经营许可或者备案，但应当符合法律规定的经营条件；在其他场所贮存并经营医疗器械的，应按规定办理经营许可或备案。

第二，医疗器械网络销售备案。

根据《医疗器械网络销售监督管理办法》第 8 条的规定，从事医疗器械网络销售的企业，应当填写医疗器械网络销售信息表，将企业名称、法定代表人或者主要负责人、网站名称、网络客户端应用程序名、网站域名、网站 IP 地址、电信业务经营许可证或者非经营性互联网信息服务备案编号、医疗器械生产经营许可证件或者备案凭证编号等信息事先向所在地设区的市级食品药品监督管理部门备案。

第三，互联网药品信息服务资格证书。

根据《医疗器械网络销售监督管理办法》第 9 条第 2 款的规定，通过自建网站开展医疗器械网络销售的企业，除履行向所在地设区的市级食品药品监督管理部门备案程序外，还需依法取得互联网药品信息服务资格证书，并具备与其规模相适应的办公场所以及数据备份、故障恢复等技术条件。

第四，非经营性互联网信息服务备案。

根据《互联网药品信息服务管理办法》的规定，拟提供互联网药品信息服务的网站，应向国务院信息产业主管部门或者省级电信管理机构申请办理经营许可证或者办理备案手续。互联网信息服务分为经营性和非经营性两类，国家对经营性互联网信息服务实行许可制度，对非经营性互联网信息服务实行备案制度。

医疗器械经营企业通过网站发布医疗器械信息，是线下实体销售行为的线上转化，通常不涉及向用户有偿提供互联网信息服务，故属于《电信业务分类目录》规定的“B25 信息服务业务”医疗器械经营企业属于非经营性互联网信息服务企业，通常只需要办理域名备案即可。

（2）医疗器械网络交易服务第三方平台模式

①模式简介及参与主体

通过医疗器械网络交易服务第三方平台开展医疗器械网络销售活动，是实践中医疗器械网络销售更为常见的经营模式。

根据《医疗器械网络销售监督管理办法》第 4 条第 3 款的规定，医疗器械网络交易服务第三方平台系为从事医疗器械网络销售的企业提供网页空间、虚拟交易场所、交易规则、交易撮合、电子订单等交易服务，供交易双方或者多方开展交易活动，不直接参与医疗器械销售的企业。

现有网络交易服务第三方平台主要分为：平台电商、O2O 电商两类。部分平台电商仅作为交易场所提供者促成药械商家与消费者达成交易（如淘宝），部分平台电商则以自营模式为主，并兼顾面向医疗机构的采购批发业务（如京东）；O2O 电商则将线下药械零售机构搬运至线上，系零售药店在线上展示并销售药械的渠道（如饿了么）。

②资质要求

对于医疗器械经营企业，除医疗器械经营资质外，其仍需办理医疗器械网络销售备案。

对于网络交易服务第三方平台，除需要取得前述互联网药品信息服务资格证书、进行医疗器械网络交易服务第三方平台备案、非经营性互联网信息服务备案外，还因其业务范围属于增值类电信业务而需要取得增值电信业务经营许可证（EDI 许可）。

（3）通信服务 App 销售模式

通信服务 App 销售通常分为公众号接入销售主体商城官网与通信服务 App

内小程序销售模式两种。

在公众号接入销售主体商城官网模式下，通信服务 App 仅提供公众号与销售页面的接入服务（以官网链接跳转为例），医疗器械销售页面的域名与服务器均为商家所有，该种模式系商家自建网站后链接至 App，其资质要求参照自建网站或客户端销售模式执行。

对于通信服务 App 内小程序销售模式，因通信服务 App 仅提供小程序平台和相关技术服务、开放入口接入小程序、提供相关支付服务，小程序平台实际上并未提供网页空间、虚拟交易场所、交易撮合等交易服务，相关域名及服务器均由销售企业所有，通信服务 App 及其小程序不属于网络交易服务第三方平台，该等销售模式的监管目前在一定程度上属于盲区地带。笔者倾向于认为该等模式应参照自建网站销售模式，履行网络销售备案手续。

（二）医疗器械网络销售及广告宣传监管框架

1. 医疗器械网络销售领域监管框架

相较于药品、化妆品，医疗器械产业更为复杂，面对网络上良莠不齐的商家和产品，消费者很难辨别，医疗器械网络销售的监管一直是我国市场监管体系中的重要一环。近年来，随着相关法律法规的逐步完善，我国医疗器械网络销售监管现已基本形成“法律—法规—部门规章”的监管框架（见表 1）。

表 1　相关规范及内容

序号	法律法规名称	生效日期	主要内容
1	《互联网药品信息服务管理办法》	2004 年 11 月 17 日	明确通过互联网向上网用户提供药品（含医疗器械）信息的服务活动，不管是经营性质还是非经营性质都应取得互联网药品信息服务资格证书并接受监督管理
2	《互联网药品交易服务审批暂行规定》	2005 年 12 月 1 日	明确“互联网药品交易服务”，规定从事互联网药品（包括医疗器械）交易服务的企业必须经过审查验收并取得互联网药品交易服务机构资格证书，但是该证书全类别的审批均被取消

续表

序号	法律法规名称	生效日期	主要内容
3	《医疗器械经营监督管理办法》	2022年5月1日	明确医疗器械销售的备案制度：经营第一类医疗器械不需许可和备案，经营第二类医疗器械实行备案管理，对产品安全性、有效性不受流通过程影响的第二类医疗器械可以免予经营备案，经营第三类医疗器械实行许可管理
4	国务院《关于第三批取消中央指定地方实施行政许可事项的决定》、国务院《关于取消一批行政许可事项的决定》	2017年1月12日、2017年9月22日	取消了省级药品监督管理部门对互联网药品交易服务企业（第三方平台除外）的审批；进一步取消了原国家食品药品监管总局对互联网药品交易服务企业（第三方）的审批。互联网药品交易服务机构资格证书全类别的审批均被取消
5	《医疗器械网络销售监督管理办法》	2018年3月1日	明确区分了医疗器械网络销售的企业、医疗器械网络交易服务第三方平台的准入条件和主体责任
6	《电子商务法》	2019年1月1日	电子商务经营者应当在其首页显著位置，持续公示营业执照信息、与其经营业务有关的行政许可信息，或者上述信息的链接标识。前款规定的信息发生变更的，电子商务经营者应当及时更新公示信息
7	《医疗器械监督管理条例》	2021年6月1日	进一步落实医疗器械备案制度，明确从事医疗器械网络销售的，应当是医疗器械注册人、备案人或者医疗器械经营企业。为医疗器械网络交易提供服务的电子商务平台经营者应当对入网医疗器械经营者进行实名登记，审查其经营许可、备案情况和所经营医疗器械产品注册、备案情况，并对其经营行为进行管理
8	《医疗器械网络销售质量管理规范（征求意见稿）》	2023年9月15日	对医疗器械网络销售经营者、为医疗器械网络交易提供服务的电子商务平台经营者网络销售环节医疗器械质量管理提出基本要求；明确了体系与职责、人员与培训、设备与设施、网络销售过程质量控制相关要求

2. 医疗器械网络广告宣传监管框架

我国对于医疗器械广告宣传要求比普通产品更为严格，需要广告商严格遵守国家相关前置审查程序等规定。医疗器械网络广告属于广告的一种，除需要遵守诸如《广告法》中广告宣传领域的一般规范外，还需遵守互联网领域和医疗器械领域关于广告宣传的特别规范（见表 2）。

表 2　相关规范及内容

序号	规范名称	生效日期	主要内容
1	《医疗广告管理办法》	2007 年 1 月 1 日	规范利用各种媒介或者形式直接或间接介绍医疗机构或医疗服务的广告
2	《互联网广告管理暂行办法》（已失效）	2016 年 9 月 1 日	对互联网广告活动进行规范
3	《药品、医疗器械、保健食品、特殊医学用途配方食品广告审查管理暂行办法》	2020 年 3 月 1 日	明确广告审查管理机构，严格广告审查标准，限制广告发布的方式形式，延长广告批准文号有效期等内容
4	《广告法》	2021 年 4 月 29 日	对医疗市场广告行为有严格的限制，且在细节上有更为具体的要求
5	《互联网广告管理办法》	2023 年 5 月 1 日	对互联网广告相关法律定义进行了调整；对互联网广告行为规范进行了细化；对广告违法行为的管辖制度和法律责任进行了补充等

3. 医疗器械网络销售的监管趋势

医疗器械网络销售的违法违规行为具有较强的隐蔽性，多地监管机构已逐步开始强化线上网络监测，实现信息化监管。国家立法机关近几年出台的法律法规也在不断加重医疗器械网络销售违法违规的法律后果，企业的违法违规成本也越来越高。因此，对于医疗器械网络销售企业而言，合规经营既是避免遭受处罚的首要前提，也是持续良好运营的重要保障。

二、医疗器械网络销售行政处罚案例汇总及分析

经检索并查阅近几年各地市场监督管理部门行政处罚公告，医疗器械网络销售重点关注及处罚事项集中在以下三种类型：相关资质欠缺、经营活动不规范、

广告宣传不合规，其中经营活动不规范和广告宣传不合规成为监管部门行政处罚的主要类型。

据笔者不完全统计，2023 年 1 月 1 日至 2024 年 3 月 1 日，共有 191 个因网络销售医疗器械经营活动不规范而被监管处罚的案例，因相关资质欠缺而被施以行政处罚的共 82 个案例；2022 年 3 月 1 日至 2024 年 3 月 1 日，共有 173 个因网络销售医疗器械广告宣传不合规而被处罚的案例。

值得注意的是，虽然网络销售服务第三方平台需要满足前述一定合规义务，也存在相应处罚风险，但现有检索处罚案例中并未出现针对网络销售服务第三方平台的处罚案例。由此可以看出，医疗器械网络销售的合规风险主要集中在交易双方的具体交易环节，而作为独立的第三方平台，在满足开展相应业务的前置资质要求并履行相应适当监管及报告义务后，处罚风险较低。

（一）相关资质欠缺处罚案例

现有统计案例可以归纳出 3 种欠缺相关资质的行为类型，其行为样态及对应处罚案例数量如图 1 所示。

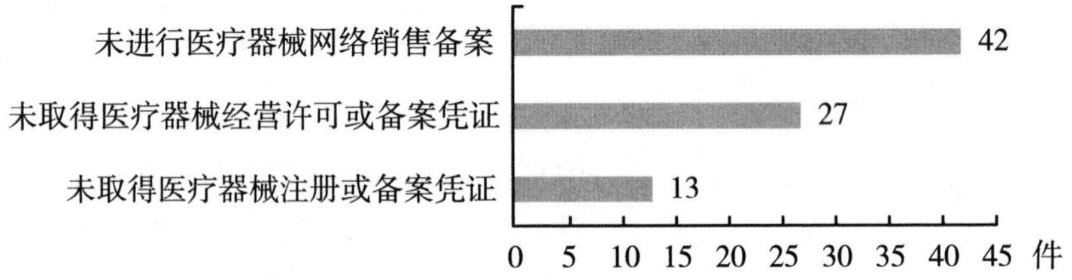

图 1　欠缺资质类处罚案例汇总

1. 未取得医疗器械注册或备案凭证

（1）相关合规要求及法律责任

通过网络销售医疗器械，首先应当确保所销售的医疗器械具有合格证明文件，即医疗器械已获得医疗器械注册证或完成产品备案。根据《医疗器械监督管理条例》，国家对医疗器械按照风险程度实行分类管理制度，医疗器械根据其风险程度可以由低至高分为三个类别。第一类医疗器械实行产品备案管理，第二类、第三类医疗器械实行产品注册管理。

与此相应，《医疗器械监督管理条例》规定了医疗器械经营企业应建立进货查验记录制度：医疗器械经营企业应当从具备合法资质的医疗器械注册人、备案人、生产经营企业购进医疗器械，查验供货者的资质和医疗器械的合格证明文件并予以记录，确保其所销售的医疗器械的来源可查且合规。

若企业通过网络销售的第二类、第三类医疗器械未取得医疗器械注册证，将会被药品监督管理部门处以没收违法所得及相关产品、缴纳罚款的行政处罚；情节严重时，还会因此要求企业停业整改，吊销经营许可证，要求违法单位的相关责任人员终身禁止从事医疗器械经营活动。

（2）处罚案例总结

在现有处罚案例统计中，销售未取得医疗器械注册或备案凭证的案例数量为13个，占比约为资质类处罚案例的16%，且主要为销售未取得第二类、第三类医疗器械注册证的违法类型。

2. 未取得医疗器械经营许可或备案凭证

（1）相关合规要求及法律责任

进行医疗器械网络销售的经营主体，其自身也应具备相应资质。若医疗器械持有人或医疗器械生产企业受持有人委托进行网络销售，无须办理经营许可或者备案。否则，应根据经营的医疗器械的具体类别分别办理经营许可或者备案。

根据《医疗器械监督管理条例》，从事第二类医疗器械经营的企业应向所在地设区的市级人民政府负责药品监督管理的部门备案；从事第三类医疗器械经营的企业应当向前述部门申请经营许可，获得医疗器械经营许可证；对经营第一类医疗器械不作备案或许可要求。此外，对于医疗器械注册人、备案人，自行经营其注册、备案的医疗器械，无须办理医疗器械经营许可或者备案，具备相应的经营条件即可。

若企业通过网络销售医疗器械，未经备案从事第二类医疗器械经营，将会被药品监督管理部门处以限期整改、没收违法所得及相关产品、缴纳罚款的行政处罚；情节严重时，还会因此要求违法单位的相关负责人禁止5年内从事医疗器械经营活动。若企业未经许可从事第三类医疗器械经营，则会被处以同前述未取得医疗器械注册或备案凭证内容相同的行政处罚。

（2）处罚案例总结

在现有处罚案例统计中，未取得医疗器械经营许可或备案凭证进行销售的案例数量为27个，占比约为资质类处罚案例的33%，且较多案例为未取得第三类医疗器械经营许可的类型。

3. 未取得医疗器械经营许可或备案凭证

（1）相关合规要求及法律责任

根据《医疗器械监督管理条例》《医疗器械网络销售监督管理办法》，从事第二类、第三类医疗器械网络销售的企业，应当将从事医疗器械网络销售的相关信息告知所在地设区的市级人民政府负责药品监督管理的部门。

若企业未履行上述告知义务便从事医疗器械网络销售活动，则将被药品监督管理部门处以警告、罚款、责令停产停业乃至吊销医疗器械经营许可证的行政处罚。

（2）处罚案例总结

在现有处罚案例统计中，未取得医疗器械经营许可或备案凭证进行销售的案例数量为 42 个，占比约为资质类处罚案例的 51%，系集中处罚类型。可见，通过网络方式销售医疗器械虽不需具备特别资质或经过专项审批或注册程序，但也需要履行事先告知义务，这在实务中易被忽略而成为处罚的集中类型。因此，拟通过网络销售医疗器械的企业在实务中需要注意在从事相关活动前履行此项告知义务。

（二）经营活动不规范处罚案例

现有统计案例可以归纳出 4 种经营活动不规范的处罚类型：证照资质公示类、制度设立执行类、产品质量问题类、超范围经营类，并可以分为图 2 中 10 种具体行为。

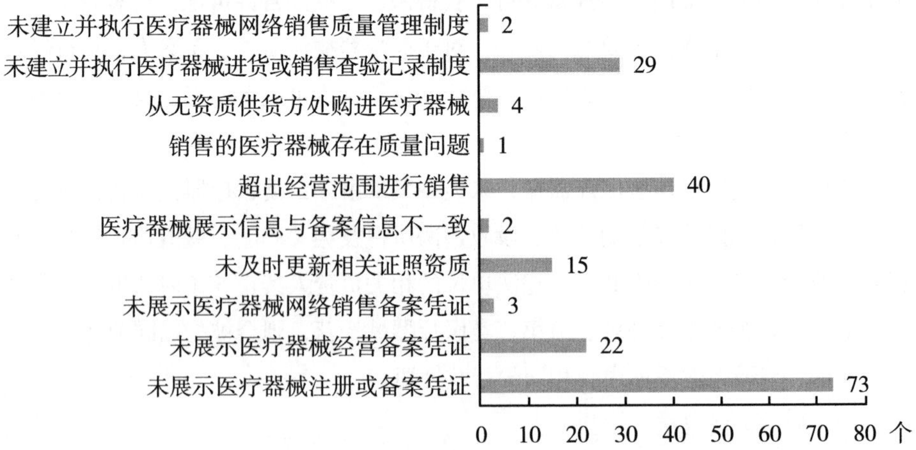

图 2　经营活动不规范类处罚案例汇总

1. 未显著公示或及时更新证照资质

根据《医疗器械网络销售监督管理办法》第 10 条的规定，从事医疗器械网络销售的企业，应当在其主页面显著位置展示其医疗器械生产经营许可证件或者备案凭证，产品页面应当展示该产品的医疗器械注册证或者备案凭证。其中，医疗器械生产经营许可证件或者备案凭证、医疗器械注册证或者备案凭证的编号还应当以文本形式展示。相关信息发生变更时，应当及时更新展示内容。

在现有处罚案例统计中，未展示医疗器械注册或备案凭证、未展示医疗器械经营备案凭证、未展示医疗器械网络销售备案凭证、未及时更新相关证照资质及医疗器械展示信息与备案信息不一致的案例数量分别为 73 个、22 个、3 个、15 个、2 个，累计数量达 115 个，占比约为经营活动不规范类处罚案例的 60%，属于触发处罚的高危类型。

2. 未设立并执行产品质量管理或查验记录制度

《医疗器械网络销售监督管理办法》对医疗器械经营企业规定了建立相应质量管理体系的要求，医疗器械经营企业应建立并执行覆盖医疗器械经营全过程的质量管理体系文件。根据《医疗器械经营质量管理规范》，质量管理体系主要包括质量管理体系文件、组织机构、人员、设施设备等方面的制度建设，其中质量管理体系文件至少包括表 3 所列的 24 项制度内容。此外，《医疗器械网络销售质量管理规范（征求意见稿）》还对管理制度的内容作出了更为具体细致的规定。

表 3　制度名称

序号	制度名称
1	质量管理机构或者质量管理人员管理职责
2	质量安全关键岗位人员岗位说明
3	质量文件审核批准管理制度
4	质量记录管理制度
5	质量管理自查制度
6	医疗器械供货者和产品资质审核制度

续表

序号	制度名称
7	医疗器械采购管理制度
8	医疗器械收货和验收管理制度
9	医疗器械贮存（陈列）和在库检查管理制度
10	医疗器械出入库管理制度
11	医疗器械有效期管理制度
12	医疗器械运输管理制度
13	医疗器械销售和售后服务管理制度
14	医疗器械不合格品管理制度
15	医疗器械退货管理制度
16	医疗器械不良事件监测和报告制度
17	医疗器械产品召回管理制度
18	医疗器械追溯管理制度
19	医疗器械质量投诉、事故调查和处理报告制度
20	设施设备维护和验证校准管理制度
21	环境卫生和人员健康管理制度
22	质量管理培训和考核制度
23	医疗器械质量安全风险会商管理制度
24	医疗器械采购、收货、验收、贮存、销售、出库、运输等环节的工作程序

由此可见，制度建设的合规要求，无论从其内容的覆盖范围还是从具体执行难度来看，都是医疗器械经营企业合规的一大挑战。对此，医疗器械的网络经营企业在制度建设层面更应注意网络经营这一途径在合同订立、数据处理等方面的特殊合规要求。

3. 未严格执行产品质量标准

根据《医疗器械监督管理条例》第55条的规定，医疗器械经营企业应当严格执行产品质量标准，不得经营未依法注册或者备案、无合格证明文件以及过期、失效、淘汰的医疗器械。

在现有处罚案例统计中，未严格执行产品质量标准的行为类型表现为：销售的医疗器械存在质量问题、从无资质供货方处购进医疗器械，处罚的案例数量较少，共计5个，占比约为经营活动不规范类处罚案例的3%。

4. 超范围进行医疗器械销售

根据《医疗器械网络销售监督管理办法》，从事医疗器械网络销售的企业，经营范围不得超出其生产经营许可或者备案的范围。

具体而言，医疗器械批发企业从事医疗器械网络销售，应当销售给具有资质的医疗器械经营企业或者使用单位，而不得向无资质的不特定消费者开展零售业务；医疗器械零售企业从事医疗器械网络销售，应当是可以由消费者个人自行使用的医疗器械。

在现有处罚案例统计中，超出经营范围进行销售的处罚案例数量共计40个，占比约为经营活动不规范类处罚案例的21%，主要表现为从事医疗器械零售的企业将非可以由消费者个人使用的医疗器械销售给消费者个人使用。

（三）广告宣传不合规处罚案例

销售离不开广告的宣传，而我国各类广告的法规体系中，药械广告的地位始终特殊，要求始终严格。1994年《广告法》发布时，国家就对药械的广告提出严格的要求。医疗器械会直接接触人体发生作用，相较需要入口的食品、药品，同样事关消费者的生命健康。近年来，我国不断细化医疗器械的广告规范，不过无论是线下广告还是针对网络销售的线上广告，监管的规范都是一致的。

2019年，国家市场监督管理总局发布《药品、医疗器械、保健食品、特殊医学用途配方食品广告审查管理暂行办法》（以下简称《三品一械广告暂行办法》），该办法出台后，医疗器械广告合规再次成为监管关注的重点，对医疗器械广告违法情形的监督与查处力度也在不断加强，本部分梳理了近几年来因为医疗器械在网络上销售出现的广告违规行为的行政处罚案例，具体违规类型对应的案例数量如图3所示。

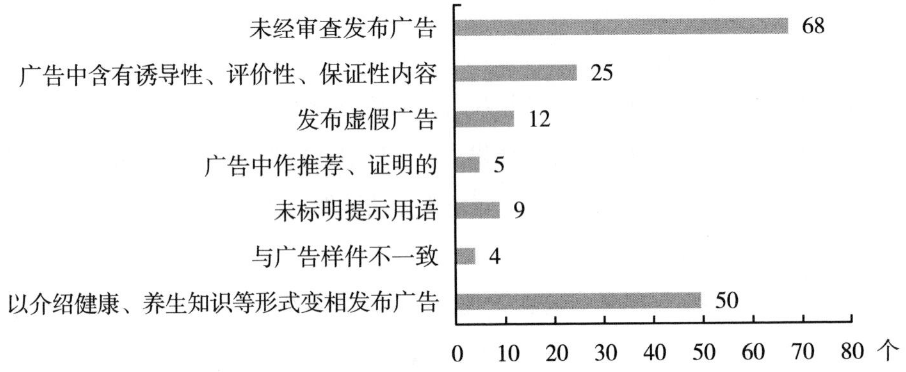

图3　广告宣传类处罚案例汇总

1. 未经前置审查发布医疗器械销售广告

《广告法》第46条规定："发布医疗、药品、医疗器械、农药、兽药和保健食品广告，以及法律、行政法规规定应当进行审查的其他广告，应当在发布前由有关部门对广告内容进行审查；未经审查，不得发布。"《三品一械广告暂行办法》第2条第2款规定："未经审查不得发布药品、医疗器械、保健食品和特殊医学用途配方食品广告。"第23条规定："药品、医疗器械、保健食品和特殊医学用途配方食品广告中只宣传产品名称（含药品通用名称和药品商品名称）的，不再对其内容进行审查。"

在现有处罚案例统计中，未经前置审查发布医疗器械广告的案例数量是最多的，占比将近40%。究其原因，主要是以下三个方面。

（1）随着信息接收渠道的多样化，发布广告的方式也是多种多样，尤其是网络医疗器械广告，从早期单一的网络网页形式，发展为微信公众号等移动社交平台宣传、淘宝等网络交易平台页面展示、百度等搜索引擎页面广告、手机App广告等各种各样的形式。这就给法律规制带来了较大的难度。很容易误解某种日常行为，如在自己的微信号上发朋友圈，不构成广告行为，[①]实则这种可以由多数不特定群体看到的内容，已经实质构成发布广告的行为。（2）误认为自己发布的内

① 参见津辰市监罚〔2023〕1305号。

容不应界定为医疗器械广告，仅是在向消费者介绍一些产品信息，从而忽略审查要求。典型的就是在公众号中介绍产品信息的页面等。（3）忽视广告发布时药品、医疗器械的广告批准文号已届有效期，需要重新申请广告审查。

2. 发布虚假或引人误解药械广告

《广告法》第 4 条第 1 款规定："广告不得含有虚假或者引人误解的内容，不得欺骗、误导消费者。"《三品一械广告暂行办法》第 3 条第 1 款规定："药品、医疗器械、保健食品和特殊医学用途配方食品广告应当真实、合法，不得含有虚假或者引人误解的内容。"

虚假广告也是实践中非常常见的违规类型，根据《广告法》第 28 条，所谓的虚假广告，其表现形式不仅是针对产品本身，虚构统计数据或者虚构使用商品或接受服务的效果等同样构成虚假宣传。

除前述两种情形外，广告内容不清晰，也可能会被认定为是虚假广告。例如 2023 年 4 月，禹城市某食品有限公司在其开设的网上店铺售卖的产品详情页内展示有"L– 阿拉伯糖是一种有甜味的戊糖……从而达到降血糖和减肥的功效""2009 年，L– 阿拉伯糖入选国际健康组织学会（慢性肾脏病、心脏病、高血糖高血压）干预计划，成为食品干预的唯一用品……"等内容，其中部分字体模糊。对其中涉及疾病预防、治疗功能的内容做了模糊处理，被认定是以引人误解的内容误导消费者，属虚假广告，被监管机关处以罚款。①

3. 医疗器械广告中对功效、安全性进行断言或保证

《三品一械广告暂行办法》第 11 条规定："药品、医疗器械、保健食品和特殊医学用途配方食品广告不得违反《中华人民共和国广告法》第九条、第十六条、第十七条、第十八条、第十九条规定，不得包含下列情形：……（五）含有'安全''安全无毒副作用''毒副作用小'；明示或者暗示成分为'天然'，因而安全性有保证等内容……"

这一类的处罚案例也是较为常见的，在统计案例中大概有 15% 的比例，很多商家为了凸显出自己的产品"与众不同"，都会想办法描述这些产品的功能，甚至作出"力保治好 ×× 疾病"等绝对化保证和断言表述，属于不应该出现在医疗器械网络销售广告中的描述。

① 参见山东省德州市市场监督管理局行政处罚决定书，德市监处罚〔2023〕WL003 号。

例如，某医疗机构在某网站开设网店对外进行广告宣传，为展示、销售其公司利用赛诺秀激光/强脉冲光治疗仪进行的“icon光子嫩肤”医疗美容产品，当事人在其网店宣称“‘icon光子嫩肤’可治疗疤痕、妊娠纹、血管性病变、酒糟鼻、老年斑、雀斑”等内容。经查证，当事人无法提供相关材料证明以上宣传内容的真实性，上海浦东新区监管机构对其作出处罚。[①]

4. 以介绍健康及养生知识等形式变相发布广告

《互联网广告管理办法》第8条规定：“禁止以介绍健康、养生知识等形式，变相发布医疗、药品、医疗器械、保健食品、特殊医学用途配方食品广告。介绍健康、养生知识的，不得在同一页面或者同时出现相关医疗、药品、医疗器械、保健食品、特殊医学用途配方食品的商品经营者或者服务提供者地址、联系方式、购物链接等内容。”

对于消费者而言，直接听到某种产品夸张的广告宣传可能尚有“防范之心”，但是如果这些广告打着免费健康讲座、免费体检或者普及健康知识的旗号进行营销，很多人就会难以分辨，尤其是老年群体，很容易“上当”；现在很多医美产品也是将其真实的营销目的包装在介绍医美知识的“科普小视频”或者“解读文章”中，从而让受众放下戒备心。我国已经明确规定这种行为是被禁止的，属于在变相发布广告。

例如，舟山市某有限公司为宣传牙齿健康知识及推广公司服务项目，于2023年4月15日，在该公司微信公众号内发布一篇标题为《仲春美牙季丨生生不息，春牙特惠》的文章，该文章包含“春季火大，易口舌生疮，及其解决办法……；年前高糖，年后易生龋齿，及其解决办法……；肝心火旺，易口腔异味，及其解决办法……”等介绍健康知识的内容，在该文章页面的最后有该公司的地址、联系方式等内容，该广告就是利用介绍健康知识在变相发布广告，后被监管机构处以1万元罚款。[②]

5. 发布的广告与审查后的样件不一致

《医疗广告管理办法》第17条规定：“医疗机构应当按照《医疗广告审查证明》核准的广告成品样件内容与媒体类别发布医疗广告。医疗广告内容需要改动

---

① 参见沪市监浦处〔2021〕152021000451号。

② 参见浙江省舟山市市场监督管理局普陀分局行政处罚决定书，舟普市监处罚〔2023〕398号。

或者医疗机构的执业情况发生变化，与经审查的医疗广告成品样件内容不符的，医疗机构应当重新提出审查申请。”

医疗器械的广告之所以需要提前审查，就是保证其内容是经过检验之后才公布于众的，如果与审查时的样件不一致，相当于该广告没有经过审查，本质上就是未经审查发布广告，自然需要约束。

2023年8月22日，利辛县市场监管局接到举报线索，举报人反映某某口腔门诊部在网上广告中发布的医疗广告与广告审查证明核准的样件内容不符，更改了医疗广告审查证明样件内容。① 该案件就是典型的发布的医疗广告与广告审查证明核准的样件内容不符，更改了医疗广告审查证明样件内容，很容易对消费者造成误导。

6. 发布的广告中含有推荐和证明性用语

《广告法》第16条第1款规定：“医疗、药品、医疗器械广告不得含有下列内容：……（四）利用广告代言人作推荐、证明……”《医疗广告管理办法》第7条第6项规定：“医疗广告的表现形式不得含有以下情形：……（六）利用患者、卫生技术人员、医学教育科研机构及人员以及其他社会社团、组织的名义、形象作证明的……”

依照上述规定，这里的推荐和证明不仅是指明星这种广告代言人，还包括利用患者和医生形象做证明的。

前者比较容易识别，例如，上海某口腔门诊部有限公司与某网红博主签订了视频拍摄合作协议，该博主为其拍摄了含有口腔门店师资介绍、洗牙服务的体验及洗牙后的感受等内容的宣传视频，当事人后将此宣传视频发布于某平台该公司的洗牙套餐结算页面中。该行为违反了上述规定。2023年9月，上海市静安区市场监督管理局对其作出罚款。②

但是后者利用患者和医务人员形象的广告很容易被忽视，认为只要没有使用明星代言人就是合理的，尤其是很多医美机构，利用患者术前术后的对比来证明自身产品的有效性，很有“诱惑性”和“说服力”，消费者基于希望尽快治疾的心理，难以识别其性质，容易走向盲从，但实则是为法律所不允许的。

---

① 参见安徽省利市监罚〔2023〕第1203号。

② 参见沪市监静处〔2023〕062023000800号。

7. 医疗器械广告中未标明提示性用语

《广告法》第 16 条第 3 款规定："推荐给个人自用的医疗器械的广告，应当显著标明'请仔细阅读产品说明书或者在医务人员的指导下购买和使用'。医疗器械产品注册证明文件中有禁忌内容、注意事项的，广告中应当显著标明'禁忌内容或者注意事项详见说明书'。"

此类违法情况往往是当事人销售给个人自用的医疗器械在网店上发布广告时未显著标明"请仔细阅读产品说明书或者在医务人员的指导下购买和使用"的内容。实践中商家多有不重视这种标语的情况，其没有认识到未显著标明此类内容会涉及违法层面的问题。例如，有案例中当事人在其经营的电商平台店铺内发布"个人自用的医疗用喷气气垫产品"广告，因上述产品属于医疗器械，且在广告中未显著标明"请仔细阅读产品说明书或者在医务人员的指导下购买和使用"的警示语，上海市青浦区市场监督管理局对其处以罚款 6000 元。[①]

三、医疗器械网络销售合规要点及应对提示

结合前述对于医疗器械网络销售的有关规定、处罚案例梳理及其分析，对于医疗器械的网络销售活动的合规要点予以系统归纳，提示如下。

（一）资质合规

1. 医疗器械经营企业应确保所销售的医疗器械根据其类别取得相应的注册或备案凭证：第一类医疗器械取得医疗器械备案凭证，第二类、第三类医疗器械取得医疗器械注册证。

2. 医疗器械经营企业开展经营前已取得医疗器械经营许可或备案凭证：经营第二类医疗器械应办理医疗器械备案，经营第三类医疗器械应办理医疗器械经营许可。

3. 医疗器械网络销售企业应在从事网络销售活动前对网络销售活动向药品监督管理部门进行信息告知。

（二）经营活动合规

1. 医疗器械经营企业应在其销售主页面显著位置展示其医疗器械生产经营许

① 参见沪市监青处〔2022〕292022000336 号。

可证件或者备案凭证，产品页面展示该产品的医疗器械注册证或者备案凭证。

2. 医疗器械经营企业应建立并执行覆盖医疗器械经营全过程的质量管理体系文件。

3. 医疗器械经营企业应当严格执行产品质量标准，避免经营未依法注册或者备案、无合格证明文件以及过期、失效、淘汰的医疗器械。

4. 医疗器械经营企业应确认销售对象在其生产经营许可或者备案的范围内。

（三）广告宣传合规

1. 广告的前置审查手续必须齐全

根据本文第二部分所述，医疗器械发布广告必须经过有关部门的审批，实践中极易出现企业将未经审查的广告发布出去的情形或者根本就不满足发布医疗器械广告的条件。

建议企业核查本企业医疗器械的类别，如果属于禁止发布广告的医疗器械，就放弃采用广告的方法进行宣传；如果属于允许发布广告的医疗器械，除非对医疗器械的宣传内容中只包括名称，否则发布前均应提交至审查机关进行广告审查，并获得医疗器械广告审查证明。

2. 广告的内容不得违反禁止性规定

从内容角度，医疗器械广告需要进行严格的审核。因为根据我国有关规定，对于哪些内容不能出现在医疗器械的广告中都有明确的限制性规定，表 4 列出医疗器械广告应当审查的内容，供企业参考。

表 4　医疗器械网络广告内容的核查

序号	医疗器械网络广告核查内容
1	是否含有虚假或者引人误解的内容?
2	是否使用了“国家级”“最高级”“最佳”等用语？是否有损害国家和他人利益隐私的情形?
3	是否在推荐给个人自用的医疗器械的广告中，未显著标明“请仔细阅读产品说明书或者在医务人员的指导下购买和使用”？医疗器械产品注册证书中有禁忌内容、注意事项的，广告是否未显著标明“禁忌内容或者注意事项详见说明书”?
4	是否使用科研单位、学术机构、行业协会或者专家、学者、医师、药师、临床营养师、患者等的名义或者形象做推荐、证明?

续表

序号	医疗器械网络广告核查内容
5	是否在广告中加入表示功效、安全性的断言或者保证?
6	是否在广告中说明治愈率或者有效率?是否在广告中与其他药品、医疗器械的功效和安全性或者其他医疗机构比较?
7	是否以介绍健康、养生知识等形式,变相发布医疗器械广告?

注:表 4 仅就医疗器械网络广告的一般情形进行核查,仅涵盖《广告法》及其相关规定领域。如果广告中还有侵犯他人著作权等其他民事权益的需要另行核查。

除上述核查外,建议企业定期对所投放在各个渠道的医疗器械广告进行检查,以免出现实际发布的广告和审批样件不一致或者不清晰的情形。

医疗器械委托生产合规指引

徐 敏 徐 硕

一、概述

近年来，科学技术不断发展，也带动了全球医疗器械行业持续发展。尤其是在老龄化等社会问题的推动下，全球对医疗器械的需求持续增长。与此同时，数字化技术、人工智能、大数据等新技术的应用进一步推动了医疗器械的创新和进步。

在我国，随着国家相关政策的出台和公众健康意识的提升，医疗器械行业也在快速发展。企业面临更高的要求。为了在竞争激烈的市场中占据一席之地，企业必须积极创新，不断提升自身的技术和生产能力。在这一背景下，医疗器械的生产模式也在不断进步，自有生产模式已不能适应现有的行业发展现状，这就催生了委托生产模式，为行业发展提供了一种能够有效降低成本、提高生产效率的方案。

医疗器械委托生产模式是指医疗器械注册人将产品生产任务委托给具有资质和生产能力的企业。自 2017 年起，我国在多个省市陆续开展医疗器械注册人制度试点工作。2021 年 2 月 9 日修订的《医疗器械监督管理条例》正式设立了医疗器械注册人制度。该条例明确了医疗器械行业的两种生产模式：自行生产和委托生产。以下主要是对委托生产模式的探讨。

（一）医疗器械委托生产模式的试点探索

1. 试点工作发展

试点工作开始后，在全国 21 个省（自治区、直辖市）内得到迅速推广。各地根据自身特点，制定了相应的试点方案，大力推动试点实践，积累了丰富的经验，逐步完善了委托生产的实施和监管体系。

上海是国内最早进行试点的地区之一。上海通过政策指导，支持本地医疗器械企业与国内外相关企业合作，推动实行委托生产模式。上海远心医疗科技有限公司获得了第一张注册证，将其项目委托给上海微创电生理医疗科技股份有限公司。之后这一模式不断发展，促进了本地医疗器械行业的产业升级，同时也为其他地区提供了宝贵的可借鉴经验。江苏省内多家医疗器械企业通过内部委托生产，进行资源配置，提升了生产效率和产品质量。例如，苏州伟康医疗器械有限公司通过内部委托，将其生产环节委托给其母公司江苏伟康洁婧医疗器械股份有限公司。这在一定程度上缓解了企业的生产压力，优化了资源配置，同时通过严格的质量监管，确保了产品的合规性和安全性。湖南省发布《湖南省医疗器械注册人委托生产质量管理体系实施指南（试行）》等政策，积极推进落实注册人制度，并在全省范围内开展了多样化的委托生产试点工作。在以委托生产模式激发市场主体活力、推动医疗器械行业发展的同时，湖南省更加注重质量监管，以防范潜在的质量风险。

此外，沪、皖、苏、浙四省和直辖市发布《长江三角洲区域医疗器械注册人制度试点工作实施方案》《长江三角洲区域医疗器械注册人制度跨区域监管办法（试行）》等配套文件；北京、天津、河北省和直辖市三地药品监督管理局也出台了《促进京津冀医疗器械注册人协同创新高质量发展的意见》等文件。这些都为医疗器械委托生产跨区域发展做了有益的探索。

医疗器械委托生产很大程度上促进了行业的快速发展。一方面，通过委托生产，研发型企业可以将更多精力集中于产品创新，而生产型企业则可以充分利用其生产能力进行规模化生产，从而提升整个产业的效率。另一方面，注册人制度促使更多专业第三方服务企业出现，这些企业利用其专业化优势，为注册人提供全生命周期的生产和风险管理服务。

2. 试点中发现的不足

在试点过程中，医疗器械委托生产模式展现了许多优势，但也暴露了一些问题。

一是跨省协同监管面临挑战。在试点过程中，出现了跨区域委托生产的情形。但这一情形在实际操作中存在一些问题：如各地区药品监管部门之间尚未建立有效的沟通机制，对委托生产的要求不同，对于监管的要求也不一致等，这也对委托生产模式提出了更高的要求。

二是人员配置的缺陷。在试点过程中，部分企业出现人员配置不足的问题，特别是在质量管理、法律合规等方面的专业人员短缺，企业员工可能缺少相应的专业知识，使他们在实际操作中难以有效管理和控制生产过程的风险。

综上所述，目前，医疗器械委托生产试点成效明显，但也存在一些不足。医疗器械委托生产模式在推动行业发展的同时，仍需要在合规性、质量管理、跨区域监管等方面做出更多的努力。

（二）医疗器械委托生产的法律框架

1. 主要法律法规

在我国，医疗器械委托生产受到多部法律法规的监管，这些法律法规为医疗器械的生产、质量管理等提供了明确的法律框架。在此对相关法律法规进行梳理。

（1）《医疗器械监督管理条例》

该条例是规范医疗器械行业发展的基础性框架，涵盖了研发、生产、经营、使用和监管等多个环节。该条例设立了医疗器械注册人制度，对委托生产模式提出一定要求。注册人与受托方应签订委托生产协议，详细约定双方在生产过程中的权利义务。该条例要求注册人对产品的全生命周期负责，对受托方的生产活动进行监督，确保产品的安全性和有效性。

（2）《医疗器械生产质量管理规范》

《医疗器械生产质量管理规范》是对医疗器械生产质量管理的具体规范要求。对于委托生产，《医疗器械生产质量管理规范》特别强调需要建立符合要求的质量管理体系，加强对质量管理专业人员的培训，做好采购、销售、售后等各项服务，确保生产活动的合规性。

（3）《医疗器械注册与备案管理办法》

该办法详细规定了医疗器械注册与备案的条件、程序和要求。该办法要求注册人、备案人“为能够承担相应法律责任的企业或者研制机构”，要求其建立质量管理体系，做好产品的质量管理，并对此承担相应的法律责任。

（4）《医疗器械生产监督管理办法》

该办法详细规范了医疗器械生产活动，明确了医疗器械注册人、受托方的体系管理责任、过程管理责任等。该办法允许注册人将生产活动委托给具备资质的生产企业，取消了同一产品同一时期只能委托一家企业进行生产的限制，同时也取消了对第一类医疗器械生产外的委托生产备案的限制。此外，该办法对生产许可作出规定。同时要求注册人对质量安全负责，有责任监督整个生产过程。

（5）《医疗器械管理法（草案征求意见稿）》

《医疗器械管理法（草案征求意见稿）》于 2024 年 8 月 26 日发布，对外公开征求意见。《医疗器械管理法（草案征求意见稿）》明确，注册人对委托生产的产品质量负有不可推卸的责任，注册人、受托方应当建立并保持有效的质量管理体系。《医疗器械管理法（草案征求意见稿）》规定了医疗器械的风险分类管理制度，根据产品的风险程度实施不同的监管措施。此外，《医疗器械管理法（草案征求意见稿）》还加强了医疗器械的市场后监管，明确注册人和生产企业共同承担上市后风险管控、不良事件监测报告、召回等义务。

2. 行业标准

在医疗器械委托生产中，不能忽视行业标准的重要作用。其中，ISO 13485 医疗器械质量管理体系要求是全球公认的医疗器械质量管理规范。在委托生产模式中，注册人和受托方应当明确双方的质量管理责任分工，以便于保证整个生产过程的合规性。我国已认可 ISO 13485 标准作为医疗器械行业的重要标准，鼓励国内医疗器械生产企业建立符合 ISO 13485 标准的质量管理体系，这也有利于提升我国医疗器械产品的国际竞争力，为其“走出去”奠定基础。

综上所述，医疗器械委托生产不仅需要遵循国家的法律法规，还应当符合一定的行业标准要求。只有在严格的合规管理下，医疗器械委托生产模式才能够有效实施，实现可持续发展。

（三）医疗器械委托生产的监管趋势

1. 目前监管趋势

近年来，国家药品监督管理局在医疗器械委托生产领域的监管政策逐步加强，以确保产品的质量和安全性。

我国于 2017 年发布了《关于深化审评审批制度改革鼓励药品医疗器械创新的意见》，首次引入了医疗器械注册人制度。随后，全国多个省市积极开展试点工作，成效明显。2021 年 2 月 9 日，修订后的《医疗器械监督管理条例》正式发布，以法规的形式正式确立了医疗器械注册人制度。这一制度允许注册人选择自行生产或委托生产，同时明确了注册人对产品全生命周期的责任，并提出了更加严格的监管要求。

随着注册人制度的逐步发展，委托生产的范围也不再局限于同一地区，跨区域的委托生产模式逐渐兴起。这种模式在优化资源配置方面发挥了积极作用，但也给监管工作带来了新的挑战。为应对这些挑战，各地的监管部门加强了沟通与合作，制定了诸如《长江三角洲区域医疗器械注册人制度跨区域监管办法（试行）》等文件。这些文件为跨区域委托生产的监管提供了明确的指导，确保在不同地区的生产过程中，质量和合规管理能够得到有效的监督。

此外，国家药品监督管理局强调加强事中、事后监管，加强对注册人、受托方的监督检查和质量控制要求，使委托生产的全过程具有可追溯性。监管部门要求注册人、受托方在产品上市后持续进行监控，建立完善的不良事件监测和报告体系，从而保障产品的安全性和有效性。

2. 未来监管方向

（1）进一步完善法律法规体系：未来，我国应当会继续完善医疗器械委托生产的相关法律法规体系，进一步规范跨区域委托生产，重点关注质量管理体系、市场后监督等方面。

（2）运用科技手段：随着技术的发展，可能会更多地运用大数据和信息化手段，利用信息技术加强对医疗器械生产活动的监管。例如，通过建立全国性的监管信息平台，实现对委托生产全过程的实时监控和数据共享。

（3）差异化监管：我国根据医疗器械产品的风险等级，实施分级监管管理。对高风险产品实行更加严格的监管要求，对低风险产品可以适度简化审批流程，从而有利于提高行业生产效率。

（4）国际化监管：在全球经济一体化的背景下，许多国内企业正积极拓展海外市场。我国有望进一步鼓励医疗器械生产企业，在符合国际标准的前提下，生产高质量的产品，并加强与国际监管机构的合作。这不仅能提升产品在全球市场的竞争力，还能促进企业在国际市场上的长远发展。

我国越来越重视医疗器械行业的发展。相信未来监管部门将不断加强监管力度、推进数字化监管、强化市场后监督，对委托生产的医疗器械提出高标准的质量要求，使医疗器械委托生产的监管更加有效。

二、医疗器械委托生产的合规重点

（一）医疗器械注册人 / 备案人质量安全责任

注册人承担产品质量安全责任，不仅是在生产过程中，还包括产品上市后的质量监督。

1. 质量管理体系

根据相关法律法规，注册人、备案人对其注册产品的质量和安全性负有最终责任。这意味着，无论医疗器械产品是自行生产还是委托给第三方生产，注册人、备案人都必须确保产品符合国家的质量标准和安全要求。注册人应当制定行之有效的质量管理体系，以确保产品符合合规性和质量标准要求。

在文件管理方面，应当严格审查相关质量文件（如技术转移文件、生产文件、检验标准等）。同时，监管部门应当制定相应的程序规范，提高信息的准确度和工作效率。

此外，在生产过程中，虽然生产活动主要由受托方完成，注册人、备案人仍对生产过程负有监督职责。注册人、备案人与受托方之间的质量协议应当约定双方的权利和责任。同时，制定质量管理的有效方案。在生产过程中，注册人应定期对受托方进行监督和审核，确保受托方严格按照质量标准和协议要求进行生产。

2. 市场后监督责任

注册人、备案人需要建立市场后监督体系，对市场中的产品进行持续监督，以便于及时发现潜在的质量问题并采取纠正措施。

在不良事件的监测和报告方面，注册人、备案人应收集并分析产品使用过程中发生的不良事件，并按照要求向国家药品监督管理局报告。注册人还应当采取必要的措施对这些不良事件进行改进，确保产品的持续安全性。此外，当产品被发现存在安全隐患或质量问题时，注册人、备案人负有召回义务，应及时通知相关部门和消费者，从而最大限度地减少损失。

3. 法律后果

如果注册人、备案人未能履行相应责任，可能面临严格的法律后果，包括罚款、吊销注册证书、责令停产整顿等。同时，如果因产品质量问题导致消费者受到损害，注册人、备案人还可能需要承担民事赔偿责任。例如，国家药品监督管理局在一次抽检中发现维泰医疗科技（常州）有限公司申报注册的外周药物（紫杉醇）涂层球囊导管存在临床试验产品真实性问题，决定对其不予注册，并1年内不予再次受理。

综上所述，随着医疗器械委托生产的逐步推广，注册人、备案人的质量安全责任越来越受到重视。应当通过明确的法律法规要求、持续的事后监管等，保障医疗器械产品整个生命周期中的质量和安全性，保护公众健康。同时，随着监管力度的不断强化，注册人、备案人需要不断提升自身的合规能力和风险管理水平，以适应日益严格的监管要求。

（二）受托生产企业生产许可及备案管理

1. 生产许可

受托方在取得医疗器械生产许可后才有资格进行相关生产活动。生产许可证的申请和颁发由地方药品监督管理部门负责，受托方在申请过程中需要满足多方面的要求，如设备、人员及质量管理等。此外，受托方还需依据医疗器械风险等级申请相应的生产许可。申请生产许可，需要向监管机构提交一系列材料，包括受托方资质证明、人员资质证明、生产场地、设备情况、质量管理等。材料提交后，监管部门还可能会进行现场审查。现场审查的目的是评估受托方是否具备符合要求的生产条件和管理能力。根据审查的结果，监管机构将决定是否授予生产许可。

此外，受托方在取得生产许可后还要面临定期检查。检查内容主要包括质量管理、文件管理、设备维护等。如果在检查中发现企业有不符合生产许可要求的情况，如质量管理不合格或设备维护不到位等，监管部门有权对其作出处罚。

2. 备案管理

2022年5月1日施行的《医疗器械生产监督管理办法》取消了委托生产备案要求，仅要求从事第一类医疗器械生产的企业进行备案。但国家药品监督管理局《关于进一步加强医疗器械注册人委托生产监督管理的公告》提到，“涉及境内委托生产的注册申请或者延续注册申请，注册审批部门应当在医疗器械注册证生产地址栏中登载受托生产地址并注明‘（委托生产）’，同时在备注栏备注受托生产企业名称和统一社会信用代码，备注形式为‘受托生产企业：××××公司；

统一社会信用代码：××××’。变更注册涉及注册人委托生产的，也应当在变更注册文件中按照上述方式注明委托生产相关信息，并将变更信息在注册证书生产地址和备注相应字段中更新，按照国家药品监管数据共享平台数据采集要求报送。注册人、受托生产企业所在地省级药品监督管理部门应当及时将委托生产相关信息记录在企业信用档案中”。

（三）委托生产中其他重点关注问题

在医疗器械委托生产中，注册人通常需要向受托方提供与产品相关的核心技术信息，如生产工艺、配方和技术文件等。这些信息与企业的知识产权息息相关。如果这些信息被泄漏或不当使用，可能会给注册人带来严重的不利影响。

因此，注册人和受托方应签署详细的保密协议，明确双方在知识产权方面的保密义务。在签订合同时，应对相关知识产权进行详细约定。同时，采取必要的措施进行技术保护。比如，对技术资料进行加密处理或限制技术人员的访问权限等，防止技术滥用或泄漏。

知识产权保护不仅关系企业的核心竞争力和商业利益，也直接影响到企业的市场地位和持续发展。通过明确的合同条款和保密措施，可以有效防范知识产权泄漏和侵权风险。

三、医疗器械委托生产的监管警示

在医疗器械委托生产过程中，监管机构对注册人和受托生产企业提出了严格的警示，这些警示旨在提醒各方注意潜在的风险和合规性问题。

（一）医疗器械注册人 / 备案人

1. 质量管理责任不到位

注册人需要对产品的生产和质量管理承担责任。然而，在实际操作中，有些注册人未能建立和维持有效的质量管理体系。即使将生产委托给受托方，注册人仍不能放松质量控制和合规管理，而是必须对整个生产活动进行严格监督，确保所有生产活动符合法律法规要求。

此外，质量协议制定不够明确或执行不力也可能是一个问题。如果质量协议中对双方的责任划分不清晰，或注册人未能有效监督协议的执行，就可能导致受托方的质量控制不到位，进而影响产品的质量。

2. 技术转移和生产监督的风险

在技术转移和生产监督中，注册人可能会遇到信息不对称和监督不到位等问题，特别是在跨区域委托生产中，监管难度更大。在技术转移过程中，注册人应确保所有必要的信息和操作规范都准确传达给受托方，同时采取措施保护技术，防止泄漏。注册人需对生产全过程进行监管，即使已将生产委托给具有资质的受托方进行。监管机构要求注册人定期审查生产活动，确保受托方严格执行质量管理要求。

3. 市场后监督的挑战

注册人对已投放市场的产品负有持续的监管责任。许多注册人可能在这方面存在不足。为了及时、有效应对不良事件，注册人需要建立完善的市场后监督体系，确保能够迅速采取纠正和应急措施。

4. 法律责任与合规风险

随着监管力度的不断加强，注册人的法律责任也在加大。在出现问题时，很有可能面临罚款等处罚，严重的甚至要承担刑事责任。在委托生产中，需要对受托方进行审核，否则在出现问题时，注册人可能也需要承担相应责任。

（二）受托生产企业

1. 生产许可与质量管理的风险

受托生产企业的生产许可和质量管理直接影响产品的合规性和安全性。但在实际操作中，一些企业未能履行好职责，存在合规风险。例如，企业可能超范围生产或未及时更新生产许可。此外，有的受托方未能实行有效的质量管理，缺乏对相关环节的质量把控，存在潜在的合规风险。

2. 生产过程控制不合规

在生产过程中，可能会出现设备故障、配置不足、操作失误等问题。例如，部分企业的员工可能身兼数职，或在别的企业兼职，或缺乏对相关知识的了解等；另外，设备可能与实际生产需求不匹配等。这些问题需要采取一定的措施解决，否则可能会对产品质量产生不利影响。

3. 合作沟通不及时

受托生产企业应保持充分的沟通，尤其是在生产过程中出现异常、不良事件或产品检验结果时，需及时向注册人报告。若存在信息不透明或隐瞒等问题，可能导致产品质量不合格、引发市场投诉，甚至导致法律纠纷。

4. 法律责任与合规风险

受托方若未能履行其质量管理责任，需要承担一定的法律责任，如赔偿、罚款等。在委托生产合同中，受托方需要明确自身的法律责任，并清晰划分与注册人的责任。如果责任不明确或存在争议，受托方可能会面临更多的法律风险。例如，国家药品监督管理局在2023年对上海 × × 医药科技有限公司进行现场检查。检查发现其在未取得生产许可情况下，生产未取得医疗器械注册证第二类医疗器械“医用透明质酸钠修复贴”，违反了《医疗器械监督管理条例》相关规定，决定没收违法所得 16,619.98 元、罚款 375,630 元。

综上所述，医疗器械行业的注册人和受托生产企业应该认识到在委托生产过程中的潜在风险，并采取相应措施进行防范，以保障产品的质量安全和合规性。

四、医疗器械委托生产模式的合规建议

医疗器械委托生产模式涉及注册人、受托放、监管部门等多方参与。对于其合规管理，需要各方共同努力。以下是几点合规建议。

（一）完善法律法规体系

《医疗器械监督管理条例》规定了医疗器械注册人制度，但仍需进一步细化，以便于进一步有效规范医疗器械委托生产模式。例如，加快出台“医疗器械管理法”，并配套相关文件，建立系统化的法律法规体系，以明确各方责任并确保有效监管。

（二）加强对注册人的监管

作为医疗器械产品的持有人，注册人对产品全生命周期的质量负有最终责任。即使在委托生产模式下，注册人将部分生产职责交给了受托方，但最终的质量责任依然由注册人承担。因此，加强对注册人的监管显得尤为重要。

在产品正式注册前，监管部门应当对注册人提交的技术资料和质量管理体系文件进行严格审查，以确保其材料和质量管理符合相关的法律法规要求。在生产过程中，可以借助数字化和技术手段，对注册人进行持续监控。通过大数据分析，实时了解注册人的合规情况，提高监管的工作效率。

此外，还可以建立有效的救济机制，以便在注册人无法履行赔偿责任时，能及时采取补救措施。与此同时，监管部门还应加强对注册人的合规培训，帮助其提升法律意识和责任感，促使其主动履行法律规定的各项义务和责任，从而有效保障产品质量安全。

（三）强化受托方的质量管理

受托方负责产品生产，对产品的质量水平有着深刻影响。因此，强化受托方的质量管理体系至关重要。

监管机构应加大对受托生产企业的现场检查力度，评估其生产流程和质量管理体系，确保其符合相关法律法规的要求。为了增强自身的质量管理能力，企业还可以通过第三方认证，验证其有效性。

此外，监管机构应定期为企业提供培训课程。同时，企业内部也需加强对员工的培训，确保其能够满足质量管理体系的要求。通过这种多层次的培训与监管，企业能够有效提升生产质量，确保其产品在市场上具有更强的竞争力。

（四）明确责任分工和沟通机制

医疗器械委托生产需要注册人和受托方以信任为基础，建立紧密联系，共同推动合规管理的实施。双方应清晰划分各自的职责，尤其是在生产管理、质量控制等关键环节，明确各个部分由谁负责，确保责任分工合理并落实到位。

在此基础上，双方应建立一套完善的沟通机制，以保证生产信息的透明与及时传递。这种机制不仅包括常规的信息交流，还应涵盖现场审核、定期质量抽查以及信息共享平台的搭建。这不仅有助于及时应对问题，还能减少合规风险。

同时，为了应对突发的质量问题，注册人和受托方需要共同制定详尽的应急措施，以便在紧急情况下能够快速反应，最大限度地降低潜在风险和经济损失，从而提升应急管理能力。

（五）跨区域监管的协调与合作

在医疗器械委托生产的过程中，跨区域监管已成为企业和监管部门所面临的新挑战。这类挑战可能涉及信息不对称的问题，以及不同地区间的标准差异等，给监管工作带来了不少困难。为了有效应对这些问题，各区域的监管部门需要进一步加强合作，特别是在信息共享、联合审查以及产品召回等关键领域的协作上，进行更加密切的配合。

针对跨区域监管的复杂性，建立跨区域甚至覆盖全国的信息交流机制也是值得考虑的。这不仅可以增强信息流通的效率，还能提高监管的广度与深度，帮助各方及时掌握相关的监管动态和生产状况。通过这种信息共享和交流机制，能够大幅提升监管的覆盖面，有助于优化办事效率，减少信息滞后带来的隐患。

此外，联合审查机制的引入不仅能够有效避免企业在不同地区重复认证的现象，还可以实现对跨区域受托方的同步监管。通过这种方式，监管部门能够在早期发现并解决潜在的质量问题，及时采取纠正措施。

五、结论

医疗器械的委托生产在保障产品质量与安全方面具有举足轻重的作用。为了实现这一目标，企业必须建立健全的质量管理体系，并且严格执行各项合规管理措施，确保生产环节中的每一个步骤能够符合相关法律法规的要求。通过这种方式，不仅能够有效地减少产品在生产过程中的质量风险，还能提升产品的合规性和可靠性。

此外，加强跨区域合作也同样重要，这有利于大幅降低跨区域经营中可能面临的合规风险，从而进一步提升产品的整体质量。在此基础上，企业不仅可以增强自身在市场中的竞争力，还能为市场提供更加优质且安全的医疗器械产品。同时，随着这些合规管理措施的逐步落实，也将不断提升整个医疗器械行业的整体水平和发展潜力。

第四章

医疗服务合规

医疗美容机构合规指引

谢 静

2024 年 3 月 19 日，国家疾病预防控制局、国家卫生健康委员会、国家中药管理局发出《关于印发 2024 年国家随机监督抽查计划的通知》。根据该通知，主管部门 2024 年监督抽查工作重点包括医疗美容机构依法执业及政策落实情况。随机监督抽查工作由各省级疾控局会同卫生健康部门、中医药主管部门依职责按照要求自行抽取。

其中对医疗美容机构的监督检查包括以下几个方面。

1. 医疗美容机构资质管理情况。是否取得医疗机构执业许可证或诊所备案凭证；是否进行医疗美容诊疗科目登记；是否按照备案的医疗美容项目级别开展医疗美容服务。

2. 执业人员管理情况。执业人员是否取得资质并完成执业注册，执业人员是否满足工作要求；是否存在执业医师超执业范围或在非注册的地点开展诊疗活动的情况。

3. 药品、医疗器械管理情况。在使用环节是否存在违法违规行为，包括使用不符合法定要求的药品、医疗器械，超出适应症范围使用药品、医疗器械等。

4. 医疗美容广告发布管理情况。是否存在未经批准或篡改《医疗广告审查证明》内容发布医疗美容广告的行为。

5. 医疗技术（禁止类技术、限制类技术）管理情况。

6. 医疗文书管理情况。

本文将结合相关规定，对前述监督检查事项逐一进行分析，以期对医疗美容机构运营者提供指引和帮助。

一、医疗美容机构分级分类及资质要求

（一）医疗美容机构分级

医疗美容，是指运用手术、药物、医疗器械以及其他具有创伤性或者侵入性的医学技术方法对人的容貌和人体各部位形态进行的修复与再塑。医疗美容科为一级诊疗科目，美容外科、美容牙科、美容皮肤科和美容中医科为二级诊疗科目。

前述四个二级诊疗科目中，根据《医疗美容项目分级管理目录》，美容外科依据手术难度和复杂程度以及可能出现的医疗意外和风险大小分为四级，美容牙科、美容皮肤科[①]和美容中医科则暂不分级。

美容外科项目四级的划分如表 1 所示。

表 1　级别及分级原则

级别	分级原则
一级	操作过程不复杂，技术难度和风险不大的美容外科项目
二级	操作过程复杂程度一般，有一定技术难度，有一定风险，需使用硬膜外腔阻滞麻醉、静脉全身麻醉等完成的美容外科项目
三级	操作过程较复杂，技术难度和风险较大，因创伤大需术前备血，并需要气管插管全麻的美容外科项目
四级	操作过程复杂，难度高、风险大的美容外科项目

不同类别的医疗美容机构可开展不同级别的美容外科项目，具体分级管理条件如下所述。

1. 可开展一级项目的机构：设有医疗美容科或整形外科的一级综合医院和门诊部；设有医疗美容科的诊所。

2. 可开展一级、二级项目的机构：设有医疗美容科或整形外科的二级综合医院；设有麻醉科及医疗美容科或整形外科的门诊部。

3. 可开展一级、二级、三级项目的机构：美容医院。

① 《上海市医疗美容服务项目分级管理目录》对美容皮肤科项目规定了治疗指数总量控制的相关内容。以上仅以上海为例，在不同区域设立医疗美容机构，亦需了解当地的具体规定。

4. 可开展一级、二级、三级、四级项目的机构：三级整形外科医院；设有医疗美容科或整形外科的三级综合医院。

（二）医疗美容机构分类

根据硬件技术标准、医疗用房面积、临床科室 / 科目设置、人员配备、注册资金及规章制度等方面要求，医疗美容机构从高到低分为医疗美容医院、医疗美容门诊部、医疗美容诊所、医疗美容科室。

根据《美容医疗机构、医疗美容科（室）基本标准（试行）》，医疗美容医院、医疗美容门诊部、医疗美容诊所及医疗美容科（室）分别需具备如表 2 所示的基本条件。

表 2　性质和条件分析

性质	所需具备条件
美容医院	1. 床位和牙椅。住院床位总数 20 张以上，美容治疗床 12 张以上，牙科综合治疗椅 4 台以上。 2. 科室设置。临床科室：至少设有美容咨询设计室、美容外科、美容牙科、美容皮肤科、美容中医科、美容治疗室、麻醉科；医技科室：至少设有药剂科、检验科、放射科、手术室、技工室、消毒供应室、病案资料室。 3. 人员。每床（椅）至少配备 1.03 名相关专业卫生技术人员；每床（椅）至少配备 0.4 名护士；至少有 6 名具有相关专业副主任医师资格以上的主诊医师和 2 名主管护师资格以上的护士；每科有 1 名本专业的具有主治医师资格以上的主诊医师。 4. 医疗用房。每病床建筑面积不少于 60 平方米；病房每床净使用面积不少于 6 平方米；每牙科综合治疗椅建筑面积不少于 40 平方米，诊室每牙科治疗椅净使用面积不少于 6 平方米；每美容治疗床建筑面积不少于 20 平方米，每美容治疗床净使用面积不少于 6 平方米。 5. 设备、规章制度等其他条件
医疗美容门诊部	1. 床位。至少设有美容治疗床 4 张，手术床位 2 台，牙科综合治疗椅 2 张，观察床位 2 张。 2. 科室设置。临床科室：至少设有美容咨询室、美容外科、美容皮肤科、美容牙科，可设置美容中医科、美容治疗室；医技科室：至少设有药剂科、化验室、手术室。 3. 人员。每台手术床应至少配备 2.4 名相关专业卫生技术人员；每张观察床、牙科综合治疗椅至少配备 1.03 名相关专业卫生技术人员和 0.4 名护士；至少

续表

性质	所需具备条件
医疗美容门诊部	有 5 名执业医师，其中有 1 名具有相关专业副主任医师资格以上的主诊医师和 1 名具有护师资格以上的护士；每科目有 1 名本专业的具有主治医师资格以上的主诊医师。 4. 医疗用房。建筑面积不少于 200 平方米；每室独立；手术室净使用面积不少于 20 平方米；诊室每美容治疗床、牙科综合治疗椅净使用面积不少于 6 平方米。 5. 设备、规章制度等其他条件
医疗美容诊所	1. 床位。至少设有美容治疗床 2 张，或手术床 1 张及观察床 1 张，或牙科综合治疗椅 1 张。 2. 科室设置。①临床科室：美容外科、美容皮肤科、美容牙科、美容中医科 4 科目中不超过 2 个科目。②根据开设的科目，设置相应的医技科室。美容外科：至少设有手术室、治疗室、观察室。美容牙科：至少设有诊疗室。美容皮肤科：至少设有美容治疗室。美容中医科：至少设有中医美容治疗室。 3. 人员。每科目有 1 名具有相关专业主治医师资格以上的主诊医师和 1 名护士。 4. 医疗用房。建筑面积不少于 60 平方米；每室必须独立；手术室净使用面积不得少于 15 平方米，或每美容治疗床、牙科综合治疗椅净使用面积不少于 6 平方米。 5. 设备、规章制度等其他条件
医疗美容科（室）	1. 床位。至少设有美容治疗床 4 张，手术床 1 张，牙科综合治疗椅 1 张，观察床 1 张。 2. 科目设置。临床科室：至少设有美容咨询室、美容治疗室。在美容外科、美容皮肤科、美容牙科、美容中医科 4 个科目中至少设 2 个科目；医技科室可与医疗机构共用。 3. 人员。每台手术床配备 2.4 名相关专业卫生技术人员；每张观察床、牙科综合治疗椅配备 1.03 名相关专业卫生技术人员和 0.4 名护士；每科目至少有 1 名本专业的具有主治医师资格以上的主诊医师和 1 名具有护师资格以上的护士。 4. 医疗用房。建筑面积不少于 100 平方米；每室必须独立；手术室净使用面积不少于 20 平方米；诊室每美容治疗床、牙科综合治疗椅净使用面积不少于 6 平方米；应远离传染病诊疗区。 5. 设备、规章制度等其他条件

（三）医疗美容机构所需资质

1. 医疗机构执业许可证或诊所备案凭证

机构或个人在取得医疗机构执行许可证或诊所备案凭证后方可开展医疗美容服务。

具体而言，根据《医疗美容服务管理办法》《医疗机构管理条例》《关于进一步改革完善医疗机构、医师审批工作的通知》《诊所备案管理暂行办法》，对于拟设立医疗美容机构的单位或个人，其根据拟设立的医疗美容机构类别不同，需履行不同的审批、备案文件，具体如表 3 所示。

表 3　审批程序

类别	审批程序
诊所	向拟设置诊所所在地县级人民政府卫生健康行政部门中医药主管部门备案，并取得诊所备案凭证
二级及以下级别的医院、门诊部	需取得医疗机构执业许可证[1]，由所在地的县级以上地方人民政府卫生行政部门办理
三级医院或外商投资医院	向卫生行政主管部门申请审查批准，先行取得设置医疗机构批准书，其后再向批准其设置的人民政府卫生行政部门办理医疗机构执业许可证

〔1〕根据《关于进一步改革完善医疗机构、医师审批工作的通知》，除三级医院、三级妇幼保健院、急救中心、急救站、临床检验中心、中外合资合作医疗机构、港澳台独资医疗机构外，举办其他医疗机构的，卫生健康行政部门不再核发设置医疗机构批准书，仅在执业登记时发放医疗机构执业许可证。

在此基础上，医疗美容机构还需就其开展的具体医疗美容项目（如隆鼻术等）经登记机关指定的专业学会核准，向登记机关办理备案手续；医美机构不得开展未经备案的医疗美容项目。

如机构拟设立三级营利性医院，一般需履行如下手续：①向县级以上卫生行政部门提交申请材料，取得设置医疗机构批准书；②向市场监管部门申请设立登记，取得营业执照；③向批准其设置的人民政府卫生行政部门办理医疗机构执业许可证；④向指定的专业学会核准，并向登记机关办理备案手续。

2. 其他资质

除了上述资质，医疗美容机构根据其实际提供的美容项目性质或使用的设备，还可能涉及其他的资质要求。比较常见的为放射诊疗许可、辐射安全许可、麻醉药品和第一类精神药品购用印鉴卡。

（1）放射诊疗许可

根据《放射诊疗管理规定》，医疗美容机构设置放射诊疗项目，应当按照其开展的放射诊疗工作的类别，分别向相应的卫生行政部门提出建设项目卫生审查、竣工验收和设置放射诊疗项目申请。医疗美容机构开展放射诊疗工作如 X 射线影像诊断，应当经所在地县级以上地方卫生行政部门的放射诊疗技术和医用辐射机构许可。医疗机构取得放射诊疗许可证后，到核发医疗机构执业许可证的卫生行政执业登记部门办理相应诊疗科目登记手续。执业登记部门根据许可情况，将医学影像科核准到二级诊疗科目。

另外，根据《关于进一步改革完善医疗机构、医师审批工作的通知》，在保障医疗质量安全的前提下，医疗美容机构可以委托独立设置的医学影像诊断中心或者有条件的其他医疗机构。卫生健康行政部门可以将该委托协议作为医疗机构相关诊疗科目的登记依据，并在诊疗科目后备注“协议”。

（2）辐射安全许可

辐射安全许可证是在中国开展涉及放射性同位素与射线装置相关活动必要获得的行政许可。根据《放射性污染防治法》《放射性同位素与射线装置安全和防护条例》，医疗美容机构对于使用放射性同位素与射线装置的行为如医用诊断 X 射线装置，需向环境保护主管部门申领相应的辐射安全许可证。

（3）麻醉药品、第一类精神药品购用印鉴卡

根据《〈麻醉药品、第一类精神药品购用印鉴卡〉管理规定》，医疗美容机构需要购买麻醉药品和第一类精神药品的，应向所在地设区的市级卫生行政部门申请，取得麻醉药品、第一类精神药品购用印鉴卡，医疗美容机构凭印鉴卡向本省、自治区、直辖市行政区域内的定点批发企业购买麻醉药品和第一类精神药品。

二、医疗美容机构人员管理

根据前述医疗美容机构所需基本条件可知，医疗美容机构提供诊疗服务的人员主要包括主诊医师及护理人员。

（一）主诊医师条件

1. 基本条件

医疗美容服务实行主诊医师负责制。根据《医疗美容服务管理办法》，主诊医师需具备如下条件：（1）具有执业医师资格，经执业医师注册机关注册。（2）具有从事相关临床学科工作的经历。其中，负责实施美容外科项目的应具有6年以上从事美容外科或整形外科等相关专业临床工作经历；负责实施美容牙科项目的应具有5年以上从事美容牙科或口腔科专业临床工作经历；负责实施美容中医科和美容皮肤科项目的应分别具有3年以上从事中医专业和皮肤病专业临床工作经历。（3）经过医疗美容专业培训或进修并合格，或已从事医疗美容临床工作1年以上。（4）省级人民政府卫生行政部门规定的其他条件。

国家对医疗美容主诊医师的专业实行备案管理。医疗美容机构应按照上述条件对医疗美容主诊医师进行专业核定，并将核定结果报送卫生健康主管部门备案。备案完成后，医疗美容主诊医师的医师执业证书"备注"页将由相关的卫生健康主管部门登记相应的核定专业。

不具备前述主诊医师条件的执业医师，可在主诊医师的指导下从事医疗美容临床技术服务工作。

2. 其他主诊医师合规常见问题

对于知名的主诊医师，常面临多点执业、外出会诊的情形；同时，为了增强影响力，部分医疗美容机构亦存在聘请港澳台及外籍医师的情形。

（1）关于多点执业、外出会诊

《医师执业注册管理办法》规定，执业医师执业地点为省级行政区划。在同一执业地点多个机构执业的医师，应当确定一个机构作为其主要执业机构，并向批准该机构执业的卫生健康主管部门申请注册；对于拟执业的其他机构，应当向批准该机构执业的卫生健康主管部门分别申请备案，注明所在执业机构的名称。医疗美容机构在安排多点执业的合作医师提供诊疗活动之前，应依法为合作医师办理多点执业的备案或注册。

《医师外出会诊管理暂行规定》规定，医师外出会诊的合作安排需注意以下事宜：医师为其他医疗机构特定的患者开展执业范围内的诊疗活动，经其所在医疗机构批准。有下列情形之一的，医疗机构不得提出会诊邀请：①会诊邀请超出本单位诊疗科目或者本单位不具备相应资质的；②本单位的技术力量、设备、设施不能为会诊提供必要的医疗安全保障的；③会诊邀请超出被邀请医师执业范围的；④省级卫生行政部门规定的其他情形。

（2）聘用港澳台及外籍医师

根据《香港、澳门特别行政区医师在内地短期行医管理规定》《台湾地区医师在大陆短期行医管理规定》《外国医师来华短期行医暂行管理办法》的规定，中国香港特别行政区和澳门特别行政区医师、中国台湾地区医师、外国医师在中国内地（大陆）。提供短期诊疗服务，需满足如表 4 所示条件。

表 4　行医条件

分类	港澳地区医师	台湾地区医师	外国医师
行医资格	（1）需具备相应国家或地区的行医执照或者行医资格证明；（2）与申请执业范围相适应的医学专业最高学历证明；（3）体检健康证明；（4）与内地（大陆）聘用机构签订协议书		
注册机关	医疗机构所在地设区的市级以上地方人民政府卫生行政部门和中医药管理部门		
诊疗期限	不超过 3 年	不超过 3 年	不超过 1 年
执业注册	港澳医师短期行医执业证书	台湾医师短期行医执业证书	外国医师短期行医许可证

（二）护理人员条件

根据《医疗美容服务管理办法》，从事医疗美容护理工作的人员，应同时具备下列条件：（1）具有护士资格，并经护士注册机关注册；（2）具有 2 年以上护理工作经历；（3）经过医疗美容护理专业培训或进修并合格，或已从事医疗美容临床护理工作 6 个月以上。

（三）其他

对于持有放射诊疗许可资质的医美机构，应当具有具备《放射诊疗管理规定》要求的相应资格的人员，且应按照有关规定和标准，对放射诊疗工作人员进行上岗前、在岗期间和离岗时的健康检查，定期进行专业及防护知识培训，并分别建立个人剂量、职业健康管理和教育培训档案。

《放射性同位素与射线装置安全和防护条例》规定，使用放射性同位素和射线装置的单位，应当对直接从事使用活动的工作人员进行安全和防护知识教育培训，并进行考核；考核不合格的，不得上岗。并且对直接从事使用活动的工作人员进行个人剂量监测和职业健康检查，建立个人剂量档案和职业健康监护档案。

《麻醉药品和精神药品管理条例》规定，对于取得麻醉药品、第一类精神药品购用印鉴卡的医疗美容机构，应有专职的管理人员、执业医师，执业医师经考核合格后取得麻醉药品和第一类精神药品的处方权，方可在本机构开具麻醉药品和第一类精神药品处方。

三、药品、医疗器械的管理

医疗美容机构使用药品和医疗器械的行为均需纳入国家药品监督管理部门的监管。

（一）药品管理

医疗美容机构需根据《药品管理法》《药品管理法实施条例》《医疗机构药品监督管理办法（试行）》等规定对药品进行管理。

购进环节，医疗美容机构必须从具有药品生产、经营资格的企业购进药品，且有专门部门统一采购，采购时需查验供货单位的药品生产许可证或者药品经营许可证、所售药品的批准证明文件等。医疗美容机构须建立进货验收制度并在采购时执行。

储存环节，医疗美容机构需重点注意以下事项：（1）有专用的场所和设施、设备储存药品；（2）对药品按照属性和类别分别存放并实行色标管理；（3）制定和执行药品保管、养护管理制度，保证药品质量；（4）配备药品养护人员，定期对储存药品进行检查和养护，监测和记录储存区域的温湿度，维护储存设施设备，并建立相应的养护档案；（5）应当建立药品效期管理制度。

经营和使用环节，医疗美容机构和工作人员本身取得主体合法资格的条件下，仅向其顾客销售药品的，无须取得药品经营许可证，但从事药品对外销售的，需要取得药品经营许可证，且销售的应当是经国务院药品监督管理部门批准、具有药品注册证书的药品。医疗美容机构应建立最小包装药品拆零调配管理制度，其处方药不得采用邮售、互联网交易、柜台开架自选等方式直接向公众销售。

医疗美容机构进口药品，应当按照国务院药品监督管理部门的规定申请注册。国外企业生产的药品应取得进口药品注册证，中国香港特别行政区、澳门特别行政区和台湾地区企业生产的药品取得医药产品注册证后，方可进口，且应当从允许药品进口的口岸进口。医疗美容机构因临床急需进口少量药品的，经国务院药品监督管理部门或者国务院授权的省、自治区、直辖市人民政府批准，可以进口。进口的药品应当在指定医疗美容机构内用于特定医疗目的。进口、出口麻醉药品和国家规定范围内的精神药品，应当持有国务院药品监督管理部门颁发的进口准许证、出口准许证。

（二）医疗器械管理

医疗美容机构在诊疗活动中不可避免地涉及医疗器械的使用与管理，包括但不限于各类光电医美仪器以及一次性使用无菌注射器等第三类医疗器械。医疗美容机构需根据《医疗器械监督管理条例》《医疗器械使用质量监督管理办法》等规定对医疗器械进行管理。

采购环节，医疗美容机构需从具备合法资质的医疗器械注册人、备案人、生产经营企业购进医疗器械，并建立进货查验记录制度。

贮存环节，医疗美容机构需重点注意如下事项：（1）应当有与在用医疗器械品种、数量相适应的贮存场所和条件；（2）应当加强对工作人员的技术培训，按照产品说明书、技术操作规范等要求使用医疗器械；（3）对重复使用的医疗器械，应当按照国务院卫生主管部门制定的消毒和管理的规定进行处理；（4）一次性使用的医疗器械不得重复使用，对使用过的应当按照国家有关规定销毁并记录；（5）定期检查、检验、校准、保养、维护医疗器械并予以记录；（6）妥善保存购入第三类医疗器械的原始资料，并确保信息具有可追溯性。

经营和使用环节，医疗美容机构在经营过程中涉及销售医疗器械的行为，应取得医疗器械经营许可证或履行向药品监督管理部门备案的手续。同时，医疗美容机构应建立医疗器械使用前质量检查制度，且应当对植入和介入类医疗器械建立使用记录。

医疗美容机构进口医疗器械的，应当是已注册或者已备案的医疗器械。因临床急需进口少量第二类、第三类医疗器械的，经国务院药品监督管理部门或者国务院授权的省、自治区、直辖市人民政府批准，可以进口。进口的医疗器械应当在指定医疗机构内用于特定医疗目的。出入境检验检疫机构依法对进口的医疗器械实施检验；检验不合格的，不得进口。

四、医疗美容广告发布管理

医疗美容广告，是指通过一定媒介或者形式直接或间接介绍医疗美容机构或者医疗美容服务的商业广告。医疗美容广告由市场监管部门负责监督管理。

（一）前置审查要求

根据《广告法》和《医疗广告管理办法》，发布医疗广告的广告主需依法取得医疗机构执业许可证才能发布或者委托发布医疗美容广告，且应当在发布前由有关部门（省级卫生行政部门或省级中医药管理部门）对广告内容进行审查。非医疗机构不得发布医疗广告，医疗机构不得以内部科室名义发布医疗广告。

（二）内容的管理

根据《医疗广告管理办法》，医疗广告内容仅限于以下内容：（1）医疗机构第一名称；（2）医疗机构地址；（3）所有制形式；（4）医疗机构类别；（5）诊疗科目；（6）床位数；（7）接诊时间；联系电话。其中，第（1）项至第（6）项发布的内容必须与卫生行政部门、中医药管理部门核发的医疗机构执业许可证或其副本载明的内容一致。

医疗广告的表现形式不得含有以下情形：（1）涉及医疗技术、诊疗方法、疾病名称、药物的；（2）保证治愈或者隐含保证治愈的；（3）宣传治愈率、有效率等诊疗效果的；（4）淫秽、迷信、荒诞的；（5）贬低他人的；（6）利用患者、卫生技术人员、医学教育科研机构及人员以及其他社会社团、组织的名义、形象作证明的；（7）使用解放军和武警部队名义的；（8）法律、行政法规规定禁止的其他情形。

除了前述，国家市场监督管理总局于 2021 年 11 月发布了《医疗美容广告执法指南》，市场监管部门列出了予以重点打击和注意的事项，包括“宣传诊疗效果或者对诊疗的安全性、功效做保证性承诺”“以介绍健康、养生知识、人物专访、新闻报道等形式变相发布医疗美容广告”“利用广告代言人为医疗美容做推荐、证明。医疗美容广告中出现的所谓‘推荐官’‘体验官’等，以自己名义或者形象为医疗美容做推荐证明的，应当被认定为广告代言人”等情形。同时，如医疗美容广告中涉及“医生”“专家”，市场监管部门亦将予以从严监管。

此外，《互联网广告管理办法》规定：禁止以介绍健康、养生知识等形式，变相发布医疗、药品、医疗器械、保健食品、特殊医学用途配方食品广告。介绍健康、养生知识的，不得在同一页面或者同时出现相关医疗、药品、医疗器械、保健食品、特殊医学用途配方食品的商品经营者或者服务提供者地址、联系方式、购物链接等内容。

五、医疗技术（禁止类技术、限制类技术）管理

《医疗技术临床应用管理办法》将医疗技术分为禁止类技术、限制类技术和未纳入禁止类和限制类技术目录的其他医疗技术。

禁止类技术禁止临床应用。禁止类技术是指具有下列情形之一的医疗技术：（1）临床应用安全性、有效性不确切；（2）存在重大伦理问题；（3）该技术已经被临床淘汰；（4）未经临床研究论证的医疗新技术。国家对禁止临床应用的医疗技术实施负面清单管理。如小腿神经离断瘦腿手术、克隆治疗技术、代孕技术均属于禁止类技术。

限制类技术是指禁止类目录以外并具有下列情形之一的，作为需要重点加强管理的医疗技术：（1）技术难度大、风险高，对医疗机构的服务能力、人员水平有较高专业要求，需要设置限定条件的；（2）需要消耗稀缺资源的；（3）涉及重大伦理风险的；（4）存在不合理临床应用，需要重点管理的。限制类技术的目录和规范需参照《国家限制类技术目录（2022 年版）》和《国家限制类技术临床应用管理规范（2022 年版）》。

对限制类技术实施备案管理。医疗美容机构拟开展限制类技术临床应用的，应当按照相关医疗技术临床应用管理规范进行自我评估，符合条件的可以开展临床应用，并于开展首例临床应用之日起 15 个工作日内，向核发其医疗机构执业许可证的卫生行政部门备案。

六、医疗文书管理

2024 年之前，除出生医学证明书、居民死亡医学证明（推断）书、职业病诊断证明书等已有明确规定的医疗文书以外，国家对其余医学证明文件类医疗文书尚无统一管理规定或要求，不利于医疗文书的规范开具和使用。2024 年 1 月 9

日，国家卫生健康委员会办公厅发布《关于进一步加强医学证明文件类医疗文书管理工作的通知》，就医疗机构内部加强医疗文书管理工作提出了统一要求。

《关于进一步加强医学证明文件类医疗文书管理工作的通知》包括如下内容：（1）完善医疗文书管理制度。医疗机构需建立医疗文书管理制度，梳理制定开具的医疗文书目录清单并明确开具流程和具体负责部门；按照文书种类分别明确开具相关医疗文书人员应当具备的资质、职务、职级等条件，并进行动态管理。同时，严格落实证章分离的管理要求，明确每种医疗文书的专用印章（可新制作或指定现有印章），强化用章审核管理。（2）统一医疗文书开具内容。在机构层面建立统一编号和留存备份机制；医疗文书填写内容应当具体、真实、合理、清楚、规范，符合本机构相关医疗文书的开具常规，并有相应的诊断治疗依据。（3）规范医疗文书开具行为。医疗机构的医师不得向未在本机构就诊的人员开具医疗文书，不得出具虚假医疗文书以及与医师执业范围无关或者与执业类别不相符的医疗文书。（4）加强医疗文书核查管理。医疗机构应当对本机构出具的医疗文书定期进行统计核查，及时纠正越权开具、超常规开具等不规范开具医疗文书的行为。（5）压实医疗文书开具责任。医疗机构应当建立责任追究机制，对违反规定开具医疗文书的行为进行责任追究。

综上所述，医疗美容机构作为医疗机构，属于强监管的行业。国家对其各方面设定了严格的管理要求，从机构、人员资质的管理，到运营中药品、医疗器械、技术、文书的管理，以及宣传广告的管理。医疗美容机构在运营中务必注意各环节的合法合规经营。

医疗美容行业经营广告合规指引

全开明

2022年9月19日，A股医疗美容行业板块整体“沦陷”。爱美客盘中一度跌逾12%，创近1年盘中最大跌幅；华某生物跌超13%；朗某股份盘中一度跌停，最终收跌9.29%。近年来，政府不断加大对医疗美容行业的监管力度，医疗美容行业前景未可知。据称上海召开医疗美容工作会议，可能针对医疗美容行业制定执法标准，将返佣定性为财务贿赂，会议内容主要包括查看医疗美容机构财务部门电子文档和表格中关于“团队”“客服”项下的返款明细账单以及相关合作协议；开户银行账单的来往明细、对个别有嫌疑的条目进行深入核查；查看医疗美容机构客户名单，重点核查熟人介绍的客户后续营销内容等。

本文从广告合规角度出发，对医疗美容行业的合规风险进行梳理，并进行有针对性的合规指引。

随着居民可支配收入的增加和消费观念的转变，医疗美容越来越受到人们欢迎，医疗美容市场越发火热。然而，与医疗美容市场水涨船高相伴的是市场竞争越发激烈，“内卷”愈加严重，由过去几年充满生机的蓝海走向红海。此外，医疗美容机构水平参差不齐，鱼目混珠状况时有发生，过度营销、虚假宣传更是比比皆是，医疗事故屡见不鲜，消费者权益严重受损，市场秩序遭到破坏。因此，政府出台了一系列规范文件，规制医疗美容行业宣传广告，严厉打击医疗美容广告违法行为。

一、医疗美容广告概述

（一）基本定义

根据市场监督管理总局于2021年发布的《医疗美容广告执法指南》，医疗美容是指运用手术、药物、医疗器械以及其他具有创伤性或者侵入性的医学技术方法对人的容貌和人体各部位形态进行的修复与再塑。医疗美容广告，是指通过一定媒介或者形式直接或间接介绍美容医疗机构或者医疗美容服务的商业广告。

（二）法定要求

医疗美容广告属于医疗广告，其标准较为严格，经营者稍有不慎便有可能踩到法律的红线。为打击医疗美容市场广告违规乱象，《医疗美容广告执法指南》作出如表 1 所示的规定。

表 1　医疗美容广告发布要求

要求	内容
主体要求	广告主必须依法取得医疗机构执业许可证才能发布或者委托发布医疗美容广告
程序要求	广告主发布医疗美容广告，必须依法取得《医疗广告审查证明》； 广告经营者、广告发布者设计、制作、代理、发布医疗美容广告必须依法查验《医疗广告审查证明》，并严格按核准内容发布

二、违规典型案例

（一）利用广告代言人为医疗美容做推荐、证明

《广告法》第 16 条第 1 款第 4 项规定，医疗、药品、医疗器械广告不得利用广告代言人作推荐、证明。医疗美容广告中出现的所谓“推荐官”“体验官”等，以自己名义或者形象为医疗美容做推荐证明的，应当被认定为广告代言人。因此，在广告活动中，广告主应当避免使用“推荐官”“体验官”等宣传人员。

1. 上海美某医疗美容门诊部有限公司发布违法广告案

在上海美某医疗美容门诊部有限公司发布违法广告案中，当事人自 2019 年 2 月 12 日起至同年 6 月 25 日止，在其网站（主域名为 www. shmylike. com）、面向手机用户端网页（网址为 4g. mylike. com，在手机端搜索可登录）、“上海美某医疗美容”微信公众号等网络平台使用患者形象发布医疗美容手术的前后效果对比图；当事人对患者肖像权等资料的使用通过减免患者治疗费用的方式签订《肖像授权协议》取得授权。

当事人在其官方网站等网络平台使用患者形象做证明的行为，违反了2018年修正的《广告法》第16条第1款第4项“医疗、药品、医疗器械广告不得含有下列内容：……（四）利用广告代言人作推荐、证明”的规定。根据2018年修正的《广告法》第58条第1款第1项“有下列行为之一的，由市场监督管理部门责令停止发布广告，责令广告主在相应范围内消除影响，处广告费用一倍以上三倍以下的罚款，广告费用无法计算或者明显偏低的，处十万元以上二十万元以下的罚款；情节严重的，处广告费用三倍以上五倍以下的罚款，广告费用无法计算或者明显偏低的，处二十万元以上一百万元以下的罚款，可以吊销营业执照，并由广告审查机关撤销广告审查批准文件、一年内不受理其广告审查申请：（一）违反本法第十六条规定发布医疗、药品、医疗器械广告的”的规定，2019年7月17日，上海市长宁区市场监督管理局决定责令当事人停止发布广告，在相应范围内消除影响，并处罚如下：罚款人民币150,000元。

2. 佟某珊涉嫌违法代言医疗广告案

为推广美某综合美鼻整形服务，佟某珊于2020年7月15日至12月3日期间，在官方网站发布主要内容为“美某鼻综合整形”并突出展示美拍达人西某在美某综合美鼻整形手术前后对比照片的广告；同时，当事人在上述广告中以表格的形式对比普通隆鼻手术和美某综合美鼻整形手术。以表格的形式对比普通隆鼻手术和美某综合美鼻整形手术的广告，构成与其他药品、医疗器械的功效和安全性或者其他医疗机构比较，展示美拍达人西某在美某综合美鼻整形手术前后对比照片的广告，构成利用广告代言人作推荐、证明。

佟某珊以表格的形式对比普通隆鼻手术和美某综合美鼻整形手术违反了《广告法》第16条第1款第3项之规定，其推荐、宣传行为违反了第16条第1款第4项之规定，上海市市场监督管理局于2021年对其作出罚款185,800元，责令停止发布的处罚。

本案中，上海美某医疗美容门诊部有限公司在其官方网站上发布含有美拍达人手术前后对比照片等内容的广告，构成使用代言人。关于代言人的判断方面，知名人物的形象在广告中出现且能够被消费者识别，一般应认定为广告代言人。“知名”“可识别”往往成为代言人判断的重要依据，而非仅明确出现“代言人”字眼。普通人在广告中显示身份且利用其形象为商品、服务作了推荐、证明的，一般应认定为广告代言人；仅在广告中扮演特定角色，不表达独立推荐证明意图的，一般不认定为广告代言人。医疗广告还应注意避免利用患者、卫生技术人员、医学教育科研机构及人员以及其他社会社团、组织的名义、形象作证明。

除了上述不得使用代言人的情形，还存在如下广告不得使用代言人：①麻醉药品、精神药品、医疗用毒性药品、放射性药品等特殊药品，药品类易制毒化学品，以及戒毒治疗的药品、医疗器械和治疗方法；②医疗、药品、医疗器械广告；③农作物种子、林木种子、草种子、种畜禽、水产苗种和种养殖。除此之外，还应注意，不得利用学术机构、行业协会、专业人士、受益者的名义或者形象作推荐、证明的广告有：互联网金融广告，招商等有投资回报预期的商品或者服务广告，教育、培训广告，农药、兽药、饲料和饲料添加剂广告，特殊医学用途配方食品、保健食品广告。

（二）未经审查发布医疗器械广告

根据相关法律法规，广告主发布医疗美容广告，必须依法取得《医疗广告审查证明》，广告经营者、广告发布者设计、制作、代理、发布医疗美容广告必须依法查验《医疗广告审查证明》，并严格按核准内容发布。《医疗美容广告执法指南》中特别强调，严厉打击违反药品、医疗器械、广告等法律法规规定，对未经药品管理部门审批或者备案的药品、医疗器械作广告等违法行为。

1. 互某信息技术（上海）有限公司涉嫌未经审查发布广告案

2019 年 3 月 15 日，当事人与上海申某德高地铁广告有限公司签订地铁广告确认函，委托其制作、发布“美团点评医美”系列广告，发布点位包括静安寺地铁站、徐家汇地铁站、人民广场地铁站等站点。该系列广告中包括“美团 · 医美 | 保妥适”的医疗广告，其中“保妥适”是药品商品名称，药品通用名称是注射用 A 型肉毒毒素，国内注册代理人是艾某建信息咨询（上海）有限公司。广告中含有“想瘦脸上美团，品质保妥适放心选”的宣传用语。

当事人无法提供该广告被行政部门审查的证明材料，于 2019 年 4 月 4 日被检查，当日即停止发布。广告确认函中广告发布时间为 2019 年 3 月 25 日至 4 月 21 日，实际各发布点位的具体发布时间为：静安寺地铁站内发布时间为 2019 年 3 月 25 日至 4 月 4 日；徐家汇地铁站、人民广场地铁站、南京东路等其他站点发布时间为 2019 年 3 月 28 日至 4 月 4 日。

根据 2018 年修正的《广告法》第 46 条的规定，发布医疗、药品、医疗器械、农药、兽药和保健食品广告，以及法律、行政法规规定应当进行审查的其他广告，应当在发布前由有关部门对广告内容进行审查，未经审查，不得发布。当事人未能证明其广告经过行政部门的审查，违反了《广告法》规定，于2019年10月11日受到上海市静安区市场监督管理局作出的行政处罚：责令停止发布“美团·医美丨保妥适”医疗广告，消除影响；罚款人民币151,796元。

本案是一起典型的医疗美容违法广告案件。具有以下几个特点：一是本案属于线下违法广告，即在地铁站发布违法广告，其产生的广告费中，广告发布费为130,796元，制作费为21,000元，合计为151,796元，针对上述广告费，监管部门是认可的，因此处以1倍罚款，也较合理。二是涉及医疗美容广告，目前针对注射用A型肉毒毒素的广告处于国家严格监管的范围内，2008年7月21日，原卫生部和原国家食品药品监督管理局将A型肉毒毒素及其制剂列入毒性药品管理，依法不得做广告，要求监管部门对违法行为依法严厉查处。

2. 上海贵某实业有限公司涉嫌发布违法广告案

自2016年8月24日起至案发，当事人在其微信公众号（公众号名称为“上海贵某实业BEAUTYSPA美丽泉”，微信号为“Beauty_spa1993”，账号主体为“上海贵某实业有限公司”）上发布广告文章《鼎泰国际—HappyLift悦升线体提升术去三八线、去泪沟、鼻唇沟、下唇沟效果绝佳》。上述广告主要用于宣传产品“HappyLift悦升线”。“HappyLift悦升线”是一种可吸收线、锯齿线，具有一定的提拉上升组织作用，从而达到皮肤紧致，改善脸部下垂的作用。

该产品在国内应作为医疗器械监管。但是，上述医疗器械广告并未经过审查。2019年，上海市徐汇区市场监督管理局责令当事人停止发布违法广告并罚款人民币150,000元。

本案是一起典型的医疗器械违法广告。违法情节有二，一是当事人发布上述未经审查的医疗器械广告的行为，违反了《广告法》第46条的规定；二是当事人在上述广告中利用患者形象作证明的行为，违反了《广告法》第16条第1款第4项的规定。这两个情节也是医疗器械广告违规的重灾区。

3. 上海华某医疗门诊部有限公司涉嫌发布违法广告案

2021年6月25日，当事人在美团平台（网址：http：//dpurl. cn/PVVwgG9z）的华某医疗美容店铺发布如下宣传内容：“【腋下干净无烦恼】光子脱毛双腋下/上唇毛脱毛5次”。该项目是利用医疗器械——强脉冲光治疗仪（型号

Record–618）的高强度脉冲光进行脱毛，上述广告属于医疗广告。2021 年 6 月 25 日经汉某信息技术（上海）有限公司（美团平台）审核通过后发布于美团平台“华某医疗美容”店铺，但未经广告审查机关审批，案发后当事人于 2021 年 7 月 20 日自行删除了该广告，实际发布时间为 26 天。

未经审查不得发布医疗广告已经是老生常谈，广告主发布医疗美容广告，必须依法取得《医疗广告审查证明》，广告经营者、广告发布者设计、制作、代理、发布医疗美容广告必须依法查验《医疗广告审查证明》，并严格按核准内容发布。虽然已有上述规定，但此类行为仍屡禁不止。广告主、广告经营者和广告发布者等主体需谨慎对待医疗广告，提高合规意识，取得审查证明后方可发布。

初步统计的 409 起医疗器械违法广告中，还经常出现以下三种违法情节，一是表示功效、安全性的断言或者保证；二是说明治愈率或者有效率；三是与其他药品、医疗器械的功效和安全性或者其他医疗机构比较。只要出现上述情节之一，相应医疗器械广告都存在违法可能性。

此外，在医疗器械广告中还应该有关键的提示性语句。如应当显著标明“请仔细阅读产品说明书或者在医务人员的指导下购买和使用”。医疗器械产品注册证明文件中有禁忌内容、注意事项的，广告中应当显著标明“禁忌内容或者注意事项详见说明书”。

（三）虚假宣传广告

真实性原则，是指广告活动必须真实、客观地宣传商品或者服务，不得弄虚作假、欺骗和误导消费者。真实性是广告法最核心的原则。为了推销商品和服务，广告主往往夸大其提供的商品或服务的性能、效果，或是通过模糊概念、混淆行为等误导、欺骗消费者，损害消费者权益，扰乱市场秩序。在医疗美容广告违法行为中，虚假宣传占大多数。

1. 上海比某利医疗美容门诊有限公司涉嫌违反广告法案

当事人在广告中宣传“美骨秘颜专利技术”的行为，符合《广告法》第 12 条第 2 款“未取得专利权的，不得在广告中谎称取得专利权”的规定所指，构成了未取得专利权，却在广告中谎称取得专利权的行为。

当事人在广告中宣传“NS 爆脂技术”的行为，符合《广告法》第 16 条第 1 款第 1 项“医疗、药品、医疗器械广告不得含有下列内容：（一）表示功效、安全性的断言或者保证……”的规定所指，构成了在医疗广告中含有表示功效、安全性的断言或者保证内容的行为。

2. 上海凯某医疗美容门诊部有限公司不正当竞争案

当事人在大众点评经营名为“凯某医疗美容门诊”的线上店铺，主营医疗美容项目，2020 年 6 月 16 日起，委托陈某伟为其大众点评店铺上对外销售的医疗美容服务商品进行刷单，以每单 10 元刷一次店铺点击量和每单 150 元写一条好评的方式，寻找刷手虚构店铺商品的点击量和用户评价。至案发，当事人共计刷点击量 289 单，刷好评 90 单。

当事人委托第三方为其医疗美容服务在大众点评上刷单并虚构好评的行为，违反了《反不正当竞争法》第 8 条第 1 款“经营者不得对其商品的性能、功能、质量、销售状况、用户评价、曾获荣誉等作虚假或者引人误解的商业宣传、欺骗、误导消费者”的规定。刷单属于较为常见的行为，但是并不能因为常见就当然认为其合法。值得注意的是，本案中对虚假宣传的认定并未适用《广告法》第 28 条之规定，而是适用了《反不正当竞争法》的第 8 条第 1 款，究其原因，可能是因为并非商品详情页而系评论区页面。

3. 上海新某皮肤科门诊部有限公司涉嫌虚假商业宣传案

当事人为了提高销售额自行制作宣传页面，在大众点评网推广“中胚层护理”“中胚层套餐”两项收费服务。在推广两项收费服务进行商业宣传时，未如实宣传实际提供给消费者的“中胚层护理”服务为用洗发水清洁头皮和毛发，将化妆品（“某品牌头皮滋润液”）涂抹于头部，再使用非医疗器械的电子产品无创纳米导入仪促进吸收，而是宣传“中胚层护理”是指将药物通过美塑枪注射到皮下中胚层，构成欺骗误导消费者。案发后当事人已下架宣传页面并对其整改。

本案当事人宣传“将药物通过美塑枪注射到皮下中胚层”，实际上只在患者头皮涂抹化妆品“某品牌头皮滋润液”，该行为违反了《广告法》规定的发布医疗类广告内容，应当注意与实际用途保持一致，避免带有夸大性质的词汇用语，或无依据的效果内容。

在此提示，发布医疗类广告，还应当避免：①说明治愈率或者有效率；②与其他产品的功效和安全性比较；③明示或者暗示成分为“天然”，因而安全性有保证等内容；④使用科研单位、学术机构、行业协会或者专家、学者、医师、药师、临床营养师、患者等的名义或者形象作推荐、证明或者利用广告代言人作推荐、证明；⑤明示或者暗示可以治疗所有疾病、适应所有症状、适应所有人群，或者正常生活和治疗病症所必需等内容；⑥含有引起公众对所处健康状况和所患疾病产生不必要的担忧和恐惧，或者使公众误解不使用该产品会患某种疾病或者加重病情的内容；⑦含有“热销、抢购、试用”“家庭必备、免费治疗、赠送”等诱导性内容，“评比、排序、推荐、指定、选用、获奖”等综合性评价内容，“无效退款、保险公司保险”等保证性内容，怂恿消费者任意、过量使用的内容。

（四）毒性药品广告

医疗美容，是指运用手术、药物、医疗器械以及其他具有创伤性或者侵入性的医学技术方法对人的容貌和人体各部位形态进行的修复与再塑。从其定义不难看出，医疗美容与药物、医疗器械紧密相关。肉毒素具有瘦脸、瘦肩、除皱等功效，性价比高，早已成为医疗美容项目中的“常青树”。值得注意的是，早在2008年7月21日，原卫生部和原国家食品药品监督管理局就将A型肉毒毒素及其制剂列入毒性药品管理，依法不得做广告。尽管如此，面对巨额利润，许多医疗美容机构仍对其进行广告，纷纷收到行政机关处罚。

1. 上海伯某立医疗美容门诊部有限公司涉嫌发布违法广告

自2018年3月起，当事人在大众点评App上发布“上海伯某立进口瘦脸针”等的美容广告。此广告的商品详情包括“肉毒素瘦脸，1份5800元，药品品牌：保妥适（BOTOX），药品剂量100单位，门市价5800元，优惠价3800元”等文字内容。当事人同时在大众点评网（网站首页：www. dianping. com）上发布上述广告内容。

当事人用于“进口瘦脸针”广告项目的主要产品是进口“保妥适”牌及国产“衡力”注射用A型肉毒毒素，进口的“保妥适”牌注射用A型肉毒毒素是从国某控股股份有限公司购入，国产“衡力”注射用A型肉毒毒素是从某东宁波医药有限公司购入，当事人知晓上述产品属于毒性药品。

当事人的广告活动违反了《广告法》第15条第1款“麻醉药品、精神药品、医疗用毒性药品、放射性药品等特殊药品，药品类易制毒化学品，以及戒毒治疗的药品、医疗器械和治疗方法，不得作广告”的规定。对此，上海市浦东新区市场监督管理局作出罚款500,000元的行政处罚。

2. 上海凯某医疗美容门诊部有限公司不正当竞争案

当事人在大众点评经营名为"凯某医疗美容门诊"的线上店铺，主营医疗美容项目。另查，当事人与艾某建信息咨询（上海）有限公司签订协议，于2021年3月20日起在经营场所放置"三正规放心美""保妥适"注射用A型肉毒毒素异形展示柜。案发后当事人已将该展示柜撤下，当事人无违法所得。

三、医疗美容广告合规指引

医疗美容广告合规管理对医疗美容机构至关重要。医疗美容广告属医疗广告范畴，法律对其有严格的规定。医疗美容市场火热，资本纷纷入局。然而，医疗美容市场仍不成熟，与之相伴，市场乱象频发，虚假宣传、使用代言人等广告违法行为时有发生，消费者权益受到损害。近年来，政府不断加大医疗美容广告违法打击力度，规范市场秩序。因此，医疗美容机构应当加强广告合规管理，避免行政处罚风险，降低企业运行成本。

（一）事前——进行合规审核，注意风险规避

此外，还应做好消费者投诉安抚与用户反馈及时处理工作。从行政处罚判决书大数据统计分析来看，线索的发现主要有如下几种：消费者举报（含竞争对手、职业打假人冒充消费者进行举报）、全国互联网广告监测中心自动监测上报、专项广告违法行为整治查处发现、日常检查发现。因此，给予消费者反馈的路径，及时做好消费者反馈处理及投诉安抚对于企业来说仍属于不可忽视的要点。

同时还应注意宣传效果与合规的平衡。医疗美容行业竞争尤为激烈，在消费者或潜在消费者的心中形成印象，往往与营销宣传紧密相关。因此很多医疗美容机构往往剑走偏锋，一味追求营销效果而留存了众多的合规隐患，极其容易给竞争对手留下攻击和举报的把柄。因此密切掌握市场监管部门广告专项整治动态、了解市场监管部门违法行为发现、查处逻辑尤为重要。同时，企业应当对宣传用语的风险进行评估，做好充足的证据支撑准备与危机处理预案。

（二）事中——积极应对行政执法部门检查，充分行使自己权益

行政执法机关从检查、收集证据到作出处罚，需要经过一系列流程。在此期间，存在较多机会使当事人可以提供相关证据、充分运用包括要求听证等正当程

序维护自己权益。同时，当事人可以积极寻找从轻减轻免除处罚事由和证据支撑做到合规免责，包括主动配合调查、及时消除违法行为、不构成明知或者应知。

根据《市场监督管理行政处罚程序规定》第 54 条第 1 款第 3 项规定的“市场监督管理部门负责人经对案件调查终结报告、审核意见、当事人陈述和申辩意见或者听证报告等进行审查，根据不同情况，分别作出以下决定：……（三）违法事实不能成立的，不予行政处罚”，即使被行政部门调查亦存在不予处罚的可能。

（三）事后——行政复议与行政诉讼的合理运用

行政处罚从调查到做出需要经过一系列流程，在此流程中可能具有较多不符合正当程序之处。可以以行政处罚做出程序不正当作为提起行政复议或者行政诉讼的理由。此外，法院对于证据的认定亦可能与市场监督管理部门认定不同，意味着即使提交的证据不能够被市场监督管理部门认可，亦存在被法院认可的可能。

因此，若提起行政复议或者选择行政诉讼作为救济途径，应当着重关注行政机关取证是否规范、行政机关行政处罚证据提交时间点是否正确、能否结案后再补充、是否拒绝听证、行政听证是否存在程序违法、是否存在违反一事不二罚的情形，并夯实己方证据链条。

医疗美容行业经营竞争合规指引

全开明

此前，A 股医美行业板块整体“沦陷”。爱某客盘中一度跌逾 12%，创近 1 年盘中最大跌幅；华某生物跌超13%；朗某股份盘中一度跌停，最终收跌9.29%。近年来政府不断加大对医美行业的监管力度，医美行业前景未可知。据称上海召开医美工作会议，可能针对医美行业制定执法标准，将返佣定性为财务贿赂，会议内容主要包括查看医美机构财务部门电子文档和表格中关于“团队”“客服”项下的返款明细账单以及相关合作协议；开户银行账单的来往明细、对个别有嫌疑的条目进行深入核查；查看医美机构客户名单，重点核查熟人介绍的客户后续营销内容等。

本文从竞争合规角度出发，对医美行业的合规风险进行梳理，并进行有针对性的合规指引。

医疗美容行业高速发展、市场需求广阔，是生活质量提高的标志。但不可否认，这个行业在快车道行驶的同时，存在很多乱象，各种类型的不正当竞争行为频频被曝出。一些经营者为了牟取不正当利益，进行商业贿赂，或者对资质荣誉、产品功效、整体疗效等进行虚假宣传，欺骗、误导消费者。自 2021 年起，市场监管总局在全国范围内开展重点领域反不正当竞争执法专项整治，将医美市场虚假宣传、仿冒混淆等不正当竞争行为列为整治重点之一，查办了各类不正当竞争案件 8563 件，罚没金额 5.73 亿元。

面对如此高压的监管态势，面对逐渐步入红海的市场竞争状况，医美机构应如何把控合规之道、有序推进竞争行为、稳步提高市场份额值得深入探讨。

一、医美行业竞争现状

（一）竞争情况恶化，机构质量良莠不齐

资本的逐利性、市场空间的广阔和较高的行业溢价，吸引着越来越多的机构布局医疗美容市场，大量企业涌入、竞争逐渐激烈，出现众多恶性竞争情形。艾瑞咨询出具的《中国医疗美容行业洞察白皮书（2020 年）》中的数据显示，我国具备医疗美容资质的机构约 1.3 万家；在合法的医疗美容机构当中，约 15% 的机构存在超范围经营的现象，非法经营医美店铺数量超 8 万家，而合法医美机构的行业占比仅为 14%。

（二）机构水分较大，安全事故引人注意

《中国医疗美容行业洞察白皮书（2020 年）》显示，因“黑医美”致伤、致残人数约为 19 万人。此外，大量“水军”和虚假产品扰乱市场秩序。为了获取更多顾客流量，一些“黑医美”机构会在营销环节投入大量资金，反之在医疗质量方面控制成本，或向消费者提供一些不必要甚至违法的项目以增加收入。

（三）宣传行为乱象，欺诈行为时有发生

为了盈利，不良医美广告大量涉及虚假宣传、恶意混淆等，推波助澜以欺骗消费者。一些未经药品管理部门审批或者备案的药品、医疗器械通过具有诱导性的广告，对诊疗效果或者对诊疗的安全性、功效做保证性承诺，促使消费者落入圈套。

二、竞争合规风险之行政处罚

我国《反不正当竞争法》是维护市场竞争秩序的法律规范，对市场混淆、商业贿赂和虚假宣传等行为进行规制，旨在制止不正当竞争行为，保护和鼓励公平竞争，维护经营者和消费者权益。在威科先行 · 法律信息库中输入“医疗美容”和“竞争”进行关键词检索，自 2021 年至今，共查找到 135 份行政处罚报告，其中有 1 起商业贿赂案件和 2 起价格欺诈案件，其余均因虚假宣传行为被处罚。笔者选取了其中具有典型性的案件进行如下分析。

（一）不正当竞争之虚假宣传

根据《反不正当竞争法》第 8 条第 1 款的规定，经营者不得对其商品的性能、

功能、质量、销售状况、用户评价、曾获荣誉等作虚假或者引人误解的商业宣传，欺骗、误导消费者。虚假宣传行为不仅会破坏市场竞争秩序，更严重损害消费者合法权益，不利于企业乃至整个行业的长远健康发展，导致企业的合规负担更为加重。为此，市场监管总局将查处医疗美容领域虚假宣传行为列入 2022 年民生领域案件查办“铁拳”行动重点。虚假宣传行为的表现形式多变，案件类型多样，且常伴随违法广告、混淆行为，根据市场监管总局公布的典型案例，其具体包括以下几种。

1. 医疗美容机构提供的医疗服务与通过店堂、微信公众号、网站等发布的有关美容效果承诺不一致的行为

（1）上海悦某佳容医疗美容门诊部虚假宣传案

当事人在新氧平台发布了“【水光补水】某品牌水凝抑黑亮白美白嫩肤紧致肌肤淡化皱纹”（网址：https：//www. soyoung. com/cp1080584）的医疗广告，经查，该品牌液体伤口敷料仅具有伤口辅助护理性质，无补水亮白等效果，属于虚假宣传，其实际效果与所承诺的不一致。

（2）温州建某化妆品有限公司虚假宣传案

当事人在温州顺锦国际宴会中心组织开展“凤凰阳光　光子床养生项目发布会”的美培会，宣传光子能量产品。宣传牌的内容包括：“+ 睡眠质量优化 85%”“+ 新陈代谢加速 13%”“+ 体内毒素净化 69%”“+ 寒湿气排出 72%”“+ 亚健康改善 90%”等。当事人经营的光子能量垫、光子能量腰带为一般产品（非医疗器械），却宣传其具有疾病防治效果、医疗功能，其以制作宣传资料、编写使用宣传话术资料、组织开展美培会等方式虚假宣传其产品性能、功效，以达到诱导客户购买的目的。其行为被罚处 20 万元。

2. 通过虚构、夸大医生资历、医疗机构资质荣誉等方式作虚假或者引人误解的商业宣传，欺骗、误导消费者或相关公众的行为

（1）北京金某医疗美容诊所虚假宣传案

当事人将号称“整形美容外科专家”谷某卫、“整形美容外科专家”金某燕、“权威美学专家”辛某的照片及相关介绍的展板张贴在营业场所内走廊的墙上，向顾客展示、宣传。辛某离职后，当事人仍继续张贴辛某的展板约 1 年时间。以上展板由当事人制作，自张贴后一直挂在墙上，展板内容也未变更过。经查，当事人所宣传的谷某卫、金某燕和辛某之相关资质均无法证实，其行为被罚处人民

币 20 万元。

（2）北京爱某丽格医疗美容诊所有限公司虚假宣传案

当事人在大众点评 App“爱某丽格医疗美容”主页下宣传诊所医生李某为原三甲医院医生，实际该医生仅到中日友好医院进修过，而非中日友好医院正式医生。其行为被罚处 31 万元。

3. 通过虚假案例、虚构诊疗前后对比图等方式，对医疗美容效果或产品功效作虚假、夸大宣传，欺骗、误导消费者或相关公众的行为

例如，在定某丹颐美容会所虚假宣传案中，当事人在店里悬挂品牌沿革的宣传牌，印有“2015 年引进全国最先进的美容养生项目”等内容，在护理室内有三块“JIMI WATER CLUB”的宣传牌，上面印有“特性一：通过纳米科学技术，将水转换为纳米雾状粒子，利用热胀原理，打开肌肤毛孔，形成肌肤觉醒效果，把皮肤浸浴于 42℃热水 5min，即可防止紫外线造成的伤害多达 1 星期”等内容，并包含 3 组消费者使用前后的对比照片。当事人无法说明宣传内容的真实性，无法提供相关材料予以证明，被处罚款 2 万元。

4. 开展直播营销，在直播中利用话术进行虚假商业宣传，欺骗、诱导消费者或相关公众的行为

例如，在梦某时尚（北京）贸易有限公司通过直播进行虚假宣传案中，当事人通过在快手短视频 App 上注册的个人直播账号进行直播，用以促进自营商品的线上销售。贺某在宣传标称为“某品牌抑菌凝胶”的二类消毒产品（非药品及医疗器械）过程中，使用了治疗类功能性表述，对消费者产生实际误导。其行为被罚处 20 万元。

5. 通过“刷单炒信”等方式虚构交易、编造用户评价，欺骗、误导消费者或相关公众的行为

（1）上海美某方医疗美容医院有限公司虚假宣传案

当事人为提高淘宝直播间网店人气，吸引消费者购买产品和服务，组织 4 名员工在直播当天 19 时至 22 时的直播间活动中刷单。员工每刷一单，直播间的滚动消息即出现“××× 正在去买”这一内容，使进入直播间的消费者误以为是其他消费者的真实订单。刷单数量总计为 32 单，刷单金额总计为人民币 192,388 元。直播活动结束后，上述订单均作退单退款处理，所有款项退回刷单员工的付款账户，并未实际完成交易。对此，当事人被罚款 5 万元。

（2）上海攸某医疗美容诊所有限公司虚假宣传案

当事人组织8名员工对其开设在大众点评平台上的网店“上海攸某医疗美容”进行刷单。当事人与员工约定，由当事人提前将所需费用转账给员工，员工则按照当事人要求在上述网店拍下指定产品，生成券码后直接交由当事人核销，以此提升上述网店“消费”一栏的订单数。8名刷单员工均未在上述网店实际消费，刷单金额共计117,880元。案发后，当事人主动改正，对上述网店相关产品作下架处理，其被罚处人民币5万元。

6. 利用“软文”、“种草笔记”、编造医美日记等形式进行虚假营销，欺骗、误导消费者或相关公众的行为

（1）上海联某丽格医疗美容门诊部虚假宣传案

当事人为了提升其网店在大众点评平台上的排名，委托自然人严某，为当事人大众点评平台网店刷单及发布虚假笔记。自然人严某采取组织大众点评会员支付预付金订购当事人网店指定服务项目，前往线下门店核销验证码，但当事人不提供相关服务项目，私下退还预付金的手段，虚增“全面部水光”“光子嫩肤”等25种服务项目的销售数量94笔，虚构好评数量86篇；采取让未真实接受当事人整形美容服务的大众点评会员分享指定服务品类的消费体验的手段，发布“FOTONA4DPRO”“超皮秒”等4种服务品类的虚假笔记7篇。案发后，当事人主动对刷单及虚假笔记涉及的服务项目均采取下架处理，其行为被罚处人民币20万元。

（2）上海美某卓馨医疗美容门诊部虚假宣传案

当事人作为平台内经营者入驻北京新氧科技有限公司运营的新氧App平台，新氧账号“氧气bqwbqo”在当事人新氧账号“上海美某卓馨医疗美容”下发布有日记评价内容，而账号“氧气bqwbqo”的实际用户为当事人公司员工，该员工应其上级要求购买当事人所销售的医美项目是为了编造用户评价给当事人新氧账号获取好评，提升人气，该员工并未实际接受相关项目服务，系以虚构交易、编造用户评价的方式进行虚假宣传。其行为被罚处0.5万元。

除了上述6种具体的虚假宣传行为类型，医美机构还常通过混淆的方式进行虚假宣传，对消费者的判断产生误导，主要有以下3种形式：①未经授权使用具有较高知名度医院的名称、字号或简称等，引人误认为是知名医院的商品，或与知名医院存在特定联系的行为；②擅自使用他人有一定影响力医疗美容服务机构

商业标识、字号或简称等，引人误认为是该机构商品或者与该机构存在特定关联的行为；③擅自使用他人有较高知名度或影响力医疗美容服务平台名称、App标识装潢、域名主体部分、网页内容等，引人误认为是该平台或者与该平台存在特定联系的行为。

上述三种形式，不仅构成虚假宣传，也符合《反不正当竞争法》第6条所规定的混淆行为，即实施混淆行为，“引人误认为是他人商品或者与他人存在特定联系”。此类虚假宣传行为的性质更加恶劣，其不仅破坏公平竞争的市场秩序、侵害消费者合法权益，还侵害被混淆的竞争者的利益。

（二）不正当竞争之商业贿赂

根据《反不正当竞争法》第7条第1款的规定，市场竞争领域的商业贿赂行为，指的是采用财物或者其他手段贿赂相应的单位或者个人，以谋取交易机会或者竞争优势。被贿赂者可以是交易相对方的工作人员、受交易相对方委托办理相关事务的单位或者个人、利用职权或者影响力影响交易的单位或者个人。与其他行业相比，医疗美容因其行业特性，具有更强的实施贿赂行为的动机，特别是对于渠道型医美机构，其与消费者之间往往存在中介，由中介充当桥梁和纽带，这些中介者可能是个人、美容院或者其他行业的组织。为了获取充足的客源，渠道型医美机构会支付中介方高额的佣金，此举若对公平的竞争秩序产生影响，则可能被认定为商业贿赂型不正当竞争行为。

例如，在上海沪某医疗美容门诊部有限公司行政处罚案中，当事人与拟成立网络直播公司的个人费某约定，由其作为渠道商，为当事人介绍客户资源，以客户美容项目实际成交额的40%—60%返款比例向费某支付“好处费”。交易达成后，当事人按照约定，通过公司账户分别向费某个人账户转账人民币6000元、人民币15,000元，合计支付给费某“好处费”人民币21,000元。

经上海市长宁区市场监督管理局认定，当事人为谋取交易机会和竞争优势，按照美容项目的交易额向交易第三方费某支付一定比例的“好处费”。该交易第三方费某属于“利用职权或者影响力影响交易的单位或者个人”，本案当事人医疗美容项目的成交机会，完全赖于交易第三人费某的推介。费某利用其直播公司投资人和负责人的身份，在招聘主播的过程中，以交易相对人面部容貌不符合主播岗位要求为由，创造了医疗美容的市场需求。而医疗美容市场作为一个开放竞争的市场，当事人不当然享有相关交易机会的独占权，其通过按美容项目的交易额向有影响力的交易第三方费某支付“好处费”，锁定了相应的交易机会，排斥了竞争对手，损害了市场经营秩序。

同时，交易第三人费某利用其雇主和招聘方的强势地位，将相应的医疗美容服务项目作为胜任工作岗位的必要条件，并指定当事人为交易对象，导致交易相对方为追求自身与工作岗位的契合度和谋取工作机会，做出本不会做出的交易决策，亦剥夺了交易相对方对医疗美容服务主体及医疗美容服务项目的自主选择权，损害了交易相对方（消费者）的利益。

综上所述，当事人上述行为违反了《反不正当竞争法》第 7 条第 1 款第 3 项“经营者不得采用财物或者其他手段贿赂下列单位或者个人，以谋取交易机会或者竞争优势：……（三）利用职权或者影响力影响交易的单位或者个人”之规定，依据《反不正当竞争法》第 19 条“经营者违反本法第七条规定贿赂他人的，由监督检查部门没收违法所得，处十万元以上三百万元以下的罚款。情节严重的，吊销营业执照”之规定，被处没收违法所得 2.984853 万元，罚款 30 万元。

如前所述，由于医美行业的特殊性，其顾客来源在很大程度上依赖中介机构的宣传和推广，尤其是对于渠道型医美机构。为了获取足够的客源，其会向中介者支付高额的返佣，而这也是此类医美机构的一大特点，目前一般比例为收费金额的 50%，有些甚至可以达到 70%—90%。如此高额的返佣比例，很有可能被税务机关认定为商业贿赂行为，从而招致行政处罚。

（三）不正当竞争之价格欺诈

医美机构在进行宣传时，如果使用了虚假的或者引人误解的标价形式或价格手段，欺骗、诱导消费者或者其他经营者与其进行交易，此种不正当竞争行为，在破坏竞争秩序违反《反不正当竞争法》的同时，还涉及价格欺诈而受到《价格法》及相关法律规范的规制。

例如，在广州市康某清医学美容有限公司行政处罚案中，当事人为了吸引消费者购买其提供的医疗美容有偿服务以提高营业额，以广州康某清医疗美容门诊部的名义在某网站开展了多期某品牌水光补水医疗美容服务促销活动。当事人在促销活动网页上标注“广州康某清医疗美容门诊部”“[水光补水]2ml[水光补水] 某品牌水光补水 3 次 1213 元”等词语，用于表明开展促销活动的主体和促销活动服务项目；在促销活动网面上标注“新氧价 607”词语和“1213”字符，其中“新氧价 607”表明促销活动期间某品牌水光补水医疗美容服务项目价格为 607 元，“1213”字符表明已取消 1213 元的原价；在促销活动网面上标注“活动结束恢复 1213”词语，表明每期促销活动结束后将会恢复原价 1213 元。另外，在促销活动网页上设置倒计时器，采用倒计时方式显示每期促销活动的剩余时间。

涉案期间，当事人开展了多期某品牌水光补水医疗美容服务促销活动，将该服务项目原价 1213 元降低至 607 元作为促销活动期间的价格，并在促销活动网页上表示活动结束恢复原价 1213 元。在每期某品牌水光补水医疗美容服务促销活动项目（包括服务内容）和价格不变的情况下，至案发之日，其已连续不间断地开展了多期的某品牌水光补水医疗美容服务促销活动，其间未曾恢复过原价 1213 元。

广州市越秀区市场监督管理局认为，当事人谎称将要提价，诱骗他人购买有偿服务的行为，违反了《价格法》第 14 条第 4 项“经营者不得有下列不正当价格行为：……（四）利用虚假的或者使人误解的价格手段，诱骗消费者或者其他经营者与其进行交易”的规定，构成了《禁止价格欺诈行为的规定》（已失效）第 7 条第 1 项“经营者收购、销售商品和提供有偿服务，采取下列价格手段之一的，属于价格欺诈行为：（一）虚构原价，虚构降价原因，虚假优惠折价，谎称降价或者将要提价，诱骗他人购买的”所指的价格欺诈行为。

可见，医美机构在通过价格手段进行宣传时，对其提供的商品或者服务进行价格比较的，应当保证标明的被比较价格的真实性、准确性和可比性。

三、不正当竞争合规风险之民事责任

不正当竞争行为不仅是一种单纯的商业活动，更是一种具有外部性的市场行为，对公平竞争的市场秩序产生不良影响的同时，极有可能侵犯到其他竞争者的合法权益，从而招致民事责任之法律风险。通过在威科先行·法律信息库中进行裁判文书的检索，将案件类型进行如下梳理。

（一）市场混淆型不正当竞争

在上海美莱投资管理有限公司（以下简称上海美莱公司）与武汉市武昌区美

来医疗美容门诊部（以下简称武昌美来门诊部）市场混淆不正当竞争民事纠纷案中，争议焦点在于，被告武昌美来门诊部在经营及广告宣传中使用文字“美来”“mylike”的行为是否侵害原告上海美莱公司的商标权或构成不正当竞争。法院认为，由“美来”“mylike”的艺术字及象征蜻蜓的图案组合而成的图案虽经过美术作品登记，但上述登记证书记载的作品创作完成时间明显在第4784877号和第4784876号商标获准注册之后，被告武昌美来门诊部无权以其所称的在后著作权对抗他人在先的注册商标专用权。被告武昌美来门诊部经工商行政机关登记的名称中含有汉字“美来”，在其商业网站的医疗美容服务广告中亦有规范、完整使用其企业名称“武汉市武昌区美来医疗美容门诊部”的情形。但是，被告武昌美来门诊部的成立时间晚于原告上海美莱公司，被告武昌美来门诊部亦未证明其企业名称或字号具有与原告上海美莱公司的注册商标或字号相当的知名度。因此，在原告上海美莱公司第4784876号商标已在先实际使用并获准注册，该文字商标及企业字号在医疗美容服务行业已具有较高知名度的情形下，即使被告武昌美来门诊部规范、完整地使用含有汉字“美来”的企业名称，也容易误导相关公众，从而构成不正当竞争。

根据1993年《反不正当竞争法》第5条第3项的规定，经营者不得擅自使用他人的企业名称或者姓名，引人误以为是他人的商品。本案被告武昌美来门诊部的行为属于“将他人注册商标、未注册的驰名商标作为企业名称中的字号使用，误导公众”。该市场混淆型不正当竞争行为，既因有违公平竞争的市场秩序而招致行政机关的处罚，又由于侵犯了被混淆方上海美莱公司的合法权益，受到反不正当竞争法与商标法的竞合规制，给企业带来民事赔偿的法律责任。

（二）虚假宣传型不正当竞争

在成都华美牙科连锁管理股份有限公司（以下简称成都华美公司）、绍兴越城华美医疗门诊部有限公司（以下简称绍兴华美公司）虚假宣传不正当竞争民事纠纷案中，原告成都华美公司的成立时间远早于被告绍兴华美公司，在国内医疗美容行业已经具有一定的市场知名度，并积累起较好的市场口碑，为相关公众所知悉。被告在对外宣传时使用了“亚洲40城连锁·塑美24年品牌”“荣耀亚洲24年·华美24周年庆典”“亚洲连锁24周年华美24周年荣耀绽放”“华美安全塑美，领先中国20年”等表述。按照一般消费者的正常理解，前述表述的含义为，被告已经从事塑形美容行业 24 年，其在亚洲地区有连锁店。而事实上被告成立于 2015 年，仅在绍兴开设一家“华美”门诊部，并未开设连锁店，且被告未能对其宣传内容作出合理解释。可见被告对其经营时长、经营模式、经营规模进行了虚假的、引人误解的商业宣传，会产生误导消费者的不良后果，属于前述法律规定的虚假宣传，构成不正当竞争。

《反不正当竞争法》第 8 条第 1 款规定：“经营者不得对其商品的性能、功能、质量、销售状况、用户评价、曾获荣誉等作虚假或者引人误解的商业宣传，欺骗、误导消费者。”本案被告绍兴华美公司在没有所称事实的情况下，对外进行虚假宣传，且具有误导消费者的效果，应当承担停止侵权、赔偿损失的民事责任。

（三）商业秘密型不正当竞争

在南京华韩奇致美容医院有限公司（以下简称奇致公司）与王某、上海美姿医疗美容门诊部有限公司（以下简称美姿公司）侵害商业秘密不正当民事纠纷案中，原告奇致公司主张崔某的客户信息包括客户名称、联系方式、就诊信息、咨询内容、消费金额、消费意愿等内容，属于反不正当竞争法保护的商业秘密。

根据《反不正当竞争法》第 9 条第 1 款第 3 项的规定，经营者不得违反约定或者违反权利人有关保守商业秘密的要求，披露、使用或者允许他人使用其所掌握的商业秘密。本案中，被告王某在原告奇致公司任职期间系崔某的咨询助理，能够接触到崔某的客户信息，掌握了该特定客户的消费习惯、消费倾向、需求偏好以及价格承受能力等信息。被告王某利用职务之便和所掌握的上述信息，引导崔某前往被告美姿公司就诊，其行为违反了《竞业禁止协议》约定的保密义务，也有违诚实信用的原则和公认的商业道德，致使奇致公司丧失了交易机会，侵害了原告的合法权益，构成商业秘密侵权。

《反不正当竞争法》所保护的商业秘密，是指不为公众所知晓、具有商业价值并经权利人采取相应保密措施的技术信息、经营信息等商业信息。经营者凭借其正常经营活动所积累的上述信息，是其核心竞争力的重要来源之一，保护商业秘密不仅有助于保护企业的经营成果，更有助于构建公平公正的市场竞争秩序，提高企业合规经营的意识和能力。

四、医美机构防范不正当竞争的合规建议

（一）诚信经营，保证价格公允

企业应尊重商品市场价值，充分掌握周边同类商品公允价值后，根据自身商品质量、创新性和特殊性予以商品价格上下浮动。避免同类行业恶性竞争或随意价格波动，违反市场公平原则。

（二）字字珠玑，慎查广告文案

广告宣传的主要作用在于提升商品知名度，从而提高商品影响力。企业要正视广告宣传的作用，而非在广告文案上进行夸张、不切实际甚至虚假的宣传。在广告宣传过程中，要对每个字眼进行审查，并与销售部方案谨慎互查。另外，由于广告宣传存续期间较长，而最终呈现在消费者眼前的价格策略可能与广告不符，对此要针对此类可能发生的情况在广告部署中予以关注。

（三）如实入账，佣金明细清晰

《反不正当竞争法》第 9 条第 2 款对于商业贿赂类的不正当竞争行为，规定了豁免适用情形，即“经营者在交易活动中，可以以明示方式向交易相对方支付折扣，或者向中间人支付佣金。经营者向交易相对方支付折扣、向中间人支付佣金的，应当如实入账。接受折扣、佣金的经营者也应当如实入账”。可见，企业在对中介方支付佣金等时，应尽量做到账目清晰。

（四）专业机构，合作降低风险

对于如何保证宣传的真实性，不被认为是虚假宣传，企业往往缺乏专业的认知，因而存在一些不完全引用数据结论、片面宣传、歧义性语言，这并非企业本意却仍遭受处罚，此外，还存在无法证明自身而被认定为虚假宣传的案例。企业面临宣传的效果与营销合规的博弈与考量，此时需要借助专业团队，对风险进行预估，同时结合不同地域执法人员执法偏向、发布区域、覆盖人群等诸多因素进行预判。即使在同一地域，也会因为不同区域内针对广告发布的执法实践和口径不同，执法人员的素质不同，导致存在合理范围内的差异性。无论是在广告内容的审查上，还是在广告实际发布过程中，都需要加强合规审查和判断，便于在认定广告是否违法这个关键问题上保持良好沟通，为企业合法经营提供良好的法治环境。

即使企业相关宣传被执法部门立案查处，也应该及时与专业团队联系。在执法机关发现违法情形到作出行政处罚之间尚有大量时间，行政部门需要做大量的调查举证工作，涉案企业应当充分利用该段时间差做好相应抗辩，从而从轻、减轻处罚甚至免于处罚。即使被处罚，也存在当事人向法院提起行政诉讼，法院不予强制执行行政处罚决定的情形，甚至司法裁判也会基于合法性和合理性对处罚决定做出截然不同的最终判决，这些都存在现实的可能性。因此，一旦企业遭受相关检查、被认定违法或已经接到行政处罚决定书，都应当积极面对，强化合规治理，实现企业自身利益的最大化。

五、结语

面对愈加严峻的监管态势、频繁的合规事故和高额的行政处罚，各医美机构势必要朝着规范化的路径发展，合规是该行业的必然归属。

处于长坡厚雪的消费升级赛道，医美行业的需求端仍处在上升期，其当前面临的主要问题在于求美者辨别产品和机构的成本较高，容易出现劣币驱逐良币的情况。因此，改善医美机构的合规制度、推进供给侧结构性改革，将有利于提高企业经营管理能力，促进其良性竞争以继续扩大市场份额，激励整个行业的可持续性发展。

当下的行政监管重点，主要着眼于机构资质、市场宣传、营销行为等，在纷繁复杂的法律规范和日益严厉的打击力度之下，医美机构仅凭自己的力量，难以识别并有效防范上述种种不正当竞争行为。为此，应当从外部寻求帮助，聘请专业的法律团队，站在合规的角度，从本机构的广告、营销现状，以及顾客管理等诸多方面一一对照。公平、公正、公开的市场规则和竞争秩序非常重要，应该将此视为行业更新迭代的机会，主动适应并尽早做好准备，取得竞争优势、扩大市场份额。

医疗美容行业经营税务合规指引

全开明

此前，A 股医美行业板块整体“沦陷”。爱某客盘中一度跌逾 12%，创近 1 年盘中最大跌幅；华某生物跌超 13%；朗某股份盘中一度跌停，最终收跌 9.29%。近年来政府不断加大对医美行业的监管力度，医美行业前景未可知。据称上海召开医美工作会议，可能针对医美行业制定执法标准，将返佣定性为财务贿赂，会议内容主要包括查看医美机构财务部门电子文档和表格中关于“团队”“客服”项下的返款明细账单以及相关合作协议；开户银行账单的来往明细、对个别有嫌疑的条目进行深入核查；查看医美机构客户名单，重点核查熟人介绍的客户后续营销内容等。

本文从税务合规角度出发，对医美行业的合规风险进行梳理，并进行有针对性的合规指引。

近日，医疗美容机构频频曝出税务问题，前有武汉五某莱美被处以千万级罚款，后有杭州千某因隐匿收入而补缴上亿元税款。医疗美容机构的税务风险并非一日之寒，法律严格规制医疗美容机构之医疗资质，严格规范医美机构准入规则，因此，行业普遍注意医疗风险合规管理。而税务风险往往被忽视，医疗美容行业普遍存在纳税不规范的现象。医美老板将医美机构视为“自家企业”，在企业经营中经常“公私不分”，对于医美产品销售、业务收款、购买货物等资金流动，为图方便或者为了掩盖不明资金流水，不走对公账户；发放员工薪酬也直接转到微信、支付宝、银行卡等私人账户，以为这样就可以掩盖开支避税。

医美行业将成为下一个税务整治的暴风眼，并不是危言耸听，早在 2021 年 4 月，国家税务总局就发文《以税收风险为导向　精准实施税务监管》，其中特别指出，要将医疗美容、直播平台中介机构、高收入人群股权转让作为“重点聚焦领域”。2022年税务部门与医美行业之战已经打响，医疗美容机构应当如何进行税务合规管理、自查自纠，以应对税务机关的强力监管。

一、热点案情

（一）武汉五某莱美整形美容医院偷税案

经国家税务总局武汉市税务局稽查局检查发现，武汉五某莱美整形美容医院在2016年1月1日至2019年12月31日采取偷税手段，不缴或者少缴应纳税款1701.89万元。依照《税收征收管理法》等相关法律法规规定，决定对其处以追缴税款1701.89万元的行政处理、处以罚款850.95万元的行政处罚。

（二）杭州古某文化艺术策划有限公司其他税务违法案

经国家税务总局杭州市税务局稽查局检查发现，杭州古某文化艺术策划有限公司有以下两个违法事实。

1. 自2017年1月至2021年11月，当事人的分支机构杭州古某文化艺术策划有限公司千某医疗美容诊所为客户提供医疗美容项目服务，利用个人银行账户（“苏某华”银行账户62148××××××4021、62172××××××××××5492、62178××××××××××3243、62220××××××××××6010、62220××××××××××6028、62226××××××××××9933、62284××××××××××1772，“孙某娟”银行账户62266××××××1677和“杨某”银行账户62266××××××8366）收取服务款并隐匿收入。上述9个账户共计收到款项（以下均为含税收入）5,344,810,353.84元，扣减保证金和已作收入申报等事项的金额589,440,016.77元后，共计隐匿服务收入4,755,370,337.07元（其中2017年301,262,786.56元、2018年787,279,705.12元、2019年1,014,085,834.81元、2020年1,310,901,297.82元、2021年1月至11月1,341,840,712.76元）未计入财务账，当事人未对上述收入中的增值税应税项目和免税项目进行分别核算，现已无法进行区分，应按规定申报纳税。

2. 2017年1月至2020年11月，当事人的上述9个个人账户中隐匿收入孳生的利息收入为28,796,807.80元（其中2017年78,480.09元、2018年2,236,755.83元、2019年4,332,809.35元、2020年8,899,187.94元）。

2022年7月22日，杭州市税务局对当事人隐匿收入少缴税款的行为定性为偷税，并对少缴的企业所得税 147,121,191.17 元处 60% 罚款，罚款金额合计 88,272,714.70 元。

二、所涉主要税种及其纳税风险

根据《医疗美容服务管理办法》，医美即医疗美容，是指运用手术、药物、医疗器械以及其他具有创伤性或者侵入性的医学技术方法对人的容貌和人体各部位形态进行的修复与再塑。医美行业兼具医疗及日常消费双重属性，医美机构存在的合规问题之复杂度相比一般企业而言尤甚，涉及增值税、企业所得税和个人所得税等。

（一）增值税特殊政策及合规风险

1. 税率规定

就增值税而言，医疗美容机构提供的医疗服务属于《增值税暂行条例》第 1 条[①]中规定的销售服务，不考虑税收优惠的情况下，适用一般税率即 6% 的增值税税率。若考虑税收优惠，存在两种免征增值税情形：根据财政部、国家税务总局《关于支持新型冠状病毒感染的肺炎疫情防控有关税收政策的公告》，2020 年 1 月 1 日至 2021 年 3 月 31 日，医美机构提供医疗美容服务所取得的收入，免征增值税，但相应地，不得开具增值税专用发票。根据《营业税改征增值税试点过渡政策的规定》，若医美机构提供的医疗美容服务属于《全国医疗服务价格项目规范》所列范围，且其价格不高于地（市）级以上价格主管部门会同同级卫生主管部门及其他相关部门制定的医疗服务指导价格（包括政府指导价和按照规定由供需双方协商确定的价格）的，可以免征增值税。

可见，医美机构的增值税合规风险点，不仅包含常见的虚开发票申报抵扣进项、隐匿收入减少销项等，还涉及不同税率项目之间的账目区分、免税项目违规开具增值税专用发票等。为此，笔者对 2021 年至今相关案例进行了如下梳理。

---

① 《增值税暂行条例》第 1 条规定：在中华人民共和国境内销售货物或者加工、修理修配劳务，销售服务、无形资产、不动产以及进口货物的单位和个人，为增值税的纳税人，应当依照本条例缴纳增值税。第 2 条第 1 款第 3 项规定：纳税人销售服务、无形资产、除本条第一项、第二项、第五项另有规定外，税率为 6%。

2. 处罚案例

（1）东莞南城知某医疗美容门诊有限公司未如实申报营业收入案

当事人利用法定代表人的私人账户收取营业收入，部分私账收入不登记入账，不进行纳税申报，导致少缴增值税和城市维护建设税等相关税费。该行为被税务机关认定为逃避缴纳税款，处以少缴增值税、城市维护建设税和企业所得税税款 50% 的罚款，金额合计 476,301.7 元。

（2）千某医疗美容诊所利用个人账户隐匿收入、未分别核算应税和免税项目案

当事人在为客户提供医疗美容项目服务时，利用个人银行账户收取服务款并隐匿收入，同时未对收入中的增值税应税项目和免税项目进行分别核算，导致无法区分申报纳税。上述行为被税务机关认定为偷税，处罚金额合计 88,272,714.7 元。

（二）企业所得税合规风险及典型案例

1. 常见合规风险

医美机构提供医疗美容服务，其面向的顾客群主要是个人消费者，常使用现金、个人账户支付等结算方式，容易滋生逃避缴纳企业所得税的问题。医美机构通过隐匿收入、虚列开支增加税前扣除等方式，减计企业所得税应纳税所得额，以此来逃避企业所得税的纳税义务。

2. 处罚案例

（1）昆明容某医疗美容有限公司少列收入案

当事人将收取的医疗服务费计入预收账款而未结转收入，同时多笔营业收入未入账，被税务机关认定为逃避缴纳税。根据《税收征收管理法》第 63 条第 1 款的规定，处以偷税数额 50% 的罚款共计 16,834.64 元。

（2）嘉兴禾某医疗美容医院收受虚开增值税普通发票虚增成本减少应纳税所得额案

当事人购进装修服务收受第三方虚开的增值税普通发票，属于税法列明的“取得不符合规定发票”的行为，其虚增成本费用，年终汇算清缴时未按规定调整企业所得税应纳税所得额，被处以罚款 30,000 元。

（三）个人所得税合规风险及典型案例

1. 常见合规风险

医疗美容机构的医生、高管等高收入群体，其因个税负担过重而具有很强的逃税动机，常通过现金交易、其他利益交换等方式隐匿收入。此外，为获得顾客来源，渠道方从医美机构获得的返佣收入，也常通过转换科目而逃避纳税义务。对于医美机构而言，若其未按照“劳务报酬所得”或者“工资薪金所得”足额代扣代缴个人所得税，根据《税收征收管理法》第 69 条的规定，其作为扣缴义务人应当处以应扣未扣、应收未收税款 50% 以上 3 倍以下的罚款。

2. 处罚案例

（1）杭州熹某医疗美容门诊部账外发放员工奖金案

当事人账外发放员工奖金、提成，并未计入当月员工工资薪金收入，未履行代扣代缴个人所得税义务，被税务机关处以应扣未扣个人所得税 50% 的罚款 27,739.88 元。

（2）东莞南城和某医疗美容门诊有限公司未如实代扣代缴个人所得税案

当事人隐瞒员工人数，使用法定代表人私账向员工发放工资，未按实际发放工资进行工资费用核算和扣缴员工工资薪金个人所得税。此外，当事人通过法定代表人私账支付给合作商介绍顾客的佣金费用，没有进行佣金费用核算和扣缴合作商劳务报酬个人所得税。税务机关根据《税收征收管理法》第 69 条的规定，对其处以少扣缴个人所得税 50% 的罚款，金额为 28,913.97 元。

（3）广州南某医疗美容门诊支付员工旅游费用未合并至工资薪金案

当事人为奖励优秀员工而支付的旅游费用未合并至工资薪金代扣代缴个人所得税，违法事实有相关记账凭证、账页复印件证实，被处以应扣未扣税款 50% 的罚款 138.28 元。

（四）其他税务合规风险及典型案例

除上述与具体税种有关的纳税违法情形以外，医美机构还常因发票管理不规范而遭受行政处罚。楚雄悦某婕熹卡医疗美容有限公司因未按规定保管发票，导致二联折叠增值税普通发票丢失，被处以罚款 500 元。广州美某源医疗美容未按规定保管发票，经税务机关发出《责令限期改正通知书》后仍未改正，依据《税收征收管理法》第 60 条第 1 款，被处以罚款 2000 元。东莞厚某罗恩医疗美容门诊部因存在应开未开发票的行为，被处以罚款 1000 元。

三、医美行业税务合规对上市公司的影响

医美行业广阔的市场空间，驱使着逐利性的资本纷纷进入。实践中，多数医美机构受上市公司控股或者参股，税务行政处罚的发生，不仅影响资金周转、信用水平，还将影响公司信息披露以及再融资、重大资产重组等资本运作，甚至导致公司被强制退市。

2022 年 9 月 23 日，苏宁环球股份有限公司（以下简称苏宁环球）发布关于无锡苏亚医疗美容医院有限公司（以下简称无锡苏亚）收到税务行政处罚决定书的公告，公告称苏宁环球控股子公司无锡苏亚此前收到国家税务总局无锡市税务局第二稽查局出具的《税务行政处罚事项告知书》（锡税二稽罚告〔2022〕128 号），对无锡苏亚 2013 年至 2016 年的税收违法行为拟作出行政处罚决定。（苏宁环球已对相关事宜做出披露：《关于无锡苏亚医疗美容医院有限公司收到税务行政处罚事项告知书的公告》）。

2022 年 9 月 23 日，无锡市税务局第二稽查局出具《税务行政处罚决定书》（锡税二稽罚〔2022〕156 号），处罚决定书公布的违法事实如下：无锡苏亚通过快钱支付系统和拉卡拉支付系统收取的部分营业款未入账，合计少申报营业收入 25,123,984.70 元。其中 2013 年少申报营业收入 2,502,526.21 元，2014 年少申报营业收入 7,291,039.97 元，2015 年少申报营业收入 12,166,064.06 元，2016 年少申报营业收入 3,164,354.46 元。

为此，无锡市税务局第二稽查局根据《税收征收管理法》第 63 条第 1 款规定的“纳税人伪造、变造、隐匿、擅自销毁帐簿、记帐凭证，或者在帐簿上多列支出或者不列、少列收入，或者经税务机关通知申报而拒不申报或者进行虚假的纳税申报，不缴或者少缴应纳税款的，是偷税。对纳税人偷税的，由税务机关追缴其不缴或者少缴的税款、滞纳金，并处不缴或者少缴税款百分之五十以上五倍以下的罚款”，决定对上述偷税行为处应缴企业所得税 1 倍罚款计 4,883,476.78 元。

上市公司的经营状况受到严格监管，根据《上市公司证券发行管理办法》（已失效）第 9 条的规定，上市公司公开发行证券的条件之一为最近 36 个月内财务会计文件无虚假记载，且不存在违反工商、税收、土地、环保、海关法律、行政法规或规章，受到行政处罚且情节严重，或者受到刑事处罚等重大违法行为。

本案中，苏宁环球承诺，将推动刑事立案、民事诉讼等各种可采取的方式，穷尽一切手段追究无锡苏亚原股东偷税、侵占无锡苏亚营业收入行为的全部法律责任，切实保障公司及全体股东的利益。对公司财务报表产生的影响，公司将根据《企业会计准则》的相关规定会同审计机构积极开展相关工作，并及时履行信息披露义务。

可见，医美机构税务违法所招致的行政处罚，不仅对其自身产生影响，更会波及作为其母公司的上市公司的经营管理甚至上市资格，税务合规的重要性可见一斑。

四、医美机构税务合规建议

根据行业惯例，医美机构会雇用一些专业的美容顾问。然而，机构为降低“五险一金”等社保的成本，通常不会与美容顾问建立长期的劳动关系，而是选择直接支付，从而导致支出和收入未通过发票体现。此外，由于行业特质，医美机构需要多样的宣传推广渠道，这部分业务也往往不能取得相应发票。对于经营管理中存在的种种税务风险，可以从以下角度针对性解决。

（一）引入外部专业服务，强化全税务周期管理

“金税四期”背景下，面对税务机关对海量数据的归集，面对内部治理的混乱状况，在合规成本可控的前提下，医美机构必须摆脱“侥幸心理”，对自己的经营行为要有清晰的掌握和了解。

在收到税务部门监督提醒时应当格外慎重，因为可能面临全面检查的风险，企业应当做好全面专业应对，尤其要重视收支管理、分类汇总整理，需要及时聘请专业服务团队，利用大数据合规财税软件进行系统梳理、及时发现潜在问题，做好风险评估与判断工作。

（二）强化企业内部财税治理，做好税务风险合规分析

为医美机构提供服务的人员在种类和数量上都较多，应当加强对其支付的内部管理，定期开展内部税务风险合规分析，强化个人所得税代扣代缴工作，对可能存在涉税风险的员工及时提醒和提示督促。

企业应当主动对逃税避税行为进行纠错，对隐匿营业收入、个人所得收入而逃税的行为进行自查，并及时到税务机关处提交补税申请，配合调查、主动补缴

税款和滞纳金，主动报告税务机关尚未掌握的涉税违法行为，以减轻违法行为危害后果，进而争取到税务部门的从轻处罚。

（三）强化进项、销项发票合规管理，推进经营成本的精细化管理

进项、销项发票的合规管理，支出、收入的账目明晰，是当前医美机构财税管理的核心和重点。企业在日常经营过程中需要经手种类繁多、数量庞大的发票，财务人员需要对此进行系统整理。

随着发票监管力度的不断加大，发票合规问题也称为医美机构面临的一大税务风险。面对可能存在的虚开虚收发票、未开发票隐匿收入等风险，通过简单的验证已无法快速准确辨别这类合规风险。此外，发票风险是动态的。发票在收录时正常，但一段时间后由于各种原因而变为异常，导致不能证明业务往来合法性的问题屡见不鲜，因此需要强化对发票的合规预警和管理。

财务数据精细化的基础首先是发票管理的精细化、大数据化，只有这样才能从根本上为财务人员解决上述问题，真正厘清各类税种的纳税义务及合规风险，才能全方位了解企业内部财税动态，实现动态控制业务成本。

（四）完成历史成本的合规体检，摆脱“侥幸心理”轻装上阵

由上述案例可知，众多医美机构被处罚的关键在于对历史成本的合规问题没有清醒认识，存在“侥幸心理”。企业要对“历史财税”问题进行有效切割，才能“轻装上阵”。其中，做好对历史发票的系统巡查尤为重要，这是因为当前税务机关对医美行业的查处至少已经追溯到 2013 年，企业务必做到对历史发票中各类成本发票进行分析，避免不合理支出的发生，尤其应当对大额历史发票进行巡查。在上下游企业因为经营状态变化（如走逃失联、经营异常、吊销营业执照、涉嫌税务违法虚开发票等）开具发票被认定为风险发票时，及时采取财务进项转出等措施避免企业风险。

（五）渠道型医美机构更应加强税务合规管理

所谓渠道型医美机构和直客型医美机构，主要是根据消费者来源进行划分的。渠道型医美机构主要指的是“原发性渠道型医美机构”，其成立初衷或者经营理念即通过渠道获取顾客。因此，渠道型医美机构与消费者之间往往存在中介，由中介充当桥梁和纽带，这些中介者可能是个人、美容院或者其他行业的组织。

为了获取足够的客源，渠道型医美机构会向中介者支付高额的返佣，这是此类医美机构的一大特点，目前，返佣比例一般为收费金额的 50%，有些甚至可以达到 70%—90%。如此高额的返佣比例，不仅促使渠道型医美机构通过私人账户等方式逃避税负，还可能被税务机关认定为商业贿赂行为，导致其他法律风险。为此，其更应当加强税收合规意识，采取多种方法规范纳税行为，在“金税四期”的背景下，尤其应当结束依靠私人账户或非规范结算渠道逃税、避税的行为模式。

五、结语

近几年，医美行业发展迅猛，资本纷纷入局，巨额利益之下即巨大风险。医美机构税务上管理存在不规范问题，税务机关的征管也面临滞后性。2022 年是税务监管严打的一年，自开年以来，几乎每月都有企业被稽查曝光，医美行业更是该类案件的重灾区，千某医疗美容诊所漏税收入超 47 亿元被处罚将医美行业的纳税问题推向风口浪尖。长期以来，针对医美机构，监管的成本、难度都相对较高。2018 年，国务院办公厅发布《关于改革完善医疗卫生行业综合监管制度的指导意见》（国办发〔2018〕63 号），强调要加强全过程监督，国家税务总局要严格执行非营利性和营利性医疗机构分类管理要求、加强健康产业监管等；强调创新监管机制，全面推行“双随机、一公开”抽查机制，建立健全医疗卫生行业信用机制，健全信息公开机制，建立风险预警和评估机制；强调加强保障落实工作，落实各部门责任。

随着技术提高，医美行业税务稽查可操作性提高，医疗美容机构经常发生的私卡收费、两套账务、偷税漏税等税务违法行为正在受到更加严格的监管和处罚。面对如此高压严管态势，医美机构应当加快行动起来，提高财税风险意识，加强财税管理能力，内外管理两手抓。从内，强化企业内部财税治理，做好税务风险合规分析，强化进项、销项发票合规管理，推进经营成本的精细化管理，完成历史成本的合规体检，摆脱“侥幸心理”；从外，引入外部专业服务，强化全税务周期管理。内外兼施并落实到每一项具体工作中，完善内部管理机制、发票保管、凭证入账和纳税申报等流程的管理，方可在行政执法机关的监管巨浪下平安远航。

第五章

一般合规

拟上市医药企业期权激励实操与风险防范

金益亭

生物医药企业属于典型的知识与技术密集型产业，具备高投入、高收入、高风险、资金回收期长等特点，其长远发展依赖于充足的专业人才，而股权激励无疑是吸引和留住人才的重要手段。在股权激励类型中，期权激励因其操作的灵活性、风险和成本的可控性，以及激励的长远性等特点，在拟上市医药企业中得以广泛应用。本文旨在总结拟上市医药企业为实现激励效益最大化、与上市规划的顺利衔接并控制潜在风险，需要在哪些层面对期权激励进行精细化设计，为拟上市生物医药企业实施期权激励计划提供借鉴和参考。

一、期权激励的概念及意义

结合《上市公司股权激励管理办法》第 28 条，期权激励是指公司激励对象在未来一定期限内以预先确定的条件购买本公司一定数量股份的权利。公司在预先确定的行权条件达成后，在规定的可行权时点内统一安排激励对象出资购买公司股票并进行工商登记变更。

具体激励模型如图 1 所示。

生物医药是典型的技术和人才密集型行业，具有研发周期长、技术壁垒高、人才培养周期长等特征，极度依赖核心技术人才，需要用长期激励的方式招揽和留住人才。股权激励计划可以在一定程度上缓解委托代理问题，使管理层实现由传统的经理人到公司股东的身份转变，有效地将股东利益、公司利益和经营者个人利益结合在一起，使各方共同关注公司的长远发展。而且作为对员工薪酬进行有效补充的一种常态化激励，还可以缓解用人成本对公司现金流的压力。此外，医药领域的创新研发决策具有极高的风险性，最终产品研发失败或者产品上市后收益未达预期，易对相关决策者的职业履历造成极大的负面影响，股权激励可以为相关高管提供更高的风险补偿，激励其从长远发展角度作出合理的决策。

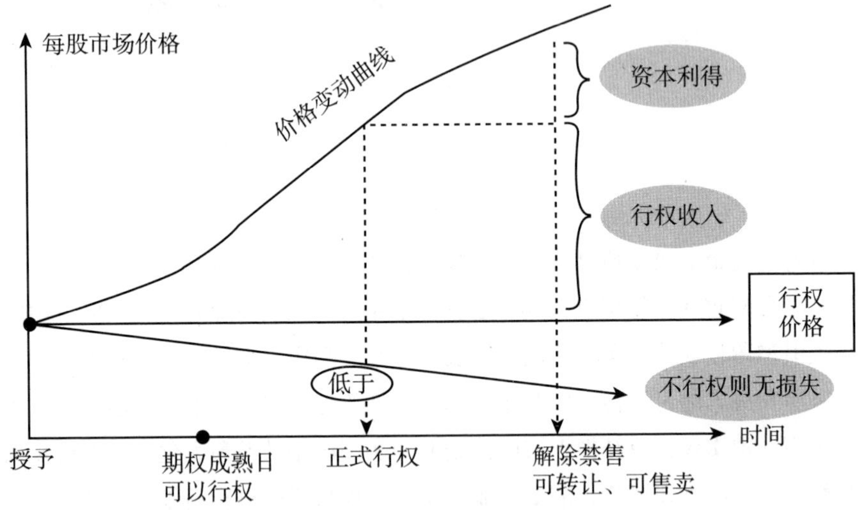

图 1　期权激励模型

对于员工而言，在股权激励的多种激励模式中，期权的激励对象具有自由的选择权与较低的风险承担，其有权选择是否行权。若公司股票价格下降，激励对象就可以放弃行权，不会产生实际的损失。同时激励对象无须提前支付资金，现金流压力较小。对于公司而言，期权激励模式下能否行权获益是由公司未来股价及业绩表现决定，管理层会更加注重提高公司业绩，因此期权对公司绩效的激励更加显著，同时对核心员工创新产出能力的激励效果也更加明显。

二、拟上市企业期权激励的相关法律规定

2018 年 6 月，中国证监会公布并施行《关于试点创新企业实施员工持股计划和期权激励的指引》(中国证券监督管理委员会公告〔2018〕17 号)(已失效)，首次明确提出了允许设置“关于上市前制定、上市后实施的期权激励计划”。2023 年 2 月公布的《首次公开发行股票注册管理办法》第 44 条明确了“发行人

存在申报前制定、上市后实施的期权激励计划的，应当符合中国证监会和交易所的规定，并充分披露有关信息”，拟上市企业带期权上市从法规政策层面得以明确。

目前拟上市企业首发申报前制定、上市后实施的期权激励计划的必备内容与基本要求，根据《证券期货法律适用意见第17号》，仍应参考《上市公司股权激励管理办法》的相关规定予以执行。对于预计首发申报前已实施完毕的期权激励，尚无具体规定，可参考表1所列条款执行。

表1　拟上市企业期权激励主要法律规定

基本内容	主要法律规定
制定原则与披露要求	《证券期货法律适用意见第17号》第5条第1款“首发申报前制定、上市后实施的期权激励计划” 1. 发行人首发申报前制定、上市后实施的期权激励计划应当符合的要求 发行人存在首发申报前制定、上市后实施的期权激励计划的，应当体现增强公司凝聚力、维护公司长期稳定发展的导向。 期权激励计划原则上应当符合下列要求：（1）激励对象应当符合相关上市板块的规定。（2）激励计划的必备内容与基本要求，激励工具的定义与权利限制，行权安排，回购或者终止行权，实施程序等内容，应当参考《上市公司股权激励管理办法》的相关规定执行。（3）期权的行权价格由股东自行商定确定，但原则上不应低于最近一年经审计的净资产或者评估值。（4）发行人全部在有效期内的期权激励计划所对应股票数量占上市前总股本的比例原则上不得超过15%，且不得设置预留权益。（5）在审期间，发行人不应新增期权激励计划，相关激励对象不得行权；最近一期末资产负债表日后行权的，申报前须增加一期审计。（6）在制定期权激励计划时应当充分考虑实际控制人稳定，避免上市后期权行权导致实际控制人发生变化。（7）激励对象在发行人上市后行权认购的股票，应当承诺自行权日起36个月内不减持，同时承诺上述期限届满后比照董事、监事及高级管理人员的相关减持规定执行。 2. 发行人信息披露要求 发行人应当在招股说明书中充分披露期权激励计划的有关信息：（1）期权激励计划的基本内容、制订计划履行的决策程序、目前的执行情况；（2）期权行权价格的确定原则，以及和最近一年经审计的净资产或者评估值的差异与原因；（3）期权激励计划对公司经营状况、财务状况、控制权变化等方面的影响；（4）涉及股份支付费用的会计处理等。

续表

基本内容	主要法律规定
制定原则与披露要求	3. 中介机构核查要求 保荐机构及申报会计师应当对下述事项进行核查并发表核查意见：（1）期权激励计划的制定和执行情况是否符合以上要求；（2）发行人是否在招股说明书中充分披露期权激励计划的有关信息；（3）股份支付相关权益工具公允价值的计量方法及结果是否合理；（4）发行人报告期内股份支付相关会计处理是否符合《企业会计准则》相关规定。 《上市公司股权激励管理办法》第9条 上市公司应当在股权激励计划中载明股权激励的目的、激励对象的确定依据和范围等事项。
激励对象	《上海证券交易所科创板股票上市规则》第10.4条 激励对象可以包括上市公司的董事、高级管理人员、核心技术人员或者核心业务人员，以及公司认为应当激励的对公司经营业绩和未来发展有直接影响的其他员工，独立董事和监事除外。 单独或合计持有上市公司5%以上股份的股东、上市公司实际控制人及其配偶、父母、子女以及上市公司外籍员工，在上市公司担任董事、高级管理人员、核心技术人员或者核心业务人员的，可以成为激励对象。科创公司应当充分说明前述人员成为激励对象的必要性、合理性。 激励对象不得具有《上市公司股权激励管理办法》第8条第2款第1项至第6项规定的情形。 《深圳证券交易所创业板股票上市规则》第8.4.2条 激励对象可以包括上市公司的董事、高级管理人员、核心技术人员或者核心业务人员，以及公司认为应当激励的对公司经营业绩和未来发展有直接影响的其他员工，独立董事和监事除外。 单独或合计持有上市公司5%以上股份的股东或实际控制人及其配偶、父母、子女以及上市公司外籍员工，在上市公司担任董事、高级管理人员、核心技术人员或者核心业务人员的，可以成为激励对象。上市公司应当充分说明前述人员成为激励对象的必要性、合理性。 下列人员不得成为激励对象：（1）最近12个月内被证券交易所认定为不适当人选；（2）最近12个月内被中国证监会及其派出机构认定为不适当人选；（3）最近12个月内因重大违法违规行为被中国证监会及其派出机构行政处罚或者采取市场禁入措施；（4）具有《公司法》规定的不得担任公司董事、高级管理人员情形的；（5）法律法规规定不得参与上市公司股权激励的；（6）中国证监会认定的其他情形。

续表

基本内容	主要法律规定
行权安排	《证券期货法律适用意见第 17 号》第 5 条第 1 款第 1 项第 4 目 发行人全部在有效期内的期权激励计划所对应股票数量占上市前总股本的比例原则上不得超过 15%，且不得设置预留权益。 《上市公司股权激励管理办法》第 13 条 股权激励计划的有效期从首次授予权益日起不得超过 10 年。 《上市公司股权激励管理办法》第 30 条 股票期权授权日与获授股票期权首次可行权日之间的间隔不得少于 12 个月。 《上市公司股权激励管理办法》第 31 条第 1 款 在股票期权有效期内，上市公司应当规定激励对象分期行权，每期时限不得少于 12 个月，后一行权期的起算日不得早于前一行权期的届满日。每期可行权的股票期权比例不得超过激励对象获授股票期权总额的 50%。
回购或终止行权	《上市公司股权激励管理办法》第 18 条 上市公司发生本办法第 7 条规定的情形之一的，应当终止实施股权激励计划，不得向激励对象继续授予新的权益，激励对象根据股权激励计划已获授但尚未行使的权益应当终止行使。 在股权激励计划实施过程中，出现本办法第 8 条规定的不得成为激励对象情形的，上市公司不得继续授予其权益，其已获授但尚未行使的权益应当终止行使。 《上市公司股权激励管理办法》第 32 条第 1 款 股票期权各行权期结束后，激励对象未行权的当期股票期权应当终止行权，上市公司应当及时注销。
行权价格	《证券期货法律适用意见第 17 号》第 5 条第 1 款第 1 项第 3 目 期权的行权价格由股东自行商定确定，但原则上不应低于最近一年经审计的净资产或评估值。 《上市公司股权激励管理办法》第 29 条第 1 款 上市公司在授予激励对象股票期权时，应当确定行权价格或者行权价格的确定方法。行权价格不得低于股票票面金额，且原则上不得低于下列价格较高者：（1）股权激励计划草案公布前 1 个交易日的公司股票交易均价；（2）股权激励计划草案公布前 20 个交易日、60 个交易日或者 120 个交易日的公司股票交易均价之一。

续表

基本内容	主要法律规定
股票数量	《上市公司股权激励管理办法》第 14 条第 2 款第 1 句 上市公司全部在有效期内的股权激励计划所涉及的标的股票总数累计不得超过公司股本总额的 10%。 《上市公司股权激励管理办法》第 15 条 上市公司在推出股权激励计划时，可以设置预留权益，预留比例不得超过本次股权激励计划拟授予权益数量的 20%。
绩效考核指标	《上市公司股权激励管理办法》第 11 条第 1 款第 1 句 绩效考核指标应当包括公司业绩指标和激励对象个人绩效指标。
权利限制	《证券期货法律适用意见第 17 号》第 5 条第 1 款第 1 项第 7 目 激励对象在发行人上市后行权认购的股票，应当承诺自行权日起 36 个月内不减持，同时承诺上述期限届满后比照董事、监事及高级管理人员的相关减持规定执行。 《上市公司股权激励管理办法》第 28 条第 2 款 激励对象获授的股票期权不得转让、用于担保或偿还债务。

三、期权激励方案的制定原则和整体规划

期权激励方案作为期权激励计划实施中的关键一环，需要符合以下几个制定原则：（1）合法合规性，符合法律、行政法规和公司章程的规定；（2）匹配公司战略，与公司发展阶段相适应，兼顾公平性、可行性；（3）激励与约束对等，在一定约束条件下实现公司业绩与个人收益共赢；（4）公平可量化，分配规则有依据，分配方案透明公开、公平、公正。

生物医药企业在设计期权激励方案时，对期权激励的方案设计、运行、退出三大实施阶段，可以参考同行业方案及企业自身发展阶段和人才需求，制定符合行业特点的精细化股权激励方案；并在运行阶段定期对股权激励计划进行评估和动态调整优化。

（一）方案设计阶段

期权激励计划的整体方案设计，极大程度上决定了激励计划的激励效果，并在事前规避激励计划执行中可能存在的问题，此阶段主要需要对以下核心要点进

行精细化设计。

1. 激励股份来源

增资以及受让股份为拟上市公司实施期权激励时最为常见的两类激励股份来源。在持股平台或者激励对象增资取得股权的背景下，会导致其他股东的股权被稀释，但期权激励认购对价在行权时将支付给公司，有利于缓解公司资金压力；在持股平台或者激励对象通过股权转让取得股份的背景下，需要有股东主动放弃其所持部分股份，且相关认购价款将支付给出让方。

实务中，被激励对象往往以间接持股的方式持有公司股份，即激励计划所涉及的激励股份来源于员工持股平台持有的公司股份，激励对象所获得激励股份源于持股平台内部的股权转让。在有限责任公司、有限合伙企业等多种持股平台形式中有限合伙企业适用最多，一方面有限合伙企业同其他持股平台相同，可以减少激励员工对公司经营层面的影响，同时员工退出更为便利；另一方面期权激励的员工往往并不会通过此平台享有公司表决权，便于大股东对公司的控制。

2. 定人、定量

激励对象人员名单和对应授予份额的确定，涉及对员工预期进行管理，对激励计划能否效益最大化起着至关重要的作用。

（1）激励对象人员名单的确定

激励对象的纳入标准大体可以确定为公司（及其全资子公司）的管理层与核心骨干人员，在考虑企业自身发展阶段和人才需求的同时，为缓解期权激励可能给未被授予期权的员工带来的不公平感，激励对象的选取应当有一套明确的制度与规则，明确授予条件，确保业绩考核的公平合理。

具体纳入标准可参考激励对象的公司职务职级、司龄、绩效等加以细化。其中，就职务职级而言，董事和高管需要负责把控企业整体方向、制定发展战略、管理日常经营活动，核心技术（业务）人员往往在技术研发、产品制造、产品营销、职能管理等方面具有核心能力，负责产品的更新创造和价值变现，具有较强的不可替代性。实务中，对于尚未实现盈利的医药企业，激励对象以研发团队人员为主，而对于已经实现规模化生产的企业，激励对象类似于一般企业，主要面向董事、高管、中层管理人员、部门负责人或者其他核心人员、重要员工等。①就司龄而言，为保持激励对象稳定性和有效性，公司一般选择在员工司龄满1年后授予，特殊人才可在试用期过后授予。就绩效而言，医药公司的绩效考核主要参考公司自行制定的薪酬管理制度。

（2）授予份额的确定

在授予份额的确定层面，公司大多选择自上而下，先定总量后定个量的计算方式。确定总量既可以根据公司对股权结构的评估而明确此次的总激励数量，也可以了解市场的行情后，确定某一层级期权激励收益与年薪的比例关系，然后根据年薪的不同，确定不同层次的激励总价值。根据参考案例，以上市前的总股本为基数，拟上市公司上市前用于期权激励的股份数量占比大部分都在10%以下。②

确定个量中，公司常规可以参考职级、司龄、奖项、所在项目业绩考核情况等进行分配。此外，期权激励只是公司激励体系中的一种，可以考虑与公司其他奖励机制配合，比如对优秀员工授予额外奖励的份额。

3. 定时

拟上市企业的期权行权时间安排，需要考虑与上市进度的衔接问题，因此通常包括授予、上市申报 / 行权、上市发行三个重要时间节点，具体可以拆分为四大阶段。

第一阶段为期权授予至上市申报 / 行权的等待期。对于拟上市企业而言，上市审核对于申报前制定、上市后实施的期权激励计划的核查要求及披露标准较为严格，对于激励对象的选择、行权价格、激励规模、减持期限等均有一定限制，容易增加审核风险。因此，为避免给审核带来不确定性，选择期权激励的企业通常会在上市之前完成行权，同时，为防止行权期因延后启动上市计划等而无限期推迟，公司可以根据实际情况确定期限进行行权处理。

---

① 参见张泽传、叶金海：《从IPO案例看拟上市生物医药企业股权激励方案设计的十大重点》，载国浩律师事务所官网2022年12月27日，https：//www. grandall. com. cn/ghsd/info. aspx?itemid=25483。

② 参见《股权激励的份额与股数如何确定？做好这几点让员工激励更有效》，载富途安逸2021年5月18日，https：//www. futuie. com/zh-cn/article/37/。

第二阶段为行权后至上市发行前的静默期。考虑到上市在审期间，发行人不应新增期权激励计划，相关激励对象不得行权，最近一期末资产负债表日后行权的，申报前须增加一期审计，为降低审核风险，此阶段期权状态需要保持相对稳定。

第三阶段为上市发行后的法定限售期。此阶段按照目前法律规定最低期限为公开发行并上市之日起 12 个月，具体要求参考被激励对象签署的锁定期相关承诺和该阶段相应证券交易法律法规。

第四阶段为解除限售期。此阶段公司已上市，应当分期解除限售，每期时限不得少于 12 个月，各期解除限售的比例不得超过激励对象获授限制性股票总额的 50%。

4. 定价

实务中，公司在决定期权授予价格时，需要综合衡量期权对员工的激励效益以及成本费用对公司和员工的影响。因行权价格往往与公司账面净资产值相关联，授予价格越高，被激励对象想要在股权激励中获益所需要达到的公司业绩要求也会更高，面对无法实现的目标，对被激励对象的激励效果也会大打折扣，背离股权激励的初衷。而授予价格过低，授予时可能涉及转让方（股权转让模式下）或其他股东（增资模式下）的所得税缴纳义务，被激励对象在获得股权时也将面临更加沉重的个人所得税负担，在计提股份支付费用时，授予价格与股权公允价值之间较大的差额也将会对公司的净利润带来较大影响。

5. 业绩考核

业绩考核的指标包括公司层面和个人层面。就生物医药公司而言，其还可以在公司和个人业绩指标之外，考虑增加部门指标。

（1）公司层面业绩考核指标

在公司层面，目前拟上市公司主要采用的标准为净利润及增长率、营业收入及增长率、净资产收益率、研发项目及进展要求等。实践中生物医药企业股权激励考核指标频次参考图 2①。

① 参见孟繁静：《生物医药企业股权激励问题研究——以 A 公司为例》，东北财经大学 2023 年硕士学位论文，第 41 页。

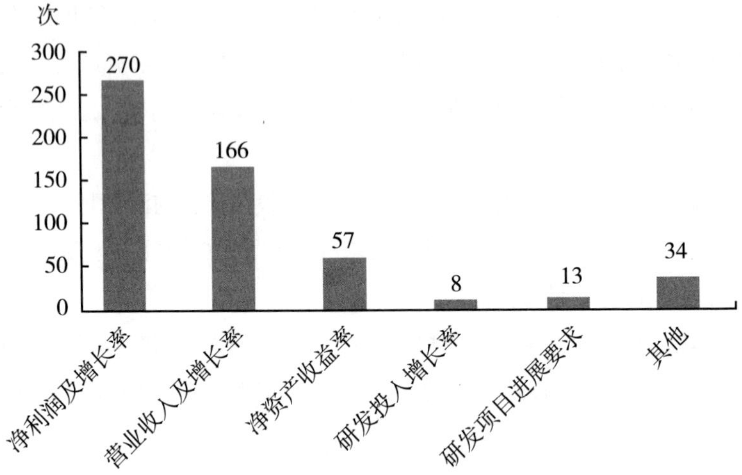

图 2　生物医药企业股权激励考核指标频次

虽然净利润增长率、营业收入增长率等财务指标能够直观反映公司的盈利能力，并且易于理解、方便计算，但是仅设置这一单一考核指标，不能全面客观地衡量公司在收益质量和公司价值创造等方面的综合情况，还可能引导管理层过度关注短期盈利，影响公司长远发展，并且单一的公司业绩考核指标更容易受到公司管理层的操纵。① 因此，越来越多的医药公司选择复合业绩考核指标，在净利润增长率之外增加营业收入增长率或者研发项目及进展要求等考核指标。

此外，生物医药公司在发展前期往往是没有盈利的，以净利润或者营业收入作为指标未免不够合理，因此可以设置公司部门业绩考核指标，具体如下所述。

临床医学业务部门，可以考虑综合临床试验时间和临床试验费用评定。生物医学产品的临床试验主要阶段包括：临床试验批件获批、Ⅰ期临床试验、Ⅱ期 / Ⅱ期（探索）临床试验、Ⅱ期（关键注册）/ Ⅲ期临床试验。临床试验时间和费用可以根据临床试验各阶段和考核时完成该临床试验阶段所有产品试验时间和费用的平均数填写。

生产部门、质量部门、注册申报部门、管理部门，可以根据部门年度目标责任书进行考核，按照年度目标完成情况进行行权。

其他业务部门，以细胞与治疗领域为例，抗体发现、细胞发现、药理毒理

① 参见孟繁静：《生物医药企业股权激励问题研究——以 A 公司为例》，东北财经大学 2023 年硕士学位论文，第 40–43 页。

等部门，可以根据新研发项目进度计算得分，如源头研发的临床前候选化合物（PCC）分子确认，新增化学、生产和控制（CMC）启动，递交研究性新药（IND）申请，获得 IND 批件等进度节点。

（2）项目层面业绩考核目标

因生物医药公司在部门制之外，也具有明显的项目制特征，所以可以额外以项目为单位授予期权，并补充制定项目层面的业绩考核目标。

（3）个人层面业绩考核指标

关于激励对象个人层面的考核指标，因个人层面的考核相对复杂和个性化，实务中，生物医药公司大多不会在激励计划中对指标进行具体说明，而是参引至公司内部绩效考核相关制度。被激励对象绩效考核制度运用得当，非常有利于激发员工的创造性。因此，可以考虑根据被激励对象所属部门职级确定的个人获授的职级期权数量及其个人考核情况确定个人职级实际可行权数量；根据个人获授的该项目股票期权数量与项目内个人的考核情况确定的个人项目实际可行权数量。

个人职级实际可行权数量可参考的指标为公司绩效考核的相关制度及规定。个人项目实际可行权数量层面，可以参考的指标包括：个人获得 IND 批件、个人完成Ⅰ期临床研究首例入组、个人完成Ⅱ期 / Ⅱ期（探索）临床研究首例入组、个人完成Ⅱ期（关键注册）/ Ⅲ期临床研究首例入组等。

考虑股权激励具有长期性，公司经营的客观环境和客观情形处于不确定的变化中，如果碰到重大事项，或者客观情况与考核指标出现重大偏离，公司应当考虑对考核标准进行适当调整，以符合公司的客观发展以及激励对象的合理预期。

6. 资金来源

《上市公司股权激励管理办法》第 21 条第 2 款明确禁止上市公司为激励对象依股权激励计划获取有关权益提供贷款以及其他任何形式的财务资助，包括为其贷款提供担保，但并未对上市公司大股东或主要股东向上市公司股权激励的激励对象提供财务资助设置禁止性规定。

但是，拟上市阶段借款购股可能涉嫌代持，此种情况较为敏感，建议拟上市企业进行期权激励时尽量规避公司或大股东、主要股东向激励对象借款的发生。现实中，员工行权自有资金不足的，可以通过自筹或统一寻求银行贷款来解决。目前很多银行有针对未上市公司员工期权激励计划的贷款产品。

（二）运行阶段

在激励计划运行阶段，需要根据实际情况的变化而动态调整，可能涉及以下几种情形。

1. 分红

在激励对象实际行权并办理登记之前，激励对象尚未实际支付股权转让款或增资款，拟上市生物医药公司并不需要对激励对象分红。而被激励对象实际行权后的分红，则需要公司依据相关规定合法进行。

2. 岗位调动

对于发生公司内部的职位调动（升迁或平调）情形，激励对象通常可保留相应的股权或于窗口期追加授予。

对于因个人绩效考核不合格导致岗位调整（下调）情形，通常会对激励对象未归属的股权进行扣减，扣减部分取消行权资格。

以上情形均以岗位调整发生时间点计算，并于下一个窗口期内统一办理授予/注销程序。

（三）退出阶段

通常而言，股权激励的退出方式条件可以分为员工“过错性退出”和“非过错性退出”，各阶段会针对不同的退出原因制定不同的退出举措。

1. 期权行权前

如激励对象发生因执行职务丧失劳动能力或身故等特殊情形（“非过错性退出”），由员工与公司协商确定处理方式。

其他离职情形下，在进行股权激励时，股权仅是通过期权或代持方式授予，该股权并未真正意义上完全给予员工，因此，一旦出现员工离职等情况，公司创始人可以直接收回期权或解除与员工的代持股关系。失效的期权滚入期权池，后续可由公司再向其他激励对象授予。

2. 期权行权后企业上市前

对于上市公司或在交易市场挂牌的公司，由于其面向公开市场和普通投资者，股价金额可以直接通过市场的客观评价而得以体现。但是，对于非上市公司而言，由于本身的封闭性，无法通过资本市场对股价作出客观的评价，因此，非上市公司员工在退出股权激励计划时，如何合理确定退出价格，往往会成为一个复杂的问题。

一般来说，确定股权激励退出价格，可以参照以下几种方式：一是以公司注册资本定价；二是以退出股权激励时最近一次的财务报告上公司的净资产定价；三是以第三方机构对公司价值进行评估，以评估价作为定价基础；四是以退出股权激励时最近一次的公司融资估值计算股价；五是约定一个固定的金额或者固定的价格计算方式。[①]

在以上五种方式中，以净资产来定价对员工最不利，但评估成本最低；以最近一次的公司融资估值定价对员工最有利，基本没有评估成本，但因为有未来预期的溢价，所以对创始人不是特别公平；如果公司定期有第三方评估，此时确定的配股和退股的价格相对比较公正，但成本也是最高；事先约定固定价格和固定计算方式，价格比较确定也更稳定，也没有评估成本，但相对于未来的变化会存在争议。公司可以根据实际情况以及员工的需求协商确定最佳方案。

以某公司的离职员工期权处理情况为例，如表 2 所示。

表 2　离职员工期权处理情况

<table>
<tr><th>离职原因</th><th>离职情形</th><th>处理方式</th></tr>
<tr><td>非过错退出</td><td>因退休与公司终止劳动关系或聘用关系的；
死亡 / 丧失劳动能力；
正常职务变更，仍在公司或其分子公司任职；
因公司裁员等原因被解除劳动关系，或者劳动合同、聘用合同到期终止公司决定不再续签的</td><td>可选择继续持有，激励计划正常进行；
如要求退出，退出价格多为“实际出资额”与“公司账面净资产值”孰高值</td></tr>
<tr><td>过错退出</td><td>违反国家有关法律、行政法规或公司章程的规定，给公司造成经济损失的；
因犯罪被追究刑事责任的；
严重失职、渎职；
公司有证据证明该激励对象在任职期间，由于受贿、索贿、侵占、盗窃、泄漏经营和技术秘密、同业竞争等损害公司利益、声誉等违法违纪行为，给公司造成损失的；
未经公司同意，擅自离职的；
存在其他公司认定的损害公司利益的行为</td><td rowspan="2">未行权部分作废失效；
已行权部分退出价格为“实际出资额”；
如对公司利益造成损失，须优先赔偿公司损失</td></tr>
<tr><td>主动离职</td><td>个人主动离职或个人主动不再续签劳动合同的</td></tr>
</table>

① 参见《公司股权激励的退出机制，如何设计？》，载知乎“成雪锋讲股权分配”2023 年 9 月 19 日，https：//zhuanlan. zhihu. com/p/365429064。

3. 企业上市后

非过错退出情形及过错退出、主动离职的已解锁部分：通常归属激励对象，退出价格多为“二级市场价”。

过错退出、主动离职的未解锁部分：锁定期满后通过二级市场强制减持退出，退出价格多为“实际出资额”。

四、医药企业期权激励风险及防范

（一）执行风险

关于期权激励计划执行终止的原因，因为拟上市公司除已进入首发问询阶段，对外信息披露较少，所以表3所列案例主要为上市公司案例，但对分析拟上市医药公司期权激励计划终止原因有一定参考价值。

表3　上市公司期权激励终止原因

依据文件	期权激励终止原因
长春高新：北京市康达律师事务所关于长春高新技术产业（集团）股份有限公司终止实施2022年限制性股票与股票期权激励计划暨回购注销限制性股票及注销股票期权法律意见书（2024年7月20日发布）	鉴于公司股票价格较制定《激励计划（草案）》时发生较大波动，综合考虑市场环境、股票价格等因素，公司继续实施本次激励计划已难以达到预期的激励目的和效果
兆新股份：关于终止实施2022年股票期权激励计划暨注销股票期权的公告（2024年4月30日发布）	2023年度，因外部市场环境变化以及非经常性损益影响，公司预计在本激励计划设定的剩余考核期内达成公司层面业绩考核目标已经不再符合当下市场环境及公司的发展需求，继续实施本激励计划难以达到预期的激励目的和效果
福能东方：广州金鹏律师事务所关于福能东方装备科技股份有限公司2021年股票期权激励计划终止之法律意见书（2023年3月14日发布）	公司终止本次激励计划的原因为：“鉴于本次激励计划尚未正式实施，但公司内外部环境较原先制定的股权激励计划时已经变化，原定激励对象范围及考核指标也有变化，预计难以达到预期的激励目的和激励效果，宜重新制订相关激励计划”

续表

依据文件	期权激励终止原因
康乐卫士：法律意见书（2023年2月28日发布）	问询问题： 请发行人说明股票期权激励计划终止的原因，在股票期权激励计划终止前、后股份支付会计处理情况，是否符合《企业会计准则》的相关规定。 问询回复： 由于公司前期制定实施前述股票期权激励计划时，尚无现行有效的关于股票期权激励的相关税收优惠政策出台，激励对象关于股票期权的税收应遵照财政部、国家税务总局《关于个人股票期权所得征收个人所得税问题的通知》（财税〔2005〕35号）第2条第2款的规定，即“员工行权时，其从企业取得股票的实际购买价（施权价）低于购买日公平市场价（指该股票当日的收盘价，下同）的差额，是因员工在企业的表现和业绩情况而取得的与任职、受雇有关的所得，应按‘工资、薪金所得’适用的规定计算缴纳个人所得税”
贵州信邦制药股份有限公司关于终止实施2021年股票期权激励计划并注销股票期权的公告（2022年10月29日发布）	鉴于目前国内外宏观经济和市场环境发生了较大变化，公司股票价格发生较大波动，继续实施本激励计划将难以实现预期的激励目的和效果

根据上述案例可以发现，公司股权激励执行终止的原因往往包括市场原因导致股票市场价格高于行权价、公司层面业绩考核目标已不符合市场情况、个人所得税政策变动等。

因激励计划具有长期性，此种市场客观变化引起的执行风险很难事前规避，只能在运行阶段定期对股权激励计划进行评估和动态调整优化。而且期权激励计划将行权延后，也有利于最大限度降低股权变动对公司和员工带来的不确定性影响。

（二）法律风险

1. 期权计划内容不清

实践中经常存在公司制订了期权激励计划，但激励计划中约定的某项具体内容需要依据公司制定的相应制度或计划确定的情形，如薪酬管理制度、考核制度等，但是公司没有制订相关计划，在员工行权前确认是否符合绩效考核标准时双方极易产生争议。

此外，部分公司还存在在劳动合同、技术顾问合同等的条款中笼统约定了期权激励条款，但没有约定期权激励的具体履行方式的情况。这种约定方式并不必然帮助公司摆脱执行期权激励，反而很可能会引发公司与员工后续纠纷产生诉讼，而期权激励相关诉讼大多较为复杂，诉讼过程也会比较漫长；此外，一旦公司被要求执行期权激励，还可能会引发已有股东对于被稀释股权或者被迫转让股权的不满。

如在白某与郑州安图生物工程股份有限公司（以下简称安图公司）技术合同纠纷案[①]中，白某与安图公司签署技术顾问协议，其中第六章劳动报酬第 6.2 条中约定："根据年度绩效考核，在公司完成 IPO 后综合制定详细股权（期权）激励方案。"该条属于因过于笼统而履行方式不明确的条款，且后续双方当事人未就股权激励的具体履行方式进一步协商明确。本案经过了一审、二审之后，白某申请再审，最高人民法院结合协议第 6.2 条的文义、合同有关条款和交易习惯，从有利于实现合同目的的角度将此条拆解为三层含义："在一定条件下，安图公司在完成 IPO 后应当给予白某股权激励，这属于白某劳动报酬的一部分；是否进行股权激励的具体依据是白某的年度绩效考核；股权激励的计算方案由安图公司制定。"由此可以发现，法院并不否认以此种方式笼统约定的股权激励的有效性，只是在结合此协议的上下文及实际情况后，认定白某不符合绩效考核标准，股权激励条件未成就。

因此，一方面，建议公司在制订期权激励计划时应反复核实被索引文件是否真实存在；另一方面，对于在合同中笼统约定期权激励，但没有制订详细期权激励计划的情况，建议公司及时制订期权激励计划。

2. 期权激励计划与外部投资协议间的衔接

出于激励员工以及为员工提供福利的初衷，期权激励计划中涉及的行权价格往往低于同时期外部投资者的入股价格。因此，建议公司在确定期权激励计划的行权价格之前，首先确认与外部投资者之间签署的投资协议中，公司是否承诺新

---

① 参见白某、郑州安图生物工程股份有限公司技术合同纠纷案，最高人民法院（2022）最高法民申 773 号民事裁定书。

进投资人进入公司的股权价格不得低于该投资人的入股价格，以及该承诺有无除外条款。如出于期权激励的需要，可能违反该承诺，建议公司与投资人事先充分协商并签署补充协议，从而避免后续纠纷。

如在深圳某公司、王某等合同纠纷案[①]中，南某公司与瑞某公司签订的《增资入股协议》第5条“特别承诺”条款约定，瑞某公司承诺本次增资完成后，若后续实施增资扩股计划，新进投资人进入公司的股权价格不得低于南某公司的入股价格（管理层激励除外）。瑞某公司接受澜海瑞升公司代表佛山市南海区政府产业提升基金对公司的政策性支持资金，澜海瑞升公司投资后持有瑞某公司的30%股权。预期投资期限5年。澜海瑞升公司要求瑞某公司实际控制人王某作为回购义务人，在符合退出条件时，对澜海瑞升公司所持股权承担回购义务。王某回购的澜海瑞升公司持有的股权将作为激励股权，由瑞某公司的核心技术人员、高级管理人员等获得，故此次增资所对应的股权最终将用于股权激励，属于《增资入股协议》第5条“特别承诺”约定的除外情形。

虽然本案中瑞某公司经过一审、二审、再审阶段的反复论证，证明其未违反该“特别承诺”条款，但仍建议公司在决定期权激励计划行权价格或者引进新的投资者之前，考虑是否违反与现有股东的相关承诺，并事先与现有股东充分协商。

3. 以境外公司的股权对员工进行激励

实务中也存在公司用境外公司的股权对员工进行激励的情况。对此，法律并未有禁止性规定。但是对于境外公司的期权激励，不同实施方式中均存在一定的法律风险：（1）通过网络等方式单方发布公告实施股票期权激励，员工没有获得任何股权股票期权证明，出现纠纷无以为证；（2）大股东来自境外，用签署期权计划书方式授予员工股票期权，员工无法证明期权计划书上大股东相关人员签名的真实性及其职务；（3）境外股东与员工签署股票期权合同，或者大股东、公司与员工三方签订股票期权合同，但是期权行权期限较短，且员工需要向境外股东行权，容易错过行权期。[②]

因此，建议公司尽量规避以境外公司进行期权激励，确有必要，应事先咨询专业律师潜在法律风险，并将风险对被激励对象充分提示。

---

① 参见深圳某公司、王某等合同纠纷案，最高人民法院（2023）最高法民申2602号民事裁定书。

② 参见范围：《公司股票期权激励争议处理研究》，载《当代法学》2016年第2期。

新《公司法》对生物医药企业的影响及法律合规建议

刘　强　杨依见

2024 年 7 月 1 日施行的《中华人民共和国公司法（2023 修订）》（以下简称新《公司法》）在 2018 年修正的《公司法》（以下简称原《公司法》）基础上进行了较大幅度的修订与完善。新《公司法》的相关修订与完善有助于推进公司内部治理结构的健全与完善，有助于公司建立科学的决策、运营、监督与激励机制，提高企业运营的效率，以满足企业运营的规范性、合规性。因此，新《公司法》颁布后，公司既面临监管精细化、规范化的要求与挑战，也促使公司不断增强自身的管理能力和合规运作能力，以适应新《公司法》的相关规则要求。

就生物医药企业而言，该行业具有自身的特殊性，新《公司法》所涵盖的注册资本、公司治理结构等多方面修订，一方面，为生物医药企业开展融资、增强内部治理结构、聚焦技术研发、提升技术实力等提供了契机；另一方面，新《公司法》也给生物医药企业的合规运作带来更多挑战，为生物医药企业在包括注册资本制度、公司治理选择等各方面提出更多合规性要求。

鉴于此，本文旨在结合新《公司法》的相关修订来探讨生物医药企业在新公司规则体系下，需重点关注的法律合规事项，并据此探讨合规运作的路径及法律建议。

一、新《公司法》重要修订及其对生物医药企业的影响

1. 确立注册资本限期认缴制

（1）新《公司法》关于注册资本限期认缴制度的修订

新《公司法》将原自由设定认缴期限注册资本认缴制度修改为注册资本限期认缴制，要求公司注册资本的限期认缴期限不超过 5 年，但同时给予公司一定自主决定权，使公司能够结合自身实际经营需求、股东出资能力、资金使用进度等来确定合理的注册资本实缴期限，这有助于提升公司注册资本使用的灵活性与效率性，能够在一定程度上缓解因公司注册资本实缴期限冗长所导致的市场上出现大量空壳公司问题。新《公司法》关于注册资本认缴期限的规则变化具体如下所述。

第一，有限公司认缴期限缩短为 5 年，但设置 3 年过渡期。

新《公司法》就有限公司与股份公司设定了差异化的实缴期限规则，就有限公司而言，新《公司法》第 47 条规定，有限公司的全体股东认缴的出资额由股东按照公司章程的规定自公司成立之日起 5 年内缴足。另外，国务院《关于实施〈中华人民共和国公司法〉注册资本登记管理制度的规定》（于 2024 年 7 月 1 日起实施，以下简称《注册资本登记管理制度》）第 2 条就存量公司调整认缴期限设置了 3 年过渡期，即自 2024 年 7 月 1 日至 2027 年 6 月 30 日。新《公司法》施行前设立的有限公司自 2027 年 7 月 1 日起剩余出资期限不足 5 年的，无须调整出资期限；若剩余出资期限超过 5 年，则应在过渡期内将剩余出资期限调整至 5 年内。这意味着，在新《公司法》语境下，原先设置超长出资期限的有限公司最晚应当在 2027 年 6 月 30 日前将出资期限调整至 5 年内，即出资期限最长不应超过 2032 年 6 月 30 日。

第二，股份公司取消认缴期限，应在过渡期内实缴出资。

新《公司法》对于股份公司注册资本的要求为成立前实缴，但因上市公司一直以来适用实缴制，故该修订的影响主要涉及非上市股份公司。就非上市股份公司而言，新《公司法》及《注册资本登记管理制度》明确股份公司在成立前缴足出资，具体要求为：①发起人应当在公司成立前按照其认购的股份全额缴纳股款；②发起设立或者定向募集设立的股份公司，发起人应当按照其认购的股份全额缴足股款；③向社会公开募集设立的股份公司，办理公司登记注册时，应当缴

足向社会公开募集股份的股款，并提交验资机构的验资证明。新《公司法》对于股份公司注册资本实缴期限的修订使非上市股份公司的股东面临较大的出资压力，尽管仍可适用3年过渡期规定，但股东应在过渡期内完成实缴。

（2）对生物医药企业的影响

注册资本制度的变化对生物医药企业尤为重要，因为实缴出资是生物医药企业的创始团队、股东投入并用于公司经营的重要资源，也是公司持续经营与发展壮大的物质基础。新《公司法》将原注册资本认缴制修改为限期认缴制，极大地缩短了注册资本实缴时间，这对于公司创始团队、股东的出资能力提出了更高要求。在该新规则体系下，生物医药企业应当关注以下几点。

第一，就存量生物医药企业而言，需结合注册资本实缴期限的重大变化相应调整出资期限安排，一方面，需结合自身的注册资本实际需求确定合适的注册资本金额，避免出现无法及时实缴出资的情形；另一方面，若原确立的出资金额超出实际企业经营需要，则需在对自身所需资金进行详细分析与合理评估的基础上，就超过的部分认缴出资及时按照新《公司法》的相关要求进行减资。

第二，就拟确立实缴安排的生物医药企业而言，应结合限期认缴的规则要求，合理确定注册资本实缴时间及实缴出资来源等事项，积极开展外部融资持续获得长期稳定资金。尤其因生物医药企业研发周期一般较长，并且往往需要持续的资金投入，故可积极开展外部融资，通过吸引外部长期资金投入的形式来满足公司资金需求。

第三，就已确定出资期限的生物医药企业而言，公司董事会作为注册资本的催缴责任主体，应当及时督促股东按照公司章程的相关规定履行注册资本实缴义务，积极履行董事会成员应尽的勤勉义务，避免因未及时催缴造成公司损失时承担相应法律责任。

2. 修订完善减资制度

（1）新《公司法》关于减资制度的修订

新《公司法》第224条、第225条分别规定了普通减资规则与简易减资规则，其中普通减资规则系在原减资规则基础上的完善，主要变动内容为在原《公司法》第177条规定的减资程序上增加了定向减资与非定向减资的规定。新《公司法》第225条确立的简易减资规则为新增内容，简易减资本质上应属于形式减资，即在不减少公司资产的情况下将资产负债表所列示的“未分配利润（负数）”与“实收资本（或股本）”进行核销，从财务报表层面消除亏损，简易减资仅涉及财务报表的处理，并不涉及向股东分配资产或股款。[①] 普通减资与简易减资的具体区别如下所述。

①普通减资规则

新《公司法》第 224 条对原普通减资程序进行了完善，进一步明确了公司在进行减资时应遵循必要的程序性要求，在履行完毕相应程序性要求后，方可办理减资变更登记，具体修订包括以下三点。

第一，将原《公司法》第 177 条第 1 款“必须编制资产负债表和财产清单”修改为“应当编制资产负债表和财产清单”，将第 2 款“接到通知书”“未接到通知书”修改为“接到通知”“未接到通知”，该等修改提高了相关条款含义的准确性。

第二，明确将“国家企业信用信息公示系统”纳入减资公告的载体范围，以方便债权人能够更容易、便捷地查询到公司减资的信息。

第三，新增公司减少注册资本，应当按照股东出资或者持有的股份比例相应减少出资额或者股份，但法律另有规定、全体股东另有约定或者股份公司章程另有规定的除外，该新增内容明确了定向减资与非定向减资规则。

②简易减资规则

新《公司法》第 225 条新增简易减资规则，简易减资与普通减资相比主要在于减少了通知债权人以及向债权人清偿债务或提供担保的规定。[②] 简易减资是新《公司法》的一项制度创新，其与普通减资的适用前提、流程和实现目的存在重大区别，具体包括以下两点。

第一，就处理结果而言，简易减资的本质是公司内部财务报表相关科目的核销调整，并不涉及向股东分配资产、股款或其他利益，同时也不能通过简易减资来免除股东缴纳出资或股款的义务。

第二，公司在实施简易减资后，其后续的利润分配应进行限制，即在后续提取的法定公积金和任意公积金达到注册资本的 50% 之前，公司不得进行利润分

---

① 赵旭东、刘斌：《新公司法重点热点问题解读》，法律出版社 2024 年版，第 172–183 页。

② 李建伟：《公司法评注》，法律出版社 2024 年版，第 883–898 页。

配。该条款旨在解决因注册资本形式上的减少会降低公司后续利润分配的门槛，可能使股东通过分红先于公司债权人获得公司财产的机会。

（2）对生物医药企业的影响

新《公司法》规定的减资规则对于生物医药企业的经营具有重大影响，该影响不仅涉及企业自身经营的注册资本的确定，还涉及在公司与外部投资人签署对赌协议情况下，外部投资人可能因投资目标未达成、上市未成功、经营业绩未达标等多种对赌条件的触发，从而要求公司通过回购其所持注册资本、定向减资的形式来实现退出问题。因此，生物医药企业应当重大关注以下合规性问题。

第一，就保障生物医药企业利益的角度而言，在与外部投资人沟通设计对赌或回购条款时应注意以下要点：其一，应当结合具体经营情况，确定适宜的回购主体、回购方式及支付安排；其二，通过定向减少注册资本可以实现外部投资人的退出，但应注意避免出现通过减资形式来实现“违法规避股东出资责任”的情形。

第二，在新《公司法》施行前已经设定较长出资时间、远超出资能力的认缴金额的情况下，应当结合新《公司法》《注册资本登记管理制度》规定的出资时间进行减资。在具体实施减资程序时，应重点关注保障公司债权人利益的相关举措是否合规，是否及时通知公司债权人，以及在债权人要求公司清偿债务或者提供担保情况下相应的解决方案。

3. 修订完善股东会、董事会决议效力规则

（1）新《公司法》关于股东会、董事会决议效力规则的修订

新《公司法》确立的决议效力规则明确了股东会、董事会决议在特定情形下无效、可撤销、不成立和轻微瑕疵不影响效力的四种情形，其判断依据为相关决议存在的程序性瑕疵或内容瑕疵的严重程度，具体而言：其一，若决议程序存在重大瑕疵致使相关决议不具备成立的形式要件，则决议不成立；其二，若决议内容存在重大瑕疵（违反法律、行政法规），则决议无效；其三，若决议内容违反公司章程或决议程序违反法律、公司章程的规定，但不构成重大瑕疵，则决议可撤销；其四，若决议程序仅存在轻微瑕疵，且对决议未产生实质影响，则豁免撤销，该决议有效。[①] 就股东会、董事会决议无效、可撤销及不成立的几种情况简

① 赵旭东、刘斌：《新公司法重点热点问题解读》，法律出版社 2024 年版，第 284–296 页。

要分析如下。

第一，股东会、董事会决议无效。

新《公司法》第25条明确规定了决议无效的情形，即股东会、董事会的决议内容违反法律、行政法规的，该决议无效。鉴于决议无效是对整个决议效力的彻底否定，该结论将直接冲击公司经营活动的稳定性，影响相关利害关系人的权益，故对于公司决议无效的事由界定应当慎重并保持一定的谦抑性。此外，若公司决议被人民法院宣告无效，但存在善意相对人根据该决议与公司发生交易往来，则善意相对人根据该决议与公司形成的民事法律关系不受影响。

另外，结合新《公司法》第25条的规定，关于滥用股东权利形成的决议是否属于无效决议的问题，因滥用股东权利形成的决议一方面符合新《公司法》第21条规定的可直接要求相关股东承担赔偿责任的情形，另一方面亦符合违反法律强制性规定的情形，则此时构成法条竞合，选择确认决议无效或直接诉请滥用权利的股东承担赔偿责任均应得到法院支持。① 但结合司法实践，在发生滥用股东权利的情形下，利益受损方直接诉请滥用权利的股东承担责任的情形较为普遍。

第二，股东会、董事会决议可撤销。

新《公司法》第26条规定了决议可撤销的三种情形，具体包括：其一，决议程序违反法律、行政法规；其二，决议程序违反公司章程；其三，决议内容违反公司章程。由此，决议可撤销主要是相关决议存在程序瑕疵或内容瑕疵，其蕴含的价值考量在于：其一，合法有效的决议应遵循法定程序作出，否则将导致相关决议存在效力瑕疵；其二，决议内容违反公司章程属于可撤销，股东享有是否撤销的选择权，其旨在维护股东或公司的独立自治性。

就可撤销决议而言，应注意有权申请撤销的期限要求，即申请撤销应在决议作出之日起60日内向人民法院提出，且自决议作出之日起1年内没有行使撤销权的，该撤销权消灭，该期限不可中止、中断或延长。此外，基于提高公司决策效率考量，新《公司法》第26条第1款新增规定表示股东会、董事会的会议召集程序或者表决方式仅有轻微瑕疵，对决议未产生实质影响的情况下，不得申请

---

① 吴英霞：《组织法视角下股东决议无效规则重构》，载《安徽大学学报（哲学社会科学版）》2023年第3期。

撤销相关决议，这能够保护公司治理的稳定性，也能够在一定程度上避免就同一事项反复决策或起诉，否则既影响决策效率，也会造成司法资源的浪费。[①]

第三，股东会、董事会决议不成立。

新《公司法》第27条规定了决议不成立主要包括四种情形：其一，未召开股东会、董事会会议作出决议；其二，股东会、董事会会议未对决议事项进行表决；其三，出席会议的人数或者所持表决权数未达到新《公司法》或公司章程规定的人数或者所持表决权数；其四，同意决议事项的人数或者所持表决权数未达到新《公司法》或者公司章程规定的人数或者所持表决权数。

决议不成立的主要原因在于并未按照新《公司法》或公司章程规定的流程进行审议、表决，存在重大程序性瑕疵，但这不同于决议通过但存在部分股东未参会或未投票的情形，因为在该相关情形下，即使存在部分股东未参会或未投票的情形，但相关股东的知情权、投票权均已得到保障，其系主动放弃相关权利。此外，决议不成立尽管与决议可撤销均存在程序性瑕疵问题，但可撤销决议的瑕疵明显较决议不成立更为轻微，可撤销决议在被法院宣告撤销前有效，而不成立的决议自始不具备法律效力。

（2）对生物医药企业的影响

就生物医药企业而言，鉴于公司的股东会、董事会分别属于公司的最高权力机构和决策机构，在公司治理结构中股东会、董事会决议对公司的持续稳定经营、具体经营策略、经营方向的选择具有重要意义，故生物医药企业应当注意严格按照新《公司法》与公司章程规定的程序与权限范畴作出相关决议，避免因相关决议的程序或内容存在瑕疵而被认定为不成立、被撤销或无效的情形。若公司的部分决议存在瑕疵而影响具体经营事项，则生物医药企业应当采用相应的替代措施，避免因相应瑕疵而影响公司已经实施的具体事项无法执行，或因别撤销、被确认无效而影响公司经营和业务的持续性、稳定性，避免出现损害公司或股东利益的情形。

4. 修订完善法定代表人制度

（1）新《公司法》关于法定代表人制度的修订

法定代表人在公司经营管理中具有重要作用，法定代表人拥有对于公司的法

---

① 张雪娥：《公司股东大会决议效力研究》，法律出版社2018年版，第268页。

定代表权限，其代表权限是基于其法定职位而产生的、当然的、概括性的、原则上不受限制的对外代表法人的权力。新《公司法》对于法定代表人制度的修订，完成了对法定代表人制度的重构，修订内容涉及法定代表人的选任、辞任、补任、法律地位与责任、变更等多个方面，具体如下所述。

第一，扩大法定代表人的任职人员范围。

新《公司法》第10条第1款规定公司法定代表人由代表公司执行公司事务的董事或者经理担任，在原《公司法》规定的法定代表人任职人选为董事长、执行董事或经理的基础上，将法定代表人任职人选的范围表述为代表公司执行公司事务的董事或经理，这使公司能够结合实际经营管理情况来选择合适的董事担任法定代表人，人员选择更具灵活性。

但需注意的是，法定代表人肩负着代表公司开展商务活动的重任，所以具有实际执行权限、能够实际履行相应职责是其重要权利依托，据此公司的外部董事、独立董事等主要履行监督职责，因其一般不代表公司执行公司事务或开展商务活动，故不属于担任公司法定代表人的人选范畴。

第二，明确法定代表人辞任规则。

新《公司法》第10条第2款、第3款规定了法定代表人与董事、经理辞任的联动关系，明确将担任法定代表人的董事或经理辞职直接视为法定代表人辞任，该修订契合公司变更登记需求，以避免出现未及时办理法定代表人变更导致的若干不良后果，包括：其一，可能导致公司法定代表人并未由执行公司事务的董事或经理担任，从而违反新《公司法》第10条第1款的规定；其二，法定代表人实质上从公司离职后，若未及时办理变更，可能导致相关离职法定代表人面临承担额外责任的风险；其三，避免出现法定代表人离职后仍以公司名义开展活动，从而损害公司及善意第三人利益的情形。通过本次对法定代表人辞任规则的完善，有助于平衡离职法定代表人、公司及善意第三人的权益。

新《公司法》第10条第3款确立了公司应当在30天内确定新法定代表人的义务，这可以督促公司依法及时办理法定代表人变更。同时，这也可能导致公司在原法定代表人离职后至确定新法定代表人期间出现法定代表人的“缺位”情形，即公司短期内无法定代表人，此时可能产生相关新问题需出台相关规则予以明确：其一，若公司持续无法确定新法定代表人，则可能导致公司客观上无法在30天内完成法定代表人变更，此时该问题如何解决以及如何确定责任尚待明确；

其二，按照现行《民事诉讼法》第 51 条的规定，法定代表人为公司民事诉讼的合法代表人，在公司出现法定代表人“缺位”的情形下，如何确定诉讼代表人尚需进一步规则出台。

此外，新《公司法》第 35 条第 3 款明确法定代表人变更登记申请书由变更后的法定代表人签署这一具体操作要求，有助于提升办理效率，解决了在原法定代表人不配合情况下公司如何办理变更登记手续的问题。但是，若原法定代表人主动辞任并要求公司办理变更手续，但公司因迟迟未确定新法定代表人或新法定代表人不配合办理变更，此时如何解决问题尚需相关规则予以细化明确。

（2）对生物医药企业的影响

就生物医药企业而言，鉴于担任法定代表人的人员一般也系公司创始团队的核心成员，而创始团队对于生物医药企业的研发、经营及长期稳定发展至关重要，故对于法定代表人的设置应尤为慎重。具体而言，生物医药企业需关注以下要点。

第一，为免因法定代表人变动而影响公司的持续稳定经营，建议公司事先在公司章程中明确公司法定代表人的选任、辞任及变更等程序，以便使公司能够在法定代表人变动的情况下，及时按照既定程序确定新的法定代表人人选，以避免发生因公司股东意见不一致导致无法及时确定新法定代表人人选，从而给公司稳定经营、业务正常开展带来不利影响的情形。

第二，法定代表人属于公司的天然、直接代表人，其从事职务行为的直接后果由公司承担，因此在确定法定代表人时应当对相关人员能否勤勉尽责履职、是否具备履职能力及代表能力等情况进行必要审查，避免出现法定代表人仅系挂名而难以实际履职的情形，也避免出现法定代表人恣意履职给公司造成损失的情形。

5. 修订完善股权转让规则

（1）新《公司法》关于股权转让规则的修订

新《公司法》第 84 条第 2 款规定，股东向股东以外的人转让股权的，应当将股权转让的数量、价格、支付方式和期限等事项书面通知其他股东，其他股东在同等条件下有优先购买权。股东自接到书面通知之日起 30 日内未答复的，视为放弃优先购买权。两个以上股东行使优先购买权的，协商确定各自的购买比例；协商不成的，按照转让时各自的出资比例行使优先购买权。该股权转让规则取消了原《公司法》关于股权转让需要其他股东过半数同意，不同意的股东应当购买，不购买的视为放弃购买权的规定，并同样明确了内部股东之间可以自由转让其持有的全部或部分股权且不受限制的规则。

此修订的法理价值在于公司股东之间的内部转让一般不影响公司内部的稳定性和封闭性，也并未损害有限公司的人合性特征。但是，股东对外转让股权时仍需书面通知其他股东，并且其他股东在同等条件下享有优先购买权。该规则取消了需其他股东过半数同意的规则，降低了有限公司股东对外转让股权的难度，避免了实践当中关于内部股东要求行使优先购买权所产生的各种冗长的诉讼纷争，有助于防范化解纠纷，提高公司经营效率。

（2）对生物医药企业的影响

就生物医药企业而言，在企业持续发展与进行融资的过程中，可能会面临较多轮次的增资或对外转让股权的情形，因此新《公司法》关于股权转让规则的完善有助于提升股权转让效率，但需注意以下两点。

第一，就公司内部转让股权而言，取消了部分限制，使得生物医药企业内部股东之间转让股权更为灵活、便捷，能够在一定程度上减少股权转让纠纷，同时内部股东之间取消股权转让限制也能够保持公司经营的持续性和稳定性。

第二，新《公司法》的股权转让规则就股东如何行使优先购买权作出了较为详细的规定，避免出现原《公司法》框架下关于如何行使、是否行使优先购买权导致的规则不明晰与滥诉情形。并且，在新《公司法》框架下，允许公司以章程的形式对股东转让股权作出一定限制，这使处于初创期的生物医药企业能够结合自身实际选择符合自身需求的股权转让规则，从而有助于组建相对稳定的创业团队人员，能够确保创始团队的稳定性。

6. 确立公司股东失权制度

（1）新《公司法》关于股东失权制度的修订

新《公司法》第 52 条规定的股东催缴失权制度是指公司董事会拥有核查股东出资情况的勤勉义务，若董事会发现股东并未按照公司章程规定的日期缴纳出资，则公司有权向该未按时缴纳出资的股东发出书面催缴通知，并给予其不少于 60 日的宽限期，若宽限期届满，该股东仍未履行出资义务，则经公司董事会决议后可以向该未按时缴纳出资的股东发出失权的书面通知，自该通知发出之日起，该未按时缴纳出资的股东即丧失其未缴纳出资的股权。[①]

新《公司法》第 52 条明确了股东催缴失权的程序、法律后果及被失权股东有权提起失权异议之诉等内容，在具体适用该规则时应注意以下要点。

第一，股东催缴失权制度的前提是董事会对于股东出资的核查及催缴义务，这在新《公司法》第 51 条进行了规定，明确了董事会未及时履行催缴义务造成公司损失的应当承担赔偿责任。公司向未按时缴纳出资的股东发出的催缴通知应当是书面形式，不能通过口头形式或其他形式。并且催缴出资时应当给予未出资股东不少于 60 日的宽限期。

第二，公司董事会有权结合实际情况向在催缴宽限期届满后仍未实缴出资的股东发出失权通知，但应当按照董事会相关规则作出决议，失权通知一经发出就产生法律效力。

第三，失权股权应当在 6 个月内进行转让或注销，未及时完成的，应当由公司其他股东按照出资比例足额缴纳相应出资。股东失权异议之诉，即被失权股东若对于公司董事会发出的失权通知有异议，有权在收到失权通知之日起 30 日内向人民法院起诉。

（2）对生物医药企业的影响

就生物医药企业而言，鉴于股东催缴失权规则是对股东权利的实质性剥夺，其产生的后果影响重大，一旦股东被催缴失权后，该股东将失去股东身份，故该项制度对于生物医药企业及其股东的权利保障至关重要，尤其应关注以下两个层面的合规性审查。

第一个层面，就生物医药企业的股东而言，尚未履行出资义务的股东应当及时按照公司章程确定的出资时间、出资方式及时缴纳出资，避免因未及时履行出资义务被失权从而丧失股东的身份与资格。

第二个层面，就生物医药企业自身而言，公司董事会应严格按照《公司法》及公司章程的相关规定及时向未按时缴纳出资的股东发出失权的书面通知，并确认自该通知发出之日起未按时缴纳出资的股东即丧失其未缴纳出资的股权。否则未及时履行前述义务的董事会，将承担因未及时履行勤勉义务所产生的法律责任。

---

① 赵旭东、刘斌：《新公司法重点热点问题解读》，法律出版社 2024 年版，第 101–113 页。

7. 引入单层次治理结构

（1）新《公司法》关于公司治理结构的修订

新《公司法》第 69 条、第 121 条的修订，规定了公司有权设置审计委员会来替代原监事或监事会，即由审计委员会来行使原《公司法》框架下归属于监事或监事会的职权，其中审计委员会成员为 3 名以上，过半数成员不得在公司担任除董事以外的其他职务，且不得与公司存在任何影响其独立客观判断的关系。该条款实质上引入了单层治理结构模式，使公司有权结合自身实际需求，自行在章程中约定采用单层或双层或混合制治理结构，从而赋予了公司更多的自主选择权利。

但应当注意的是，新《公司法》框架下的审计委员会性质上与监事或监事会一致，是公司重要的监督机构，该机构不同于中国证监会发布实施的《上市公司治理准则》所确立的审计委员会的职责，在《上市公司治理准则》框架下的审计委员会的主要职责为负责审核公司财务信息及其披露、监督及评估外部审计工作和内部控制，而不同于新《公司法》所确立的审计委员会主要负责对董事、高级管理人员的监督职责。

（2）对生物医药企业的影响

就生物医药企业而言，应结合自身实际的业务开展情况选择适合自身的治理结构，即可选择设置审计委员会或监事会或一名监事。具体如下所述。

第一，就处于初创阶段的生物医药企业而言，公司治理结构较为简单，此时可选择单层治理结构利于提高公司决策效率，更有助于公司实现整体运营的快速响应与执行。

第二，就处于成长期、成熟期的生物医药企业而言，应结合实际情况优先选择双层或混合制治理结构。结合生物医药行业的特殊性，生物医药企业往往需要前期长期资金投入而进行持续融资，在引入外部资金的情况下，外部投资人往往要求委派董事并对重要事项享有一票否决权，此时若仍采用单层治理结构，则可能削弱创始团队在公司的决策权限，从而不利于公司整体发展战略的持续稳定，此时采取双层或混合治理结构有助于公司的长期稳定发展与战略目标的实现。

8. 修订完善职工权益规则

（1）新《公司法》关于职工权益规则的修订

新《公司法》关于职工权益保护的修订使企业民主管理体系的合规性构建变

得更加重要，该修订不仅巩固了原有民主管理框架，还提升了职工在公司重大事项中的参与度和话语权。新《公司法》强化了职工代表在公司监督与治理体系中的核心地位，明确规定了公司董事会中应包含职工代表，并赋予职工代表成为审计委员会成员的资格，此外还规定在公司解散、申请破产等关键决策过程中，必须充分听取并尊重公司工会的意见。此外，针对国有独资公司，新《公司法》明确要求其董事会成员中必须包含公司职工代表，体现了国家对国有企业民主管理的高度重视和坚决支持。

（2）对生物医药企业的影响

就生物医药企业而言，在构建合规民主的管理体系时应充分考虑职工权益、参与治理及民主管理。具体而言，除了持续优化和完善职工代表大会议事规则，还应设定有效举措保障职工代表能够充分、有效地行使相应职权，并且生物医药企业还应在公司章程、内部合规管理办法及内部规章制度中充分贯彻民主原则，明确规定职工权益保护措施、职工参与公司治理的具体路径，以充分发挥职工在公司民主治理中的重要作用。

二、新《公司法》施行下对生物医药企业的若干合规建议

新《公司法》对于公司相关规则制度进行了较大幅度的修订与补充，使公司的部分重大制度与内部治理规则都发生了重大调整，这体现了我国在经济战略转型时期对于企业经营管理提出的新目标、新要求。同时，这些新的规则制度体系也对包括生物医药企业在内的广大企业、企业家们的合规运作都提出了重大考验。并且，鉴于生物医药企业具有研发周期长、技术含量高等自身行业特点，在新形势下，新《公司法》的相关规则制度修订对生物医药企业的意义尤其重大。结合新《公司法》的重点规则制度，就生物医药企业的合规运作而言，笔者建议可从以下几个层面来予以规制与完善。

1. 确立合理的资本制度

新《公司法》最大的修订在于建立了注册资本的限期实缴制度，该制度的建立系基于现行公司实践当中存在的出资期限过长、认缴出资金额过高等问题而有针对性地提出的解决方案。就生物医药企业而言，股东在确立注册资本时应结合自身发展的阶段确立适当的注册资本金额，并应在认缴期限足额缴纳。此外，鉴

于生物医药企业的研发周期往往较长，在研发周期内、药品上市销售前，生物医药企业（或其股东）应当预先准备较为充足的实缴资本或持续引入外部投资，以满足生物医药企业较长期的研发周期的需要，避免因资金链断裂而影响持续稳定经营。但需注意，确定的注册资本在满足经营需要的同时应具备合理性，以使得公司股东能够在合理期限内完成实缴，避免因无法实缴而发生违反新《公司法》和《注册资本登记管理制度》关于出资期限的规定，从而给公司的持续稳定经营造成不利影响。[①]

2. 完善公司治理结构

新《公司法》关于公司治理结构的修订主要包括引入公司单层次治理结构、强化监事职权、对股东会及董事会的职权范畴进行调整、对董事会的人员组成进行调整等，相关修订进一步强化了董事会在公司治理架构中的核心作用，并且进一步明确了股东会与董事会在公司治理中的地位、作用与权限划分。因此，就生物医药企业而言，需按照新《公司法》的要求修订公司章程中关于公司治理的相关内容，以使公司内部治理结构符合新《公司法》的相关要求。此外，基于不同生物医药企业所处不同发展阶段存在的治理需求差异，生物医药企业应结合实际所处的发展阶段来选择适合自身发展的公司治理结构，尤其应当注意确立董事会在整个公司规范运作中的关键性作用，通过制度形式来督促董事忠实勤勉履职，从而确保公司治理的有效性、合规性，以实现公司经营发展的战略目标。

3. 建立风险防控机制

新《公司法》背景下，生物医药企业应建立合规风险评估机制，并基于新《公司法》的新要求、新规则建立相应的风险防范机制，通过定期或不定期开展内部合规风险排查，识别潜在的公司运作合规风险，并针对公司规范运作过程中风险发生可能性、影响程度、潜在后果等进行分析，及时作出相应的应对措施。同时，基于新《公司法》框架下生物医药企业因风险防控不当而引发的合规性问题，企业还应采取综合措施强化合规管理，适时完善内部控制体系。另外，生物医药企业还应当加强与监管部门的沟通与合作，及时报告业务开展过程产生的异常情况，积极配合监管检查，推动企业实现可持续的合规发展。

① 张其鉴:《公司法修订背景下我国资本制度研究的主要误区及其修正》，载《法学评论》2022 年第 5 期。

4. 建立合规运营机制

在新《公司法》背景下，企业的规范运作尤为必要，尤其对生物医药企业而言，在开展具体药品研发、生产过程中，应当重视企业合规机制的建立，包括但不限于：（1）生物医药企业应取得必要的药品生产、经营及制剂许可等关键资质，并应重视资质续期，避免因资质过期而导致的非法经营风险。此外，生物医药企业还应建立资质管理制度，这不仅是企业开展相关生产经营活动的必要前提，还能够从资质合规层面来确保所研发、生产的药品能够持续满足高标准的质量与安全要求。（2）新《公司法》背景下对企业的税务合规性提出更高要求，生物医药企业应高度重视并加强对账外经营、虚假申报收入、虚假增加支出等税务违法行为的防范与监管力度，建立健全税务风险评估机制，定期对税务活动进行全面审查，识别潜在的税务风险点，并制定相应的应对措施。

三、结语

新《公司法》关于公司相关规则制度的修订，为生物医药企业构建了一个更加公平、高效、透明的运营环境，相关修订对于生物医药企业而言意义重大。首先，能够推动资本的合理流动与资源有效配置，还能激发生物医药企业的创新活力，加速科研成果向市场应用的转化；其次，相关修订与完善不仅为生物医药企业的治理结构注入了新的活力，也对其日常运营、融资策略及长期发展路径提出了更高的要求；最后，新《公司法》的相关修订也为生物医药企业带来了新的机遇与挑战，能够促使生物医药企业积极调整内部管理机制，增强经营发展的动力与活力。

因此，新《公司法》为生物医药企业提供了难得的发展机遇，使生物医药企业能够顺应新《公司法》的相关规则体系建立适合自身发展的配套机制，这样方能在新的法律框架下实现发展壮大的战略目标。

医疗损害责任纠纷案件办理指南

范玉梅　谢纪芳

前言

医疗纠纷，是指医患双方因诊疗活动引发的争议。由于医疗活动具有专业性、风险性，医疗机构和患方存在医疗知识不对称的情形，故而医疗纠纷时常发生，甚至偶发恶性事件。非理性、非法的医疗纠纷解决方式，不仅扰乱医疗秩序，耽误医务人员救治病人的宝贵时间，也不利于化解医患矛盾，不利于构建和谐的医患关系。

医疗损害责任属于侵权责任，相关规定见于《民法典》第七编“侵权责任”第六章“医疗损害责任”。在《民事案件案由规定》中，“医疗损害责任纠纷”为“侵权责任纠纷”下面的三级案由，“医疗损害责任纠纷”又包括“侵害患者知情同意权责任纠纷”和“医疗产品责任纠纷”两个四级案由，其中三级案由“医疗损害责任纠纷”是司法实践中最常见和广泛使用的案由。

医疗损害责任纠纷诉讼案件由患者或其近亲属作为原告，医疗机构作为被告，管辖法院为侵权行为地或被告所在地即医疗机构所在地法院。患者未死亡的，患者为原告；患者死亡的，患者近亲属为原告。若同时起诉几个医疗机构，原告通常可选择向方便其参与诉讼或者赔偿标准相对较高的医疗机构所在地法院起诉。

医疗损害责任纠纷诉讼案件往往审理周期长、程序烦琐复杂，法院受理后先立“诉前调”案号，若调解不成，则法院会待鉴定机构作出医疗损害鉴定意见后转为正式立案。

患方在起诉时通常尚无法确定诉讼请求中要求医疗机构承担医疗责任的赔偿范围和具体金额，此时会暂定一个较低金额，以减轻预缴诉讼费的负担。待鉴定机构作出医疗损害鉴定意见后，患方再根据鉴定意见和当时的赔偿标准明确诉请金额，向法院提交变更诉讼请求申请书，并补充提供相关证据，如医疗费票据、交通费票据、鉴定费票据等。

以下是笔者根据代理医疗机构处理医疗损害责任纠纷案件总结的办案经验，希望对读者有所帮助。

一、鉴定资料注意事项

（一）尸检

根据《医疗纠纷预防和处理条例》第 26 条第 1 款、第 3 款的规定，患者死亡，医患双方对死因有异议的，应当在患者死亡后 48 小时内进行尸检；具备尸体冻存条件的，可以延长至 7 日。尸检应当经死者近亲属同意并签字，拒绝签字的，视为死者近亲属不同意进行尸检。不同意或者拖延尸检，超过规定时间，影响对死因判定的，由不同意或者拖延的一方承担责任。如果尸检，医患双方可以委派代表观察尸检过程。

（二）封存、保管病历资料

1. 门（急）诊病历和医学影像片

根据《医疗机构病历管理规定（2013 年版）》规定，门（急）诊病历原件由患方保管，是重要的鉴定材料，患方应注意妥善保管门（急）诊病历原件以及由患方保管的医学影像片原件，如 X 光片。患方向人民法院提起诉讼后，由患方将门（急）诊病历及其他患方保管的病历资料提交给人民法院，并由人民法院移交给鉴定机构。

2. 住院病历和现场实物

封存住院病历资料是为了防止医疗机构或医务人员遗失、伪造、篡改或者违法销毁病历资料，以免影响医疗损害司法鉴定。住院病历由医疗机构制作和保管，发生医疗纠纷时，患方有权到医疗机构与医疗机构一起封存住院病历及现场实物，封存的住院病历及现场实物由医疗机构保管。患方向人民法院提起诉讼后，由医疗机构将封存的病历资料及现场实物提交给人民法院，并由人民法院移交给鉴定机构。

根据《医疗纠纷预防和处理条例》第 24 条的规定，发生医疗纠纷需要封存病历资料的，应当在医患双方在场的情况下进行。封存的病历资料既可以是原件，也可以是复制件，由医疗机构保管。病历尚未完成需要封存的，对已完成病历先行封存；病历按照规定完成后，再对后续完成部分进行封存。病历资料封存后医疗纠纷已经解决，或者患者在病历资料封存满 3 年未再提出解决医疗纠纷要求的，医疗机构可以自行启封。

对于疑似输液、输血、注射、用药等引起不良后果的，根据《医疗纠纷预防和处理条例》第 25 条的规定，医患双方应当共同对现场实物进行封存，封存的现场实物由医疗机构保管。需要检验的，应当由双方共同委托依法具有检验资格的检验机构进行检验；双方无法共同委托的，由医疗机构所在地县级人民政府卫生主管部门指定。疑似输血引起不良后果，需要对血液进行封存保留的，医疗机构应当通知提供该血液的血站派员到场。现场实物封存后医疗纠纷已经解决，或者患者在现场实物封存满 3 年未再提出解决医疗纠纷要求的，医疗机构可以自行启封。

实务中，封存住院病历资料及现场实物应当由医患双方在密封条上签字或者盖章。

二、医疗损害责任纠纷案件主要流程图

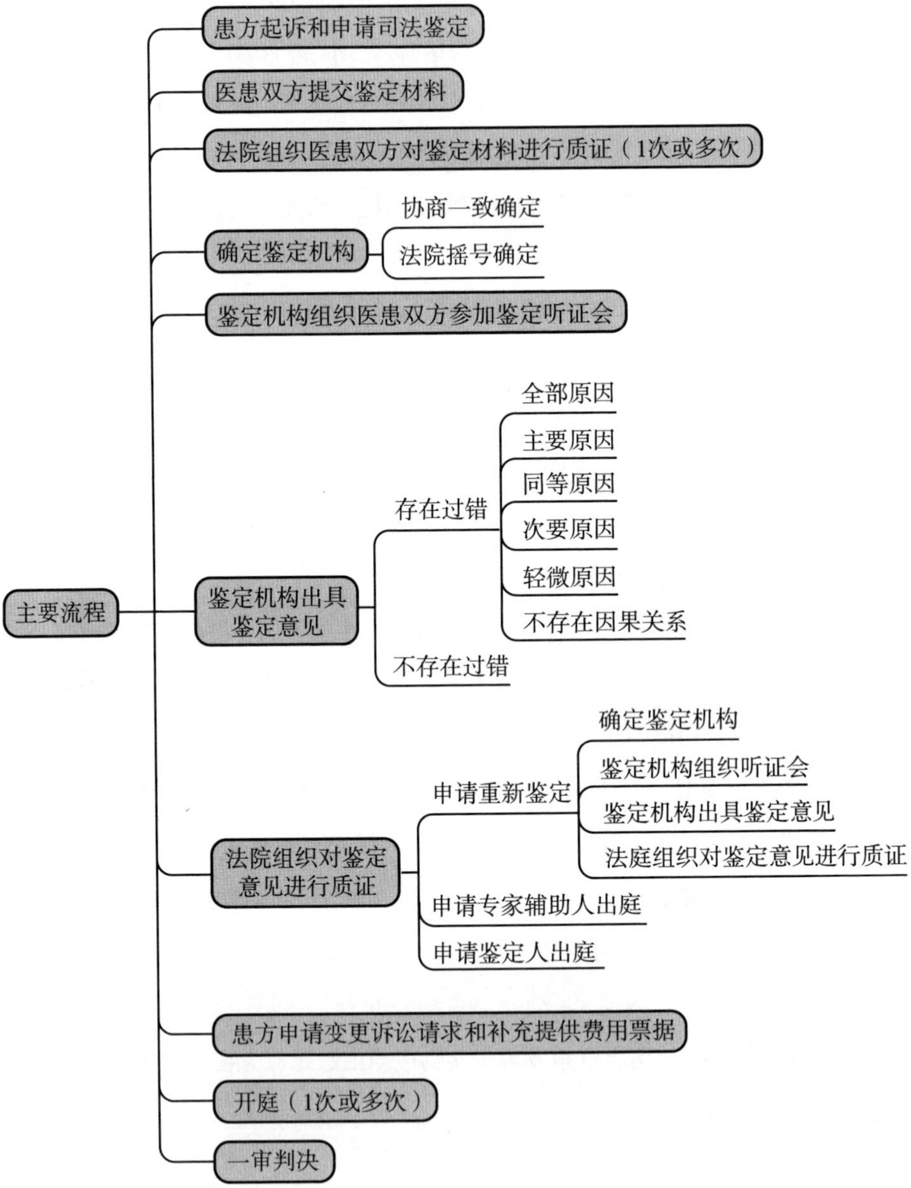
主要流程
患方起诉和申请司法鉴定
医患双方提交鉴定材料
法院组织医患双方对鉴定材料进行质证（1次或多次）
确定鉴定机构
协商一致确定
法院摇号确定
鉴定机构组织医患双方参加鉴定听证会
鉴定机构出具鉴定意见
存在过错
全部原因
主要原因
同等原因
次要原因
轻微原因
不存在因果关系
不存在过错
法院组织对鉴定意见进行质证
申请重新鉴定
确定鉴定机构
鉴定机构组织听证会
鉴定机构出具鉴定意见
法庭组织对鉴定意见进行质证
申请专家辅助人出庭
申请鉴定人出庭
患方申请变更诉讼请求和补充提供费用票据
开庭（1次或多次）
一审判决

三、医疗损害责任纠纷案件的举证责任分配

医疗损害责任纠纷案件中，最关键的是证明责任分配和鉴定问题。

医疗机构承担医疗损害责任以过错责任为主，只有在法律明确规定的情形下才适用过错推定和无过错责任的归责原则。因此，在举证责任分配上，基本遵循“谁主张，谁举证”的证据规则，在法律规定适用过错推定和无过错责任归责原则的情形下，适当减轻患方举证责任。

（一）患方就医疗损害责任构成要件承担举证责任

1. 过错责任原则下的患方举证责任

医疗机构在诊疗活动中应尽到与当时医疗水平相应的诊疗义务，保护患者或其近亲属的知情权，保护患者的隐私和个人信息。诊疗行为损害责任、侵害患者知情同意权责任、侵犯患者隐私权或个人信息责任均适用过错责任原则。

在过错责任原则下，患方要求医疗机构承担医疗损害责任，须提供以下四个构成要件方面的证据：（1）医疗机构或其医务人员对患者实施了诊疗或其他相关行为；（2）患者遭受了损害；（3）医疗机构或其医务人员的诊疗或其他相关行为存在过错；（4）过错与患者损害之间具有因果关系。

2. 过错推定原则下的患方举证责任

如果患方有证据证明其在就医过程中医疗机构具有《民法典》第 1222 条规定的以下情形之一，并由此受到了损害，即可推定医疗机构具有过错：（1）违反法律、行政法规、规章以及其他有关诊疗规范的规定；（2）隐匿或者拒绝提供与纠纷有关的病历资料；（3）遗失、伪造、篡改或者违法销毁病历资料。

医疗机构应主动向法院提交由其保管的病历资料，若不提供，患方有权向法院申请医疗机构提供。根据最高人民法院《关于审理医疗损害责任纠纷案件适用法律若干问题的解释》第 6 条第 2 款的规定，患方依法向法院申请医疗机构提交由其保管的与纠纷有关的病历资料等，医疗机构非因不可抗力等客观原因未在法院指定期限内提交的，法院可以依照《民法典》第 1222 条第 2 项规定推定医疗机构有隐匿或者拒绝提供与纠纷有关的病历资料之过错。

医疗机构篡改病历内容，应当是涉及病历的实质性内容，区别于病历书写不规范、不及时的瑕疵病历。形式瑕疵的病历不构成过错推定。[①] 患方有理由认为

① 参见上海市第一中级人民法院发布的《医疗损害责任纠纷案件的审理思路和裁判要点》。

医疗机构或医务人员伪造、篡改病历实质性内容，但无法提供充分证据的，可向法院提出笔迹鉴定申请。但是实践中由于笔迹鉴定往往存在难度，并不是所有案件中的鉴定机构都能作出笔迹鉴定意见。

3. 无过错责任原则下的患方举证责任

《民法典》第1223条规定："因药品、消毒产品、医疗器械的缺陷，或者输入不合格的血液造成患者损害的，患者可以向药品上市许可持有人、生产者、血液提供机构请求赔偿，也可以向医疗机构请求赔偿。患者向医疗机构请求赔偿的，医疗机构赔偿后，有权向负有责任的药品上市许可持有人、生产者、血液提供机构追偿。"

医疗产品包括药品、消毒产品、医疗器械、血液等。医疗机构对有缺陷的医疗产品和不合格的血液承担的是无过错责任，医疗机构是否存在过错不再成为责任构成要件，患方只需举证证明其在就医过程中使用的医疗机构提供的医疗产品存在缺陷或其在医疗机构治疗过程中输入不合格的血液、患者遭受了损害以及两者之间具有因果关系即可以要求医疗机构承担赔偿责任。

（二）医疗机构就抗辩事由承担举证责任

医疗机构抗辩存在《民法典》第1224条规定的以下特定免责事由之一，应由医疗机构承担举证责任：（1）患者或者其近亲属不配合医疗机构进行符合诊疗规范的诊疗，但是医疗机构或者其医务人员也有过错的，应当承担相应的赔偿责任；（2）医务人员在抢救生命垂危的患者等紧急情况下已经尽到合理诊疗义务；（3）限于当时的医疗水平难以诊疗。

医疗机构能够举证证明损害是因患者过错或故意、第三人过错或不可抗力等不可归责于医疗机构的情形导致的，也可以减轻或者免除医疗机构的责任。

四、医疗损害鉴定

医疗损害责任纠纷案件同时涉及法律和医学两方面问题。对于医疗机构诊疗行为是否存在过错，该过错与损害之间是否具有因果关系等专业性问题，医学会、司法鉴定机构作出的医疗损害鉴定意见是法官裁判的重要参考，辅助法官对该专业性问题作出判断。司法部于2021年发布了行业标准《医疗损害司法鉴定指南》（SF/T 0097—2021），该指南为医疗损害责任纠纷司法鉴定实践中涉及的委托、鉴定过程、听取医患双方陈述意见的程序和鉴定的基本方法等方面提供了指导。

（一）鉴定程序的启动

在医疗损害责任纠纷案件中，医疗损害鉴定的启动以当事人申请为主，法院依职权启动为辅。鉴定机构由医患双方协商确定，协商不成的，由法院指定或摇号随机确定。实践中，医患双方很难就鉴定机构达成一致意见，因此通常由法院指定或摇号随机确定。确定鉴定机构后，鉴定费用由申请鉴定的当事人预缴，通常由患方预缴。患方预缴鉴定费后，应及时向鉴定机构索取发票或收据，作为要求医疗机构赔偿鉴定费的证据。

（二）鉴定事项

最高人民法院《关于审理医疗损害责任纠纷案件适用法律若干问题的解释》第 4 条第 2 款规定："患者无法提交医疗机构或者其医务人员有过错、诊疗行为与损害之间具有因果关系的证据，依法提出医疗损害鉴定申请的，人民法院应予准许。"由于医疗机构或者其医务人员有过错、诊疗行为与损害之间具有因果关系的证明责任在患方，若患方无法提供这方面证据，患方可以向法院申请医疗损害鉴定。患方可在起诉时一并向法院提交鉴定申请书，也可在案件审理过程中向法院提交鉴定申请书。

鉴定申请书中应当有明确的鉴定事项。根据最高人民法院《关于审理医疗损害责任纠纷案件适用法律若干问题的解释》第 11 条第 1 款的规定，下列专门性问题可以作为申请医疗损害鉴定的事项：（1）实施诊疗行为有无过错；（2）诊疗行为与损害后果之间是否存在因果关系以及原因力大小；（3）医疗机构是否尽到了说明义务、取得患者或者患者近亲属明确同意的义务；（4）医疗产品是否有缺陷、该缺陷与损害后果之间是否存在因果关系以及原因力的大小；（5）患者损伤残疾程度；（6）患者的护理期、休息期、营养期；（7）其他专门性问题，如残疾辅助器具。

若患者已死亡，则不涉及上述第 5 项、第 6 项、第 7 项鉴定。部分案件中，若未进行尸检，可能还需要先委托尸检机构进行尸检。

若患者未死亡，上述事项可由同一有资质的鉴定机构进行鉴定，也可由不同鉴定机构先后分别进行鉴定，即先就上述前四项事项进行鉴定（若不涉及医疗产品，则只涉及前三项），若鉴定意见认为医疗机构存在过错，医疗机构的过错与患者损害之间具有因果关系，则后续进行上述第 5 项、第 6 项、第 7 项鉴定。在鉴定过程中，需要对无民事行为能力人或者限制民事行为能力人进行身体检查的，鉴定机构将会通知其监护人或者近亲属到场见证；必要时，可以通知法院到场见证。

在患者因伤致残的案件中，还需要对残疾辅助器具进行鉴定。部分案件审理时患者尚不具备伤残程度鉴定条件，比如患者年龄较小，或者病情尚不稳定尚不具备伤残程度等级鉴定条件，则患者可在未来具备鉴定条件时另行起诉。

（三）鉴定材料

鉴定材料应符合证据属性，当事人应当按照鉴定机构和法院要求提交真实、完整、充分的鉴定材料。在委托鉴定前，鉴定材料由医患双方先提供给法院，法院组织当事人对鉴定材料进行质证，质证后由法院移交给鉴定机构。未经法庭质证的材料，不得作为鉴定材料。

1. 患方有义务提交的鉴定材料如下：（1）患方有效身份证件复印件；（2）门、急诊病历原件及复印件；（3）医学影像片（X 光片、CT 片、MRI 片等）原件；（4）患方书面陈述；（5）其他与鉴定相关的资料。

2. 医疗机构有义务提交的鉴定材料如下：（1）医疗机构执业许可证复印件、经治医生的医师资格证书和医师执业证书复印件；（2）病历资料，包括医疗机构保管的门诊病历、住院志、体温单、医嘱单、检验报告、医学影像检查资料、特殊检查（治疗）同意书、手术同意书、手术及麻醉记录、病理资料、护理记录、出院记录以及国务院卫生行政主管部门规定的其他病历资料原件及复印件；（3）院方对治疗过程的书面陈述及意见；（4）其他与鉴定相关的资料。

医疗机构书面陈述由其根据病历资料起草，如果病历资料已经封存，医疗机构切勿擅自启封已经封存的病历资料，已经封存的病历资料应在法院组织医患双方质证时启封，医疗机构可根据启封后的病历资料起草书面陈述，并补充提供给法院。

鉴定材料复印件的份数须根据法院和鉴定机构的要求提供。

（四）鉴定意见

根据最高人民法院《关于审理医疗损害责任纠纷案件适用法律若干问题的解

释》第 12 条的规定，鉴定意见可以按照导致患者损害的全部原因、主要原因、同等原因、次要原因、轻微原因或者与患者损害无因果关系，表述诊疗行为或者医疗产品等造成患者损害的原因力大小。鉴定机构作出医疗损害鉴定意见后，法院应当组织当事人对鉴定意见进行质证。对于当事人对鉴定意见提出的异议，法院应当要求鉴定机构作出解释、说明或者补充。医患双方也有以下权利。

1. 申请专家辅助人出庭

当事人可向法院申请通知 1—2 名具有医学专门知识的人出庭，对鉴定意见或者案件的其他专门性事实问题提出意见，法院准许的，应当通知具有医学专门知识的人出庭。具有医学专门知识的人提出的意见，视为当事人的陈述，经质证可以作为认定案件事实的根据。

2. 申请鉴定人出庭

当事人对鉴定意见有异议的，还可以申请鉴定人出庭作证，经法院审查同意，或者法院认为鉴定人有必要出庭的，应当通知鉴定人出庭作证。鉴定人无健康原因、自然灾害等不可抗力或者其他正当理由拒绝出庭作证，当事人对鉴定意见又不认可的，对该鉴定意见不予采信。

3. 申请重新鉴定

根据最高人民法院《关于民事诉讼证据的若干规定》第 40 条第 3 款的规定，对鉴定意见的瑕疵，可以通过补正、补充鉴定或者补充质证、重新质证等方法解决的，人民法院不予准许重新鉴定的申请。法院可向鉴定机构发函，要求鉴定机构就当事人提出的异议出具书面说明，并组织当事人对鉴定机构的答复进行质证。但如果当事人申请重新鉴定，存在下列情形之一的，法院应当准许：（1）鉴定人不具备相应资格的；（2）鉴定程序严重违法的；（3）鉴定意见明显依据不足的；（4）鉴定意见不能作为证据使用的其他情形。

如果法院准许重新鉴定，则原鉴定意见不得作为定案依据。

五、医疗损害责任赔偿标准、赔偿项目和赔偿比例

（一）医疗损害责任赔偿标准

如案涉 1 家医疗机构，则按受诉法院所在地的赔偿标准计算。如案涉 2 家以上医疗机构，根据最高人民法院《关于审理医疗损害责任纠纷案件适用法律若干

问题的解释》第 24 条的规定，人民法院经审理，受诉法院所在地的医疗机构依法不承担赔偿责任，其他医疗机构承担赔偿责任的，残疾赔偿金、死亡赔偿金的计算，按下列情形分别处理：（1）1 个医疗机构承担责任的，按照该医疗机构所在地的赔偿标准执行；（2）2 个以上医疗机构均承担责任的，可以按照其中赔偿标准较高的医疗机构所在地标准执行。

（二）医疗损害责任赔偿项目

根据《民法典》第 1179 条的规定，侵害他人造成人身损害的，应当赔偿医疗费、护理费、交通费、营养费、住院伙食补助费等为治疗和康复支出的合理费用，以及因误工减少的收入。造成残疾的，还应当赔偿辅助器具费和残疾赔偿金；造成死亡的，还应当赔偿丧葬费和死亡赔偿金。被扶养人生活费已经被死亡赔偿金、残疾赔偿金吸收，不再单列。此外，医疗损害责任赔偿项目还涉及精神损害抚慰金、鉴定费、律师费等。

具体医疗损害责任赔偿项目如表 1 所示。

表 1　医疗损害责任赔偿项目、法律根据及代理要点

赔偿项目	法律根据	代理要点
医疗费	最高人民法院《关于审理人身损害赔偿案件适用法律若干问题的解释》第 6 条规定，医疗费根据医疗机构出具的医药费、住院费等收款凭证，结合病历和诊断证明等相关证据确定。赔偿义务人对治疗的必要性和合理性有异议的，应当承担相应的举证责任。医疗费的赔偿数额，按照一审法庭辩论终结前实际发生的数额确定。器官功能恢复训练所必要的康复费、适当的整容费以及其他后续治疗费，赔偿权利人可以待实际发生后另行起诉。但根据医疗证明或者鉴定结论确定必然发生的费用，可以与已经发生的医疗费一并予以赔偿	（1）医疗费根据医疗机构出具的医药费、住院费、检查费、挂号费、康复费等收款凭证确定。 （2）医疗费应与医疗损害相关。 （3）医疗费的赔偿数额，按照一审法庭辩论终结前实际发生的数额确定。 （4）康复费、整容费以及后续治疗费可待实际发生后另行起诉

续表

赔偿项目	法律根据	代理要点
误工费	最高人民法院《关于审理人身损害赔偿案件适用法律若干问题的解释》第7条规定，误工费根据受害人的误工时间和收入状况确定。误工时间根据受害人接受治疗的医疗机构出具的证明确定。受害人因伤致残持续误工的，误工时间可以计算至定残日前一天。受害人有固定收入的，误工费按照实际减少的收入计算。受害人无固定收入的，按照其最近3年的平均收入计算；受害人不能举证证明其最近3年的平均收入状况的，可以参照受诉法院所在地相同或者相近行业上一年度职工的平均工资计算	（1）患者为无民事行为能力人的，无误工费损失。 （2）达到退休年龄未工作的患者，无误工费损失。 （3）达到退休年龄仍在工作的患者，可以主张误工费损失。 （4）误工时间：过错诊疗行为未导致患者残疾的，误工时间根据患者接受治疗的医疗机构出具的证明确定；导致患者残疾的，误工时间可以计算至定残日前一天。 （5）患方需要提交误工损失证明。 （6）患方获得的病假工资应从误工费中扣除
护理费	最高人民法院《关于审理人身损害赔偿案件适用法律若干问题的解释》第8条，护理费根据护理人员的收入状况和护理人数、护理期限确定。护理人员有收入的，参照误工费的规定计算；护理人员没有收入或者雇用护工的，参照当地护工从事同等级别护理的劳务报酬标准计算。护理人员原则上为一人，但医疗机构或者鉴定机构有明确意见的，可以参照确定护理人员人数。护理期限应计算至受害人恢复生活自理能力时止。受害人因残疾不能恢复生活自理能力的，可以根据其年龄、健康状况等因素确定合理的护理期限，但最长不超过20年。受害人定残后的护理，应当根据其护理依赖程度并结合配制残疾辅助器具的情况确定护理级别	（1）护理费标准：护理人员有收入的，参照误工费的规定计算；护理人员没有收入或者雇用护工的，参照当地护工从事同等级别护理的劳务报酬标准计算。 （2）护理人数：参照医疗机构或者鉴定机构的意见确定，原则上为1人，一般不超过2人。 （3）护理期限：医疗机构或者鉴定机构有明确意见的，以此为参考；无明确意见的，以住院时间或治疗时间的结束时点为参考。 （4）护理期限最长不超过20年。超出护理期限或者超过20年仍需护理的，可再次起诉

续表

赔偿项目	法律根据	代理要点
交通费	最高人民法院《关于审理人身损害赔偿案件适用法律若干问题的解释》第9条规定，交通费根据受害人及其必要的陪护人员因就医或者转院治疗实际发生的费用计算。交通费应当以正式票据为凭；有关凭据应当与就医地点、时间、人数、次数相符合	（1）患者及其必要的陪护人员的交通费应与患者就医或者转院治疗相关。 （2）交通费以正式票据为凭。实践中无交通费票据或者患方提供的交通费票据无法查明与案件的关联性的，由法院酌定交通费金额
住院伙食补助费	最高人民法院《关于审理人身损害赔偿案件适用法律若干问题的解释》第10条规定，住院伙食补助费可以参照当地国家机关一般工作人员的出差伙食补助标准予以确定。受害人确有必要到外地治疗，因客观原因不能住院，受害人本人及其陪护人员实际发生的住宿费和伙食费，其合理部分应予赔偿	住院伙食补助费标准通常参照当地国家机关一般工作人员的出差伙食补助标准予以确定，各地标准有所不同
营养费	最高人民法院《关于审理人身损害赔偿案件适用法律若干问题的解释》第11条规定，营养费根据受害人伤残情况参照医疗机构的意见确定	营养费标准通常根据患者伤残情况参照医疗机构的意见确定，各地标准不同
残疾赔偿金	最高人民法院《关于审理人身损害赔偿案件适用法律若干问题的解释》第12条规定，残疾赔偿金根据受害人丧失劳动能力程度或者伤残等级，按照受诉法院所在地上一年度城镇居民人均可支配收入标准，自定残之日起按20年计算。但60周岁以上的，年龄每增加一岁减少一年；75周岁以上的，按5年计算。受害人因伤致残但实际收入没有减少，或者伤残等级较轻但造成职业妨害严重影响其劳动就业的，可以对残疾赔偿金作相应调整	（1）按照一审法院所在地法庭辩论终结时政府统计部门公布的各省/自治区/直辖市/经济特区/计划单列市上一统计年度城镇居民人均可支配收入标准计算。 （2）伤残等级具体等级对应的伤残赔偿指数为：一级：100%；二级：90%；三级：80%；四级：70%；五级：60%；六级：50%；七级：40%；八级：30%；九级：20%；十级：10%

续表

赔偿项目	法律根据	代理要点
残疾辅助器具费	最高人民法院《关于审理人身损害赔偿案件适用法律若干问题的解释》第13条规定，残疾辅助器具费按照普通适用器具的合理费用标准计算。伤情有特殊需要的，可以参照辅助器具配制机构的意见确定相应的合理费用标准。辅助器具的更换周期和赔偿期限参照配制机构的意见确定	（1）适用于导致患者残疾的案件。 （2）残疾辅助器具、费用标准、更换周期和赔偿期限参照鉴定意见确定。 （3）司法实践中，残疾辅助器具费的赔偿期限一般不超过20年，超过赔偿期限或者20年仍有需要的，可另行起诉
丧葬费	最高人民法院《关于审理人身损害赔偿案件适用法律若干问题的解释》第14条规定，丧葬费按照受诉法院所在地上一年度职工月平均工资标准，以6个月总额计算	按照一审法院所在地法庭辩论终结时政府统计部门公布的各省/自治区/直辖市/经济特区/计划单列市上一统计年度职工月平均工资标准计算
死亡赔偿金	最高人民法院《关于审理人身损害赔偿案件适用法律若干问题的解释》第15条规定，死亡赔偿金按照受诉法院所在地上一年度城镇居民人均可支配收入标准，按20年计算。但60周岁以上的，年龄每增加一岁减少一年；75周岁以上的，按5年计算	按照一审法院所在地法庭辩论终结时政府统计部门公布的各省/自治区/直辖市/经济特区/计划单列市上一统计年度城镇居民人均可支配收入标准计算
被扶养人生活费	最高人民法院《关于审理人身损害赔偿案件适用法律若干问题的解释》第16条规定，被扶养人生活费计入残疾赔偿金或者死亡赔偿金。 第17条规定，被扶养人生活费根据扶养人丧失劳动能力程度，按照受诉法院所在地上一年度城镇居民人均消费支出标准计算。被扶养人为未成年人的，计算至18周岁；被扶养人无劳动能力又无其他生活来源的，计算20年。但60周岁以上的，年龄每增加一岁减少一年；75周岁以上的，按5年计算。被扶养人是指受害人依法应当	（1）按照一审法院所在地法庭辩论终结时政府统计部门公布的各省/自治区/直辖市/经济特区/计划单列市上一统计年度城镇居民人均消费支出标准计算。 （2）赔偿权利人举证证明其住所地或者经常居住地城镇居民人均可支配收入高于受诉法院所在地标准的，残疾赔偿金或者死亡赔偿金可以按照其住所地或者经常居住地的相关标准计算

续表

赔偿项目	法律根据	代理要点
被扶养人生活费	承担扶养义务的未成年人或者丧失劳动能力又无其他生活来源的成年近亲属。被扶养人还有其他扶养人的，赔偿义务人只赔偿受害人依法应当负担的部分。被扶养人有数人的，年赔偿总额累计不超过上一年度城镇居民人均消费支出额。 第 18 条规定，赔偿权利人举证证明其住所地或者经常居住地城镇居民人均可支配收入高于受诉法院所在地标准的，残疾赔偿金或者死亡赔偿金可以按照其住所地或者经常居住地的相关标准计算。被扶养人生活费的相关计算标准，依照前款原则确定	
精神损害抚慰金	最高人民法院《关于确定民事侵权精神损害赔偿责任若干问题的解释》第 5 条规定，精神损害的赔偿数额根据以下因素确定：（1）侵权人的过错程度，但是法律另有规定的除外；（2）侵权行为的目的、方式、场合等具体情节；（3）侵权行为所造成的后果；（4）侵权人的获利情况；（5）侵权人承担责任的经济能力；（6）受理诉讼法院所在地的平均生活水平	精神损害抚慰金，各地赔偿金额上限不同，通常由法院酌定
鉴定费	根据《诉讼费用交纳办法》第 12 条和最高人民法院《关于民事诉讼证据的若干规定》第 31 条的规定，鉴定费由申请鉴定的当事人预交	（1）鉴定费金额以鉴定机构出具的票据为凭。 （2）医患双方如何负担医疗损害鉴定费，各地司法实践有所不同，即使是同一地区的法院对鉴定费的裁判结果也不一致。 （3）主流做法是参照诉讼费由双方分配，或者按照赔偿比例分配

续表

赔偿项目	法律根据	代理要点
律师费	非法律明确列明的赔偿项目，部分法院支持，部分法院不予支持	（1）支持观点：比如上海地区法院酌情支持患方支出的律师费损失。相关案例编号：（2021）沪0112民初40081号、（2021）沪0115民初105541号。 （2）不支持观点：比如苏州地区法院认为律师费缺乏法律依据，不支持律师费损失。相关案例编号：（2020）苏0508民初6236号、（2020）苏0508民初2844号
惩罚性赔偿	根据《民法典》第1207条和最高人民法院《关于审理医疗损害责任纠纷案件适用法律若干问题的解释》第23条的规定，医疗产品的生产者、销售者、药品上市许可持有人明知医疗产品存在缺陷仍然生产、销售，造成患者死亡或者健康严重损害，被侵权人可请求生产者、销售者、药品上市许可持有人赔偿损失及二倍以下惩罚性赔偿	仅适用于医疗产品责任纠纷案件

（三）医疗损害责任赔偿比例

法院参照鉴定意见认定的原因力大小确定医疗机构承担的赔偿比例，并计算出医疗机构承担的赔偿金额。计算公式为：赔偿金额＝赔偿项目金额 × 赔偿比例。

根据原因力大小，赔偿比例一般如表2所示。

表2　医疗损害责任赔偿比例

原因力大小	赔偿比例
全部原因	100%
主要原因	60%—90%
同等原因	50%

续表

原因力大小	赔偿比例
次要原因	20%—40%
轻微原因	0—20%
与患者损害后果无因果关系	（1）赔偿比例为0。 （2）若医疗机构存在未尽告知义务、病历书写不规范等过错，虽与患者人身损害无因果关系，不排除法院依据公平原则酌情判决医疗机构承担一定金额的赔偿责任。相关案例：（2021）苏01民终1496号、（2021）沪0110民初19318号

结语

不同地区的医疗损害责任赔偿标准和赔偿项目的计算标准不同，司法实践也有差异。建议律师代理医疗损害责任纠纷案件，不仅要检索研究相关法律规定，也要检索研究受诉法院所在地高级人民法院出具的司法意见，以及受诉法院所在地裁判案例，以全面维护医患双方的合法权益。

第六章

专项合规

医药企业税务合规法律风险及应对建议

赵海清　姚天慈

引言

2023 年 5 月 8 日，国家卫生健康委员会、国家医疗保障局等 14 个部门联合发布了《关于印发 2023 年纠正医药购销领域和医疗服务中不正之风工作要点的通知》(以下简称《2023 年纠正不正之风工作要点》)，宣告了对医药购销领域、医疗服务领域不正之风问题整治的全覆盖。随后，各省（自治区、直辖市）纷纷响应，陆续发布了各地贯彻落实《2023 年纠正不正之风工作要点》的具体措施，部署配合开展医药领域腐败问题集中整治。本次医药反腐无论是在广度还是在力度上都是前所未有的，旨在深度、彻底地整治医药行业的不正之风，推动医药购销领域和医疗服务行业的健康发展。

《2023 年纠正不正之风工作要点》实施以来，全国范围内医药领域的腐败问题整治工作已初见成效，但如何进一步巩固并扩大成果依然是我国目前面临的一个重要课题。2024 年 5 月 17 日，国家卫生健康委员会、国家税务总局等 14 个部门联合发布《关于印发 2024 年纠正医药购销领域和医疗服务中不正之风工作要点的通知》(以下简称《2024 年纠正不正之风工作要点》)，明确了 2024 年度纠正医药购销领域和医疗服务中不正之风工作的总体要求，并对此作出了具体部署。

在医药反腐持续发酵的大背景下，医药行业大量涉税违法案件被查处，行业涉税风险较高，药企税务合规势在必行。本文将具体分析与拟上市企业相关的税务合规的隐患、各大交易所的审核要点以及可能涉及的法律责任等，提出如何更好应对税务合规新挑战的意见和建议，供相关企业参考。

一、医药企业的税务合规新挑战

（一）医药反腐背景下企业税务合规的隐患

自 2023 年开始的医药反腐主要是针对医药的流通环节，医药企业面临医药流通环节的合规体系建设与风险评估的多重压力。在此背景下，相对于利益输送等不合规营销手段等可能带来的直观的法律风险，税务合规的问题则是相对隐蔽的。事实上，作为相对隐性的风险点，税务合规往往容易被医药企业所忽视，从而可能成为企业医药合规体系中最为薄弱的环节。

医药领域的购销环节是近几年医疗反腐工作的关注重点。医药企业虚构交易、支付各类虚假费用等行为都直接导致税收违法的结果。不仅如此，多种监管手段的运用，以及多部门协查机制的广泛实施也为反腐行动发挥了重要作用。不少省市已经组建了“医审联动”“医税联建”等机制，进一步完善了监管体系。例如，2024 年 2 月，南京市审计局与市医保局、市卫健委共同签订战略合作协议，表示将定期共享医保基金和医疗卫生等数据，实现全市医保、医疗领域监督全覆盖。嘉兴市医疗保障局秀洲分局在 2024 年 5 月与国家税务总局嘉兴市秀洲区税务局、嘉兴市经开税务局共同签订“医税联建”20 条合作协议，表示将通过数据联享，实现基金防控“零风险”等。此种跨部门的协同机制将在未来的核查工作中进一步发挥作用，暴露出更多实质违法的行为。在此趋势下，税务机关的介入，很大程度上会触发不合规医药企业多方面法律税务风险的集中爆发，为医药企业的税务合规带来更大的挑战。

（二）医疗改革推进“两票制”对税务合规的影响

2016 年 12 月 26 日，原国务院深化医药卫生体制改革领导小组办公室、原国家卫生和计划生育委员会、原国家食品药品监督管理总局、国家发展和改革委员会、工业和信息化部、商务部、国家税务总局、国家中医药管理局发布实施《关于在公立医疗机构药品采购中推行“两票制”的实施意见（试行）》（国医改办发〔2016〕4 号），宣布全国医药流通领域开始施行“两票制”改革。2017 年 1 月 24 日，国务院办公厅又发布了《关于进一步改革完善药品生产流通使用政策的若干意见》（国办发〔2017〕13 号），表明在药品购销领域全面推行“两票制”（见

图 1）。

药品购销领域的“两票制”指的是药品生产企业到流通企业开一次发票，流通企业到医疗机构开一次发票，一共只能开两次发票；并要求“药品流通企业、医疗机构购销药品要建立信息完备的购销记录，做到票据、账目、货物、货款相一致，随货同行单与药品同行”。

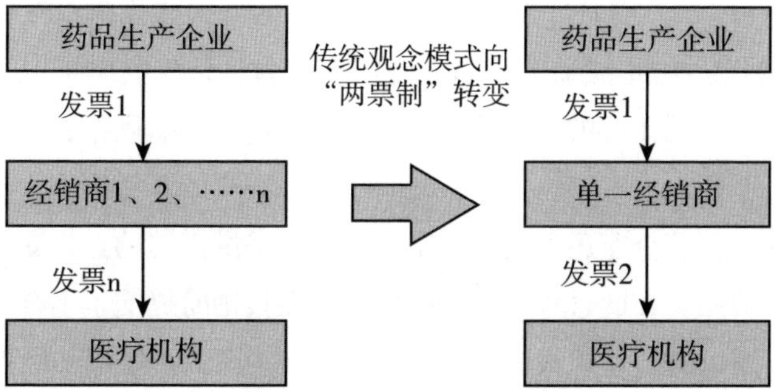

图 1　传统观念模式向“两票制”转变

随着“两票制”的施行，医药购销流程中的“公关费”“回扣金额”“佣金”等隐性成本将无法通过层层过票的方式入账。正因如此，一部分经销商转型成为合同销售组织（contract sales organization，CSO）。其中不乏有“伪 CSO 公司”并没有实质上提供真实的市场服务，而是打着 CSO 公司表面合规的幌子，“高开”的同时“高返”。同时，“伪 CSO 公司”若为并未真实提供的服务开具服务费发票，还可能涉嫌虚开增值税发票；若药企以此抵扣税款，也将产生巨大的税务合规风险。

具体而言，CSO 公司在提供双方约定的服务时，其工作成果主要体现为工作计划、调研报告、拜访记录、活动纪要等材料，而医药企业对 CSO 公司提供的相关服务的审核通常仅停留在书面形式，这种书面审核（形式审核）的方式，也为 CSO 公司夸大或虚构服务内容留下了空间，也导致了各类税收问题的滋生，其中以虚开发票问题最为严重。实践中，CSO 公司如果存在税收违法行为，形成大量异常发票，引发自身税务行政责任乃至刑事责任的情况，也会导致接受发票的医药企业在税务上产生一定税务风险。在此背景下，企业税务合规的风险越发显著且应当引起企业的重点关注。

（三）医药行业新业务模式下税务合规的风险

医药行业的销售环节主要存在医药企业自营销售和外包 CSO 等第三方营销等模式。在不同的销售模式下，医药企业均可能面对相应的税务风险。

1. 医药企自营销售模式

在医药企业采用自营销售模式的情况下，医药企业可能以各种名义或形式实施“带金销售”①，或通过支付咨询费等费用的方式违规向医疗机构或医务人员进行利益输送。在此情景下，部分医药企业为将相应的回扣、佣金等费用在税前列支，可能会用无关的发票甚至虚开的发票进行入账操作，从而带来显著的税务风险。

此外，部分医药企业还可能通过向销售人员提供报销的方式支付销售人员垫付的“销售”费用。在此过程中，若销售人员在报销时提交了不合规或虚开的发票、凭证等，用以进行违规报销，则也可能给相关医药企业带来税务风险。

2. 外包 CSO 等第三方营销模式

在医药企业存在主观故意的情况下，如前文所述，由于受到 CSO 公司的业务内容以及行业环境等的限制，CSO 公司往往难以清晰地提供材料证明或界定其提供服务的全部内容。部分医药企业可能会通过 CSO 公司等组织路演、培训活动、研讨会议等形式提供名义上的推广服务并支付高价服务费、咨询费、赞助费等，同时将 CSO 公司向其开具的基于上述不实的“高价服务费、咨询费、赞助费”的发票用于抵扣税款，从而导致税务合规的法律风险。

除此之外，在医药企业不存在主观故意的情况下，由于增值税存在风险向全链条传导的现象，即便医药企业主观上没有税收违法的故意，也可能会受到来自不合规 CSO 公司上游税务风险的牵连，即若医药企业合作的 CSO 公司自身存在虚开发票、利益输送等违法行为，则该医药企业很可能因此被税务机关一并进行查处。

综上所述，无论是医药企业自营的销售模式还是外包 CSO 公司的销售模式，如医药企业利用其取得的或销售人员报销的上述发票进行税前扣除，均有可能触

① “带金销售”是医药行业中一种不正当的营销手段。涉及药企通过给予处方医生、有进药决策权和影响力的人士回扣，谋取交易机会或竞争优势。这种行为不仅违反公平竞争原则，还导致药品价格的居高不下，将商业贿赂的成本转嫁到了患者身上。

发税务合规的法律风险。就拟上市企业而言，应对相关法律风险需要注意的要点以及具体法律责任和影响后果等，笔者在下文将进行进一步的分析说明。

二、证券交易所对医药企业税务合规的审核要点

据统计，2023 年度 IPO 审核问询企业数量同比 2022 年度大幅减少，涉税问询企业的占比也在下降，但涉税问题的数量却大幅增加。涉税问题主要集中在关联交易定价的公允性、收入确认的涉税问题以及研发费用归集问题三个方面。其中：收入确认的涉税问题在 2022 年度为 101 个，2023 年度为 567 个；研发费用归集问题在 2022 年度为 82 个，2023 年度为 407 个；股权激励涉税问题在 2022 年度为 21 个，2023 年度为 155 个。就各板块而言，2023 年受到涉税问询的企业数量及比例如表 1 所示。

表 1　相关审核信息

上市板块	审核企业 / 家	涉税问询企业 / 家	涉税问询率 / %
主板	91	57	62.64
创业板	110	63	57.27
科创板	36	21	58.33
北交所	69	52	75.36
合计	306	193	63.07

如表 1 所示，各板块对于税务问题的关注度均在 50% 以上，属于较高的程度。据统计，2023 年度主板问询的涉税问题中，关注度最高、出现频率最多的涉税问题是交易定价的公允性问题，占比高达 29.62%；其次为收入确认的涉税问题，占比为 19.78%；除此之外，研发费用的相关问题以及股权激励的涉税问题也是问询频率较高的问题。2023 年度科创板问询频率最高的涉税问题同样也是交易定价的公允性问题，占比高达 22.90%。2023 年度创业板问询的涉税问题主要集中在研发费用归集问题，以及收入确认的涉税问题上。2023 年度北京证券交易所（以下简称北交所）问询的涉税问题主要集中在收入确认的涉税问题上，占比高达 30.60%，这也使北交所成为对收入问题最关注的板块。

（一）上海证券交易所关于税务合规的审核要点

根据上海证券交易所（以下简称上交所）发布的《上交所发行上市审核动态》（2023 年第 4 期），医药企业在购销过程中应当重点关注的可能导致税务合规风险的要点之一是：各类推广活动所涉各项费用的真实性和完整性。

为确保相关费用的真实性、合理性与合法性，公司需要对为推广公司产品举办的学术会、研讨会、路演等支付的费用、参会人数、收费标准等进行详细的核查。如前文所述，在此类推广活动中存在明显的虚构服务导致的税务合规风险，因此，这一问题自然地也成为上市过程中交易所重点关注的问题。

鉴于此，拟在上交所上市的医药企业应当对不同模式下销售推广活动开展的合法合规性，费用支出的真实性、合理性，内控有效性，关联关系以及交易公允性等进行核查，从而最大程度上避免自身陷入税务危机。

（二）深圳证券交易所关于税务合规的审核要点

深圳证券交易所（以下简称深交所）于 2023 年 2 月 22 日发布的《关于深市医药公司商业贿赂相关问题监管工作情况的报告》（深证发〔2023〕36 号），其中总结了医药行业商业贿赂的主要形式以及医药行业销售费用指标。根据其梳理的主要监管方向，不难看出深交所在医药企业税务合规的审查过程中重点关注的是医药代表佣金核算的合理性以及推广费用的真实性，其中后者与上交所的关注点高度重合。

实务中不乏存在医药企业通过医药代表向医生行贿等行为，从而导致行贿支出无法抵扣成本多交增值税和企业所得税的风险等情况。因此，就医药代表佣金核算的合理性而言，深交所重点关注销售人员的薪酬水平与同行业对比的情况，销售费用中佣金的核算方法、计提比例、是否符合商业模式和行业惯例、是否存在商业贿赂、是否有合同支持，佣金与外销收入或营业收入的变动趋势是否一致。

（三）北交所关于税务合规的审核要点

北交所是三大交易所中对于收入确认的涉税问题最为关注的交易所。具体而言，北交所主要关注的是部分医药企业存在采用错误的方法核定视同销售收入，导致视同销售的计税价格明显低于正常售价，从而带来了显著的税务风险。例如，根据《增值税暂行条例实施细则》第 16 条的规定，成本加成是核定视同销售收入额可以采用的最后一种方法。这意味着，该核定收入的方法必须在采用其他方法无法获得同期同类价格时才能采用。而实务中经常出现企业在处理样品药视同销售时未参考同期同类价格即采用成本加成的方式进行核定收入，进而导致视同销售的计税价格明显低于正常售价的情况。

综上所述，虽然不同板块对相关税务问题关注重点各有侧重，但整体而言，各板块对于医药企业的税务合规的审核还是集中在购销阶段的定价公允性、商业贿赂以及收入确认等问题，因此拟上市的医药企业应当重点关注上述几个方面。

三、相关税务合规风险的法律责任及相关案例

医药企业面临的税务风险主要体现在虚开发票、隐匿收入、虚列支出、虚增成本费用等方面，该等税务风险对应的法律责任具体总结如下。

（一）虚开发票的法律责任

《2024年纠正不正之风工作要点》明确指出要“聚焦虚开发票、虚假交易、虚设活动等形式违规套取资金用于实施不法行为”，并表示将“保持打击高压态势”。

对于医药企业接受并用于抵扣税款的虚开的发票，如有证据证明医药企业在明知交易不真实的情况下让CSO公司或其他开票方为其虚开发票，将可能产生如下经济后果及法律责任。

1. 行政责任

根据《发票管理办法》第35条的规定，如果企业存在该管理办法第21条规定的虚开发票的行为，即为他人、为自己开具与实际经营业务情况不符的发票，让他人为自己开具与实际经营业务情况不符的发票，介绍他人开具与实际经营业务情况不符的发票的情形，税务机关不仅可以没收企业违法所得，还可以并处罚款（虚开金额在1万元以下的，可以并处5万元以下的罚款；虚开金额超过1万元的，可以并处5万元以上50万元以下的罚款）。

根据国家税务总局《关于纳税人取得虚开的增值税专用发票处理问题的通知》，企业作为受票方，利用他人虚开的专用发票，向税务机关申报抵扣税款进行偷税的，应当依照《税收征收管理法》及有关规定追缴税款，处以偷税数额5倍以下的罚款。

2. 刑事责任

虚开增值税专用发票罪，是指以无中生有或者以少开多的手段，在增值税专

用发票上开具虚假税款数额的行为。其表现为没有货物销售或没有提供应税劳务而开具增值税专用发票，或者虽有货物销售或提供了应税劳务但开具内容不实的增值税专用发票的行为，主要包括以下行为。

（1）为他人虚开增值税专用发票：开票人没有货物购销、没有提供或接受应税劳务，为他人虚开增值税专用发票的行为；或者有货物购销，提供或接受应税劳务，在开票时却应对方要求以少开多，为他人开具数量或金额不实的增值税专用发票的行为。

（2）为自己虚开增值税专用发票：利用手中持有的增值税专用发票或者其他发票，虚开供自己用于骗取出口退税、抵扣税款的行为。

（3）让他人为自己虚开增值税专用发票：指使、要求或者收买、诱骗他人为自己虚开增值税专用发票的行为。

（4）介绍他人虚开增值税专用发票：在虚开增值税专用发票或者其他用于骗取出口退税、抵扣税款的其他发票的犯罪的过程中为虚开和接受虚开双方牵线，以从中牟取非法利益的行为。

根据《刑法》第 205 条，虚开增值税专用发票，可能受到的刑事处罚具体如表 2 所示。

表 2　虚开增值税专用发票罪刑罚类别

类别	刑罚	附加刑
一般情形	3 年以下有期徒刑或者拘役	2 万元以上 20 万元以下罚金
数额较大	3 年以上 10 年以下有期徒刑	5 万元以上 50 万元以下罚金
数额巨大或者有其他特别严重情节	10 年以上有期徒刑或者无期徒刑	5 万元以上 50 万元以下罚金或者没收财产

如前文所述，对于虚开发票没有主观故意的医药企业，也有可能受到 CSO 公司等开票方自身税务不合规的牵连，出现难以充分证实取得的发票对应真实营销交易的情况。根据国家税务总局《关于纳税人善意取得虚开的增值税专用发票处理问题的通知》（国税发〔2000〕187 号）的规定，在此情况下，医药企业可能被认定为善意取得虚开的发票，虽可免于行政处罚且无须缴纳滞纳金，但相应增值税进项税额仍应转出，并且当涉及未及时补开、换开发票或取得无法补开、

换开发票证明的情况时，还可能被要求补缴企业所得税。

例如，因涉嫌偷税、虚开发票等情况，恒安芙林药业在三次被问询接受虚开的情况后撤回了IPO申请。

在恒安芙林药业准备上市的阶段中，四川省仪陇县人民法院公布的“费某、吴某、周某等虚开发票一案”中，被告人费某等人注册了13家CSO公司，通过虚开医药类普票方式为恒安芙林药业、贵州益佰等多家医药公司开具普票，被依法追究刑事责任。

据此，深交所首次问询即要求发行人说明虚开案件的具体情况，包括具体案情、发行人是否面临行政处罚，实控人、董监高是否存在被追究刑事责任的风险，在报告期内是否存在销售未开票或者虚开的情况。在第二次问询中，深交所详细问询了接受虚开发票税费抵扣的情况，包括发行人是否事前知晓虚开的情况，以及是否存在其他虚开发票等税务违法违规情况；在第三次问询中，针对推广商曾涉及虚开发票的问题，要求发行人说明是否对发票真实性内部设置相关内控措施。

2022年3月28日，恒安芙林药业申请撤回发行上市申请文件，深交所决定终止其IPO审核。

（二）偷逃税的法律责任

根据《刑法》第201条的相关规定，逃税罪指的是纳税人采取欺骗、隐瞒手段进行虚假纳税申报或者不申报，逃避缴纳税款数额具有以下情形的犯罪行为。具体刑罚如表3所示。

表3　逃税罪刑罚类别

类别	虚开金额	刑罚	附加刑
一般情形	数额较大并且占应纳税额10%以上的	3年以下有期徒刑或者拘役	罚金
数额巨大	数额巨大并且占应纳税额30%以上	处3年以上7年以下有期徒刑	罚金

注：经税务机关依法下达追缴通知后，补缴应纳税款，缴纳滞纳金，已受行政处罚的，不予追究刑事责任；但是，5年内因逃避缴纳税款受过刑事处罚或者被税务机关给予二次以上行政处罚的除外。

例如，某医药经销企业涉嫌咨询服务费、会议费列支不实，虚增业务推广费。

某医药经销企业原有多个药品在某省具有省代或独家代理资格。“两票制”实施后，该企业实控人利用公司员工或亲属身份证明注册成立了40余家个人独资企业或一人CSO公司，注册地位于各地市园区内。除其中1家公司名下有员工工资等成本费用列支，有完整财务核算之外，其余个人独资企业或一人CSO公司均无实际经营业务，名下亦无人员人工等成本费用列支，个人独资企业或一人CSO公司的开票量、开票类型（咨询服务费、推广费、会议费、宣传费）均由有控制权的公司根据实际药品销量情况等指定。制药企业支付的咨询服务费等最终通过个人独资企业或一人CSO公司等流向该医药经销企业原旗下医药代表、制药企业员工名下账户，该企业最终被税务机关认定为“列支不实、虚增费用”。

事实上，“两票制”实施后，为了形式上符合规定，大量的CSO公司等第三方服务公司出现，这些第三方服务公司大多由原医药经销商注册成立，一个经销商利用多个身份证件注册多家公司，利用税收园区综合税负极低的优势为自己实际控制的经销公司或为制药企业虚开专票或普票。实践中，药企虚列咨询服务费、会议费、虚增业务推广费现象较为普遍，其发票的取得大多源于医药咨询服务公司，容易受到咨询服务公司虚开风险的波及，若无证据资料支持咨询服务的真实发生、资金回流至制药企业可能引发虚开增值税专用发票刑事责任；同时，制药企业取得虚开发票也不得作为税前扣除凭证，同步面临被认定为逃税的行政责任和刑事责任风险。

（三）其他相关法律责任和负面影响

1. 纳税信用降级与联合惩戒

根据《重大税收违法失信主体信息公布管理办法》（国家税务总局令第54号）第6条的规定，税务机关可以将具有虚开发票、达到一定金额或比例的偷税等税务违规违法行为的企业，确定为“重大税收违法失信主体”，并公布重大税收违法失信案件信息。同时根据《纳税信用管理办法（试行）》（国家税务总局公告2014年第40号）等规定，如果企业存在相应的重大税收违法行为，则本年度纳税信用将直接判定为D级并进行公布。

企业被评为D级之后，对经营最直接的影响是发票领用会受到限制，企业需要对外开具发票时，可能不得不逐笔向税务机关提供业务资料，经审核后才能开具发票。同时，企业也会被税务机关列入重点监控对象，进而提高监督检查频次，加强出口退税审核，加大税收违法违规行为的处罚力度等。评价为D级的纳税人无法享受包括增值税留抵退税在内的诸多优惠政策或税收便利化措施。另外，D级评价会产生关联影响，评价为D级的纳税人的直接责任人注册登记或负责经营的其他企业，也将直接判为D级。

D级评价结果一般保留2年，且第3年不得评价为A级。尽管法规给予D级纳税人一定的信用修复路径，但修复的条件较为严格，通常无法在12个月内实现修复。

除此之外，税务机关也会将信息通报其他相关部门，对重大税收违法的企业实施联合惩戒。根据《关于对重大税收违法案件当事人实施联合惩戒措施的合作备忘录（2016年版）》（发改财金〔2016〕2798号）的规定，税务机关将定期向签署备忘录的部门和单位提供重大税收违法案件及当事人信息，并进行公示，供社会查阅。相关部门和单位收到相关名单后，将根据备忘录约定，对相关企业实施包括从严控制生产许可证发放、依法限制发行公司债券、依法禁止参加政府采购活动等28项全方位联合惩戒措施，将会对企业的经营与发展产生重大不利影响。

2. 国家医疗保障局分级处置失信行为

2020年11月18日，国家医疗保障局医药价格和招标采购指导中心发布《医药价格和招采信用评价的操作规范（2020年版）》，对医药企业的失信行为进行评级（见表4），并根据失信等级分级处置（见表5）。

表4　失信行为信用评级

分类	内容
评级主体	信用评级以省为单位进行，由本省集中采购机构具体负责实施，接受省级医疗保障部门的指导和监督
裁量基准	信用评级根据失信行为的性质、情节、时效，以及影响范围等因素，将医药企业在本地招标采购市场的失信情况评定为“一般”“中等”“严重”“特别严重”四个等级，具体的裁量基准由本中心另行发布并动态更新

续表

分类	内容
评级方法	医药价格和招采信用评级的基本方法是先评具体行为的信用等级，再根据各个行为的信用等级综合确定失信主体的信用等级
评级要求	信用评级所依据事实限于发生在本省范围内的失信事项，本省未发生失信行为的，不以在其他省份的失信行为、失信等级作为本省信用评级结果，列入《全国医药价格和招采失信企业风险警示名单》的除外
评级周期	省级集中采购机构每季度第1个月的最后1个工作日前集中公布最新一期信用评级结果，并同步采取相应的处置措施

表5　失信等级分级处置

等级	处置方式
一般	省级集中采购机构给予书面提醒告诫
中等	除提醒告诫外，应在医药企业或相关医药产品的平台信息中标注信用评级结果，并在医疗机构下单采购该企业生产、配送的药品或医用耗材时，自动提示采购对象的失信风险信息
严重	除提醒告诫、提示风险外，应限制或中止该企业涉案药品或医用耗材挂网、投标或配送资格，限制或中止期限根据医药企业信用修复行为和结果及时调整
特别严重	除提醒告诫、提示风险外，应限制或中止该企业全部药品和医用耗材挂网、投标或配送资格，限制或中止期限根据医药企业信用修复行为和结果及时调整

注：对于失信等级评定为“严重”和“特别严重”的医药企业，省级集中采购机构定期向社会公开披露该企业评级结果和相关信息，接受社会监督。

四、加强医药企业税务合规管理的建议

（一）建立内控制度，加强合规凭证的收集与管理

建立健全企业专门的税务合规管理组织，是企业防范涉税风险的重要手段之一。一方面，企业需要结合自身的规模和需要设置合理的管理方法，形成专业化、有组织的职能部门，专门负责企业的内控管理。另一方面，医药企业需要结

合行业特点和自身业务模式，量身制定税务合规的内部制度，搭建起包含成本费用真实性审查、服务商选择与考察、合同审批等在内的制度体系，强化企业整体和员工的税法遵从意识，以期在业务早期即遏制涉税风险。

（二）有效应对税务稽查

在税务机关启动稽查程序前，医药企业可以根据已有线索展开税务自查，对于取得不合规发票的业务，要求相对方为企业换开合规合法的发票，无法取得对方换开发票的，应根据规定准备提供真实性的证明材料。在面对税务检查时，若咨询服务真实发生而代开发票或开票不规范，企业应主动积极抗辩与举证。综上所述，医药企业应在平时积极做好税务合规的自查和管理，并积极面对相关部门的税务稽查，进行有效抗辩以维护企业合法权益。

（三）加强供应商资质审核

如前文所述，由于增值税存在风险向全链条传导的现象，医药企业还应当注重对供应商的选择和资质的审查，并严格遵循企业税务合规管理要求，建立健全相关业务流程，妥善做好合同、发票和其他凭证的整理归档工作，留存相关凭证等证据资料，避免相关供应商被证实虚开或收到其他税务处罚时将风险传导至自身。

（四）加强合同、发票及资金审核

就医药企业而言，加强企业涉药交易合同管理可以有效地实现对虚开发票风险的管控。具体而言就是要在合同洽谈、签订、履行等各个合同环节采取针对性的措施，对虚开发票等涉税风险进行防控。比如，在签约之前要对交易相对方是否被列入重大税收违法案件的“黑名单”等资信情况进行审核等，从而充分控制企业税务合规的法律风险。

结语

在医药领域加强反腐的大背景下，医药企业税务合规的法律风险越发显著，在此，医药企业进入进行税务合规整改，充分排查风险，完善税务合规管理制度建设，推进可持续发展的关键时期。医药企业应当吸取经验教训，在加强自身的合规体系建设的基础上，及时对企业可能存在的税务合规风险进行评估和排查，建立健全企业的税务合规管理体系，积极应对医药反腐浪潮下企业税务合规的新挑战，回归医药本源。

医药大健康产品进出口关务合规指引

刘　杰　周心悦

随着“健康中国 2030”战略的实施，中国医药大健康产业迎来了前所未有的发展机遇，中国人口结构老龄化及健康意识提升亦为医疗产业带来持续扩张的市场需求。2023 年中国医药产品进出口总额达到 1953.7 亿美元，海关作为国家进出口监管的重要部门，对于医药大健康产品的监管和服务也在不断优化。在保障国家安全和公共利益的前提下，海关通过实施风险评估、优化通关流程、提高通关效率等措施，支持医药大健康产品的进出口贸易，促进了产业的国际化发展。同时，随着《生物安全法》等新立法的实施，海关在监管中更加注重生物安全和伦理审查，确保了医药大健康产业的健康发展。在这一背景下，医药大健康企业需要更加关注国际贸易规则和海关政策的变化，加强合规管理，提升国际竞争力。本文结合医药行业相关政策和海关监管规定，聚焦进出口监管规定及潜在风险，旨在为医疗企业进出口活动提供合规指导和风险防控策略。鉴于进出口货物品种繁多，受篇幅所限，本文仅围绕药品、特殊物品（包括生物两用物项及人类遗传资源材料）及医疗器械三个类别货物的进出口展开讨论。

一、医药大健康产品进出口海关监管规定概述

我国对医疗产品进出口的监管依托海关税则号列作为关键的调控手段，通过跨部门的协同合作，旨在维护国民的生命健康安全。具体而言，药品监督管理机构及相关科学部门负责制定医疗产品的实质性监管标准，海关部门依据这些标准，在相应的税则号列中明确监管条件，既便利企业进行进出口活动，又确保了国民的生命健康得到有效保障。

在法律规范的构建上，我国医疗产品进出口监管体系以《海关法》、《药品

管理法》、《生物安全法》以及《国境卫生检疫法》等法律为基础框架，通过《药品进口管理办法》、《麻醉药品和精神药品管理条例》、《人类遗传资源管理条例》以及《医疗器械监督管理条例》等一系列行政法规和部门规章，对各类医疗产品的进出口监管条件进行了详尽的规定。为确保上述监管要求得以有效实施，相关部门进一步颁布了包括《出入境特殊物品卫生检疫管理规定》、《货物进口许可证管理办法》、《人类遗传资源管理条例实施细则》、《两用物项和技术进出口许可证管理办法》以及《医疗机构临床急需医疗器械临时进口使用管理要求》等众多部门文件。这些规定对医疗产品的进出口监管的实质内容和程序要求进行了进一步的明确和细化，以期实现监管措施的精准落地。

（一）药品进出口监管规定

根据《进出口税则》规定，进口药品税号主要集中于第三十章“药品”、第二十九章“有机化学品”及第十二章“工业用或药用植物”中。根据监管条件的不同，我们将药品分为一般药品、麻醉及精神药品（以下简称麻精药品）、兴奋剂（除麻精药品外），具体监管规定如下所述。

1. 一般药品：药品进出口具有“宽出严进”的特点，依据《药品进口管理办法》，药品进口需自国家药品监督管理局申请办理进口药品通关单（监管证件代码 Q），可能涉及的检验检疫项目包括进出境动植物产品检疫（检验检疫类别代码 P/Q）、进出口食品卫生监督检验（检验检疫类别代码 R/S）。此外，药品进口需经国务院批准的特定口岸进口，在国内完成注册或取得进口药品批件（适用于临床急需、捐赠药品、新药研究等特定情况），并经口岸药品检验所检验合格。另需注意的是，以上要求均为货物通关要求，如个人携带或寄递合理自用数量内的药品，则不受上述限制。具体相关监管要求如图 1 所示。

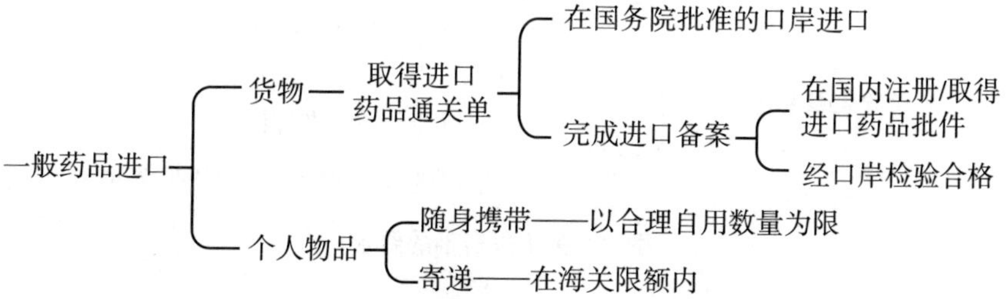

图 1　一般药品进口相关监管要求

2. 麻精药品：麻精药品是指列入麻醉药品目录、精神药品目录的药品和其他物质。麻精药品具有成瘾性，属于毒品，因此进出口受到严格监管。根据《药品管理法》，进出口麻精药品应取得麻精药品进出口准许证（监管证件代码 I）。此外，出口、临床进口、科研教育进口三类情况进一步明确了申办准许证的要求，出口麻精药品需要取得进口国的准许材料、在国内注册批准或取得国家药品监督管理局核发的同意委托境外加工的证明文件；临床进口需要在国内注册批准（临床特需除外）；科研教育进口则需要取得相应科研项目或主管部门的批准文件、所在地省药监部门出具的同意文件（见图 2）。

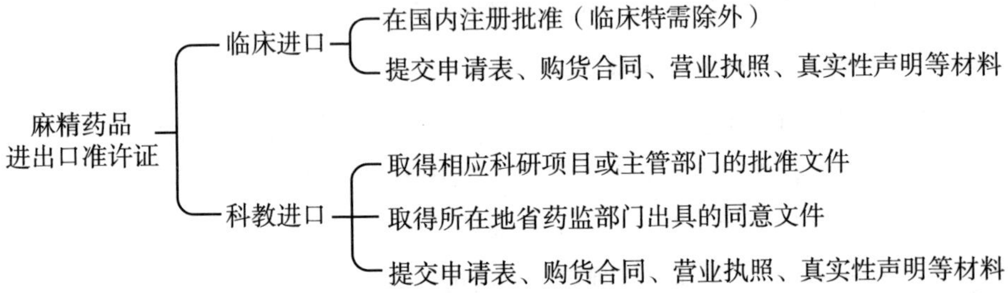

图 2　麻精药品进出口准许证

3. 兴奋剂：根据《反兴奋剂条例》的规定，兴奋剂指兴奋剂目录所列的禁用物质，包括蛋白同化制剂、肽类激素等。进出口兴奋剂应当取得省药监部门颁发的药品进出口准许证（监管证件代码 L），进口时还需取得进口药品注册证书，出口时还需取得进口国主管部门的证明文件（见图 3）。但需要注意的是，兴奋剂目录所列禁用物质属于麻精药品的，其进口依照麻精药品的相关规定实行特殊管理。

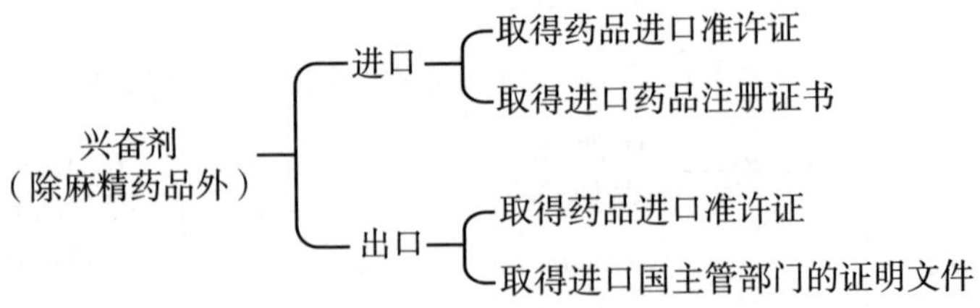

图 3　关于兴奋剂的要求

（二）特殊物品、生物两用物项及人类遗传资源材料进出口监管规定

根据《出入境特殊物品卫生检疫管理规定》，特殊物品包括微生物、人体组

织、生物制品、血液及其制品，主要位于《进出口税则》第二十九章、第三十章。所有特殊物品进出口均需要取得特殊物品审批单并通过卫生检疫，此外，部分特殊物品还属于濒危物种 / 药品 / 兽药 / 农药 / 动植物 / 食品，需要符合对应进出口监管条件及检验检疫要求。由于特殊物品与生物两用物项、人类遗传资源材料在范围上均有交叉，此处将三者监管规定一并说明。

1. 特殊物品：由于特殊物品存在传播传染病的风险，携带、托运、邮寄出入境特殊物品均需通过卫生检疫。根据《出入境特殊物品卫生检疫管理规定》，我国对特殊物品出入境实施风险管理，根据可能传播人类疾病的风险，将出入境特殊物品由高至低分为 A、B、C、D 四个风险等级。另需注意的是，个人携带自用且仅限于预防或者治疗疾病用的血液制品或者生物制品出入境的，无须办理卫生检疫审批手续，但应提供医院证明，且仅限携带一个疗程的产品。相关监管要求如图 4 所示。

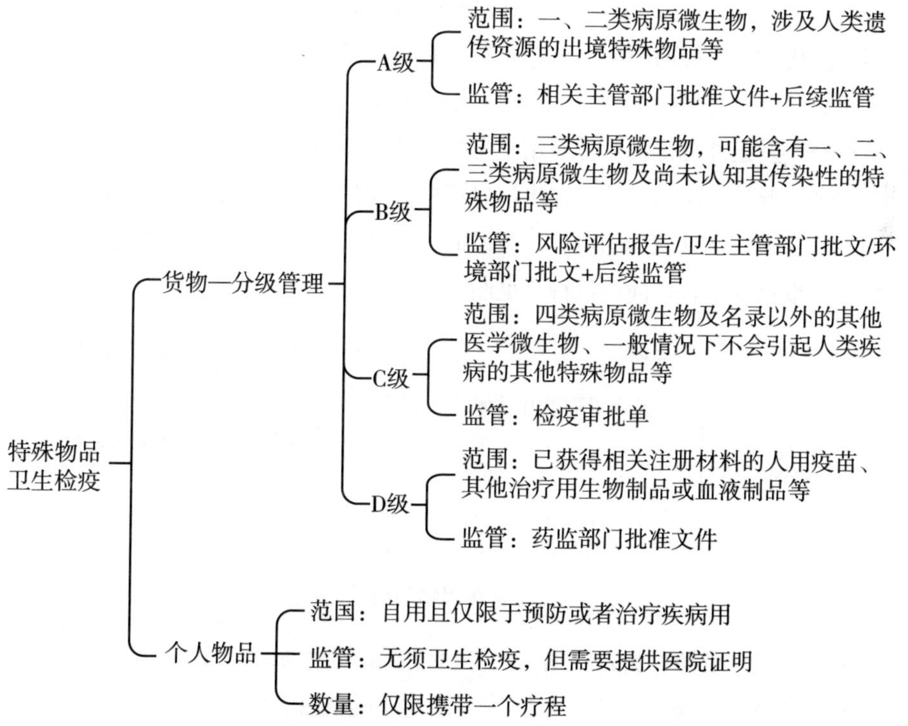
特殊物品卫生检疫
货物—分级管理
A级
范围：一、二类病原微生物，涉及人类遗传资源的出境特殊物品等
监管：相关主管部门批准文件+后续监管
B级
范围：三类病原微生物，可能含有一、二、三类病原微生物及尚未认知其传染性的特殊物品等
监管：风险评估报告/卫生主管部门批文/环境部门批文+后续监管
C级
范围：四类病原微生物及名录以外的其他医学微生物、一般情况下不会引起人类疾病的其他特殊物品等
监管：检疫审批单
D级
范围：已获得相关注册材料的人用疫苗、其他治疗用生物制品或血液制品等
监管：药监部门批准文件
个人物品
范围：自用且仅限于预防或者治疗疾病用
监管：无须卫生检疫，但需要提供医院证明
数量：仅限携带一个疗程

图 4　特殊物品卫生检疫相关监管要求

此外，海关总署于 2023 年 12 月 26 日发布了《高风险特殊物品卫生检疫准入管理办法》，于 2025 年 1 月 1 日起施行。该办法规定经评估列入《实施准入管理的高风险特殊物品名录》的高风险特殊物品入境在前还需额外取得准入资格。

2. 生物两用物项：根据《两用物项和技术出口许可证管理目录》，生物两用物项包括各类病原体、毒素及其亚单位、遗传物质和基因修饰生物体，涉及产品均在品目 3002“人血；治病、防病或诊断用的动物血制品；抗血清、其他血份及免疫制品，不论是否修饰或通过生物工艺加工制得；疫苗、毒素、培养微生物（不包括酵母）及类似产品；细胞培养物，不论是否修饰”项下。

由于生物两用物项存在被用于制造大规模杀伤性武器的风险，为维护国家安全和社会公共利益，履行我国在缔结或者参加的国际条约、协定中所承担的义务，我国对生物两用物项的出口活动进行许可证监管。监管主要依据《两用物项和技术进出口许可证管理办法》《敏感物项和技术出口经营登记管理办法》执行。根据上述规定，生物两用物项出口经营者必须向商务部门申领两用物项和技术出口许可证（监管证件代码 3），而申领出口许可证需要经“敏感物项和技术出口经营资格”登记并提供接受方不用于生物武器、不用于其他用途、不向第三方转让的保证。此外，出口经营者在出口过程中，如发现拟出口的生物两用物项存在被用于大规模杀伤性武器的风险，应及时向国务院相关行政主管部门报告，并积极配合采取措施中止合同的执行（见图 5）。

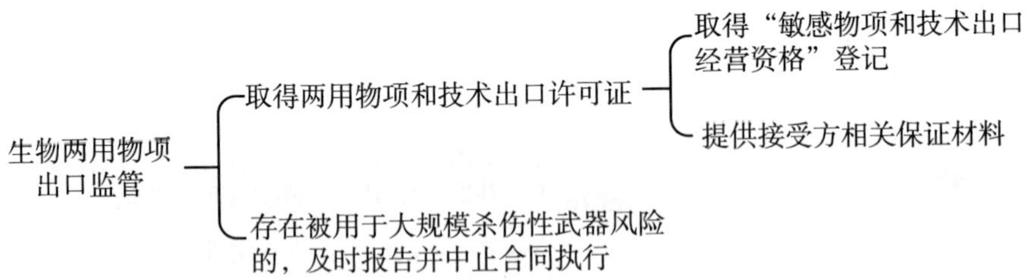
生物两用物项
出口监管
取得两用物项和技术出口许可证
取得“敏感物项和技术出口
经营资格”登记
提供接受方相关保证材料
存在被用于大规模杀伤性武器风险
的，及时报告并中止合同执行

图 5　生物两用物项出口监管

3. 人类遗传资源材料：根据《人类遗传资源管理条例》的规定，人类遗传资源材料是指含有人体基因组、基因等遗传物质的器官、组织、细胞等遗传材料。由于人类遗传资源的保护关系到民族基因安全，非法外流可能影响国民生命健康和国家生物安全，因此我国对于人类遗传资源出口予以了严格监管。依据《人类遗传资源管理条例》及其实施细则的相关规定，我国禁止自然人出口人类遗传资源；将人类遗传资源运送、邮寄、携带出境均应符合对我国公众健康、国家安全和社会公共利益没有危害、有明确的境外合作方和合理的出境用途、采集合法或者来自合法的保藏单位、通过伦理审查等条件，并取得国务院卫生健康主管部门出具的出境证明；可能影响我国公众健康、国家安全和社会公共利益的，还应当通过科技部门组织的安全审查（见图6）。

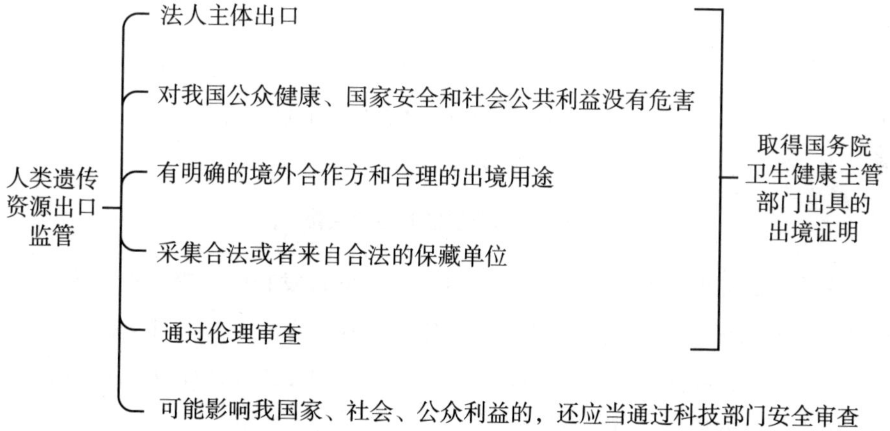
人类遗传资源出口监管
法人主体出口
对我国公众健康、国家安全和社会公共利益没有危害
有明确的境外合作方和合理的出境用途
采集合法或者来自合法的保藏单位
通过伦理审查
可能影响我国家、社会、公众利益的，还应当通过科技部门安全审查
取得国务院卫生健康主管部门出具的出境证明

图6　人类遗传资源出口监管

（三）医疗器械进出口监管规定

医疗器械涵盖的范围极广，根据《医疗器械分类目录》，医疗器械包含各类手术器械、检测检查设备、介入器材等类别，并根据风险程度分为第一类医疗器械（风险程度低）、第二类医疗器械（具有中度风险）和第三类医疗器械（具有较高风险）。进口医疗器械主要位于《进出口税则》第九十章中“医疗或外科用仪器及设备”项下，进口医疗器械需要通过商品检验（检验检疫类别代码为M），部分机电产品进口还需要自动进口许可证（监管证件代码为O）。

医疗器械的进出口监管也具有“宽出严进”的特点。根据《医疗器械监督管理条例》，医疗器械出口仅需“符合进口国（地区）的要求”且我国不实施相关审查。进口则需要符合两方面要求，一方面，进口医疗器械应当是已注册（第二、第三类）或已备案（第一类）的产品，注册备案的条件及程序依据《医疗器械注册与备案管理办法》执行；如果是临床急需但未注册备案的医疗器械需符合

《医疗机构临床急需医疗器械临时进口使用管理要求》或粤港澳大湾区、海南博鳌、中国（上海）自由贸易试验区等地区的相关规定或特别政策。另一方面，进口医疗器械应经过出入境检验检疫机构检验合格，检验的要求及程序依据《进出口商品检验法》及相关法律法规执行。具体相关监管要求如图 7 所示。

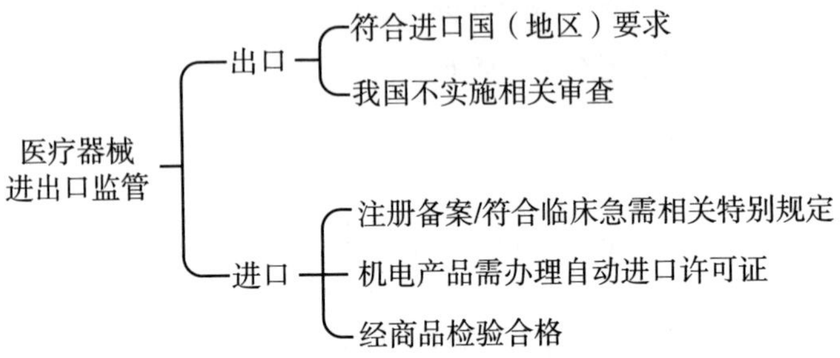

图 7　医疗器械进出口监管

此外，商务部、海关总署于 2018 年 12 月 26 日发布的《禁止进口的旧机电产品目录》明确规定禁止进口“旧的医疗、外科、牙科或兽医用仪器及器具”。在我国全面禁止固体废物进口的背景下，已使用过的医疗器械很有可能因被认定为“废物”而被禁止进口。

二、医药大健康产品进出口关务风险

海关在积极完善规章制度，提高监管技术的同时，也加强对于违法违规行为的打击。通过实施“国门利剑”等专项行动，海关严厉打击了包括药品、生物制品在内的走私行为，确保了医药产品的合法、安全流通。这些行动均显示出海关对医药产品从严监管的趋势，致力于维护国家药品安全和公共卫生安全。这一态势也提醒进出口企业提高对于关务风险的识别和防范能力，以确保在激烈的市场竞争中确保业务的持续稳定发展。

海关对于进出口行为的监管以主观故意为分野，辅以对应的数额标准。这是指根据行为主体的主观故意，区分行为是否能够被定义为走私行为。如果具有逃避海关监管，偷逃应纳税款的主观故意，则构成走私行为，此时需根据最高人民法院、最高人民检察院《关于办理走私刑事案件适用法律若干问题的解释》中所规定的相关数额或数量标准确定是予以刑事追责，即认定为走私犯罪，还是予以行政处罚，即认定为走私行为给予行政处罚。如果不具有主观故意，但客观上造成了一定的后果，则海关将按照违反海关监管规定予以行政处罚，并根据行为的具体后果确定罚款幅度（见图8）。

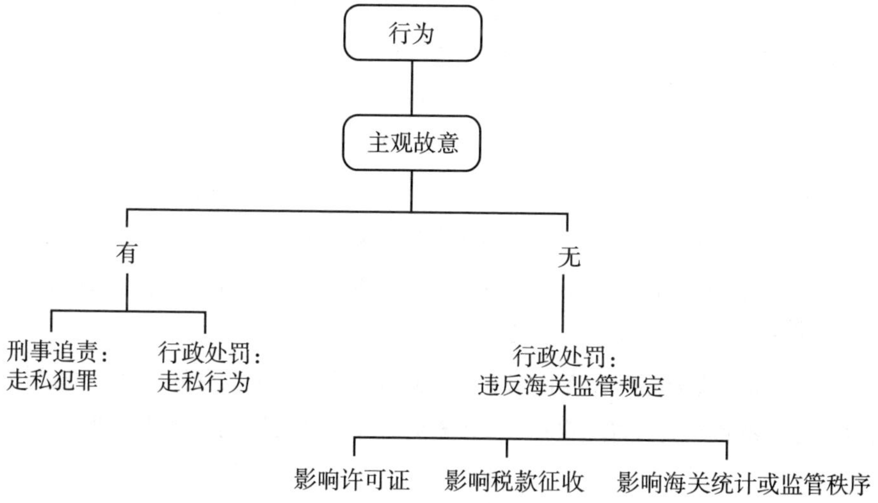

图8　具体行为

（一）药品进出口风险

1. 无证进口的刑事风险

如前文所述，涉及药品进出口的监管证件有进口药品通关单、麻精药品进出口准许证、药品进口准许证、药品出口准许证，均由国家药品监督管理局及其授权发证机关签发，由海关负责口岸验核。实践过程中，多见以下两种情形。

（1）药品在国内已上市，为加快通关速度或节约成本，在未取得相关许可证的情况下，将药品绕关走私进口，且药品货值已达到刑事立案标准。

对于此种情形，争议的焦点在于未取得进口药品通关单等许可证的药品是否属于“国家禁止进出口的货物”。司法实践中对此存在不同理解，部分观点认为，应将“限制进口”与“禁止进口”进行区分。限制进口通常指的是国家对某些货物实行配额管理或者许可证制度，需要进口商在进口前申请并获得相应的配额或者许可证。而禁止进口通常包括对国家安全、公共安全、公共卫生、生态环境构成威胁的物品，或者是违反国际公约和条约的物品，主要体现于海关总署发布的五批《禁止进出口货物目录》内，包括“洋垃圾”等。国家对于已获批上市的药品实施许可证管理，且未在五批《禁止进出口货物目录》内列名，说明药品属于

“限制进口”的货物，而非“国家禁止进出口的货物”。无证进口该类药品不应被认定为构成走私国家禁止进出口的货物罪，应以走私普通货物罪予以认定。部分观点则认为，最高人民法院、最高人民检察院于2014年发布的《关于办理走私刑事案件适用法律若干问题的解释》第21条规定的未经许可进出口国家限制进出口的货物、物品，构成犯罪的，应当依照《刑法》第151条、第152条的规定，以走私国家禁止进出口的货物、物品罪等罪名定罪处罚，明确将未经许可进出口国家限制进出口的货物等同于进出口国家禁止进出口货物的行为。因此，在没有许可证的情况下进口药品，亦构成走私国家禁止进口货物罪。例如，在“陆勇案”中，虽然检察院最终不予起诉，但办案机关以走私国家禁止进出口的货物罪移送审查起诉，也说明了实践做法取向。

（2）药品（非麻精药品）尚未在国内获批上市，病人为寻药治病，通过行邮渠道（行李物品渠道与寄递渠道），在未向海关申报的情况下将药品携带、运输进境。

此种情形下，争议焦点主要集中于走私未获批上市的药品是否构成走私普通物品罪。部分观点认为，根据《药品进口管理办法》第39条第3款的规定，进出境人员随身携带的个人自用的少量药品，应当以自用、合理数量为限，并接受海关监管。这说明即使是国内未上市获批的药品（麻精药品除外），只要是出于患者自用的目的，且在合理数量范围内，亦能够合规携带或者寄递进境。因此，如果药品系物品，则并不需要进口药品通关单，只要数量合理，目的为自用，可以由个人携带入境，该药品不应认定为“禁止进口的货物”。如果行为人携带药品入境超过合理自用的范围，偷逃应缴税款，则应按照走私普通物品罪予以认定。部分观点则认为，根据《药品管理法》及其实施办法，进口药品应当是在生产国家或者地区获得上市许可的药品。[①] 因此，未获批上市的药品显然违反了国家禁止性规定，构成走私国家禁止进出口的货物罪。笔者倾向于前者观点，对于药品系“货物”还是“物品”应遵循实质认定原则，即是否具有贸易用途，如果进口药品确为患者个人自用，则应当按照物品相应监管规则予以认定。

2. 行政风险

如前文所述，根据有无主观故意，可以将海关行政处罚风险分为：按照走私

① 参见《药品管理法》第98条第4款规定：“禁止未取得药品批准证明文件生产、进口药品……”

行为行政处罚的风险，以及按照违反海关监管规定行政处罚的风险。前者情况下，不仅会没收走私货物或等值价款，还会导致企业海关信用等级下调；后者则可根据行为的不同后果不同，分为多个处罚档次。如在跨境电商业务中，部分货物如“×× 牌润喉糖”“×× 牌生发液”等，实际均应归入其他税号并办理进口药品通关单，但许多商家对于产品的属性存在理解偏差，致使归类错误，将属于跨境电商进口正面清单外商品归入清单内，最终海关在《海关行政处罚实施条例》第 15 条第 3 项“影响国家许可证件管理”与第 4 项“影响国家税款征收”之间择一重者进行处罚。

（二）特殊物项、生物两用物项及人类遗传资源进出口风险

1. 特殊物品。虽然《特殊物品审批单》并非许可证件，但特殊物品作为基础概念，范围宽泛，不同的特殊物品对应不同的检验检疫类别与监管证件要求。例如，进口动物血清，则检验检疫方面需要办理进境动植物产品检疫，海关监管方面可能要求办理濒危物种允许进口证明书；进口血液制品，则检验检疫方面需要办理进境卫生检疫，监管证件可能要求办理两用物项和技术进口许可证。此外，除去与生物两用物项及人类遗传资源材料相交叉部分，在刑事方面可能存在以下 4 种刑事风险：（1）未办理相关许可证而进口 / 出口——可能构成走私国家禁止进出口的货物、物品罪 / 走私珍贵动物制品罪；（2）偷逃应缴税款——可能构成走私普通货物、物品罪；（3）违反国境卫生检疫规定，引起检疫传染病传播或者有传播严重危险——可能构成妨害国境卫生检疫罪；（4）违反有关动植物防疫、检疫的国家规定，引起重大动植物疫情——可能构成妨害动植物防疫、检疫罪。

行政风险方面，与药品一样，特殊物品亦存在按照走私行为 / 违反海关监管规定处罚的情况。除此之外，如果逃避卫生检疫，或者未申报或者未接受口岸动植物检疫机关检疫，海关亦可根据《国境卫生检疫法》《进出境动植物检疫行政处罚实施办法》相关规定，对行为主体进行处罚。

2. 生物两用物项。目前，生物两用物项暂未设有专门的刑法条文，实践中对于故意逃避监管，未办理两用物项和技术进口许可证而出口生物两用物项的行为，以走私国家禁止进出口的货物、物品罪进行规制。此外，如果造成了严重后果，亦可能构成妨害国境卫生检疫罪，妨害动植物防疫、检疫罪或泄漏国家秘密

罪等其他罪名。在行政层面，《两用物项和技术进出口许可证管理办法》《两用物项出口管制条例》对未经许可擅自进出口、以欺骗或其他不正当手段获取两用物项和技术进出口许可证等行为均详细规定了处罚措施，包括罚款、吊销许可证、撤销对外经营许可等。但在具体实务中，我们注意到，海关作为监管货物进出口的执法机关，仍倾向于援引《海关行政处罚实施条例》相关规定①，对违规行为进行处罚。

3. 人类遗传资源材料。2019 年《人类遗传资源管理条例》（已被修改）对人类遗传资源材料的出口设定行政许可，2020 年《刑法修正案（十一）》新增非法采集人类遗传资源、走私人类遗传资源材料罪，2023 年《人类遗传资源管理条例实施细则》开始施行。至此，人类遗传资源的进出口监管体系渐趋完整。在刑事风险方面，非法出口人类遗传资源材料，例如，未办理人类遗传资源材料出口、出境证明而擅自出口的，根据具体情况存在被认定为走私人类遗传资源材料罪或走私国家禁止进出口的货物罪的可能。由于在进口环节并未设置特定许可证件，进口人类遗传资源可能构成走私普通货物、物品罪或妨害国境卫生检疫罪。在行政层面，2023 年施行的《人类遗传资源管理条例实施细则》进一步细化了行政监管规定。实践中，目前仅见由科学技术部对未经许可将人类遗传资源材料运送、邮寄、携带出境的行为进行处罚。相信随着监管体系的完善，对于此类违规行为的处罚也将更加严格和规范。

（三）医疗器械进出口风险

在刑事方面，未办理进口医疗器械注册审批而擅自进口的，可能被认定为应当提交许可证件而未提交的走私行为，构成走私国家禁止进出口的货物罪。而在行政方面，根据《进出口商品检验法实施条例》第 43 条②的规定，未按规定报检可能导致货物被扣留并处以货值金额 5% 至 20% 的罚款；错误申报商品税则号列

① 《海关行政处罚实施条例》第 14 条第 1 款规定："违反国家进出口管理规定，进出口国家限制进出口的货物，进出口货物的收发货人向海关申报时不能提交许可证件的，进出口货物不予放行，处货物价值 30% 以下罚款。"

② 《进出口商品检验法实施条例》第 43 条规定："擅自出口未报检或者未经检验的属于法定检验的出口商品，或者擅自出口应当申请出口验证而未申请的出口商品的，由出入境检验检疫机构没收违法所得，并处商品货值金额 5% 以上 20% 以下罚款；构成犯罪的，依法追究刑事责任。"

和价格可能影响税款征收、许可证以及出口退税而被行政处罚；侵犯知识产权如商标、专利等，根据《海关行政处罚实施条例》第 25 条第 1 款[①]的规定，除没收侵权货物外，还可能面临货值 30% 以下的罚款。

三、医药大健康产品进出口合规

（一）树立合规意识：企业稳健发展的基石

合规意识是企业合规工作的根基。总结实务案件发现，企业在进行进出口活动时，普遍存在 6 种典型的心态，这些心态不仅可能导致违规行为，甚至可能构成犯罪这一严重后果。

1. 故意侥幸心态：明知某些行为构成走私，却仍抱有侥幸心理，期望能够逃避海关的严格审查。然而，在现代海关严密的监管体系下，任何违法行为都难以遁形，这种心态无疑是不可取的。

2. 概括故意心态：为了追求效率与便捷，一些企业可能会采取非常规手段来规避监管。例如，为了追求生物制品的供应链时效而选择不正式报关，即便其目的并非逃税，但这种行为在客观上已构成了走私。

3. 法不责众心态：错误地认为如果一种行为普遍存在，它就是合法的。例如，跨境电商低报价格或边境贸易中伪报贸易方式的行为。然而，无论参与人数多少，违法行为终将受到法律的严惩。

4. 违规阻却心态：行为人可能误以为某些行为仅违反了行政规章或公告，而非法律，最多只会面临行政罚款。但事实上，如果这些行为客观上导致了国家税款的流失，即使没有主观逃税的意图，也可能被认定为具有走私的主观故意。

5. 摸石过河心态：在不确定行为是否合法时，一些企业可能会尝试性地进行操作。例如，未经验证合法性就尝试进口可能被归类为二手翻新医疗设备的货物。一旦这种行为被定性为走私，将面临极其严重的法律后果。

6. 单位无责心态：在大型企业中，管理层可能认为，只要已经要求下属合

---

① 《海关行政处罚实施条例》第 25 条第 1 款规定：“进出口侵犯中华人民共和国法律、行政法规保护的知识产权的货物的，没收侵权货物，并处货物价值 30% 以下罚款；构成犯罪的，依法追究刑事责任。”

规，具体的违规行为应由执行者个人承担。然而，单位犯罪的认定不仅考虑单位名义和单位实施等因素，而且在实践中对单位的合规性要求极高，因此，排除单位责任并非易事。

（二）开展关务体检：排查隐患的关键步骤

在企业合规过程中，首要之举便是以严苛的标准进行自我检查。总结过往经验发现，企业在开展关务体检工作时，宜借鉴海关稽查人员的办案逻辑，精准定位企业合规的难点与痛点。正如海关在执行稽查任务时，能够对被稽查人的会计账簿、会计凭证、报关单证以及其他相关资料和进出口货物进行细致核查，以确保被稽查人进出口活动的合法性与真实性。这一点提示我们，关务合规工作不应与企业其他部门孤立无援，因为进出口业务的顺利开展与财务、物流等部门息息相关。若企业在自查时仅针对表面进行处理，而忽视了部门间的相互影响和连带效应，那么必将导致问题的遗漏和风险的积累。

（三）完善内控机制：确保合规的长效作用

在明确风险点的基础上，企业应当开展合规制度和组织建设。只有形成了完备的内控机制，才能使合规工作落实到位，起到实效。

首先，业务人员需要深入学习关务知识。对于专业人士而言，这通常涉及商品归类、定价、原产地等关键领域。刑法中关于走私废物罪，走私国家禁止进出口的货物、物品罪以及走私普通货物、物品罪的相关条款是必须掌握的，即《刑法》第 152 条至第 155 条。此外，还应掌握《海关行政处罚实施条例》中的第 7 条至第 11 条以及第 15 条，这些条款分别涉及走私行为和申报规定。对于加工贸易企业，《海关行政处罚实施条例》第 18 条也是必读内容，而对于提供关务服务的企业，则需要额外学习第 16 条至第 17 条，这些规定非常具体且重要。

其次，企业应当对岗位职责予以明确，做到专岗专责，避免因为流程的疏忽出现纰漏。例如，进出口单证为关键文件，在申报前或者委托申报前应当由专门人员对进出口单证涉及的价格、归类、原产地、数量、品名、规格等内容的真实性、准确性和规范性进行内部复核。同时，关务主管人员应当对价格、归类、原产地等业务难题重点关注。在完整报关流程中，各部门人员权责明确，各司其职，相互配合，相互监督，确保合规制度落实到位。

再次，签署员工责任状、承诺书，在整套风险防控机制上加最后一把锁。通过书面形式要求员工承诺遵守纪律，合规操作，不仅能够帮助员工筑牢合规意识，更能够在违规事件发生后，控制处罚范围、降低企业风险，避免因员工的错误行为致使企业蒙受巨大损失。

最后，完善关务合规制度。随着企业规模的不断扩张，即便是最为完善的管理制度亦难以完全杜绝个别关务操作人员的不当行为。此类行为一旦发生，可能会引发一系列严重的后果，其中最为严重的便是被认定为走私犯罪。在法律辩护过程中，能够充分展现企业所建立的合规体系至关重要，这不仅有助于维护企业的合法权益，更是防范不必要法律风险的关键举措。因此，企业必须重视合规体系的构建与完善，以确保在面对法律挑战时能够有力地捍卫自身的清白与利益。

“千里之堤，溃于蚁穴。”企业要培育合规文化，需从高层做起，将合规意识深植于企业文化，并通过培训强化员工认知。借鉴经验逻辑，开展关务体检，识别风险点，确保业务流程规范。同时，建立完善的内控机制，签署责任状设立防火墙，降低违规风险，保障企业稳健运营。

四、医药大健康产品出口退税合规

本部分以外贸企业为主体，对医药大健康产品出口退税提供合规指引。

（一）出口退税操作流程

1. 出口退税申报主体

根据《出口货物劳务增值税和消费税管理办法》（国家税务总局公告 2012 年第 24 号）第 4 条、第 5 条，以及《关于调整完善外贸综合服务企业办理出口货物退（免）税有关事项的公告》规定，自营的外贸企业与生产企业具有申报出口退税资格，代理企业原则上不得申报出口退税，但外贸综合服务企业代国内生产企业办理出口退税事项同时符合规定条件的，可由外贸综合服务企业向其所在地主管税务机关集中代为办理出口退税事项。

境内企业委托外贸企业代理出口医药大健康产品，委托方需要取得受托方从其主管税务机关（公司所在区税务局）申请开具的《代理出口货物证明》，由委托方自行申报出口退税，适格申报退税主体为境内企业，而非外贸企业。

2. 出口退税申报资料

根据《出口货物劳务增值税和消费税管理办法》[①]，国家外汇管理局、海关总署、国家税务总局《关于货物贸易外汇管理制度改革的公告》[②]，国家税务总局《关于进一步加强出口退（免）税事中事后管理有关问题的公告》[③]，国家税务总局《关于出口退（免）税申报有关问题的公告》[④]，国家税务总局《关于优化整合出口退税信息系统更好服务纳税人有关事项的公告》[⑤] 等规定，委托方在办理医药大健康产品出口退税申报时，需提供申报资料包括：外贸企业出口退税进货明细申报表、外贸企业出口退税出口明细申报表、出口货物退（免）税正式申报电子数据、出口货物报关单、增值税专用发票（抵扣联）、海关进口增值税专用缴款书、代理出口货物证明、消费税专用缴款书或分割单、海关进口消费税专用缴款书等（应税消费品），以及主管税务机关要求提供的其他资料（见

---

① 参见《出口货物劳务增值税和消费税管理办法》第5条“外贸企业出口货物免退税的申报”第2项“申报资料”规定应申报：外贸企业出口退税汇总申报表；外贸企业出口退税进货明细申报表；外贸企业出口退税出口明细申报表；出口货物退（免）税正式申报电子数据；出口货物报关单，增值税专用发票（抵扣联）、出口退税进货分批申报单、海关进口增值税专用缴款书（提供海关进口增值税专用缴款书的，还需同时提供进口货物报关单，下同），出口收汇核销单，委托出口的货物，还应提供受托方主管税务机关签发的代理出口货物证明，以及代理出口协议副本，属应税消费品的，还应提供消费税专用缴款书或分割单、海关进口消费税专用缴款书（提供海关进口消费税专用缴款书的，还需同时提供进口货物报关单，下同），主管税务机关要求提供的其他资料等原始凭证。

② 参见国家外汇管理局、海关总署、国家税务总局《关于货物贸易外汇管理制度改革的公告》第1条规定：取消出口收汇核销单，企业不再办理出口收汇核销手续。国家外汇管理局分支局对企业的贸易外汇管理方式由现场逐笔核销改变为非现场总量核查……

③ 根据国家税务总局《关于进一步加强出口退（免）税事中事后管理有关问题的公告》第5条规定，废止国家税务总局公告2012年第24号第5条第2项第5目之（2）（5）关于“还需同时提供进口货物报关单”的内容。

④ 根据国家税务总局《关于出口退（免）税申报有关问题的公告》第5条规定，废止国家税务总局公告2012年第24号第5条第2项第5目之（2）关于“出口退税进货分批申报单”的内容。

⑤ 参见国家税务总局《关于优化整合出口退税信息系统更好服务纳税人有关事项的公告》第2条“简化出口退（免）税报送资料”第5项规定：“外贸企业以及横琴、平潭（以下简称区内）购买企业办理出口退（免）税申报时，报送简并优化后的《外贸企业出口退税进货明细申报表》（附件6）和《外贸企业出口退税出口明细申报表》（附件7），停止报送《外贸企业出口退税汇总申报表》《区内企业退税进货明细申报表》《区内企业退税入区货物明细申报表》《区内企业退税汇总申报表》。”

图 9）。对于部分高风险或特殊管理的医药产品，还需提供相应的监管证件或批准文件。

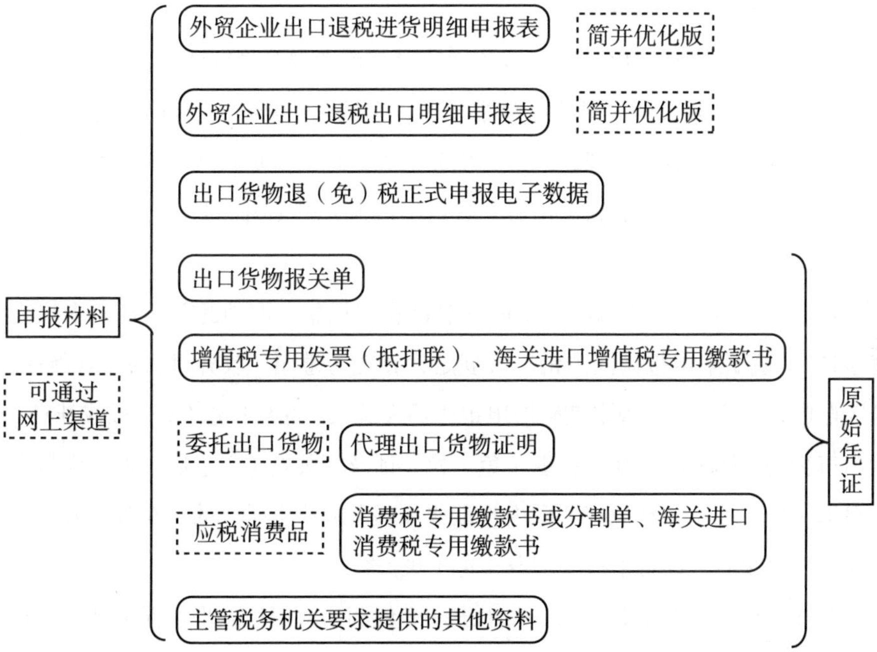

图 9　相关申报材料

原则上外贸企业在申报医药大健康产品出口退税时无须向税务机关报送收汇材料（出口货物收汇情况表及举证材料），留存举证材料备查即可；但当外贸企业属于以下三类情况时，需报送收汇材料：出口退（免）税管理类别为四类的纳税人[①]、纳税人在退（免）税申报期截止之日后申报出口货物退（免）税的、纳税

① 参见《出口退（免）税企业分类管理办法》第 7 条规定："具有下列情形之一的出口企业，其出口企业管理类别应评定为四类：（一）评定时纳税信用级别为 D 级。（二）上一年度发生过拒绝向国税机关提供有关出口退（免）税账簿、原始凭证、申报资料、备案单证等情形。（三）上一年度因违反出口退（免）税有关规定，被税务机关行政处罚或被司法机关处理过的。（四）评定时企业因骗取出口退税被停止出口退税权，或者停止出口退税权届满后未满 2 年。（五）四类出口企业的法定代表人新成立的出口企业。（六）列入国家联合惩戒对象的失信企业。（七）海关企业信用管理类别认定为失信企业。（八）外汇管理的分类管理等级为 C 级。（九）存在省国家税务局规定的其他严重失信或风险情形。"

人被税务机关发现收汇材料为虚假或冒用的。[①] 在实务中，则以外贸企业出口退（免）税的税务专管员所出具的针对性材料清单为准。

3. 出口退税申报期限

一般而言，根据《出口货物劳务增值税和消费税管理办法》第5条的规定，企业应在医药大健康产品报关出口之日次月起至次年4月30日前的各增值税纳税申报期内，收齐有关凭证，向主管税务机关办理出口货物增值税、消费税免退税申报。医药大健康产品报关出口之日以出口报关单（出口退税专用）的出口日期为准。

自2020年起，对于超期申报的规制已作出调整，取消此前“延期申报需提前申请”“逾期未申报视同内销”等规定，转变为遵循“收齐材料后即可申报办理”的原则。对于未在规定期限内申报医药大健康产品出口退（免）税或开具《代理出口货物证明》的，在收齐退（免）税凭证及相关电子信息后，即可申报办理出口退（免）税；未在规定期限内收汇或办理不能收汇手续的，在收汇或者办理不能收汇手续后，即可申报办理退（免）税。[②]

此外，根据国家税务总局《关于进一步便利出口退税办理　促进外贸平稳发展有关事项的公告》第8条第1项规定，纳税人申报出口退（免）税的医药大健康产品，应当在出口退（免）税申报期截止之日前收汇，也即医药大健康产品报关出口之日次月起至次年4月30日前的各增值税纳税申报期内。未在规定期限内收汇，但符合《视同收汇原因及举证材料清单》所列原因的，纳税人留存出口

① 参见国家税务总局《关于进一步便利出口退税办理　促进外贸平稳发展有关事项的公告》第8条“完善出口退（免）税收汇管理”规定：“纳税人适用出口退（免）税政策的出口货物，有关收汇事项应按照以下规定执行：……（二）出口退（免）税管理类别为四类的纳税人，在申报出口退（免）税时，应当向税务机关报送收汇材料。纳税人在退（免）税申报期截止之日后申报出口货物退（免）税的，应当在申报退（免）税时报送收汇材料。纳税人被税务机关发现收汇材料为虚假或冒用的，应自税务机关出具书面通知之日起24个月内，在申报出口退（免）税时报送收汇材料。除上述情形外，纳税人申报出口退（免）税时，无需报送收汇材料，留存举证材料备查即可。税务机关按规定需要查验收汇情况的，纳税人应当按照税务机关要求报送收汇材料……”

② 参见财政部、国家税务总局《关于明确国有农用地出租等增值税政策的公告》第4条。

货物收汇情况表及举证材料，即可视同收汇。① 出口合同约定全部收汇最终日期在退（免）税申报期截止之日后的，应当在合同约定收汇日期前完成收汇。

4. 出口退税计算方式

一般贸易的应税增值税出口医药大健康产品计算退税时，以出口货物购入时的进项增值税专用发票上的金额为计算依据，公式如下：一般贸易出口货物应退税额 = 进项增值税专用发票的金额 × 出口货物退税率。应税消费税出口医药大健康产品的消费税退税计算，是以出口货物购入时销售企业出具的“出口货物消费税专用缴款书”为计算依据的。出口企业申报退税时，只需向退税部门提供该完税凭证即可。

（二）无法满足退税条件的情况

当企业不满足申报出口退税的情况时，应根据如下操作指引申报出口免税或视同内销缴税（见图 10）。

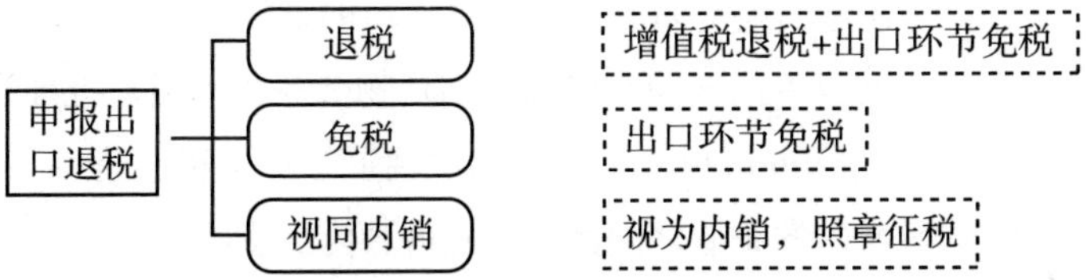

图 10　申报出口退税流程

① 参见国家税务总局《关于进一步便利出口退税办理　促进外贸平稳发展有关事项的公告》第 8 条第 1 项规定：“……未在规定期限内收汇，但符合《视同收汇原因及举证材料清单》（附件 1）所列原因的，纳税人留存《出口货物收汇情况表》（附件 2）及举证材料，即可视同收汇……”附件 1 规定：“一、因国外商品市场行情变动的，提供有关商会出具的证明或有关交易所行情报价资料；由于客观原因无法提供的，提供进口商相关证明材料。二、因出口商品质量原因的，提供进口商的有关函件和进口国商检机构的证明；由于客观原因无法提供进口国商检机构证明的，提供进口商的检验报告等证明材料，或者货物、原材料生产商等第三方证明材料。三、因动物及鲜活产品变质、腐烂、非正常死亡或损耗的，提供进口商的有关函件和进口国商检机构的证明；由于客观原因确实无法提供商检证明的，提供进口商相关证明材料、货物运输等第三方证明材料。四、因自然灾害、战争等不可抗力因素的，提供报刊等新闻媒体的报道材料或中国驻进口国使领馆商务处出具的证明。五、因进口商破产、关闭、解散的，提供以下任一资料：报刊等新闻媒体的报道材料、中国驻进口国使领馆商务处出具的证明、进口商所在地破产清算机构出具的证明、债权申报证明。六、因进口国货币汇率变动的，提供报刊等新闻媒体刊登或人民银行公布的汇率资料。七、因溢短装的，提供提单或其他正式货运单证等商业单证。八、因出口合同约定全部收汇最终日期在申报退（免）税截止期限以后的，提供出口合同。九、因无法收汇而取得出口信用保险赔款的，提供相关出口信用保险合同、保险理赔单据、赔款入账流水等资料。十、因其他原因的，提供合理的佐证材料。”

1. 出口免税

根据《关于出口货物劳务增值税和消费税政策的通知》第 6 条第 1 项、国家税务总局《关于〈出口货物劳务增值税和消费税管理办法〉有关问题的公告》第 5 条第 8 项、国家税务总局《关于进一步便利出口退税办理　促进外贸平稳发展有关事项的公告》第 8 条第 4 项规定，在医药大健康领域，以下出口货物劳务适用增值税免税政策（符合“视同内销”条件的除外），不得适用出口退税政策。

（1）出口企业或其他单位出口规定的货物，具体是指：①增值税小规模纳税人出口的货物；②避孕药品和用具；③已使用过的设备，其具体范围是指购进时未取得增值税专用发票、海关进口增值税专用缴款书但其他相关单证齐全的已使用过的设备；④非出口企业委托出口的货物；⑤非列名生产企业出口的非视同自产货物；⑥外贸企业取得普通发票、废旧物资收购凭证、农产品收购发票、政府非税收入票据的货物；⑦来料加工复出口的货物；⑧特殊区域内的企业出口的特殊区域内的货物；⑨以旅游购物贸易方式报关出口的货物。

（2）出口企业或其他单位视同出口的下列货物劳务：①国家批准设立的免税店销售的免税货物［包括进口免税货物和已实现退（免）税的货物］；②同一特殊区域、不同特殊区域内的企业之间销售特殊区域内的货物。

（3）出口企业或其他单位未按规定进行单证备案（因出口货物的成交方式特性，企业没有有关备案单证的情况除外）的出口货物。

（4）纳税人确实无法收汇且不符合视同收汇规定的出口货物。

2. 视同内销征税

根据《关于出口货物劳务增值税和消费税政策的通知》第 7 条第 1 项的规定，在医药大健康领域，下列出口货物劳务，不适用增值税退（免）税和免税政策，按下列规定及视同内销货物征税的其他规定征收增值税。

（1）出口企业出口或视同出口财政部和国家税务总局根据国务院决定明确的取消出口退（免）税的货物。

（2）出口企业或其他单位销售给特殊区域内的生活消费用品。

（3）出口企业或其他单位因骗取出口退税被税务机关停止办理增值税退（免）税期间出口的货物。

（4）出口企业或其他单位提供虚假备案单证的货物。

（5）出口企业或其他单位增值税退（免）税凭证有伪造或内容不实的货物。

（6）出口企业或其他单位“假自营、真代理”出口货物劳务（见图 11）。[①]

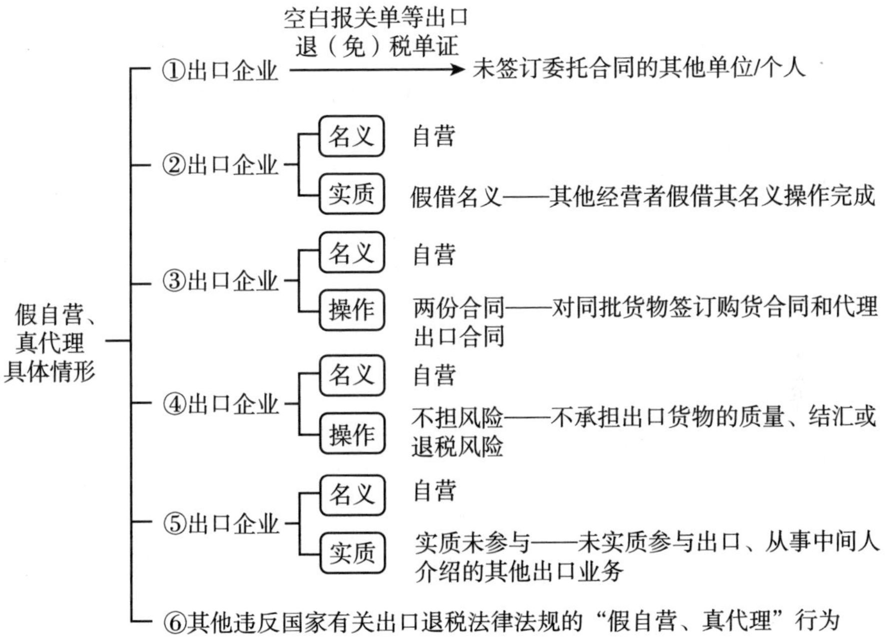

图 11　假自营、真代理具体情形

五、结语

在我国医药大健康产业蓬勃发展的背景下，企业在进出口活动中面临诸多合

① 参见《关于出口货物劳务增值税和消费税政策的通知》第 7 条第 1 项第 7 目规定，（1）将空白的出口货物报关单、出口收汇核销单等退（免）税凭证交由除签有委托合同的货代公司、报关行，或由境外进口方指定的货代公司（提供合同约定或者其他相关证明）以外的其他单位或个人使用的。（2）以自营名义出口，其出口业务实质上是由本企业及其投资的企业以外的单位或个人借该出口企业名义操作完成的。（3）以自营名义出口，其出口的同一批货物既签订购货合同，又签订代理出口合同（或协议）的。（4）出口货物在海关验放后，自己或委托货代承运人对该笔货物的海运提单或其他运输单据等上的品名、规格等进行修改，造成出口货物报关单与海运提单或其他运输单据有关内容不符的。（5）以自营名义出口，但不承担出口货物的质量、收款或退税风险之一的，即出口货物发生质量问题不承担购买方的索赔责任（合同中有约定质量责任承担者除外）；不承担未按期收款导致不能核销的责任（合同中有约定收款责任承担者除外）；不承担因申报出口退（免）税的资料、单证等出现问题造成不退税责任的。（6）未实质参与出口经营活动、接受并从事由中间人介绍的其他出口业务，但仍以自营名义出口的。

规挑战。本文深入分析了中国医药大健康领域进出口的监管规定，包括药品、特殊物品及医疗器械的分类监管要求，指出了企业在进出口活动中可能面临的法律风险，并提出了构建企业合规防线的建议。此外，本文还为企业对于医药大健康产品的出口退税操作提供了合规指引。通过上述建议指引，企业能够更好地识别和管理风险，确保业务的持续稳定发展，同时维护国家药品安全和公共卫生安全，促进医药大健康产业的更好发展。

医药大健康企业的用工合规热点与实务指引

章宁晓　张英姿

随着人口老龄化进程的加快，加上经历新冠疫情的洗礼，大健康板块的需求快速增长。与国计民生、经济发展、国家安全息息相关的医药大健康行业也愈加成为关注焦点。医药大健康行业细分领域众多，包括医药制造业、医疗器械制造业、健康科技推广业、药品及健康产品流通业、医疗服务业等，具有行业规模庞大、组织类型丰富、业务组成复杂的特点，故而该行业的用工模式呈现多元化，用工管理难度相对较大。与此同时，医药卫生体制改革（以下简称医改）正在深入推进，医改重点工作任务的部署对医药大健康行业传统的运行模式带来了巨大冲击。企业、机构唯有拥抱转型，提升发展质量及核心竞争力，方可应对当前挑战。而合规管理正是在改革浪潮中扎根的关键抓手，用工合规的自查与完善也因此更具重要性和紧迫性。本文主要聚焦医药大健康行业用工的主要特点，结合时事热点与司法实践，梳理该行业常见的用工争议类型，分析主要风险点，展望行业用工趋势，总结提炼行业用工合规的实操建议，以期为相关企业、机构提供有益参考。

一、医药大健康企业用工的主要特点

医药大健康行业涵盖了医药健康产业链上各个环节，包括医药制造、医疗器械制造、药品及健康产品流通、医疗服务等。各环节企业、机构或是主体结构特殊，或是业务构成复杂。具体而言，医疗服务领域以医院为例，分为公立医院和私立医院，两者性质截然不同，也决定了重点岗位采用不同的用工模式。医药制造及医疗器械制造领域企业，其业务构成包括研发、推广、生产、销售，业务部门种类众多，岗位要求更是有较大差异，加上该些企业总体具有高投入、高风险、高技术壁垒、严监管的特点，故而对于用工合规有着更高要求。因此，在分析医药大健康行业用工合规热点及总结实务建议前，亟须从该领域下企业、机构的主体性质、业务特征这一宏观角度切入，厘清该行业特殊的岗位用工模式、法律政策、薪酬结构，以及用工群体的特性。

1. 多元化岗位用工模式梳理

用工模式是企业内部人力资源管理的重要内容，不同模式在招聘方式、用工形式、薪酬制度等方面存在差异。根据《民法典》《劳动合同法》等现行法律法规，我国当前的用工形式主要遵循“从属性劳动—独立性劳动”的“劳动二分法”框架分类。即劳动法调整以“从属性劳动”为内容的劳动关系，强调劳动者与用人单位之间的管理与被管理关系，主要包括全日制用工、非全日制用工、劳务派遣用工；民法调整以“独立性劳动”为内容的民事关系，以双方当事人间平等为起点，如委托关系、退休返聘用工、业务外包用工、借调用工。[①] 此外，在互联网时代发展，平台经济兴起的大背景下，人力资源和社会保障部等 8 部门联合印发《关于维护新就业形态劳动者劳动保障权益的指导意见》，引入了“不完全符合确立劳动关系情形”，作为与劳动关系和民事关系并列的新表述，因此现如今平台用工形式也备受瞩目，甚至正在挑战“劳动二分法”的法律框架。同时，还需要注意特殊主体如事业单位所采用的“双轨制”用工模式，包括人事聘用制和劳动合同制。综上所述，随着新时代经济发展、业态创新，多元化的用工模式应运而生，尽管劳动关系依旧是劳资双方在劳动过程中建立的一种社会经济关系中最重要、最基本的社会关系，[②] 企业也不再局限于与劳动提供者建立标准劳动关系。医药大健康行业亦不例外，不同领域的企业或机构在具体岗位的用工形式选择上因本领域特点各有侧重，故用工合规的视野不应仅局限于劳动关系。

---

① 参见王天玉：《互联网平台用工的“类雇员”解释路径及其规范体系》，载《环球法律评论》2020 年第 3 期。

② 参见谢鹏鑫、屈萌等：《新时代我国劳动关系的研究综述与展望：基于劳动关系主体的视角》，载《中国人力资源开发》2022 年第 4 期。

就医疗服务领域而言，公立医疗服务机构主要对核心医务人员采用“双轨制”用工，适用人事聘用制的医生等劳动提供者与机构建立人事关系，其劳动权益受《事业单位人事管理条例》等人事法律规范调整；公立及私立医疗服务机构与劳动提供者签订劳动合同，建立劳动关系的，受《劳动合同法》等劳动法律法规调整。两类医疗服务机构往往对分诊员、技术辅导员、护士、科室助理、药学助理等技术人员和安保、转运员等后勤人员采用非全日制用工、劳务派遣或者外包等用工形式，分别受劳动法律规范或者民事法律规范调整。此外，诸如退休返聘、医师多点执业等特殊的用工形式亦存在于医疗服务机构中，返聘人员与机构、医师与主要执业机构以外的执业机构所形成的系劳务关系，亦受民事法律规范调整。

就医药制造领域而言，医药制造企业主要由研发岗位、注册和临床岗位、市场和学术岗位、销售和售后岗位、生产制造岗位组成。[①] 研发、注册和临床岗位因对专业素质要求高、涉密性强，过往企业通常采用传统用工模式，与员工建立标准全日制劳动关系，通过稳定的组织形式吸纳核心人才，工作制度以标准工时制、不定时工时制为主。然而，随着医药市场的竞争愈加激烈，为降低各方面成本，医药制造企业开始向更灵活、更高效、更具性价比的业务模式、用工模式转型，比如，将部分研发业务外包给医药合同研究组织（CRO），即医药企业委托外部的商业化研发组织，由研发组织自身的科研人员负责药物开发所涉及的部分或者全部活动，包括研究方案设计、临床试药、药物注册管理等，且研发人员的工作地点既可以是医药企业，也可以是医药CRO机构。[②] 企业与市场和学术岗位、销售和售后岗位人员除了选择建立劳动关系，更多建立的是灵活性强、成本低的劳务派遣关系、业务承揽关系、委托代理关系、劳务外包关系、平台用工关系等。在医药反腐和“两票制”改革的驱动下，同时为了缩减成本，相较自建销售团队，医药制造企业逐渐倾向于将市场推广或销售业务外包至医药合同销售组织（CSO），由CSO根据具体的合作模式承担推广商甚至是经销商的职责。前述两种新型业务外包机制不免造成用工管理主体的模糊，极易引发争议。至于生产制

① 参见寇斌：《聚焦医疗大健康行业合规管理》，载《人力资源》2023年第11期。

② 参见肖威：《医药企业科研人员多元化用工模式研究》，首都经济贸易大学2016年硕士学位论文，第14页。

造岗位，由于药品或者耗材类的生产制造受市场需求影响大，比如，流感暴发时期的特效药和疫情期间的抗原试剂需求量在短时间内急剧上升，当前机械生产线尚无法完全取代人工，因此存在短期内需要投入大量人力的可能性，故生产制造岗位相较于招聘全日制员工外，更倾向于招用非全日制员工，或通过劳务派遣、劳务外包等灵活用工形式吸纳劳动力。

就医疗器械制造领域而言，与医药制造业类似，主要由研发岗位、注册岗位、市场岗位、销售岗位、生产制造岗位组成。该些岗位传统的用工模式也是以建立标准全日制劳动关系为主，以劳务派遣、劳务外包、平台用工形式为辅。而随着国家药品监督管理局《关于扩大医疗器械注册人制度试点工作的通知》出台，医疗器械研发外包模式也越发盛行，比如，由医疗器械 CRO 通过合同形式向医疗器械制造企业提供产品临床研究服务，或由医疗器械合同研发生产组织（CDMO）通过合同形式向医疗器械制造企业提供工艺研发设计、生产服务。新业务合作模式的兴起势必也为用工合规带来新挑战。

2. 法律政策适用

正如前述所提及，不同用工形式适用不同法律法规。与医药大健康各领域企业、机构建立劳动关系的劳动人员，其与劳动相关的实体和程序权益均受到劳动法律法规的保护，如《劳动法》《劳动合同法》《劳动合同法实施条例》《工资支付暂行规定》《劳动争议调解仲裁法》等。

而公立医疗服务机构中实行人事聘用制的工作人员订立、履行、变更、解除或者终止劳动合同应优先适用与事业单位聘用制相关的法律法规，如《事业单位人事管理条例》《关于在事业单位试行人员聘用制度的意见》《事业单位工作人员收入分配制度改革实施办法》《关于人民法院审理事业单位人事争议案件若干问题的规定》，未作规定的，依照《劳动合同法》执行。

其他未与机构或企业建立劳动关系且非通过人事聘用提供劳动的，依法由民法领域中与劳务关系、承揽关系、委托关系相关的法律法规调整，如《民法典》《民事诉讼法》等。

除通过用工形式区分法律政策适用外，还应注意特殊职业的劳动管理或人事管理所独有的法律法规和政策，如公立医院医务人员薪酬制度需要遵循《深化医药卫生体制改革 2024 年重点工作任务》的指导，医疗服务机构与医师需遵守《关于建立住院医师规范化培训制度的指导意见》《关于推进和规范医师多点执业的若干意见》，医药代表需遵守《医药代表备案管理办法（试行）》等。

3．薪酬结构特点

薪酬争议是用工过程中的纠纷高发区。根据《关于工资总额组成的规定》，企业、事业单位职工的工资总额可由计时工资、计件工资、奖金、津贴和补贴、加班加点工资、特殊情况下支付的工资组成；其中，计时工资包括实行结构工资制的单位支付的基础工资和职务（岗位）工资。

当前与医药大健康机构或企业建立劳动或人事关系的重点岗位人员的薪酬制度多为月薪制，具体结构为“基本工资＋绩效奖金＋津贴和补贴”，且往往具有高弹性特点，即绩效奖金系薪酬结构的主要组成部分，固定工资占比较低。此种结构的目的是将个人与公司的业绩表现有机结合起来，以促进员工融入公司，进一步巩固人才、创造价值。根据不同岗位的特点，绩效奖金的评价依据包括医疗服务水平、科研成果转化率、新药注册成功率、销售业绩达成率、年度战略目标实现程度等。[①]2024 年 6 月发布的《深化医药卫生体制改革 2024 年重点工作任务》强调“深化公立医院薪酬制度改革”，要求研究制定关于医疗服务收入内涵与薪酬制度衔接的办法。加强对医院内部分配的指导监督，严禁向科室和医务人员下达创收指标，医务人员薪酬不得与药品、卫生材料、检查、化验等业务收入挂钩。该政策的发布是进一步优化公立医院医务人员的绩效标准的官方预热。可见绩效奖金部分因与员工、部门、机构或企业的绩效表现或者经营状况密切相关，裁审机关对奖金的考评标准以及发放方式要求亦日益严格。此外，不乏有企业通过股权激励、期权激励等方式吸引核心员工，以激励增强其对企业的忠诚度，促进其业绩增长，该等激励方式也可以视为员工薪酬的特殊组成部分。

除前述常见薪酬结构外，医药制造和医疗器械制造企业中的生产制造岗位也常使用计件工资制。该种薪酬结构具有更高的灵活性，能够有效控制人力成本，提高个体提高工作效率。但同时也存在计件定额和计件单价确定问题、加班界定问题等潜在争议点。

---

① 参见章宁晓、张皓帆：《医药医疗企业用工合规实务指引》，载上海市锦天城律师事务所官网 2021 年 7 月 13 日，https：//www. allbrightlaw. com/CN/10475/26f839f35ff6711. aspx。

4．用工群体特性

把握用工群体特性有助于企业选择合适的用工模式，作出正确的用工管理决策。医药大健康行业的核心岗位人员呈现出专业素质高的特点。在医药大健康产业转型升级，致力于发展新质生产力的大背景下，各类机构或者企业愈加重视专业化复合型人才。其中，具备前瞻性、开拓性以及创新性的数字化高级管理人员以及具备核心技术研发能力的数字化、智能化高级技术人员都是企业、机构激流勇进的重要依托。故而人才培训成本、人才合规管理体系应作为企业用工管理过程中考虑的重要因素。

此外，流动性强也是该行业劳动群体的一大特点。一方面，该特点表现为销售队伍因以业绩为导向，其进入门槛低，对其管理宽松，整体团队缺乏稳定性，加上日趋精细化的绩效考核标准也促使难以适应的销售人员频繁寻求新工作机会。另一方面，近期在集中采购政策、新冠疫情余波影响以及深化医药反腐的挑战下，行业寒潮正在来袭，减员增效成为当前大多企业的首要任务。

二、医药大健康企业用工争议的常见类型

1．热点事件回顾

法律出台、制度改革、政策发布之于一个行业是牵一发而动全身的。回顾过往十余年的热点事件有助于理解、预测医药大健康行业的用工争议和潜在风险点。

医师多点执业制度。2009 年原卫生部印发《关于医师多点执业有关问题的通知》，在部分地区先行试点医师多点执业制度。2014 年原国家卫生和计划生育委员会等 5 部门联合发布《关于推进和规范医师多点执业的若干意见》，规定医师多点执业是指医师于有效注册期内在两个或两个以上医疗机构定期从事执业活动的行为。2017 年，原国家卫生和计划生育委员会发布《医师执业注册管理办法》，规定了医师区域注册制度，标志多点执业由审批制转向备案制。2022 年，《医师法》实施，医师多点执业被正式写入法律。该制度对于平衡地区间的医疗资源，惠及广大人民群众具有重要意义。

然而，该制度的稳步推行少不了法律合规的保驾护航，尤其需要厘清执业医师与各机构间的劳动、人事或者民事关系，明确各方的权利义务与责任。就该问

题而言,《医师执业注册管理办法》与《关于推进和规范医师多点执业的若干意见》均有所回应。医师多点执业过程中需确定一个主要执业机构；医师应与该主要执业机构签订聘用（劳动）合同，适用人事（劳动）法律规范调整，与其他多点执业的医疗机构分别签订劳务协议，适用民事法律规范调整。

“两票制”改革。2016 年,《关于在公立医疗机构药品采购中推行“两票制”的实施意见（试行）》发布，该制度是针对药品购销过程中存在的环节较多和多级代理等突出问题而采取的一项改革措施，目的是压缩药品流通环节，使中间加价透明化，进一步推动降低药品虚高价格，减轻群众用药负担，同时助推药品企业转型升级，促进医药产业健康发展。[①] 该制度的改革深刻影响了医药企业的营销模式和交易结构，经销商的生存空间被挤压甚至消失，经销商随之向 CSO 转型，企业也开始向专业的 CSO 购买营销推广服务。因此，企业与经销商关系的变化也将带来新的风险点。

带量采购政策。2018 年，中央全面深化改革委员会审议通过《国家组织药品集中采购试点方案》，明确了国家组织、联盟采购、平台操作的总体思路。同年，国家组织药品集中采购试点。2019 年，国家医疗保障局印发《关于做好当前药品价格管理工作的意见》，明确深化药品集中带量采购制度改革，坚持“带量采购、量价挂钩、招采合一”的方向，促使药品价格回归合理水平。截至 2024 年 3 月，国家医疗保障局已组织开展九批国家组织药品集采。与“两票制”对比，带量采购政策则影响了销售渠道。在该政策的实施下，原有的营销体系也需进行相应转型，以寻求更广阔的交易机会。

医药反腐行动。从 2023 年开始，医药反腐风暴持续升级。2024 年 3 月,《刑法修正案（十二）》生效，其中加大了对于药品、医疗领域行贿犯罪的处罚力度。2024 年 5 月，14 部门共同发布《2024 年纠正医药购销领域和医疗服务中不正之风工作要点》，聚焦医药领域生产、供应、销售、使用等重点环节和“关键少数”。医疗反腐下将影响医务人员的收入，清理医药代表队伍，引导医疗服务机构、药企改变用工、考核标准。

---

① 参见体制改革司:《解读：关于在公立医疗机构药品采购中推行“两票制”的实施意见（试行）》，载中国政府网 2017 年 1 月 9 日，http: //www. nhc. gov. cn/tigs/s2906/201701/6c5fb6e0a24e414db44b4f6aa91e32d7. shtml。

深化医改。2024年，国务院办公厅印发《深化医药卫生体制改革2024年重点工作任务》，聚焦医保、医疗、医药协同发展和治理。再次部署了带量采购、医药腐败问题集中整治等工作。此外还要求深化公立医院薪酬制度改革，研究制定关于医疗服务收入内涵与薪酬制度衔接的办法，重视医务人员稳定收入和有效激励，进一步发挥薪酬制度的保障功能。该工作任务的提出则为医务人员的管理带来了新的启发。

2. 争议系统检索

除了从热点事件中理解、预测医药大健康行业的用工风险点，通过对医药大健康领域的用工争议进行系统检索，则能更加直接地从宏观角度把握常见的争议类型，从而有针对性地分析防范典型风险。故笔者以“医院 / 医疗机构 / 医药企业 / 制药 / 医疗器械 / 医药代表”为关键词，选取“劳动争议 / 人事争议 / 销售代理合同纠纷 / 劳务合同纠纷 / 劳务（雇用）合同纠纷”为案由，检索近三年裁判文书，总结如图1至图3所示并予以分析。

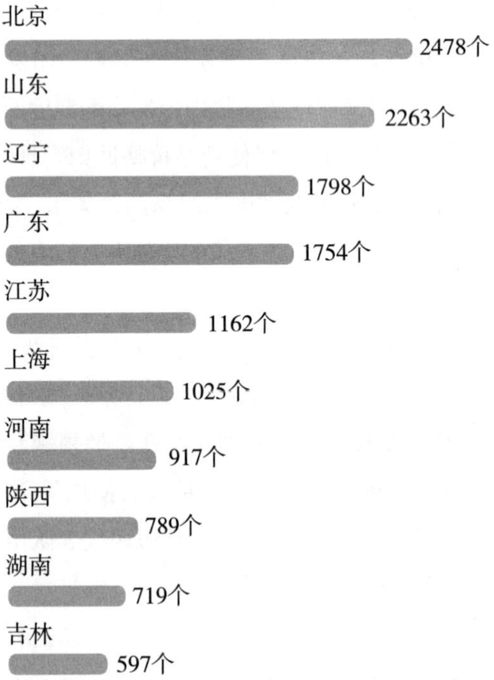

图1　纠纷发生地域

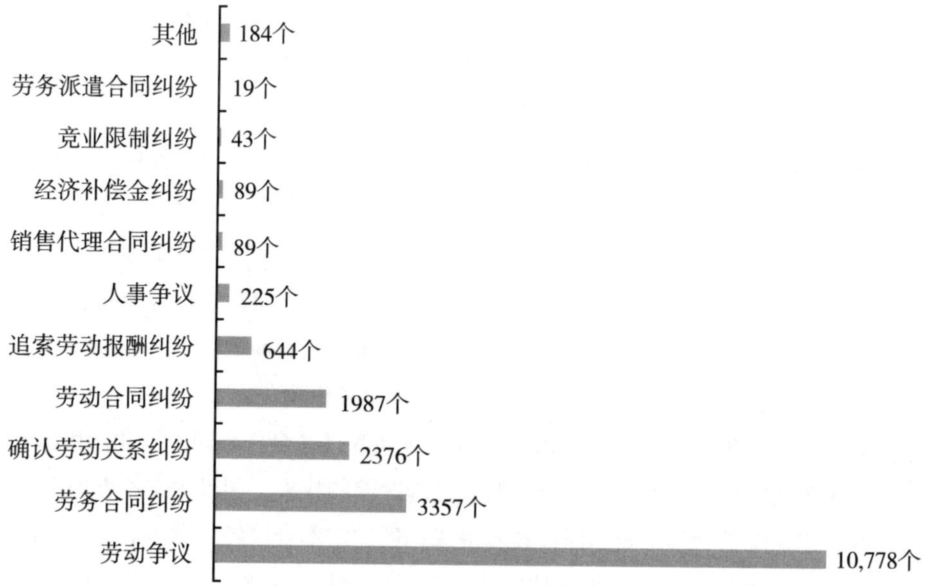

图2　纠纷案由

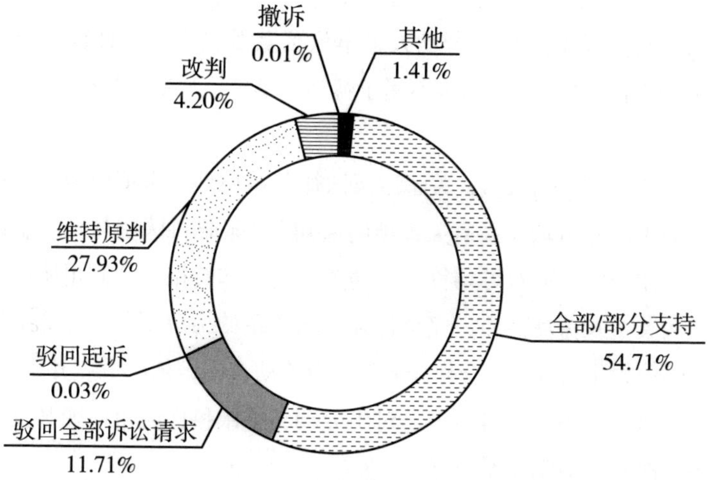

图3　裁判结果

从案件地域分布上看，北京市、山东省作为我国的医药健康企业大省市，其用工争议纠纷发生频率远高于其他省市属于情理之中（见图1）；从案由来看，用工争议主要集中于劳动争议，可见劳动性质的用工模式在医药大健康行业中占据着重要地位，以及企业建立规范的劳动关系仍任重道远（见图 2）；就裁判结果而言，支持或者部分支持原告诉请的判决过半（见图 3）。

3. 常见劳动争议类型及典型案例

（1）确认劳动关系纠纷。因劳动关系中用人单位所需承担的义务相较于平等合同关系中一方当事人更加严格，故而医药大健康行业存在用人单位以委托代理合同等其他合同名义掩盖劳动关系的情形，或者试图以建立非全日制劳动关系规避全日制劳动关系下的责任。用工形式决定了法律适用，是纠纷审理的起点，因此纠纷发生时，大量案件须进行劳动关系前置性确认。

典型案例一[①]：确认劳动关系纠纷——医疗服务机构。

案情概要：2013 年 1 月，某眼科医院与顾某签订《合作合同》，约定甲方聘用乙方为医院院长，甲方授权乙方经营、管理医院的权力；同时约定乙方的报酬与待遇，包括院长管理工资与医疗技术提成；还约定本合同经双方协商一致可以提前解除，否则任何乙方不得无故解除；违反本合同约定的一方应当支付违约金。2013 年 4 月，某眼科医院向顾某支付该月的工资。2013 年 5 月，某眼科医院以顾某未按约定履职为由向顾某送达《解聘通知》。而后顾某就不同意某眼科公司解除劳动关系的要求向劳动人事争议仲裁委员会请求仲裁，劳动人事争议仲裁委员会以申请人的仲裁请求不属于劳动人事争议仲裁委员会处理范围为由，决定不予受理。

裁审观点：再审法院认为，关于本案法律关系属性，根据原劳动和社会保障部发布的《关于确立劳动关系有关事项的通知》，某眼科医院与顾某签订的书面合同虽名为合作合同，但双方均符合劳动关系的主体资格，合同也明确约定了双方之间的从属关系及劳动性质，完全符合劳动关系的构成要件，由此应认定双方在意思自治的前提下订立的《合作合同》实为劳动合同，依法成立并生效。另外，顾某事实上为医院筹备开业等事项已付出劳动，某眼科医院也向顾某支付一个月的劳动报酬，故双方劳动关系成立。

典型案例二[②]：确认劳动关系纠纷——医药制造企业。

案情概要：2013 年，陈某与某药业公司签订劳动合同，约定合同期限为

① 参见吉林省长春市中级人民法院再审民事判决书，（2015）长民再字第 00016 号。

② 参见重庆市第一中级人民法院二审民事判决书，（2018）渝 01 民终 6853 号。

2013年1月1日至2015年12月31日。2015年1月，陈某与某药业公司签订了《代理合同书》，约定甲方授权乙方作为某产品在重庆的总代理商和医院代理商，由乙方统一发货，统一管理，并自主决定该区域内产品推广及销售等相关事宜。2014年至2017年，某药业公司与陈某签订一系列销售责任书，包括《××年某药业公司销售责任书》《商务线销售责任书》《OTC事业部商务经理销售责任状》等，其中均提及依照某药业公司当年营销方案结算。2017年，陈某作为交点人，与接点人张某签署了《商业（连锁）库存交接汇总表》等。之后陈某向劳动人事争议仲裁委员会申请劳动仲裁。

裁审观点：就陈某与某药业公司间是否存在劳动关系，二审法院认为，陈某与某药业公司签订的劳动合同到期前，双方便签订《代理合同书》，而2017年双方签订的《医院代理销售协议》等均约定陈某遵守某药业公司的相关管理制度，故双方名为代理关系，实际并非平等主体关系。此外，一系列销售责任书中均证明陈某系商务线经理，并明确陈某遵守公司《××年营销管理方案》及其他各项规章制度，如有违规违纪行为，按公司规章承担责任。以上证据可以证明陈某为某药业公司的商务经理，且确定有销售任务，与陈某之前从事销售员工作没有区别，在此期间双方签订的《代理合同书》等均是为了履行劳动合同，是某药业公司为了提高陈某销售积极性的一个创新激励措施和管理方式。故双方并非平等的民事主体关系。

典型案例三[①]：确认劳动关系纠纷——以合法形式掩盖非法用工形式。

案情概要：2009年3月，李某某到奉节县某医院从事水电工工作。2010年3月1日，李某某与奉节县某医院签订两份非全日制用工劳动合同书，分别约定李某某为医院从事水工工作和电工工作，工作时间均为每日4小时。合同期限自2010年3月1日起至工作任务完成时止。2012年5月1日，李某某同时以自己名义和以彭某某的名义与奉节县某医院分别签订非全日制用工劳动合同书，约定其从事水电工工作，合同平均每日工作4小时，按小时计酬。同日，李某某亦分别以自己名义和以彭某某的名义提交书面申请书，申请担任水电工，并自愿签订非全日制用工合同。之后李某某即以自己名义和以彭某某的名义在被告单位总务科从事水电工工作，并按期领取计时报酬（领取两份报酬，实行半月结算）。

① 参见重庆市奉节县人民法院民事判决书，(2016)渝0236民初1613号。

2015年11月5日，奉节县某医院通知李某某终止非全日制劳动用工关系。李某某经仲裁后提起诉讼，请求奉节县某医院支付加班工资、经济补偿金。

裁审观点：用工单位可以依法与劳动者协商劳动关系类型。本案中，双方签订的合同表面看是非全日制劳动合同，且每个合同项下约定的工作时间也不超过法律规定标准，但事实上奉节县某医院作为用人单位，明知甚至要求李某某分别以电工和水工身份或以他人名义同时与其签订两份非全日制劳动合同，从而使作为劳动者的李某某每天实际工作时间达到8小时，此种以非全日制合同形式建立的劳动关系，系以合法形式掩盖其非法的用工方式，目的旨在规避奉节县某医院作为用人单位应当承担的全日制劳动合同法律关系的有关义务，应当认定双方实际上建立了全日制用工劳动关系。遂判决支持了李某某要求经济补偿金的诉讼请求。

典型案例四[①]：确认劳动关系纠纷——未享受养老保险待遇的可建立劳动关系。

案情概要：胥某系某制药公司员工，2014年3月14日入职，在某制药提取车间从事振动分离工作。2018年7月至2021年，某制药公司给胥某缴纳工伤保险费。2020年11月10日，胥某在工作中受伤。区人力资源和社会保障局作出认定工伤决定书，认定胥某受到的事故伤害为工伤。之后胥某提起仲裁申请，请求确认胥某与某制药公司存在劳动关系，请求裁决某制药公司向胥某支付工伤保险待遇。

裁审观点：一审法院认为，该案争议焦点为胥某与某制药公司之间是劳动关系还是劳务关系，本案是否适用劳动法及相关法律法规调整。原劳动和社会保障部虽然对企业职工退休年龄作出了“男年满60周岁，女工人年满50周岁”的部门性规定，但我国法律对达到法定退休年龄仍然从事劳动的人员，未作禁止性规定。根据原劳动部发布的《关于贯彻执行〈中华人民共和国劳动法〉若干问题的意见》第2条规定的“中国境内的企业、个体经济组织与劳动者之间，只要形成劳动关系，即劳动者事实上已成为企业、个体经济组织的成员，并为其提供有偿劳动，适用劳动法”，是否形成劳动关系应看劳动者是否事实上已成为企业、个体经济组织的成员，并为其提供有偿劳动。本案中，胥某虽然达到了法定退休年龄，但仍然为某制药提供有偿劳动，事实上成为某制药公司的成员，依照以上法

① 参见山东省淄博市中级人民法院二审民事判决书，（2022）鲁03民终3506号。

律的规定，适用劳动法调整。此外，根据最高人民法院《关于审理劳动争议案件适用法律若干问题的解释（三）》（已失效）第 7 条“用人单位与其招用的已经依法享受养老保险待遇或领取退休金的人员发生用工争议，向人民法院提起诉讼的，人民法院应当按劳务关系处理”的规定，胥某未享受养老保险待遇或领取退休金，不应认定其和某制药公司之间为劳务关系，应认定为劳动关系。

（2）追索劳动报酬纠纷。基于前述对薪酬结构的分析，医药大健康行业的核心岗位薪酬结构多数具有高弹性特点，即绩效奖金部分占比大，浮动大。实践中，诸多企业、机构对于绩效奖金的考核、发放标准规定不明或者未执行到位，从而引发该方面纠纷。

典型案例五[①]：追索劳动报酬纠纷——绩效奖金的考核标准应当明确且合理。

案情概要：某医药公司于 2020 年 6 月 5 日向纪某发出录用通知书，关于薪资部分内容为“转正薪资：基本工资 15,000 元 / 月，其中 30% 为考核奖金……”。2022 年 4 月 7 日，纪某以某医药公司未及时足额支付劳动报酬等情形向某医药公司发出《解除劳动合同通知书》。之后纪某提起仲裁申请，请求某医药公司支付工资差额及解除劳动关系补偿金。关于工资构成，纪某主张其转正后为基本工资 15,000 元 / 月 + 通信补贴 29 元 / 月 + 交通补贴 80 元 / 月 + 工龄工资 50 元 / 月（满一年每月增加 50 元）+ 高温补贴 + 节假日福利。某医药公司则主张 15,000 元 / 月的工资由基本工资 10,500 元、4500 元考核工资及其他补贴、福利等组成。

裁审观点：二审法院认为，关于工资差额，某医药公司虽主张纪某薪资标准中的 30% 考核奖金部分是否发放、发放多少需要通过考核进行综合评判，但某医药公司提交的绩效考核汇总表仅显示有考核分数，纪某对此不予认可。某医药公司未能就相关考核制度规定及具体考核标准、流程、考核分数与考核工资挂钩情况、向纪某公示告知情况及所称纪某拒不配合公司考核的主张等进行充分举证，故现有证据尚不足以体现某医药公司足额支付了纪某应得工资，一审法院认定某医药公司应补足纪某相应工资差额并无不当。

典型案例六[②]：追索劳动报酬纠纷——用人单位惩戒措施应当符合比例原则。

案情概要：2018 年 2 月 7 日，周某入职某医药公司任医药代表。周某的劳

---

① 参见北京市第二中级人民法院二审民事判决书，（2023）京 02 民终 11398 号。

② 参见北京市第二中级人民法院二审民事判决书，（2021）京 02 民终 192 号。

动报酬中包括基本工资和销售奖金。其中，销售奖金所占比例较大。某医药公司公示的员工手册规定了“拒不服从管理层包括资源管理经理合理指令，如与本职工作有关的派遣、指挥和分配”，给予“严重警告”处罚；某医药公司公示的《中国区准则——合规事件管理指令》中规定了受到严重警告处罚违纪处分的后果为“扣减 1 个季度 100% 的奖金”。

2019 年 8 月 25 日 21 时 28 分，周某的上级领导景某在工作微信群中 @ 周某“明早跟你去航空总医院”（注：在医生不忙时随访医生，需景某和周某共同完成该工作）。次日上午 8 时起，景某联系周某询问人在哪里。上午 10 时 28 分，周某向景某发送了显示为航空总医院的位置；景某随即回复周某称：“这没有用，不能证明你在。”之后，景某安排的当日随访航空总医院医生的工作未完成。

2019 年 9 月 1 日，某医药公司向周某送达严重警告通知书，其中载明：“经查证，您 8 月 26 日上午出现拒不服从管理层包括资源管理经理合理指令的行为。鉴于此，根据公司 2018 年版《员工手册》第 10.3.1 条和 3.0 版《违纪处罚政策》规定，我们将给予您‘严重警告’的违纪处罚，自 2019 年 9 月 1 日生效。同时，您 2019 年度绩效贡献评定将为‘缺乏贡献’，且将扣除 100%2019 年第三季度所发放的销售奖金。”2019 年 9 月底，某医药公司扣发了周某 2019 年 4 月 1 日至 6 月 30 日期间的第二季度销售奖金 23,268.75 元。周某对此不服，提起仲裁。

裁审观点：二审法院认定，第一，周某的领导景某的指令为“合理指令”。第二，周某的行为构成规章制度中所述的违反情形。第三，扣减 1 个季度销售奖金的惩戒措施不具有合理性。周某的岗位为医药销售，销售药品与随访客户为其本职工作。劳动合同中虽约定基本工资为 7000 元，但其劳动报酬实际由基本工资和销售奖金构成，在工作过程中，销售奖金又分为多种类目。作为一名销售人员，周某获得的劳动报酬中销售奖金所占比例较高，且某医药公司给予周某“严重警告”处罚的后果为“扣减 1 个季度 100% 的奖金”，周某 2019 年度第二季度销售奖金为 23,268.75 元，扣减的该季度销售奖金远高于周某每月获得的劳动报酬。另外，如前所述，周某确实存在未在领导指定的时间内到达工作地点的行为，亦未同景某共同完成随访工作，但某医药公司并未提供证据证明周某的行为给其造成严重后果或其他损失。综上，随访为周某的日常工作之一，在仅有一次未按照领导的指示完成随访工作，且未因此给某医药公司造成严重后果或其他损失的情况下，某医药公司扣减周某1个季度奖金，该惩戒措施明显过重，违反惩戒之“比例原则”，惩戒程度畸重。

（3）服务期违约责任纠纷。服务期的约定有利于精进劳动者的工作技能，也有利于用人单位稳定人才，提升市场竞争力，这对增强劳动关系的稳定性具有积极意义。医疗服务机构中对服务期的运用较多，由于服务期约定期限往往较长，近年来医疗服务机构服务压力上升，人员流动也相对较大，不免引发该类型纠纷。

典型案例七[①]：服务期违约责任纠纷——培训期间工资不属于专项培训费用。

案情概要：2013年6月1日，张某与某体检公司签订无固定期限劳动合同。2014年7月3日，张某与某体检公司签订培训协议，该公司安排张某到外地参加一年专业技术培训。培训协议约定：由某体检公司支付培训费、差旅费，并按照劳动合同约定正常支付张某培训期间工资；张某培训完成后在某体检公司至少服务5年；若张某未满服务期解除劳动合同，应当按照某体检公司在培训期间所支出的所有费用支付违约金。培训期间，某体检公司实际支付培训费47,000元、差旅费5600元，同时支付张某工资33,000元。培训结束后，张某于2015年7月3日回某体检公司上班。2018年3月1日，张某向某体检公司递交书面通知，提出于2018年4月2日解除劳动合同。某体检公司要求张某支付违约金85,600元（47,000元+5600元+33,000元），否则拒绝出具解除劳动合同的证明。为顺利入职新用人单位，张某支付了违约金，但认为违约金数额违法，遂向劳动人事争议仲裁委员会申请仲裁，裁决某体检公司返还违法收取的违约金85,600元。

裁审观点：本案的争议焦点是某体检公司支付给张某培训期间的工资是否属于专项培训费用。《劳动合同法》第22条第1款、第2款规定，用人单位为劳动者提供专项培训费用，对其进行专业技术培训的，可以与该劳动者订立协议，约定服务期。劳动者违反服务期约定的，应当按照约定向用人单位支付违约金。违约金的数额不得超过用人单位提供的培训费用。用人单位要求劳动者支付的违约金不得超过服务期尚未履行部分所应分摊的培训费用。《劳动合同法实施条例》

① 参见人力资源和社会保障部、最高人民法院联合发布的《劳动人事争议典型案例（第一批）》（人社部函〔2020〕62号）案例9。

第16条规定，《劳动合同法》第22条第2款规定的培训费用，包括用人单位为了对劳动者进行专业技术培训而支付的有凭证的培训费用、培训期间的差旅费用以及因培训产生的用于该劳动者的其他直接费用。《劳动法》第50条规定，工资应当以货币形式按月支付给劳动者本人。不得克扣或者无故拖欠劳动者的工资。根据《关于贯彻执行〈中华人民共和国劳动法〉若干问题的意见》第53条的规定，《劳动法》中的“工资”是指用人单位依据国家有关规定或劳动合同的约定，以货币形式直接支付给本单位劳动者的劳动报酬。从上述条款可知，专项培训费用与工资存在明显区别：第一，从性质看，专项培训费用是用于培训的直接费用，工资是劳动合同履行期间用人单位支付给劳动者的劳动报酬；第二，从产生依据看，专项培训费用是因用人单位安排劳动者参加培训产生，工资是依据国家有关规定或劳动合同约定产生；第三，从给付对象看，专项培训费用由用人单位支付给培训服务单位等，工资由用人单位支付给劳动者本人。本案中，张某脱产参加培训是在劳动合同履行期间，由某体检公司安排，目的是提升其个人技能，使其能够创造更大的经营效益，张某参加培训的行为，应当视为履行对某体检公司的劳动义务。综合前述法律规定，某体检公司支付给张某培训期间的33,000元工资不属于专项培训费用。

典型案例八[①]：服务期违约责任纠纷——用人单位的举证责任。

案情概要：2017年9月22日，李某与某医院签订《住院医师规范化培训协议书》，约定培训期为2016年9月12日至2019年9月30日；乙方培训期间工资由甲方发放，社会保险及公积金由甲方给予缴纳；乙方培训结束后须按甲方要求如期回院工作，并按“规培三年者，劳动合同期间为八年，其中包含三年规培期”的合同期限继续履行；乙方未按合同规定时间干满工作年限，则需退还甲方为乙方缴付的工资、生活补助、补贴及保险、公积金所有费用及补偿金。金额为2万元/年 × 协议尚未履行的年数。李某受某医院派遣，至宣武医院进行住院医师规范化培训。培训期间，某医院为李某发放工资、缴纳社会保险及公积金。李某于2022年2月因个人原因向某医院提出离职申请，并于2022年3月28日自某医院离职。某医院就李某应支付服务期违约金5万余元申请仲裁。

裁审观点：二审法院认为，用人单位为劳动者提供专项培训费用，对其进行

① 参见北京市第二中级人民法院二审民事判决书，(2022)京02民终14687号。

专业技术培训的，可以与该劳动者订立协议，约定服务期。劳动者违反服务期约定的，应当按照约定向用人单位支付违约金。违约金的数额不得超过用人单位提供的培训费用。用人单位要求劳动者支付的违约金不得超过服务期尚未履行部分所应分摊的培训费用。该培训费用，包括用人单位为了对劳动者进行专业技术培训而支付的有凭证的培训费用、培训期间的差旅费用以及因培训产生的用于该劳动者的其他直接费用。本案中，住院医师规范化培训属于专业技术培训。在案证据显示，李某在完成住院医师规范化培训后，李某因个人原因主动离职的行为违反了双方关于服务期的约定。鉴于某医院未能就其医院实际支出的直接培训费用进行充分举证，考虑到李某在宣武医院接受培训期间某医院为其支付了工资等相关费用，结合李某违反双方约定的行为会给某医院在人才引进等方面造成损失的实际情况，一审法院依法酌情判决李某赔偿某医院损失 20,000 元并无不妥。

（4）竞业限制纠纷。医药大健康行业对于核心岗位人员的专业素质要求颇高，并且青睐复合型人才，该类员工对于企业的发展具有关键性作用，往往掌握核心技术。因此，订立竞业限制协议对于企业而言是必要之举。但竞业限制的合理范围、地域与时间界限均具有模糊性，因此协议的合规性问题以及履行过程中的违约行为仍然存在。

典型案例九①：竞业限制纠纷——竞业限制的三大维度当属合理合法。

案情概要：2017 年 10 月 19 日，赵某与某公司签订自 2017 年 7 月 30 日起建立无固定期限劳动关系的劳动合同，合同附件包括竞业限制合同。竞业限制合同极为详细地约定了竞业限制地域及范围，核心规定系在赵某离职后的 2 年内，在全球范围内不得从事与某公司存在竞争性关系的业务。此外，合同还约定了某公司应支付的竞业限制补偿金及赵某违反约定的违约金。而后赵某因个人原因离职。赵某向劳动人事争议仲裁委员会提起仲裁，请求确认赵某与某公司签订的竞业限制合同中竞业限制地域“在全球范围内”对赵某不发生约束力，赵某竞业限制地域为中国境内；确认缩小赵某竞业限制范围为不得同与某公司实际生产或经营的超声医学影像设备研发、制造和销售存在竞争性关系的企业发生任何形式的聘用关系。

① 参见江苏省无锡市新吴区人民法院民事判决书，(2021) 苏 0214 民初 3878 号。

裁审观点：法院认为，竞业限制制度的目的是保护用人单位的商业秘密和与知识产权相关的保密事项，这些事项与企业生存发展休戚相关。但是市场经济的活力在于竞争，人才流动是竞争的动力，可见，竞业限制纠纷的处理需要兼顾契约自由和保护劳动者的原则，需要平衡员工的生存权和企业的经营权，需要权衡企业盈利和产业发展。竞业限制制度是一把“双刃剑”，其宽严分寸的拿捏，既关乎劳动者的劳动权尤其是择业自由权的实现程度，又关乎用人单位的商业秘密和与知识产权相关的保密事项的保护程度。因此，竞业限制的实施必须以正当利益的存在为前提，必须是保护合法权益所必需。原则上，竞业限制的范围、地域，应当以能够与用人单位形成实际竞争关系的范围、地域为限。对负有保密义务的劳动者，用人单位可以在劳动合同或者保密协议中与劳动者约定竞业限制条款，并约定在解除或者终止劳动合同后，在竞业限制期间内按月给予劳动者经济补偿。竞业限制的范围、地域、期限由用人单位与劳动者约定，竞业限制的约定不得违反法律法规的规定。竞业限制约定中的同类产品、同类业务仅限于劳动者离职前用人单位实际生产或者经营的相关产品和业务。当事人应对竞业限制适用的地区、时间以及禁止劳动者从事行业的范围作出合理约定，对超出必要程度的竞业限制条款，人民法院可以认定该条款对劳动者不发生约束力。

关于竞业限制合同约定的地域及行业范围是否超出必要程度，需从某公司实际生产或者经营的产品和业务范围考察。双方申请的专家辅助人的陈述站在不同角度对案涉专业性问题作出的陈述均具合理性，在赵某已经签署竞业限制合同、领取竞业限制补偿金，且其提供的证据尚不足以证明竞业限制行业范围明显超出合理范围的情形下，应当尊重双方当事人的意思自治，对赵某要求调整竞业限制行业范围的诉讼请求不予支持。

双方提供的招股说明书、公司官网介绍及年度报告同时证明某公司的产品销售至全球 100 多个国家和地区，境外销售额占总销售额的比例较高，产品也已覆盖国内市场 30% 以上的三级医院，双方签订的竞业限制协议中载明的与某公司存在竞争性关系业务的第三方也遍布多个国家和地区。因此竞业限制地域约定为全球具有合理性，在赵某未提供证据推翻招股说明书，且竞业限制协议约定的竞争性企业确实遍布全球多国和地区的情况下，对赵某要求将竞业限制地域调整为中国境内的诉讼请求不予支持。

三、医药大健康企业用工合规的趋势展望与实操建议

1. 用工合规的趋势展望

首先，随着医改的深化，优化用工模式将是医药大健康行业内企业与机构的必经之路。鉴于该行业内岗位类型之复杂，企业唯有因岗制宜，运用好各种用工形式，并做好风险防范，才能实现资源的有效配置，提升企业抗风险能力及核心竞争力。

其次，《数字中国建设整体布局规划》鼓励数字经济的发展，倡导推动数字技术和实体经济深度融合，在医疗等重点领域加快数字创新应用。在此背景下，医药大健康行业企业、机构建设数字化用工管理体系是大势所趋，运用大数据等工具，能够加强对用工管理行为的依法合规情况进行实时在线监控和风险分析。但相应的信息采集、储存和使用体系，用工制度数字化运行，风险识别和预警机制，数据安全等问题仍有待探索。

2. 用工合规的实操建议

（1）厘清各用工形式的合规要求

基于前述典型案例的分析，不难看出在医药大健康行业内，不同性质的机构、企业都面临关于用工性质确认的纠纷。司法裁判在确定用工关系时往往进行穿透性的实质审查，探寻双方当事人间的关系本质。企业试图以合法方式掩盖非法用工目的的行为往往会被揭露。全日制用工、非全日制用工、劳务派遣、劳务外包是 4 种完全不同的用工形式，有着各自独特的使用场景。一旦将其混淆使用，如实践中常出现的“假派遣真用工”“假外包真派遣”，将面临巨大的合规风险。因此区分各用工模式的边界是企业用工合规管理的首要任务。

非全日制劳动关系是指以小时计酬为主，劳动者在同一用人单位一般平均每日工作时间不超过 4 小时，每周工作时间累计不超过 24 小时的用工形式。全日制用工与非全日制用工在合同形式、工作时间、劳动报酬、劳动合同的解除以及经济补偿金等方面存在显著差异。在司法实践中，裁审机关一旦认定双方构成全日制劳动关系，用人单位将承担全日制用工下的法律责任。

劳务派遣，是指劳务派遣公司作为用人单位与劳动者签订劳动合同，用人单位与用工单位签订劳务派遣协议，并根据劳务派遣协议派遣劳动者至用工单位，劳动者向用工单位提供劳务并接受其管理，用工单位向用人单位支付服务费的用

工形式。企业与劳动者之间系劳务关系，该形式既满足了企业降低用工成本、提高用工灵活性的需求，又促进了社会就业。然而该形式的运用应当注意法定界限。第一，劳务派遣单位应当依法取得劳务派遣许可资质。第二，劳动合同用工是我国的企业基本用工形式。劳务派遣用工是补充形式，只能在临时性、辅助性或者替代性的工作岗位上实施。用工单位应当严格控制劳务派遣用工数量，不得超过其用工总量的一定比例。第三，用工单位应当按照同工同酬原则，对被派遣劳动者与本单位同类岗位的劳动者实行相同的劳动报酬分配办法。因此，如用工单位试图通过违法劳务派遣规避劳动法责任，当纠纷发生时其仍需承担劳动关系中用人单位的法定义务，并且可能存在支付双倍工资以及签订无固定期限劳动合同的法律风险。

劳务外包，是指发包方将某个相对独立的劳务服务项目外包给承包方，由承包方依据发包方的要求，组织和直接管理承包方的劳动人员完成劳务服务，并对劳务服务的成果和质量直接承担责任的劳务承包形式。劳务外包关系下，发包方并不与劳动者发生任何法律关系，承包方与劳动者存在劳动关系。然而实践中的外包劳动者大多数被派至发包方处，受发包方的直接管理、直接指示，也就是发包方与劳动者构成事实上的从属性关系，裁审机关对于此类情况往往会穿透认定双方用工性质。

（2）优化各岗位的薪资福利体系，依法完善、细化、落实合理的绩效考核制度

医药大健康行业中岗位类型众多，不同岗位的特性不同。根据岗位职责，优化岗位人员的薪资结构，调整基本工资与绩效工资的比例，创新货币或者非货币的薪酬模式，是有效激励各岗位员工工作积极性的重要手段。

在频繁发生的报酬追索纠纷中，劳动者所主张的报酬大多来自绩效奖金部分。裁审机关表示其审理依据应是企业、机构内部的绩效规章制度，而规定不明、执行不到位往往成为用人单位败诉的一大痛点。此类风险的防范要求用人单位完善薪酬福利机制，建立合理的指标设置、科学的考核模式、明确的指标设计标准。

值得注意的是，用人单位在制定直接涉及劳动者切身利益的规章制度过程中应当遵守法律和民主程序，实现内容、程序合理合法，并向劳动者公示，方可作为审理依据。

（3）搭建核心员工合规体系，完善服务期、竞业限制等方面的约定

医药大健康行业中的高级技术人员、高级管理人员以及销售人员是企业、机构运行、发展的核心所在。因此，用工合规管理的关键点也在此，企业应搭建全链条、全方位、全覆盖的用工合规体系，从入职前的尽职调查，到入职后的日常培训、审计与考评，再到离职后的保密义务、竞业限制义务履行等方面，以期降低劳资纠纷的败诉风险，切实有效预防企业用工风险。

（4）加快用工管理的数字化、智能化转型，利用数字化手段识别、防范用工风险，提高管理效率

积极向数字化、智能化管理转型是顺应时代潮流的发展路径。善用数字化手段能够节省用工流程中的人力物力成本，提高企业管理效率。因此用人单位可将数字化运用至日常用工管理中的招聘、入职、薪资确认、请假审批等事务性环节，做好管理留痕、文件留存工作。其后逐步向数智化转型，将风险识别与预警机制融入用工管理流程中，提高风险预测和防范能力。

医药反腐风暴下医疗器械行业的法律风险控制

曾　峥

一、医药反腐的大背景政策

医药问题关乎国计民生，我国历来重视医药行业腐败的整治与治理工作，1999年，国务院纠风办设立了纠正医药购销领域和医疗服务中不正之风联合工作机制，通过不定期召开联席会议，审定年度工作安排，研究重大问题，协调各部门行动，推动纠风治理工作，并逐步确立了自联席会议后以发文形式部署新一年的医药纠风工作重点。2018年机构改革后由国家卫生健康委员会牵头的9部门联合发文，每年以“纠正医药购销领域和医疗服务中不正之风工作要点”为主题的医药反腐成为传统。2023年则增加至14个部门，与往年相比部门多，跨度广，时间长，力度大。2024年医药反腐政策延续了2023年的监管力度，继续将重点问题、重点领域、重点对象作为反腐攻坚核心。政策演进脉络的系统分析，对于把握医药反腐工作的动态发展至关重要。

（一）2024年国家医药反腐政策概述

2024年，国家卫生健康委员会等14个部门联合制定了《2024年纠正医药购销领域和医疗服务中不正之风工作要点》。从工作原则来看，其遵循聚焦重点且以问题为导向、全面覆盖并压实责任、纠建并举实现长效治理的思路。具体内容包含持续规范医药生产流通秩序、集中整治群众身边的不正之风与腐败问题、坚决纠治行业乱象、切实维护医保基金安全以及深化巩固集中整治工作成效等多个方面。

（二）2024 年与 2023 年医药反腐政策的相同点

1. 整治行业风气

2023 年与 2024 年的医药反腐政策均将纠正医药购销领域和医疗服务中的不正之风作为核心目标，旨在净化医药行业环境、打击腐败行为，以保障人民群众的健康权益与医药行业的健康、可持续发展。

2. 聚焦关键环节和人员

两个年度的政策均高度重视医药领域关键环节的监管，包括生产、供应、销售、使用、报销等环节。2023 年的医药反腐政策明确将领导干部和关键岗位人员界定为“关键少数”进行重点监管，2024 年延续了这一监管重点，继续聚焦“关键少数”和关键岗位人员。

3. 多部门协同合作

2023 年国家卫生健康委员会等 14 个部门联合印发相关通知，开启医药领域腐败问题整治工作；2024 年国家卫生健康委会同 13 个部门联合制定工作要点。这体现了在医药反腐工作中，多部门协同作战、形成治理合力的一致性。

（三）2024 年与 2023 年医药反腐政策的不同点

1. 政策细化程度

2024 年的工作要点对“关键环节”“关键少数”“重点领域”进行了更为细致的界定。例如，明确指出需紧盯项目招采、目录编制、价格确定、项目申请、新药申报、回款结算等医药领域风险，以及重点关注假借学术讲课取酬、外送检验、外配处方、网上开药等方式收受回扣的问题，还有利用职务之便索要、非法收受财物的问题。

2. 监管手段的深化

2024 年政策提出提升信息化大数据精准监督能力，开展基于病案首页信息的智能化和嵌入式监管试点。这体现了利用现代信息技术手段提高监管的精准性与及时性，是监管手段的创新与深化。而 2023 年主要侧重于严查医疗腐败的重点领域、监控异常资金的往来记录、审查相关人员的社交活动、严把医疗活动重点岗位等传统监管方式。

3. 长效机制建设的推进

2024 年在纠建并举、长效治理方面作出了更多努力。强调针对制度措施的短板弱项进行补齐强化，围绕规范权力运行、健全规章制度、加强规范引导、推进行业自律等多个维度构建长效治理机制。

综上所述，2023 年与 2024 年国家医药反腐政策在保持核心目标一致和多部门协同合作的基础上，2024 年政策在政策细化、监管手段创新以及长效机制建设方面均有显著的发展与进步。2024 年政策在吸取 2023 年政策实施经验的基础上，更加注重细节把控、引入新技术应用以及构建长效机制，为医药行业的健康、有序发展提供了更为坚实、科学的政策保障。这一政策的变迁反映了国家对医药反腐工作的深入思考与积极探索，对于推动医药行业的健康发展具有深远意义。

医疗器械企业是医疗卫生事业的基础，此外，医疗器械产品也与人民群众的健康需求密切相关。一方面，医疗器械产品的安全性、有效性至关重要，所以有关医疗器械的生产、销售与质量控制本身就受到更为严格的监管。另一方面，以医疗机构为客户的医疗器械企业，在医药反腐的大背景下无疑处于“风暴眼”的位置。2024 年 5 月，为了构建医药行业全链条式监管体系，防止出现新的腐败现象，严格监督医院设备、医用高值耗材的采购、招标、投标等规则，国家发展和改革委员会等 8 部门联合发布了《招标投标领域公平竞争审查规则》，作为开展医药行业招标领域反腐活动的规范基础。

二、医药反腐的主要侧重方向

（一）腐败行为的认定

贪腐行为是对经营活动公平、诚信的侵犯。在市场竞争中，生产者、经营者本应当按照诚实信用原则从事商业活动，一旦其违反《反不正当竞争法》的规定，采取非法手段行贿等，就将构成商业腐败，面临承担法律责任的风险。如果这种行为同时符合《刑法》明文规定的犯罪构成，那么还将被追究刑事责任。同时，《公司法》赋予董事、监事、高级管理人员忠实勤勉的义务，相关人员不得利用职权收受贿赂或者其他非法收入，构成犯罪的，依法追究其刑事责任。腐败行为包括商业贿赂、商业舞弊等形式，分述如下。

1. 商业贿赂

对于医疗器械企业，其同时面对行贿端与受贿端的商业贿赂行为。一方面，为获得交易机会，医疗机械企业存在利益输送的需求；另一方面，医疗机构的相关人员收受回扣等非法收入也需要医疗机械企业的配合，因此其也存在受贿的可能。

随着国家医药反腐力度的不断增强，医疗器械企业的腐败行为逐渐更新迭代，呈现出隐匿化的特征。根据国家监察委员会等相关文件规定，“规避式”委托采购、“供股式”入股分红、“福利式”研讨培训等行为属于商业腐败隐蔽性行为，必须重点监管，严厉打击。

2. 商业舞弊

商业欺诈，是指一种利用欺骗手段获取非法利益的行为，它描述的不是某种特定的犯罪行为，而是一系列行为。对于医疗器械企业而言，常见的商业舞弊包括串通投标、徇私舞弊关联交易、职务侵占等行为。尤其在投标招标过程中，往往出现医疗器械企业的销售进入医疗机构，以围标、串标、陪标等方式获得交易机会，甚至在招标程序中与投标人串通投标，以定制招投标、泄漏招标低价等形式牟取非法利益。

（二）反腐监管手段

随着医疗反腐政策的深入，一系列反腐打击手段应运而生，分述如下。

1. 严查医疗腐败的重点环节：医疗领域腐败的重灾区在于医疗购销、招标活动，因此，历年《纠正医药购销领域和医疗服务中不正之风工作要点》均明确要求在医疗设备、药品和耗材的采购环节设立严格的监察措施，通过强化监管、完善制度等方式减少医疗腐败滋生的空间。

2. 监控异常资金的往来记录：历年《纠正医药购销领域和医疗服务中不正之风工作要点》要求对医务人员个人账户与医药公司或者医疗器械公司的异常资金往来情况进行全面检查。通过追踪异常的资金流动情况，监管机关将揭露并查处非法利益输送的渠道，全链条式地阻断腐败资金的流通。

3. 审查相关人员的社交活动：历年《纠正医药购销领域和医疗服务中不正之风工作要点》将医疗机构相关人员与医药代表、医疗器械公司高管等之间的社交活动纳入反腐审查的重点关注对象。有权机关将审查上述人员的社交活动，从其性质、频率及内容等角度监管以捐赠、学术会议等名义为幌子的非法输送利益的行为。

4. 严把医疗活动重点岗位：反腐行动针对重点岗位，如外科医生、麻醉医生等，监控措施更加严密。通过安装摄像头、设置举报箱、患者回访等多种方式，严格查处收受红包等违法行为。

三、医疗器械企业在医药反腐政策下面临的法律风险

（一）医疗器械企业涉及的典型刑事风险

医疗器械企业在日常生产、经营活动中面临多种刑事风险：一是涉税违法犯罪案件，如偷税漏税、逃避追缴欠税、虚开增值税专用发票等案件，对此我们建议企业应当及时采取相应措施，否则可能面临被从严惩处的刑事风险；二是商业贿赂犯罪，这既包括行贿端的对非国家工作人员行贿罪、单位行贿罪、对单位行贿罪等，也包括受贿端的非国家工作人员受贿罪、单位受贿罪等；三是商业欺诈犯罪，内容涉及串通投标罪、非法经营罪、虚假广告罪等。下文将对上述犯罪中常见的刑事风险加以剖析。

1. 虚开增值税专用发票罪

目前，我国对医用设备和医用耗材的采购采取“两票制”，即从生产企业到流通企业、再从流通企业到医疗机构，在此过程中只能开两次发票。“两票制”的初衷是通过减少生产企业到医疗机构的流通环节来降低药品成本。然而，“两票制”改革受限于流通企业和医疗机构之间的销售模式，导致企业开票的需求大增，从而导致虚开增值税专用发票犯罪风险加大的后果。

医疗器械企业虚开增值税专用发票的常见模式是，企业通过账外经营、虚假交易等方式虚开收支，然后以销售费用、劳务费用、宣传费用等名义，虚开发票套取利润，返利给医疗机构相关工作人员，虚开发票套取利润这一行为涉嫌构成虚开增值税专用发票罪，该罪名的规范基础是我国《刑法》第 205 条的规定。

2. 串通投标罪

为获得商业机会，部分医疗器械企业会选择以非法手段与医疗机构的相关人员达成一致，相互串通投标报价。该行为将损害第三方利益，涉嫌构成串通投标犯罪。该罪名的规范基础是我国《刑法》第 223 条的规定。值得注意的是，由于医疗器械采购招标往往涉及金额巨大，在利益的驱使下，医疗器械企业的代理商寻求围标、串标、陪标，乃至向招标方支付回扣等行为似乎已经成为由来已久的

"行业惯例"。但是，此情形不能成为犯罪阻却事由，如串通投标的违法行为严重损害他人利益，扰乱医药采购市场的正常秩序，则存在成立串通投标罪的刑事风险。一旦医疗器械企业成立串通投标罪，必然影响其信用评价，企业将被限制或者禁止销售、投标医疗器械的资格。

3. 商业贿赂犯罪

对医疗器械企业而言，最常见的腐败行为便是商业贿赂行为，因此最多发的刑事案件均为行贿、受贿类型的罪名。行贿端主要涉嫌的罪名包括：对非国家工作人员行贿罪、对单位行贿罪、单位行贿罪等，其规范基础包括我国《刑法》第164条、第391条以及第393条；受贿端主要涉嫌的罪名包括：非国家工作人员受贿罪、单位受贿罪等，其规范基础包括我国《刑法》第163条和第387条。

（二）行政法律责任

根据我国《刑法》的规定，无论是上述涉税犯罪、商业贿赂犯罪，还是商业欺诈犯罪，都有可能导致管制、拘役、监禁等自由刑，同时罚金、没收违法所得等附加刑也可能并行不悖。针对医疗腐败犯罪，相关责任人员还可能被判处从业禁止等非刑罚处罚措施。刑行交叉的医药腐败将涉及以下行政法律责任。

1. 罚款

（1）基于反不正当竞争的罚款原则

在医药领域，经营者的贿赂行为严重违背了市场公平竞争原则。监督检查部门会没收违法所得，并根据情节轻重，处以10万元以上300万元以下的罚款。此罚款力度较大，目的在于让经营者认识到商业贿赂的高昂代价，从而遏制不正当竞争导致的腐败。若情节严重，还会吊销营业执照，以此来规范市场秩序。

（2）市场监督管理视角下的罚款举措

从市场监督管理角度，当经营者利用行贿手段销售或购买商品时，会依据相关规定处罚。市场监督管理机关会根据情节，按照《反不正当竞争法》，对其处以相应的罚款，并没收违法所得。这是为了斩断商业贿赂背后的利益链条，减少医药行业中行贿交易行为。

2. 吊销营业执照

（1）吊销营业执照的适用情形

医药企业的腐败行为严重时，会面临吊销营业执照的处罚。比如，企业多次违反反不正当竞争法且情节恶劣，对市场秩序造成极大破坏；或者商业贿赂行为泛滥成风，影响其他合规企业经营。此时，监管部门会吊销其营业执照。

（2）吊销营业执照的作用

吊销营业执照是极为严厉的行政制裁措施。企业会失去合法经营资格，业务活动被迫停止。这对企业是致命打击，能有效威慑其他医药企业，使其不敢轻易涉足腐败行为，维护医药行业健康发展环境。

3. 取消从业资格

（1）针对专业从业人员的约束

在医药领域，医生、药剂师等专业从业人员的行为与患者健康和行业声誉息息相关。当他们涉及腐败行为，如医务人员违反医疗机构廉洁从业的相关规定且情节严重时，相关行政部门会取消其从业资格。

（2）从行业管理角度的考量

从行业管理角度，取消从业资格体现了对从业人员的严格约束。这确保了医药行业从业人员秉持廉洁从业原则，以专业和道德履行职责，保障患者合法权益，维护行业良好形象。

4. 限制或禁止参与招标

（1）招标环节腐败行为的后果

在医药采购招标过程中，招标的公平公正至关重要。若企业存在串通投标、向招标方行贿等腐败行为，招标管理部门会对其处罚。可能限制该企业在一定期限内参与医药招标项目，或在严重情况下直接禁止其参与招标。

（2）维护招标公平公正的措施

这种限制或禁止参与招标的措施，主要是为了维护招标采购环节的公平公正。招标是医药行业资源分配的重要环节，若企业通过不正当手段获取招标项目，会破坏市场公平竞争环境，损害其他合规企业利益。通过处罚措施，可防止腐败企业不正当获取招标项目，保障招标过程的公正性和透明度，让有实力、信誉好的企业获得招标项目。

5. 列入不良信用记录

（1）不良信用记录的形成与影响

医药领域的企业或个人出现腐败行为后，相关行政部门会将其列入不良信用记录名单。这是长效监管机制，被列入名单后，企业或个人在后续业务活动中会面临诸多限制。例如，申请新业务资质时，审批部门可能更严格审查甚至拒绝申请；参与其他项目时，项目方可能因不良信用而减少合作机会；获取政府政策支持时，不良信用记录也会影响其享受相关优惠政策。

（2）对引导有序经营行为的作用

将企业或个人列入不良信用记录名单，增加了腐败行为的成本，包括经济损失、业务机会减少、市场声誉损害等多方面。这有助于引导企业和个人在日常经营中严格遵守法律法规和行业规范，营造诚实守信、有序经营的医药行业环境。

（三）典型案例分析

2023 年年初，江苏省高级人民法院发布了惩治医疗行业重点领域贿赂犯罪的典型案例，下文将分析其中的“江苏某医疗器械公司、卞某某单位行贿，杨某某受贿案”，以揭示医疗器械公司的刑事风险。

据江苏省高级人民法院披露，2007 年至 2019 年间，被告单位江苏某医疗器械公司在被告人杨某某（系某医院职工）的牵线搭桥下，与医院达成采购、供销合作关系，并提供价值共计人民币 3.12 亿余元的医疗器械、耗材。其间，为谋取竞争优势、提高医院的采购量，作为被告单位实际控制人的被告人卞某某先后多次向杨某某行贿共计 1011 万余元。被告单位及被告人因此非法获利 7800 万余元。此外，被告人杨某某利用其先后在医院担任心脏外科冠脉组组长、心脏外科副主任、院长助理、副院长等职务上的便利，收受卞某某等他人财物共计人民币 1064 万余元。

最终，受理此案的无锡市中级人民法院审理后认为，结合本案被告单位以及被告人的全部犯罪事实和情节，被告单位江苏某医疗器械公司构成单位行贿罪，判处其罚金刑人民币 60 万元，被告人卞某某作为直接责任人员，判处其有期徒刑 1 年 9 个月，并处罚金人民币 200 万元。此外，对被告单位以及被告人的违法所得，总计 7800 万元予以没收，上缴国库。被告人杨某某成立受贿罪，判处其有期徒刑 10 年 6 个月，并处罚金人民币 100 万元，依法追缴其受贿犯罪所得及其孳息。

从该案中足以看出人民法院对医疗器械及耗材引进和使用过程中实施的受贿行为采取严厉打击的司法态度，在审理过程中强调从严惩治犯罪行为，并依法加大非法获利的追缴力度。如行为人以行贿手段获得不法利益，人民法院将在准确认定违法所得数额的前提下，对不法数额依法予以没收，以确保没有人能从违法犯罪中获利。同时，对于单位实施的犯罪，人民法院将依法判处罚金刑，坚决斩断医疗领域腐败利益链。

四、刑事风控在医药反腐背景下对于医疗企业的价值

（一）刑事风控的要求与标准

1. 刑事风控的基本概念

企业风控作为一种公司自治模式，是企业自愿设定的一种遵守国家法律规范、商业伦理道德和企业自身章程规定的程序机制，旨在防范经营所在国市场的法律风险，从而及时处理、应对和预防，确保企业可以合法运营。我们认为，刑事风控制度是指企业为了规避自身行为以及员工行为所导致的法律风险，在国家规范性法律文件以及相关刑事政策的正向引导下自我构建的，以严格监管的他律初级形态逐渐转化为高效运行的自律高级形态的规则体系。

2. 明确医疗机械企业在刑事风控方面的具体要求与标准

医疗器械企业的刑事风控是企业在经营过程中至关重要的一部分，尤其是在当下监管态势日益从严的刑事政策背景的指导下，风控问题将直接影响企业产品的安全性与有效性，更与企业的信誉直接挂钩。刑事风控要求医疗器械企业在设计、生产、市场推广和销售等各个环节均严格遵守相关法律法规与刑事政策，从而避免违法行为，规避企业及员工涉刑。

（二）医疗器械企业刑事风控的正面意义

1. 提升企业声誉

一个企业在市场上的竞争力，很重要的一点就是公信力。良好的信誉可以帮助商家获得客户的信任，招揽到优秀的合作伙伴，增加市场份额。而刑事风控作为企业诚信和负责任经营的标志，对声誉的影响尤为显著。

当企业积极采取刑事风控措施，表现出对法律和道德标准的尊重时，公众和市场会对其产生积极的认知。向外界展示良好风控体系的医疗器械企业，一方面，可以自信地将自己的产品质量向外部市场进行表达；另一方面，向合作者表达企业坚决禁止商业贿赂和商业欺诈行为的行为，将对客户的信任起到推波助澜的作用，让企业能够有机会得到良性的商业机会。

2. 降低法律风险

降低法律风险，尤其是刑事风险，是刑事风控的核心作用之一。企业在运营过程中如果违反法律法规，可能会面临重大的法律后果，包括高额罚款、吊销执照、甚至刑罚。这些法律风险不仅会导致直接的经济损失，如果惩罚企业的董事、监事和高级管理人员，还会导致严重危机影响企业的市场表现，影响企业的财务稳健性。

通过建立健全的刑事风控体系，企业可以主动识别和规避潜在的法律风险。例如，建立内控机制、进行定期的合规审计、开展员工培训等措施，有助于防止违反法律的行为发生，从源头上降低法律风险。这种预防性措施可以显著减少企业因违法行为所需承担的财务负担和法律责任，保障企业的财务健康和稳定运营。

3. 促进内部管理和文化建设

刑事风控要求企业建立健全的且有助于企业内部管理水平提升的内控管理体系。企业通常需要明确员工的行为规范、制定有效的监控措施、进行定期的审计检查等。这些措施不仅有助于防范违法行为，也推动了企业内部管理的规范化和透明化。

例如，企业通过实施严格的合规政策和流程，可以有效地发现和解决内部管理中的漏洞和问题。员工通过定期培训和教育，提高了对法律法规的认知和遵守意识，从而促进了企业文化的建设。强大的合规文化可以增强员工的责任意识和诚信意识，从而降低道德风险，减少不当行为，从而提高企业的运营效率和管理水平。

4. 增强竞争力

医疗器械产品直接关系到消费者的健康和安全，合规的企业更易获得客户和合作伙伴的信任。刑事风控体系的完善性可以成为吸引优质投资和商业机会的重要因素。投资者和商业合作伙伴更倾向于与合规性强、法律风险低的企业合作。

（三）刑事风控是企业不断发展的基石

刑事风控是企业可持续发展的基石，体现了企业对法律的尊重和社会责任的履行。通过降低法律风险、提升声誉、促进内部管理、增强适应能力、履行道德责任和实行长期战略等措施，刑事风控措施为企业的稳健发展和长期成功提供了保障。在复杂的市场环境和不断变化的法律法规中，刑事风控不仅是一项必要的经营要求，更是企业实现可持续发展的核心要素。

1. 增强对外部挑战的适应能力

在面对复杂多变的市场环境和监管要求时，企业的刑事风控能力显得格外重要。风控体系的建立和完善可以帮助企业更好地应对外部挑战和监管压力。例如，全球化背景下，企业不仅需要遵循国内法律，还需要适应不同国家和地区的法律要求。刑事风控能够为企业提供系统性的风控框架，使其在面对不同法律环境时能够迅速适应和调整。

此外，企业应对突发事件和危机时，提高刑事风控也有一定的帮助作用。例如，当企业发生法律纠纷或负面事件时，良好的风控体系可以帮助企业迅速找到问题根源，采取有效措施进行应对，从而降低事件对企业的负面影响。通过增强对外部挑战的适应能力，企业能够保持稳定运营，支持其长期可持续发展目标的实现。

2. 促进法律与道德责任的履行

企业的可持续发展，既要靠经济利益的追求，更要靠责任的担当，既要对社会负责，也要对环境负责，企业的可持续发展是企业发展的关键。企业履行法律责任和道德责任的一个重要表现，就是刑事风控。通过遵守法律法规，企业不仅能够合法经营，还能在实践中体现对社会的责任和对消费者权益的保护。

在医疗器械行业中，遵守法律法规和道德规范对于确保产品安全和质量至关重要。企业通过刑事风控措施，能够保障产品的合法性和合规性，从而保护患者的健康安全。这种对社会的责任和贡献有助于提升企业的社会声誉，增强社会责任意识，为可持续发展创造有利条件。

3. 支持长期发展战略

刑事风控提供了企业长期发展战略的保证。企业在制定长期发展战略时，需要考虑法律风险、市场环境、社会责任等多个方面。良好的刑事风控体系可以为企业提供稳定的法律环境，减少不确定性，从而支持企业在长期战略目标上的实现。

例如，企业在进行战略扩展、投资并购、市场进入等决策时，刑事风控能够帮助企业评估和控制相关法律风险，确保这些决策的合法性和可行性。风控体系的建立和完善可以为企业的长期战略提供强有力的支持，使其能够在法律框架内实现战略目标，从而实现可持续增长和发展。

五、医疗器械企业应当如何运用刑事风控措施规避减免相关风险

1. 建立专业化管理制度的刑事法律风险识别与评估机制

建立刑事风险识别与评估机制要求医疗器械企业首先要在企业经营的各个环节运用合理的风控理念。这意味着企业将鉴定评估刑事法律风险，然后减少企业涉嫌法律风险的机会。至于如何识别和评估刑事法律风险，我们建议企业充分认识医疗器械行业各个环节的风险来源，包括生产、销售和商业管理链条，并将其进一步划分为三大类风险来源，即涉税犯罪、经营犯罪和商业贿赂犯罪。

上述三大类法律风险是医疗机械企业刑事风控体系的基础，能够有针对性地对具体的风险构建专门化风控管理系统。医疗机械企业可以围绕医疗行业特有的专业属性和相关企业经营管理业务，对潜在的犯罪风险进行全方面、多角度的调查、了解。借助业内已经存在的相同或相似的特定犯罪行为并进行风险评估，以防止重蹈覆辙。专门化风险管理系统可以帮助企业识别最具风险的危机区域，提前做好防范措施以应对区域内随之而来的违规违法、犯罪问题。

2. 平衡企业内部机构职能，确立内部风控组织

引入企业风控体系后，如何平衡风控部门和其他部门的关系是企业亟须关注的重点之一。《企业境外经营合规管理指引》由国家发展和改革委员会等 7 部门制定，可作为医疗器械企业内部机构设计的借鉴。

《企业境外经营合规管理指引》确立了决策层、经营层和执行层这三个治理机构的层级。首先，决策层以董事会和监事会为机构基础。我们建议董事会或监事会建设刑事风控委员会或者指派刑事风控管理的负责人，负责设计企业内部的风控战略，并对企业的决策进行合规层面的实质审查。同时，刑事风控委员会或者刑事风控负责人应当指导企业的相关部门开展业务风控与合规，并且定期向董事会、监事会汇报风控工作情况。其次，在经营层方面，刑事风控委员会或者刑事风控负责人应当具有相当的管理职能，能够对企业的业务提出实质性的合规建议，并且能够调度风控管理所必须的相关资源，从而能够全面监督业务部门的风控工作。最后，在执行层方面，我们建议企业设置完整的风控制度，同时为各部门制定明确的职责，从而能够落实相关的风控措施。此外，应当定期对企业员工开展风控管理培训，以确保员工在日常工作中能够贯彻风控制度，及时识别刑事

风险并作出正确反应。

3. 设立“风险监督人”

根据当下的刑事司法实践，检察机关在认定单位犯罪的过程中，将会考察单位是否具有内部风控制度，以及考察风控制度的落实情况，结合单位的社会责任承担情况、经营理念和相关刑事政策等要素，综合判断是否追究单位的刑事责任。如单位自身不存在组织管理层面的缺陷，建立了完善的风控管理制度，并且对单位成员实施违法犯罪行为缺乏认识可能性，则存在免于追究刑事责任的可能。

基于此，我们建议医疗器械企业确立“风险监督人”，该机构可以由企业内部的股东、董事、监事、高级管理人员等担任，也可以聘请外部专家担任。“风险监督人”的任务在于对可能存在的企业员工违法犯罪行为进行监督和制止。同时，“风险监督人”也承担着确认企业未来发展方向、政策和目标的重任。赋予“风险监督人”一系列权利义务，可以强化企业内部整治和自我监督，能够自上而下地实现企业风险控制管理。

4. 引入第三方监管机制

大型医疗机械企业通常通过产权关系整合资源，形成包括医药、器械生产、流通和医疗行业投资等多元化的产业集团。这类企业治理结构复杂，尽管可能已经制订了刑事风控计划，但因企业规模大，执行效果常常不理想。同时，由于医疗机械行业专业性强，监管企业的成本较高，因此需要外部的监管措施以保障刑事风险的识别与控制。

而第三方监管机制正是能够有效威慑并预防大型医疗器械企业犯罪的重要抓手。第三方监管机制相较内部风控机关的监督而言，对于企业的日常合规活动更为高效、便利。刑事风险控制是一项立体且动态的程序，而第三方监管机制则能够在各个阶段均与企业达成有效的互动。一方面，第三方监管机制的专业人员将指导企业填补管理漏洞并自查刑事风险，进而设计良好的风控计划。另一方面，第三方监管机制可以随时评估现有的整改方案是否使得企业形成风控文化从而有效地预防犯罪。

原料药反垄断合规实务及应对策略

何晶晶

原料药价格的不合理上涨会直接影响到下游药品的生产成本及最终售价，原料药反垄断监管旨在维护原料药市场的公平竞争环境，防止个别企业通过垄断行为获得不正当的市场优势，从而损害其他市场参与者的利益。反垄断执法目的亦在于遏制原料药价格的不合理波动，减轻消费者的用药负担，确保原料药的稳定供应，保障公众用药需求，所以原料药企业在日常生产销售过程中应做好自身的反垄断合规工作。

一、原料药市场垄断的相关法律法规

原料药市场垄断相关法律法规、部门规章及规范性文件主要包括《反垄断法》、《国务院反垄断反不正当竞争委员会关于药品领域的反垄断指南》及《禁止垄断协议规定》等。这些法律法规为原料药市场的垄断行为提供了明确的监管框架和执法依据。

1.《反垄断法》：该法是中国反垄断的基本法律，适用于所有行业，包括原料药领域。该法中明确禁止垄断协议、滥用市场支配地位、经营者集中等垄断行为。

2.《国务院反垄断反不正当竞争委员会关于药品领域的反垄断指南》：该指南专门针对原料药领域，进一步明确了《反垄断法》在该领域的具体应用。该指南中涵盖了原料药的定义、相关市场界定、垄断协议的认定、滥用市场支配地位的行为、经营者集中的审查等方面，并提供了具体的指导和案例分析。

3.《禁止垄断协议规定》：这一规定提供了对垄断协议的详细解释和操作指南，包括横向垄断协议和纵向垄断协议的认定标准。

4.《禁止滥用市场支配地位行为规定》：该规定明确了市场支配地位的认定

标准和滥用市场支配地位的表现形式，如不公平高价、拒绝交易、限定交易、搭售、附加不合理交易条件等。

5.《经营者集中审查规定》：这一规定涉及经营者集中的申报和审查程序，确保经营者集中不会对市场竞争产生不利影响。

通过上述法律法规的实施，监管机构能够更有效地监管原料药市场，预防和打击垄断行为，促进原料药市场的公平竞争和健康发展。同时，这些法律法规也为原料药企业提供了合规经营的指导，帮助原料药企业有效规避违法行为，保护自身和消费者的利益。

二、原料药市场垄断的认定标准

原料药市场垄断的认定标准主要依据《反垄断法》和国务院反垄断反不正当竞争委员会发布的《国务院反垄断反不正当竞争委员会关于药品领域的反垄断指南》。根据这些规定，垄断行为的认定要考虑多个因素，包括原料药经营者的市场份额、原料药的市场竞争状况、对于原料药经营者的依赖程度及其他因素等。

1. 原料药经营者的市场份额是判断其是否具有市场支配地位的关键因素之一。监管部门对于市场份额的认定依据主要包括：产品的销售额、销售量和库存量，原料药的产品特性、质量标准、用途和价格，市场进入、生产能力、生产设施改造、技术壁垒及经营者的实际产能和产量等，如在葡萄糖酸钙原料药垄断案中，三家涉案企业山东康惠医药有限公司、潍坊普云惠医药有限公司和潍坊太阳神医药有限公司通过控制注射用葡萄糖酸钙原料药的销售，滥用了市场支配地位，被国家市场监督管理总局（以下简称市场监管总局）处以合计 3.13 亿元人民币的罚没。该案例中，产品的销售额、销售量和库存量等因素共同构成了对原料药市场份额认定的依据，它们帮助监管机构更准确地评估和界定相关市场的结构和竞争状况。

2. 相关市场的竞争程度，包括市场中的竞争者数量和市场的集中度，是考量原料药企业的市场支配地位的因素之一。原料药市场的集中程度，即市场上主要竞争者的数量及其规模分布，是判断市场竞争状况的一个重要因素。新竞争者进入原料药市场的难易程度，以及现有经营者退出市场的障碍等因素共同影响市场的活力和竞争水平，如在硫酸多黏菌素 B 原料药垄断案中，上海上药第一生化药业有限公司、武汉汇海医药有限公司、武汉科德医药有限公司和湖北民康制药有限公司通过控制原料药供应、实施不公平高价销售制剂，严重扭曲了市场价格，损害了消费者利益。该案中，武汉汇海医药有限公司通过与丹麦雅赛利签订供货协议，成为其中国市场代理商，并采取手段确保硫酸多黏菌素 B 原料药几乎全部销售给其指定的企业，从而控制了中国市场的原料药供应，最终该行为被认定为垄断行为。

3. 交易相对人对特定原料药经营者的依赖程度，包括现实和潜在的交易相对人数量，以及他们对经营者的制衡能力，也是判断是否属于垄断行为的标志之一。原料药的供应稳定性，包括供应的连续性和可预测性，以及替代品的可获得性，影响着下游企业对其的依赖程度。如果替代原料药难以获得或存在限制，那么经营者对该原料药供应商的依赖程度就会增加。其他经营者进入相关市场的难易程度，包括资金、技术、资质等壁垒，也会影响依赖程度。现实交易相对人的数量和潜在交易相对人的数量如果有限，可能表明依赖程度较高。另外，经营者控制原料药销售市场或采购市场的能力，以及对交易条件的控制力度，如价格、供货量等也会影响交易相对人的依赖程度。如扬子江药业集团被指控在 2015 年至 2019 年通过各种方式与下游企业达成固定药品转售价格和限定药品最低转售价格的协议，违反了《反垄断法》的规定，其对于价格的限定被认定为垄断行为，该公司被处以高达 7.64 亿元人民币的罚款。前述因素共同构成了对特定原料药经营者依赖程度的考量依据，有助于监管机构和市场参与者准确评估市场状况，确保市场的公平竞争和稳定供应。

4. 滥用市场支配地位行为，在原料药领域常见如不公平高价销售、拒绝交易、限定交易、搭售商品、附加不合理交易条件、差别待遇等。对此，《国务院反垄断反不正当竞争委员会关于药品领域的反垄断指南》提供了具体的分析因素，以帮助判断是否构成滥用行为，如在远大医药（中国）有限公司和武汉汇海医药有限公司所涉及的去甲肾上腺素原料药和肾上腺素原料药垄断案中，该两种原料药是生产急救药品去甲肾上腺素注射液和盐酸肾上腺素注射液的必需原料，由于这两家公司控制了该两种原料药的市场，相关制剂企业无法从其他渠道购买原料药，制剂销售也受到远大医药（中国）有限公司的控制，从而推高了急救药品的价格，增加了患者的用药成本和国家医保支出，最终该两公司因达成并实施垄断协议、滥用市场支配地位，被市场监管总局处以重罚，合计罚没约 3.2 亿元人民币。

5. 经营者集中的认定，在原料药行业同样受到《反垄断法》的规范，达到一定标准的经营者集中需要事先申报，未经申报不得实施集中。

在原料药经营者集中审查中，值得关注的案例是先声药业有限公司（以下简称先声药业）收购北京托毕西药业有限公司（以下简称托毕西）股权案。根据市场监管总局的公告，先声药业拟收购托毕西全部股权，在审查过程中，市场监管总局认为先声药业在中国境内的巴曲酶原料药销售市场可能具有排除、限制竞争效果。先声药业与托毕西之间存在纵向关系，同时先声药业正在从事巴曲酶注射液研发，与托毕西存在横向重叠，最终，市场监管总局决定附加限制性条件批准此项集中。市场监管总局要求先声药业履行一系列义务，包括解除与DSM公司在中国境内独家、排他供应巴曲酶原料药的协议约定，剥离先声药业在研巴曲酶注射液业务，下调临床常用规格的巴曲酶注射液终端价格不少于当前挂网价格的20%，以及保障临床常用规格的巴曲酶注射液用药需求等。这一案例显示了监管机构对于原料药市场经营者集中的审查态度和可能采取的措施，以确保市场竞争不被不合理地限制。

另外，原料药的产能和产量、财力和技术条件、依赖程度、附加不合理交易条件及差别待遇等问题均为原料药垄断行为的考量要素，这些因素共同构成了评估原料药市场竞争状况的依据，有助于监管机构和市场参与者全面了解市场状况，促进市场的公平竞争和健康发展。

三、原料药企业对于反垄断调查的应对策略

监管机构在接到举报或自行发现涉嫌垄断行为后，对相关情况进行初步审查，决定是否立案，一旦立案，反垄断执法机构将展开调查，收集证据，包括但不限于调查企业的财务记录、销售数据、通信记录等，并可能对相关人员进行询问。针对监管机构的调查，原料药企业可采取以下预防及应对策略。

（一）加强自身合规管理，降低法律风险

原料药企业应建立健全内部合规体系，确保所有商业行为符合《反垄断法》及相关指南的要求。这包括对员工进行反垄断法律法规的培训，提高他们的合规意识。原料药企业在建设内部合规体系时，可以采取以下措施。

1. 加强内部合规培训，原料药企业应定期对员工进行反垄断法律法规的培训，提高他们的合规意识。例如，扬子江药业集团的纵向垄断协议案就是一个警

示，企业需要确保员工了解并遵守相关法律法规，避免固定药品转售价格和限定药品最低转售价格的行为。

2. 制定合规政策，企业应制定明确的反垄断合规政策，禁止与竞争对手达成任何形式的垄断协议，如固定价格、限制产量、分割市场等。在扬子江药业集团的案例中，公司通过合作协议、调价函等方式与下游企业达成固定价格协议，就被认定违反了《反垄断法》。

3. 风险评估与管理，对企业的业务活动进行定期的风险评估，特别是对于可能涉及垄断行为的高风险领域，包括原料药的采购、销售和定价策略等，如在葡萄糖酸钙原料药垄断案中，三家公司通过控制原料药销售市场，滥用市场支配地位，被处以重罚。

4. 建立举报机制，设立内部举报渠道，鼓励员工报告可能的垄断行为，保护举报人的合法权益。

5. 积极应对调查，在面对反垄断调查时，企业应积极配合监管机构，提供必要的信息和资料，并在必要时进行自我整改。

通过上述措施，原料药企业可有效建立和维护健全的内部合规体系，以降低法律风险并促进企业的可持续发展。同时，企业也应关注市场监管总局等机构发布的相关指南和案例，从中学习并提高自身的合规水平。

（二）避免参与任何可能导致价格操纵的行为

原料药企业要避免操纵价格，首先需要遵守相关法律法规，如《反垄断法》和《国务院反垄断反不正当竞争委员会关于药品领域的反垄断指南》等，并采取措施防止形成价格操纵的局面。

1. 合规经营，严格遵守国家的反垄断法律法规，不参与任何形式的价格操纵、市场分割或限制竞争的协议。

2. 公平定价，根据成本、市场供需关系和竞争状况，合理制定原料药的价格，避免不公平的高价销售，如在天津天药药业股份有限公司案中，天药股份因对醋酸氟轻松原料药销售市场进行划分，并变更、固定价格，被没收违法所得889万多元，并处2019年度销售额4%的罚款3512万多元。

3. 透明交易，在原料药的采购、销售过程中保持透明，不附加不合理的交易条件，如强制回购、限定销售对象等。如在葡萄糖酸钙原料药垄断案中，山东康惠医药有限公司、潍坊普云惠医药有限公司和潍坊太阳神医药有限公司三家公司在中国注射用葡萄糖酸钙原料药销售市场上具有市场支配地位，这些企业通过包销、大量购买、要求生产企业不对外销售等方式控制销售，并实施了要求回购制剂生产企业生产出的制剂成品、要求制剂生产企业作为其代工厂并按其指令销售制剂成品等不合理交易条件。该行为被市场监管总局认定为滥用市场支配地位，并处以数亿元人民币的罚款。

通过上述措施，原料药企业可以有效避免操纵价格的风险，促进行业的健康发展。同时，企业也应关注市场监管机构等发布的相关指南和案例，从中学习并降低自身的垄断风险。

（三）灵活运用豁免及宽大制度

原料药企业应灵活运用豁免及宽大制度，证明其行为符合《反垄断法》规定豁免条件，或者在调查过程中主动报告并提供重要证据，积极申请宽大处理。

在原料药反垄断调查中，豁免和宽大制度是两个重要的概念，它们为企业提供了一条减轻或免除处罚的途径。

1. 豁免制度，根据《国务院反垄断反不正当竞争委员会关于药品领域的反垄断指南》第 18 条，原料药经营者如果主张其协议可以适用《反垄断法》第 20 条，需要提交其协议符合《反垄断法》第 20 条规定法定条件的证据，反垄断执法机构将根据个案具体情况依法作出判定。

2. 宽大制度，宽大制度鼓励参与横向垄断协议的原料药领域经营者主动报告横向垄断协议有关情况并提供重要证据，同时停止涉嫌违法行为并配合调查。对符合宽大适用条件的经营者，反垄断执法机构可以减轻或者免除处罚。

原料药企业在考虑申请豁免或宽大时，应仔细评估其行为是否符合相关法律规定，并准备充分的证据和材料来支持其申请。同时，企业应主动与反垄断执法机构沟通，以确保其申请能够被及时和有效地处理。通过这些措施，企业可能获得减轻或免除处罚的机会，从而降低因垄断行为而产生的法律风险和经济损失。

综上所述，一个公平竞争的市场环境有助于提高国内原料药行业的整体竞争力，促进原料药企业在国际市场上的竞争力，原料药市场反垄断对于保障公共利益、促进行业健康发展、维护市场秩序等方面都具有重要意义。监管机构对原料药市场的反垄断执法力度在不断加强，以确保原料药市场的公平竞争和药品价格的合理性。原料药企业应当通过加强内部合规体系建设，避免参与价格操纵等违法行为，积极应对反垄断调查等措施，降低自身的原料药垄断风险，以避免遭受重大的经济损失和声誉损害。

医药企业成本发票事中数字化管理指引

——试评《医药行业合规管理规范》

全开明

引言

2022年1月至今，国家税务总局重庆市税务局集中查处近90家单位为医药企业虚开发票，受票企业涉及全国十余个省（区、市）（辽宁、吉林、黑龙江、浙江、江苏、四川、重庆、上海、北京、广西、广东、安徽、云南、山西、陕西、海南、湖北、天津、西藏等）。据统计，接受虚开发票的医药企业超过100家。

新冠疫情期间，各种会议、线下活动一度停摆，然而医药企业以“学术会议”等名义的销售费用支出依旧居高不下，资金流向何方不得而知，更有监管部门直指类似行为是“带金销售”[①]。一直以来，医药行业“带金销售”引发多方关注。

近年来，针对医药购销腐败的治理工作正如火如荼。相较于非上市医药企业，上市医药企业除了面临财务稽查、税务稽查，还必须做好准备面对中国证监会质疑、询问，其中相应的销售费用、合规问题，都是可能会被提及的敏感问题。2020年以来，深、沪交易所多次对医药企业下发问询函，要求说明销售费用占当期营业收入比例较高的原因，以及是否存在商业贿赂或为商业贿赂提供便

① “带金销售”，亦称“挂金销售”，是药品销售时的一种不正当行为。实践中药品销售招标时同一药品有5—7个质量分组的情况，允许每组有1—2家中选，最极端的结果是一个药品在招采后有十几家企业中标。而医院在实际采购时通常在进口、国产两类中各选一家，选谁不选谁，多半取决于各家医药企业或医药代表的促销力度，即俗称的“带金销售”。

利的情形。

面对逐渐收紧的监管形势，由于医药企业业务涉及多个环节、多个岗位，要更好地合规，需要通过“财、税、法、业、商”一体化规范，做到全链条合规。医药企业必须把好内部合规性审核这一重要关口，建立并完善报销审核制度，确保票据真实性、关联性、合法性审查有序有效推进。企业财务部门，一定要坚持真实性原则，注重对各环节票流、货流、资金流、税负流的核对，规范发票及凭证的审核与管理，做到资料真实、金额合理及合法完税。

一、药品销售及利益分配的既有模式存在缺陷

（一）“4+7”带量集中采购和“两票制”实施下的模式

近年来，药价悬殊问题已经关涉国计民生，国家对症下药采取了两个方面措施：其一，直接限制药价。主要是国家发展和改革委员会、国家医疗保障局等部门牵头，通过政府指导价、定价审核等方式管控药品销售价格。其二，缩短药品流通环节。随着医药代表的高额佣金和医生回扣问题成为公开的秘密，国家将目光着眼于药品流通环节，试图通过缩短流通链条，不同程度地打击医药企业和患者之间的各类中间商。

“4+7”带量集中采购，就是在4个直辖市和7个城市试点，由政府出面牵头、公立医疗机构和医药企业直接签订药品带量购销合同，建立直接购销关系，降低药品采购成本，进而实现控制药品销售价格的目的。2018年11月14日，中央全面深化改革委员会第五次会议上首次提出国家组织药品集中采购试点，次日，《4+7城市药品集中采购文件》出台。2019年1月1日，国务院办公厅印发《国家组织药品集中采购和使用试点方案》，对“4+7”带量集中采购提出了具体要求。

“两票制”顾名思义，药品流通环节只能开两次发票，即生产企业到流通企业开一次发票，流通企业到医疗机构开一次发票。“两票制”的落地改变了以往多级经销模式的格局，是医药行业一次重大变革。2016年6月24日，《2016年纠正医药购销和医疗服务中不正之风专项治理工作要点》（国卫医函〔2016〕172号）出台，明确在综合医改试点省和城市公立医院综合改革试点地区的药品、耗材采购中实行“两票制”。2017年，“两票制”在全国范围内推行。2018年，公

立医疗机构中全面实施药品购销“两票制”，有条件的公立医疗机构实行医用耗材购销“两票制”。

（二）药品流通环节管控没有改变既有利益分配模式

“4+7”带量集中采购模式和“两票制”的出台宣告了药品多级经销模式的死亡，过去层层加价套取利润支付医药代表佣金的模式已经无法存续。但医药代表的存在是基于医药行业客观需求，庞大的医药代表产业不可能因此消亡。对医生来说，受制于政府医疗服务价格的行政管制，医生薪酬水平普遍偏低，医生开药的隐性回扣也不可能杜绝。除此之外，医药行业还存在严重的“权力寻租”问题。公立医疗机构在药品采购环节具有垄断地位，公开判例显示，某些药品采购项目在招标前，就已经被医疗部门工作人员内定了中标价，医药企业或主动串通或被动接受，高价中标后将部分销售收入用于向医疗部门工作人员行贿。可以设想，如果这种现象成为潜规则，招投标将成为商业贿赂的角逐场。医药代表、医生、医疗国家工作人员都需要将自身利益通过某种方式提取出来，合同销售组织（CSO）、商业性服务提供商（CSP）、合同生产组织（CMO）、合同研究组织（CRO）等新兴业态则成为被利用的对象，这类企业联合医药企业、经销商，实施账外经营、虚开发票套取利润等行为，极易引发涉税刑事风险。

1. 通过账外经营隐瞒销售收入、虚增成本费用，引发逃税风险

账外经营，是指部分收入不入公开的“外账”，而是通过隐藏的“内账”核算，该行为高发于医药企业和经销商。这两类主体常通过账外经营的方式，隐匿销售收入，提取利润支付给医药代表、医生、医疗国家工作人员。

账外经营的具体表现有：私设个人账户收款、现金收款、私设“小金库”隐匿销售收入等。前述所列行为方式符合“偷税”的构成要件，企业将面临被追究偷税行政责任乃至逃税罪刑事责任的风险。《中国税务报》曾刊发过一起案件，该案中，国家税务总局广州市税务局下属稽查局经过三年多时间的调查，查实当地某药品经销公司隐瞒销售收入过亿元，要求企业补缴税款、滞纳金，并加处罚款。

2. 通过虚开或取得虚开增值税发票套取利润，引发虚开风险

（1）医药行业传统虚开套取利润模式及风险

医药行业传统虚开模式主要是接受虚开普票，多发生于医药销售公司，目的

在于规避支付给医药代表高额薪酬的税负。通过接受虚开的普通发票，以报销的名义，虚假列支广告费、服务费、咨询费、会议费、住宿费等成本费用，套取大额现金。这种行为面临被追究虚开发票行政责任乃至刑事责任的风险。

（2）“两票制”后医药行业新型虚开套取利润模式及风险

“两票制”后，医药行业出现新型虚开模式，既包括对外虚开又包括接受虚开，既包括普票又包括专票。其中，对外虚开多发生于CSO、CSP、CMO、CRO等外包服务商，接受虚开则多发生于医药企业、经销商。在没有提供和接受真实服务的情况下，医药企业、经销商接受CSO、CSP、CMO、CRO开具的服务类发票，虚假列支广告费、咨询费、会议费、运输费、配送费、研发费、加工费，套取大额现金。对于高卖高开的经销商和医药企业，因销项偏高，在接受虚开专票时还可以借以虚假抵扣增值税，进一步降低自身税负成本。除此之外，部分高卖高开的医药企业（尤其是经营范围包含中成药、中药饮片、中药材的医药企业）为了弥补进项不足，还存在虚假制作农产品收购凭证，并为自己虚开农产品收购发票的现象。这些行为都面临被追究虚开增值税专用发票行政责任乃至刑事责任的风险。

二、2015年至2022年“票”“税”监管从未停歇

（一）各类规范文件叠加，综合监管层出不穷

目前，医药行业面临的监管环境较为严峻，对医疗卫生各参与方的规制和调整有如下几个方面：实行“两票制”和“九不准”；国务院国有资产监督管理委员会发布《中央企业合规管理指引（试行）》及各央企国企建立合规管理体系的试点；中国化学制药工业协会在2020年12月31日发布了《医药行业合规管理规范》。

此外，执法环境也变得更为严格，比如，中国证监会于2015年发布的《行政和解试点实施办法》（已失效）显示，要在行政和解中引入合规机制，合规不起诉原则；2015年至2022年连续8年9部门联合印发纠正医药购销领域和医疗服务中不正之风工作要点通知，将打击涉发票违法行为作为工作重点。涉税案件的复杂性叠加医药行业的特殊背景，更加凸显医药行业涉税风险管控的重要性。

（二）税务机关持续专项整治，社会影响巨大

2017 年 2 月 13 日，国家税务总局稽查局印发《2017 年税务稽查重点工作安排》（税总稽便函〔2017〕29 号），提到要以西藏、安徽等地为重点地区开展医药医疗行业专项整治，由此掀起了针对医药行业的税务稽查风暴。2017 年 5 月，国家税务总局稽查局再次下发《关于开展 2017 年度医药行业专项整治工作的通知》（税总稽便函〔2017〕82 号），对全国范围医药行业专项整治部署工作。2018 年，国家税务总局湖北省税务局办公室下发《关于开展医药咨询行业专项风险应对工作的通知》（鄂税办函〔2018〕11 号），决定对全省医药咨询行业组织开展一次专项风险应对行动。

2019 年，财政部发布《关于开展 2019 年度医药行业会计信息质量检查工作的通知》（财监〔2019〕18 号），专项检查的重点内容为核查 77 家医药企业费用、成本、收入的真实性，是否存在虚列销售费用套取大额现金，虚列专家咨询费、研发费等名目费用支付回扣的现象；是否存在空转发票等方式抬高成本的情形；是否利用“高开模式”洗钱并将现金回扣支付给医疗机构。同时，此次检查还涉及医药企业营销人员薪酬支付是否合理，对药品的进销存管理是否规范，对药品销售发货、款项收取的流程控制是否有效等方面。

2021 年 4 月 12 日，财政部正式公布 77 家医药企业的检查结果，在财政部监管局负责检查的 15 家医药企业及其关联企业中，19 家因存在会计违法违规行为受到处罚，其中 17 家涉及发票不合规等问题，已移交相关主管机关处理。经查财政部处罚公告，该 17 家医药企业存在虚构业务、使用虚假发票、票据套取资金等行为。行业性大检查背景下，各地税局、审计等部门根据国家税务总局、审计署等下发线索及专项检查任务，对各地区医药企业分别开展摸底调查，部分地区将医药行业专项检查并入打虚打骗专项行动中，进一步提升了查处效率，企业虚开风险也进一步增加。

三、《医药行业合规管理规范》规范有余，缺乏动态管理

（一）《医药行业合规管理规范》系统全面，涵盖基本风险点

为了建立科学有效的行业合规管理和风险控制标准，促进会员企业提高风险防范能力、建立或完善合规管理体系，保障会员企业合规高效运营，同时助力国

家在医药行业的合规行政和解与合规不起诉等合规激励机制的探索与实践，中国化学制药工业协会联合6家全国性行业协会共同编制了《医药行业合规管理规范》。《医药行业合规管理规范》从反商业贿赂，反垄断，财务与税务，产品推广，集中采购，环境、健康和安全，不良反应报告，数据合规及网络安全等领域对医药企业合规管理提出了更加严格的要求。

中国化学制药工业协会会员单位涵盖在国内运营的外企医药企业和内资医药企业以及医药商业公司，针对领域来说，包括药品相关和医疗器械相关。因此，这个合规要求可以说是整个医药行业都要遵守的，需要所有医药企业都加以重视。

1. 医药行业合规管理领域范围

第一阶段（2020年）医药行业合规管理领域范围包括：反商业贿赂、反垄断、财务与税务、产品推广、集中采购。第二阶段（2021年）医药行业合规管理领域范围包括：环境、健康与安全，不良反应报告，数据合规及网络安全。

2. 医药行业合规管理规范适用主体范围

医药行业适用主体范围，包括药品或医药器械上市许可持有人（MAH）企业，具体规范如表1和表2所示。

表1 药品相关：医药行业主体可适用的合规管理领域（部分摘录）

领域	药品上市许可持有人	药品合同研究组织	药品合同生产组织（包括CMO、CDMO）	药品合同销售组织	药品商业流通
反商业贿赂	适用	适用	适用	适用	适用
反垄断	适用			适用	适用
税务与财务	适用	适用	适用	适用	适用
产品推广	适用			适用	适用
集中采购	适用		适用		适用

表 2　医疗器械相关：医药行业主体可适用的合规管理领域（部分摘录）

领域	医疗器械上市许可持有人	医疗器械合同研究组织	医疗器械合同生产组织（包括 CMO、CDMO）	医疗器械合同销售组织	医疗器械商业流通
反商业贿赂	适用	适用	适用	适用	适用
反垄断	适用			适用	适用
税务与财务	适用	适用	适用	适用	适用
产品推广	适用			适用	适用
集中采购	适用		适用		适用

（二）成本发票接受及核验的规则形式规范缺乏动态评估

《医药行业合规管理规范》要求，企业应建立相应的发票核验制度，用以验证发票本身以及发票所对应交易关系的真实性。企业接受发票应当以发生真实交易为基础。企业不得接受虚开的发票用于抵扣税款，或用于套取企业资金、进行商业贿赂等其他违法目的。

企业应当建立与其业务规模相适应的发票核验制度，对于一定金额以上的发票，除核验发票本身的真实性外，还应当核验发票所对应交易关系的真实性，例如交易关系是否签订书面合同、合同内容是否合理、合同是否真实履行等。

在费用报销方面，企业员工报销费用应坚持真实性原则；针对容易产生腐败贿赂风险的餐饮、礼品、差旅、会议等费用类型的报销，应严格遵守该规范的相关规定。报销举办互动交流活动中所产生的费用，应当根据活动类型的不同，在报销申请中附有费用报销支持文件，以说明 / 证明费用发生的真实性及合理性。①企业可根据自身特点，依照一定的标准设置费用报销审批制度，且可以设置多层

① 根据活动类型 / 费用类型的不同，报销支持文件可以为下列部分或全部文件：邀请函；签订的协议；受邀者 / 出席者名单（若无法取得名单，可对受邀者进行描述；例如，“某医院的药剂科”）；签到表；详细的会议议程；使用的幻灯片；发票原件；银行卡 / 信用卡收据；酒店住宿水单；场地租赁费明细；礼品费用明细；餐饮小票；活动照片；其他可辅助证明的文件等。

级审批程序。[①] 一般情况下，费用报销须经员工所在部门确认并由财务部门审批；在报销金额达到一定标准时，财务部门可征求合规部门的意见，并最终可上报至公司高级管理人员审批。

（三）商业贿赂风险评估频率较低，缺乏数据评估能力

《医药行业合规管理规范》规定，企业应建立科学、系统的商业贿赂风险评估程序，以识别、分析、评价和处置风险，并定期评审风险评估程序及评估结果的有效性。评估范围可以包括对新增合作伙伴、业务协议、第三方管控、资助/赞助事项、费用报销及其他可能存在潜在腐败贿赂风险的领域。

在评估频率及评估方式上，全面评估应至少每年进行一次。在发生风险警示情形[②] 的情况下，可针对特定事项启动抽查评估程序。评估方式可包括抽查评估和全面评估。

在评估程序上，进行风险识别应综合考虑各项因素的影响，应识别的内容包括涉及人员、发生时间、发生地点、风险诱因、可能引发的结果等。应结合现行法律法规、公司内部规范等识别风险、划分等级并进行评价，进行风险分析可考虑的因素包括但不限于：风险性质、风险发生的可能性、风险的影响程度等。

在风险处置上，企业可根据不同风险等级制定不同的风险管控措施，包括针对相关人员的调查或处置、是否启动内部调查、是否诉诸法律程序等，且应根据企业环境、法律法规的变化，对风险管控措施进行定期评审和修改。

识别风险及确定风险等级后，应根据交易、项目、活动或业务关系的风险和性质采取合适的措施。例如，风险等级为中等以上且可能造成较大范围影响的情况下：如果是已经开展的交易、项目、活动或业务关系，争取尽快终止、停止、暂停或撤销交易、项目、活动或业务关系；如果是拟进行的新交易、项目、活动或业务关系，则考虑延迟或不再继续。

---

① 例如，可结合费用类型，以费用报销金额为标准设置多层级审批程序。示例：餐费单次报销金额2000元以上，须经报销员工的直接管理人员审批；餐费单次报销金额5000元以上，须经报销员工所在部门负责人审批。

② 风险警示因素可包括内部举报、外部举报、新闻媒体报道、行业消息、政府部门执法风向变动及法律法规新变化等。

四、医药企业成本发票事中指引

（一）医药企业必须降低企业收票风险

发票是企业经营的“红细胞”，维系着企业整体生命周期。进项发票的合规管理，是当前企业财税管理的核心环节。医药企业在日常经营过程中需要经手很多发票，财务人员需要对此进行系统整理。在报销的环节，很多医药企业仍然采用原始的操作模式，效率低、时间长。而随着发票监管力度的不断加大，发票合规问题也成为企业面临的一大税务风险。面对可能存在的虚开虚受的发票风险，通过简单的验证无法快速准确辨别这类合规风险，而且发票风险是动态的，存在发票收录时正常，一段时间后因为各种原因变为异常的情况，导致无法成为合法成本，这类问题屡见不鲜，因此需要强化对单一发票的合规预警和管理。

（二）医药企业要实现成本发票的精细化管理

在查账征收的背景下，企业的财务管理仍然存在较多问题，对企业各类成本、费用的合规性没有做到全面把控导致企业无所适从。而财务数据精细化的基础首先是进项发票管理的精细化、大数据化，只有这样才能为财务人员解决上述困难，才能全方位了解企业内部财税动态，实现动态控制业务成本。

面对税务稽查从“以票控税”到“以数治税”的转变，医药企业要利用大数据工具从多维度解决成本的精细化管理。

一是盘活历史数据，实现分类管理。使用数字化票据工具可以终结杂乱票据，提高管理效率，既可以盘活历史票据，降低合规风险，也可以通过发票查重，避免资金风险。通过分类管理发票，提升票据管理水平，在发票的底层合规系统中，杜绝不合理和不合规的发票类目，形成内部良性票据循环；缓解财务部门的执行问题，实现由传统低效的咨询方式（如向员工重复解释不允许录入的规定等）向借助高效数据化工具的转变；对发票重点类目控制，优化财务管理，提升公司的数据化财税管理水平。

二是强化风险管理，利用规则引擎防范风险。通过特有的风险规则库、外部风险数据库，建立大数据的风险规则引擎，结合当前的监管重热点，重点防范与企业有经济往来的上游企业的合规问题，落实数据化票据管理责任，能够提前预警虚开风险，大幅降低虚受风险，减少单位犯罪的主观故意；为有效应对和查处税务（虚受发票）、市场监管（商业贿赂）、刑事舞弊（职务侵占、挪用资金、串通招投标、经营同业业务）等各类重点违法行为提供强有力的数据支撑。

三是强化供应商管理，精准核算成本。数字化工具实现了发票与供应商信用的多频、高效的合规流转。从合规、效率以及发展的角度来看，强化供应商管理，及时全方位了解供应商状态显得非常重要。数字化工具从供应商基本状态、供应商负面风险、供应商经营异常信息、供应商股东核查、供应商存续状态及刑事风险等多维度为企业提前洞悉供应商的全方位风险提供了评估和风险预警解决方案。数字化工具的使用，更有利于数据化精准统计企业各类成本及费用，为成本核算提供数据支撑，因为可以穿透到底层，实现了对风险的追溯跟踪。

（三）医药企业必须强化管理及预警

强化事中管控，形成管理闭环。实现财税合规系统一体化集成，对风险做到全周期闭环处理。基于发票流程的全生态合规管控，结合大数据的分析，进行事前预警，事中管控以及事后处置。对合规管理的流程进行拆分，实现管理要素“细胞化”，落实到企业日常每个合规点，进而实现有的放矢，借助大数据工具实现要素管理的全链路追溯机制，包括但不限于对人员、业务团队、合同、供应商进行全链路追溯，从而不留合规“死角”，实现颗粒度极细的合规预警方案。

完善事后处理措施，做好预警方案。对于巡查中发现的明确存在问题的发票，企业应当及时作出进项转出，对于基于真实交易，但是因为上游供应商经营状态发生变化而可能被认定为风险的发票，企业需要及时关注并做好预警方案。对企业所有发票进行精细化管理，引入预决算分析管理机制，使企业成本发票不因为严重偏离行业平均水平而被稽查。

（四）面对税局大数据强监管，医药企业更加需要外部专业服务

面对政府对海量数据的归集和处理，面对医药企业内部治理的现状，在合规成本可控的前提下，企业家必须摆脱“侥幸心理”，对自己的经营行为要有清晰的掌握和了解，在大数据下，任何以前的经验以及遮掩都无法逃脱大数据的“鹰眼”，唯有“亡羊补牢”，才能将损失降低到最小。

税务大数据监管的核心逻辑就是对医药企业存在的高频税务、市场监管违法行为、企业内部违规行为需要进行画像建模，最终落实成为各项风控指标。从医药企业的角度，依靠第三方专业机构通过专业服务以及大数据风控产品，通过尽可能地实现企业与政府间信息的相对对称，立足政府公示的监管提示，结合海量

大数据执法案例，从执法逻辑倒推合规路径，才能避免后续的合规风险。

（五）要长远和辩证角度看待数字化医药企业财税合规体系的建立

企业合规建设需要有前瞻性和实操性，尤其是在财税合规领域，企业还应该有紧迫性。从长远角度来看，必须要摒弃以往粗制野蛮的税务筹划方式，建立基于数字化的企业经营的精准管控与预决算制度。只有这样，才能应对全电发票工作的挑战，在应对税务局的稽查时更加从容，才能更有利于获得良好的信用等级，从而获得更多的市场交易机会。

总体而言，充分发挥大数据财税合规工具的各项功能，借助可视化方式让企业的管理层迅速了解企业经营状况，通过综合风险分类让管理层充分理解风险所指，利用违法案例大数据勾勒出执法逻辑模型和逻辑，凭借精确的大数据算法为企业勾勒出便捷易懂的合规路径和实现方案，这将是企业财税合规的坚定依靠和未来方向。面对政府大数据监管的转型，企业应当顺应执法趋势，积极探索高效高性价比的合规路径，构筑企业数字化合规监管体系，进而减少企业合规风险，做到“营收增速，风险可控”。

医药大健康企业合规指引

——健康医疗领域数据合规

吴卫明　刘昀东　吴纯佩　毛　彤　张莹颖[①]

健康医疗与每个人息息相关。进入数字化时代，健康医疗领域包含的大量数据的应用场景不断丰富，相关法律法规不断更新，随之而来的数据合规问题亦越来越受到关注。健康医疗领域的数据一方面与个人关联度高，具有高度敏感性；另一方面又与生物安全乃至国家安全关系紧密，致使健康医疗领域数据合规问题也具有很高的敏感性和重要性。

由于健康医疗领域参与主体众多，所涉法律关系多样化，其涉及的数据合规问题也较为复杂。笔者将通过探讨健康医疗领域数据合规的基本概念、合规要求、安全管理和典型场景的数据合规问题，尽可能为读者深入了解健康医疗领域数据合规提供全面的视角和实用的建议。

一、健康医疗数据的基本概念

（一）健康医疗数据的定义与内涵

我国现行法律法规、国家标准中，对医疗健康数据的定义主要可参考《信息安全技术　健康医疗数据安全指南》（GB/T 39725—2020，以下简称《健康医疗数据安全指南》）与《国家健康医疗大数据标准、安全和服务管理办法（试行）》（以下简称《健康医疗大数据管理办法》）。

《健康医疗数据安全指南》提出了“个人健康医疗数据”与“健康医疗数据”

---

① 郭家豪对本文亦有贡献。

两个层次的概念：个人健康医疗数据是指单独或者与其他信息结合后能够识别特定自然人或者反映特定自然人生理或心理健康的相关电子数据；健康医疗数据则是个人健康医疗数据以及由个人健康医疗数据加工处理之后得到的健康医疗相关电子数据。

《健康医疗大数据管理办法》中则对“健康医疗大数据”进行了定义，具体是指在人们疾病防治、健康管理等过程中产生的与健康医疗相关的数据。

由上述定义可以看出，健康医疗数据相关的术语表述和内涵较为丰富。一般所说的健康医疗数据既包括与个人相关的数据，个人健康医疗数据加工整合后形成的与健康医疗相关的数据，也包括在人们疾病防治、健康管理等过程中产生的与健康医疗相关的数据。

（二）健康医疗数据相关概念

1. 病历数据

根据原国家卫生和计划生育委员会、国家中医药管理局印发的《医疗机构病历管理规定（2013 年版）》的规定，病历是指医务人员在医疗活动过程中形成的文字、符号、图表、影像、切片等资料的总和，包括门（急）诊病历和住院病历。

按照病历记录形式不同，病历可区分为纸质病历和电子病历，二者具有同等效力。根据《电子病历应用管理规范（试行）》的规定，电子病历是指医务人员在医疗活动过程中，使用信息系统生成的文字、符号、图表、图形、数字、影像等数字化信息，并能实现存储、管理、传输和重现的医疗记录。

2. 互联网诊疗数据

根据使用的人员和服务方式不同，“互联网 + 医疗服务”可分为三类：第一类为远程医疗，第二类为互联网诊疗活动，第三类为互联网医院。①

互联网诊疗数据产生于互联网诊疗活动。根据《互联网诊疗管理办法（试行）》的规定，互联网诊疗是指医疗机构利用在本机构注册的医师，通过互联网等信息技术开展部分常见病、慢性病复诊和“互联网 +”家庭医生签约服务。可以说，互联网诊疗是医院线下诊疗的延伸。

---

① 参见王秉阳：《国家卫健委发布 3 文件规范互联网诊疗行为》，载中国政府网，https：//www. gov. cn/xinwen/2018-09/14/content_5322013. htm。

3. 人口健康信息

人口健康信息出自《人口健康信息管理办法（试行）》，是指依据国家法律法规和工作职责，各级各类医疗卫生计生服务机构在服务和管理过程中产生的人口基本信息、医疗卫生服务信息等人口健康信息。

4. 人类遗传资源数据

根据《人类遗传资源管理条例》的规定，人类遗传资源包括人类遗传资源材料和人类遗传资源信息。其中，人类遗传资源材料是指含有人体基因组、基因等遗传物质的器官、组织、细胞等遗传材料；人类遗传资源信息是指利用人类遗传资源材料产生的数据等信息资料。

通常所说的人类遗传资源数据即可以理解为《人类遗传资源管理条例》所规制的人类遗传资源信息。在健康医疗领域，药品研发和临床治疗常常涉及人类遗传资源数据，如使用含有人类遗传资源信息的材料进行化验、检测，形成人类遗产资源研究的成果。因此，人类遗传资源数据管理，是健康医疗活动中的重要课题。

5. 药品、医疗器械数据

根据国家药品监督管理局发布的《药品记录与数据管理要求（试行）》第3条的规定，药品数据是指在药品研制、生产、经营、使用活动中产生的反映活动执行情况的信息，包括文字、数值、符号、影像、音频、图片、图谱、条码等。

根据原国家食品药品监督管理总局发布的《医疗器械网络安全注册技术审查指导原则》的规定，医疗器械相关数据包括两种类型：（1）健康数据，指标明生理、心理健康状况的私人数据，涉及患者隐私信息；（2）设备数据，指描述设备运行状况的数据，用于监视、控制设备运行或用于设备的维护保养，本身不涉及患者隐私信息。

6. 临床试验数据

《药品注册管理办法》第20条规定，药物临床试验是指以药品上市注册为目的，为确定药物安全性与有效性在人体开展的药物研究。根据《医疗器械临床试验质量管理规范》第64条的规定，医疗器械临床试验，是指在符合条件的医疗器械临床试验机构中，对拟申请注册的医疗器械（含体外诊断试剂）在正常使用条件下的安全性和有效性进行确认的过程。

临床试验可谓药物、医疗器械安全性与有效性的源头保障，确保临床试验数据真实、准确、完整、可追溯是临床试验质量管理的应有之义。

关于各类型医疗健康数据的具体合规要求详见后文。

（三）健康医疗数据分类分级

数据分类分级既是合规管理的一项义务，也是开展其他合规管理工作的重要条件。

1. 健康医疗数据的分类

鉴于健康医疗数据形成场景的复杂性，健康医疗数据既包括与个人的身份、活动、健康状况关联紧密的个人信息属性相关数据，也包括医疗机构、金融机构等作为运营主体的商业秘密属性相关数据，还包括影响国家利益、社会公共利益的公共属性相关数据。

（1）个人信息属性相关数据

在个人信息属性相关数据层面，《健康医疗数据安全指南》中进一步细分为个人属性数据、健康状况数据、医疗应用数据、医疗支付数据，具体如表 1 所示。

表 1　个人信息属性相关数据

数据类别	范围
个人属性数据	①人口统计信息，包括姓名、出生日期、性别、民族、国籍、职业、住址、工作单位、家庭成员信息、联系人信息、收入、婚姻状态等。 ②个人身份信息，包括姓名、身份证、工作证、居住证、社保卡、可识别个人的影像图像、健康卡号、住院号、各类检查检验相关单号。 ③个人通信信息，包括个人电话号码、邮箱、账号及关联信息等。 ④个人生物识别信息，包括基因、指纹、声纹、掌纹、耳廓、虹膜、面部特征等。 ⑤个人健康监测传感设备 ID 等
健康状况数据	主诉、现病史、既往病史、体格检查（体征）、家族史、症状、检验检查数据、遗传咨询数据、可穿戴设备采集的健康相关数据、生活方式、基因测序、转录产物测序、蛋白质分析测定、代谢小分子检测、人体微生物检测等
医疗应用数据	门（急）诊病历、住院医嘱、检查检验报告、用药信息、病程记录、手术记录、麻醉记录、输血记录、护理记录、入院记录、出院小结、转诊（院）记录、知情告知信息等
医疗支付数据	①医疗交易信息，包括医保支付信息、交易金额、交易记录等。 ②保险信息，包括保险状态、保险金额等

（2）商业秘密属性相关数据

在商业秘密属性相关数据层面，医疗机构、金融机构等在对前述个人信息属性相关的医疗应用数据、医疗支付数据等数据进行分析的基础上，可以形成关于诊疗、科研、金融产品或服务相关情况的总结与创新，从而具有商业、技术或科研应用价值。

例如，医疗机构通过分析病历、用药信息、病程记录、手术记录等，可以对特定疾病的诊疗方法的有效性进行研究，也可以对特定药品的效用以及新药开发提供一定的支持。金融机构通过分析计算重大疾病险的投保与诊疗、理赔等相关数据，可以对保险产品或服务进行优化设计。

（3）公共属性相关数据

在公共属性相关数据层面，主要对应《健康医疗数据安全指南》的卫生资源数据，如医院的基本数据、医院运营数据等，以及公共卫生数据，如环境卫生数据、传染病疫情数据、疾病监测数据、疾病预防数据、出生死亡数据等。

其中，卫生资源数据有利于主管机关和社会公众了解公共卫生资源的分布、运营状况，其公共产品属性比较突出。公共卫生数据通常需要采用统计、溯源等方法获得，且会影响公众的情绪与社会稳定，其获取、发布有严格的流程等要求。

2. 健康医疗数据的分级

目前，国家在健康医疗行业尚未制定重要数据具体目录，《健康医疗数据安全指南》根据健康医疗数据的重要程度、风险级别以及对个人健康医疗数据主体可能造成的损害和影响的级别将健康医疗数据共分为 5 级，具体如表 2 所示。

表 2　健康医疗数据等级划分

等级	使用范围	举例
第 1 级	可完全公开使用	医院名称、地址、电话等，可直接在互联网面向公众公开
第 2 级	可在较大范围内供访问使用	不能识别个人身份的数据，各科室医生经过申请审批可用于研究分析
第 3 级	可在中等范围内供访问使用，如未经授权披露，可能对主体造成中等程度损害	经过部分去标识化处理，但仍可能重标识的数据，仅限于获得授权项目组范围内使用

续表

等级	使用范围	举例
第 4 级	在较小范围内供访问使用，如未经授权披露，可能对主体造成较高程度损害	可以直接标识个人身份的数据，仅限于参与诊疗活动的医护人员访问使用
第 5 级	仅在极小范围内且在严格限制条件下供访问使用，如未经授权披露，可能对主体造成严重程度损害	特殊病种（如艾滋病、性病）的详细资料，仅限于主治医护人员访问且需要进行严格管控

结合《健康医疗数据安全指南》，针对不同级别的健康医疗数据可实施不同安全保护措施，重点区别在于授权管理、身份鉴别、访问控制管理等方面。具体而言，对于第 1 级数据仅需评审是否可公开；对于第 2 级数据宜进行去标识化处理，确保数据的完整性和真实性；对于第 3 级数据需部分遮蔽个人信息，环境与接收人数量需受到限制；对于第 4 级数据宜严格管控环境与接收人，高标准保证数据完整性和可用性；对于第 5 级数据需采取严格的身份鉴别、访问控制等措施。

二、健康医疗数据的合规要求

（一）健康医疗数据核心法律法规框架

除所有行业通用的《网络安全法》《数据安全法》《个人信息保护法》外，健康医疗数据合规领域的法律法规可分为两个层次。第一层是健康医疗数据的通用管理规定，原则上适用于所有类型的健康医疗数据；第二层是不同细分类型的健康医疗数据的特殊管理规定，适用于特定类型的健康医疗数据，如病历数据、互联网诊疗数据等均有各自特殊的管理规定。

健康医疗数据的主要通用性法律法规、政策文件如表 3 所示。

表 3　健康医疗数据通用性规范文件

文件名称	主要相关内容概括	生效时间
国务院办公厅《关于促进和规范健康医疗大数据应用发展的指导意见》	在健康医疗大数据开放、保护方面，提出了规范有序、安全可控的原则，并要求有效保护个人隐私和信息安全	2016 年 6 月 21 日

续表

文件名称	主要相关内容概括	生效时间
国务院办公厅《关于促进“互联网+医疗健康”发展的意见》	强调保障数据信息安全，包括完善个人隐私信息保护、定期开展安全隐患排查等	2018年4月25日
《健康医疗大数据管理办法》	对健康医疗大数据的标准、安全和服务管理进行了规定	2018年7月12日

不同细分类型的健康医疗数据的特殊合规要求详见后文。

（二）健康医疗数据的一般合规要求

健康医疗数据作为包罗万象的数据类型中的一个子集，其一般合规要求可置于数据安全合规工作的整体性框架中加以理解。数据安全的长效治理以数据安全保护管理体系的良善运行为基础，而数据安全保护管理体系的搭建则不能脱离数据全生命周期处理过程中数据安全管理制度、技术措施等多位一体的补充与配合。

1. 全生命周期数据合规

遵循数据（含个人信息，下同）全生命周期保护的一般性进路，健康医疗数据合规需覆盖数据收集、使用、存储、加工、传输、提供、公开等各个环节。具体如下所述。

数据的收集、使用应当满足合法、正当、必要原则。根据《数据安全法》第32条的规定，任何组织、个人收集数据，应当采取合法、正当的方式，不得窃取或者以其他非法方式获取数据。法律、行政法规对收集、使用数据的目的、范围有规定的，应当在法律、行政法规规定的目的和范围内收集、使用数据。除了需要满足一般性的数据合规要求，如前所述，健康医疗数据与自然人个体高度关联，如涉及个人信息处理，还应当严格按照《个人信息保护法》的规定，履行告知同意/单独同意等特殊义务。

关于存储地域，根据《健康医疗大数据管理办法》的规定，原则上，健康医疗数据应当在境内存储，确需向境外提供的，应当按照相关法律法规及有关要求进行安全评估审核。其中，如涉及重要数据、个人信息的出境，可根据《促进和规范数据跨境流动规定》判断适用申报数据出境安全评估、订立个人信息出境标准合同、通过个人信息保护认证。对于存储时间的合规要求，个人信息存储应为实现处理目的所必需的最短时间。对于电子病历、影像资料、网络销售处方药等特殊类型的健康医疗数据，法律法规对于其存储期限另有规定时，需遵守特别规定，具体将于后文详述。

对于数据的传输、提供、公开，根据《个人信息保护法》的要求，如涉及委托处理、共同处理、向其他个人信息处理者提供个人信息时，视数据处理者角色不同，适用相应的数据安全保护义务以及告知同意义务。一般情况下，个人信息处理者不得公开其处理的个人信息，取得个人单独同意的除外；公开个人信息前，个人信息处理者应当事前进行个人信息保护影响评估，并对处理情况进行记录。

发生个人信息处理目的已实现、无法实现或者为实现处理目的不再必要、个人撤回同意等法定情形时，个人信息处理者应该主动删除个人信息；个人信息处理者应当删除而未删除的，个人有权请求删除。法律、行政法规规定的保存期限未届满，或者删除个人信息从技术上难以实现的，个人信息处理者应当停止除存储和采取必要的安全保护措施之外的处理。同时应当注意，特定健康医疗数据亦具有最短存储期限的限制，例如，根据《医疗机构病历管理规定（2013 年版）》《电子病历应用管理规范（试行）》的规定，门（急）诊病历保存时间自患者最后一次就诊之日起不少于 15 年；住院病历保存时间自患者最后一次出院之日起不少于 30 年。

2. 履行网络安全等级保护义务

我国实行网络安全等级保护制度。网络运营者根据《网络安全法》及《信息安全等级保护管理办法》规定的关于网络安全等级保护制度的要求，完成信息系统的测评与备案。信息系统运营、使用单位及其主管部门应当定期对信息系统安全状况、安全保护制度及措施的落实情况进行自查。第三级信息系统应当每年至少进行一次等级测评，第四级信息系统应当每半年至少进行一次等级测评，第五级信息系统应当依据特殊安全需求进行等级测评。

健康医疗数据的处理者应当按照国家网络安全等级保护制度要求，构建可信的网络安全环境，加强健康医疗大数据相关系统安全保障体系建设，提升关键信息基础设施和重要信息系统的安全防护能力，确保健康医疗大数据关键信息基础设施和核心系统安全可控。

根据《互联网医院管理办法（试行）》的规定，医疗机构开展互联网诊疗活动，应当具备满足互联网技术要求的设备设施、信息系统、技术人员以及信息安全系统，互联网医院信息系统按照国家有关法律法规的规定，均实施第三级信息安全等级保护。

3. 建立数据安全管理制度

企业开展数据处理活动，应当依照法律法规的规定建立健全全流程数据安全管理制度，包括但不限于建立内部管理机制、确立安全管理组织架构、开展安全教育培训、采取数据分类分级、制定安全事件应急预案等。具体如下所述。

在制度规范层面，企业应当建立覆盖数据全生命周期的数据安全管理制度、操作规程和技术规范，为数据处理全方位地保驾护航。如涉及属于国家秘密的健康医疗数据的安全、管理和使用等，还应当按照国家有关保密规定执行。企业处理不满 14 周岁的未成年人的个人信息的，还应当制定专门的个人信息处理规则。

在组织架构方面，根据《网络安全法》《数据安全法》《个人信息保护法》规定，企业应当确定网络安全负责人、数据安全负责人（重要数据的处理者应当明确）、个人信息保护负责人（处理个人信息达到国家网信部门规定数量的处理者应当指定），合理确定数据处理的操作权限，以及采取的保护措施、监督等。

而且需要注意的是，涉及个人信息处理的，企业应当定期对其处理个人信息遵守法律、行政法规的情况进行合规审计；以及对特定的个人信息处理活动进行事前的个人信息保护影响评估，并对处理情况进行记录等。

4. 采取数据安全保护技术措施

数据安全管理制度需要与数据安全保护技术措施形成“组合拳”，从而发挥“1+1>2”的效果。根据《健康医疗大数据管理办法》，企业应当严格规范不同等级用户的数据接入和使用权限，并确保数据在授权范围内使用；采取数据分类、重要数据备份、加密认证等措施保障健康医疗大数据安全；建立可靠的数据容灾备份工作机制，定期进行备份和恢复检测，确保数据能够及时、完整、准确恢复，实现长期保存和历史数据的归档管理。具体的数据安全保护技术措施将于后文详述。

此外，健康医疗数据处理者还应当建立严格的电子实名认证和数据访问控制，规范数据接入、使用和销毁过程的痕迹管理，确保健康医疗大数据访问行为可管、可控及服务管理全程留痕，可查询、可追溯。

5. 重要数据 / 核心数据保护义务

根据《网络安全法》《数据安全法》的规定，如果处理重要数据[①]，则应当依法履行重要数据保护相关要求，包括明确数据安全负责人和管理机构，落实数据安全保护责任；按照规定对数据处理活动定期开展风险评估，并向有关主管部门报送风险评估报告等。

目前，我国法律法规并未对“重要数据”的范围进行明确规定，健康医疗领域也尚未正式出台重要数据目录。参考 2024 年 10 月 1 日实施的《数据安全技术　数据分类分级规则》（GB/T 43697—2024）附录 G“重要数据识别指南”，“健康医疗资源、批量人口诊疗与健康管理、疾控防疫、健康救援保障、特定药品实验”等的数据属于重要数据。处理前述数据的健康医疗数据处理者很有可能被认定为在处理重要数据。

建议健康医疗数据处理者可不断健全数据分类分级管理策略，持续关注医疗健康领域重要数据识别规则、目录的出台以及重要数据监管认定的情况，并对所处理的数据进行是否涵盖重要数据进行识别、认定工作。如识别出重要数据、核心数据，或被有权机关认定处理重要数据，则应当按照《数据安全法》及相关法律规定的要求，履行重要数据保护义务。

需要提示的是，如健康医疗数据处理者被认定为在处理重要数据，可能还需要进一步关注是否需要因此而衍生关键信息基础设施安全保护义务，提供重要互联网平台服务，以及用户数量巨大、业务类型复杂的个人信息处理者的安全保护义务，或网络安全审查义务等，由于本文聚焦于医疗健康领域，对前述数据安全义务的认定标准、义务规范暂不展开。

---

① 关于重要数据，根据《数据安全法》第 21 条之规定，国家建立数据分类分级保护制度，根据数据在经济社会发展中的重要程度，以及一旦遭到篡改、破坏、泄漏或者非法获取、非法利用，对国家安全、公共利益或者个人、组织合法权益造成的危害程度，对数据实行分类分级保护。关系国家安全、国民经济命脉、重要民生、重大公共利益等的数据属于国家核心数据，实行更加严格的管理制度。根据《数据出境安全评估办法》第 19 条的规定，重要数据是指一旦遭到篡改、破坏、泄漏或者非法获取、非法利用等，可能危害国家安全、经济运行、社会稳定、公共健康和安全等的数据。参考 2024 年 10 月 1 日实施的《数据安全技术　数据分类分级规则》（GB/T 43697—2024）第 3.2 条，重要数据是指特定领域、特定群体、特定区域或达到一定精度和规模的，一旦被泄漏或篡改、损毁，可能直接危害国家安全、经济运行、社会稳定、公共健康和安全的数据。

（三）病历数据的特殊合规要求

病历作为医生诊疗或健康咨询活动的数据载体，其记载的数据是健康医疗数据中十分常见的数据类别。病历数据的主要监管规则包括：《电子病历系统功能规范（试行）》《医疗机构病历管理规定（2013 年版）》《电子病历应用管理规范（试行）》等。

整体而言，涉及病历数据的特殊合规要求主要包括如下方面。

1. 存储期限要求

《电子病历应用管理规范（试行）》第 19 条规定，门（急）诊病历由医疗机构保管的，保存时间自患者最后一次就诊之日起不少于 15 年；住院病历保存时间自患者最后一次出院之日起不少于 30 年。

2. 患者唯一标识要求

根据《电子病历系统功能规范（试行）》第 13 条的规定，为患者创建电子病历，必须赋予患者唯一的标识号码，建立包含患者基本属性信息的主索引记录，确保患者的各种电子病历相关记录准确地与患者唯一标识号码相对应。根据《电子病历应用管理规范（试行）》第 13 条的规定，医疗机构应当为患者电子病历赋予唯一患者身份标识，以确保患者基本信息及其医疗记录的真实性、一致性、连续性、完整性。

3. 病历封存要求

依法需要封存病历时，应当在医疗机构或者其委托代理人、患者或者其代理人在场的情况下，对病历共同进行确认，签封病历复制件。医疗机构负责封存病历复制件的保管。封存后病历的原件可以继续记录和使用。开启封存病历应当在签封各方在场的情况下实施。

针对电子病历，封存的电子病历复制件既可以是电子版，也可以对打印的纸质版进行复印，并加盖病案管理章后进行封存。根据《电子病历应用管理规范（试行）》第 24 条的规定，封存的电子病历复制件应当满足一定技术条件及要求：（1）储存于独立可靠的存储介质，并由医患双方或双方代理人共同签封；（2）可在原系统内读取，但不可修改；（3）操作痕迹、操作时间、操作人员信息可查询、可追溯；（4）其他有关法律、法规、规范性文件和省级卫生计生行政部门规定的条件及要求。

4. 身份识别与权限管理要求（针对电子病历）

根据《电子病历应用管理规范（试行）》第 9 条、第 14 条、第 16 条的规定，电子病历系统应当为操作人员提供专有的身份标识和识别手段，并设置相应权限。操作人员对本人身份标识的使用负责。电子病历系统应当对操作人员进行身份识别，并保存历次操作印痕，标记操作时间和操作人员信息，保证历次操作印痕、标记操作时间和操作人员信息可查询、可追溯。电子病历系统应当设置医务人员书写、审阅、修改的权限和时限。

此外，根据《电子病历系统功能规范（试行）》第 11 条的规定，为了保护患者隐私，应当对电子病历设置保密等级的功能，对操作人员的权限实行分级管理，用户根据权限访问相应保密等级的电子病历资料。授权用户访问电子病历时，自动隐藏保密等级高于用户权限的电子病历资料。

（四）互联网诊疗数据的特殊合规要求

互联网诊疗数据的主要监管规则包括：《互联网诊疗管理办法（试行）》《互联网医院管理办法（试行）》《远程医疗服务管理规范（试行）》。

关于互联网诊疗数据，其相关特殊合规要求主要有以下三个方面。

1. 向监管开放数据接口

根据《互联网诊疗管理办法（试行）》的规定，医疗机构应当加强互联网诊疗活动管理，建立完善相关管理制度、服务流程，保证互联网诊疗活动全程留痕、可追溯，并向监管部门开放数据接口。

2. 电子病历建立要求

医疗机构开展互联网诊疗活动和互联网医院均应按照《医疗机构病历管理规定（2013 年版）》和《电子病历应用管理规范（试行）》等相关文件要求，为患者建立电子病历，并按照规定进行管理。针对互联网医院开展互联网诊疗活动，患者应可以在线查询检查检验结果和资料、诊断治疗方案、处方和医嘱等病历资料。

3. 远程医疗资料及影像资料保存要求

根据《远程医疗服务管理规范（试行）》的规定，医疗机构之间通过远程进行会诊，邀请方和受邀方要按照病历书写及保管有关规定共同完成病历资料，原件由邀请方和受邀方分别归档保存。远程医疗服务相关文书可通过传真、扫描文件及电子签名的电子文件等方式发送。医务人员为患者提供咨询服务后，应当记录咨询信息。

此外，原国家卫生和计划生育委员会于2016年发布的《医学影像诊断中心管理规范（试行）》规定，医学影像诊断中心影像资料保存10年以上，至少3年在线，可供快速调阅、浏览和诊断使用。

（五）人口健康信息的特殊合规要求

根据《人口健康信息管理办法（试行）》的规定，人口健康信息数据合规管理要求主要包括以下几个方面。

1. 数据采集要求

责任单位应当按照“一数一源、最少够用”的原则采集人口健康信息，所采集的信息应当符合业务应用和管理要求，保证服务和管理对象在本单位信息系统中身份标识的唯一性，基本数据项的一致性，所采集的信息应当严格实行信息复核程序，避免重复采集、多头采集。

2. 分级存储要求

责任单位应当具备符合国家有关规定要求的数据存储、容灾备份和管理条件，建立可靠的人口健康信息容灾备份工作机制，定期进行备份和恢复检测，实现长期保存和历史数据的归档管理。

3. 境内存储要求（不可向境外提供）

责任单位不得将人口健康信息在境外的服务器中存储，不得托管、租赁在境外的服务器。由此可见，相较于重要数据通过数据出境评估后可出境的管理要求，国家对人口健康信息的境内存储要求更加严格，无论何种条件均不得向境外提供。

4. 数据利用要求

人口健康信息的利用实行分类管理，逐步实现互联共享。人口健康信息的利用应当以提高医学研究、科学决策和便民服务水平为目的。依法应当向社会公开的信息应当及时主动公开；涉及保密信息和个人隐私信息，不得对外提供。

（六）人类遗传资源数据的特殊合规要求

人类遗传资源数据包含与个体或群体相关的健康数据信息。分析利用人类遗传资源，对于疾病诊疗、生物医药开发、健康干预、基因工程应用等均具有重要的价值。与此对应的是，人类遗传资源一旦被滥用，则可能对特定自然人或人群造成不可挽回的健康或安全风险。因此，国家对人类遗传资源的采集、保藏、利用、对外提供等行为一直以来都进行严格管控。

整体而言，涉及人类遗传资源的数据特殊合规要求主要有以下 3 点。

1. 特定活动经批准后处理

根据 2024 年修改的《生物安全法》《人类遗传资源管理条例》，人类遗传资源的主管部门从“国务院科学技术行政部门”调整为“国务院卫生健康主管部门”。

根据《生物安全法》第 56 条第 1 款的规定，采集我国重要遗传家系、特定地区人类遗传资源或者采集人类遗传资源主管部门规定的种类、数量的人类遗传资源，保藏我国人类遗传资源，利用我国人类遗传资源开展国际科学研究合作，将我国人类遗传资源材料运送、邮寄、携带出境，均需要经国务院卫生健康主管部门批准。

2. 采集人类遗传资源的告知同意要求

根据《人类遗传资源管理条例》第 12 条的规定，采集我国人类遗传资源，应当事先告知人类遗传资源提供者采集目的、采集用途、对健康可能产生的影响、个人隐私保护措施及其享有的自愿参与和随时无条件退出的权利，征得人类遗传资源提供者书面同意。在告知人类遗传资源提供者前述规定的信息时，必须全面、完整、真实、准确，不得隐瞒、误导、欺骗。

3. 人类遗传资源跨境传输要求

关于人类遗传资源的跨境传输管理主要体现在以下 3 个方面。

（1）禁止境外机构采集、保藏、提供我国人类遗传资源

根据《人类遗传资源管理条例》第 7 条的规定，外国组织、个人及其设立或者实际控制的机构不得在我国境内采集、保藏我国人类遗传资源，不得向境外提供我国人类遗传资源。《生物安全法》第 56 条第 4 款则进一步将“外国组织、个人及其设立或者实际控制的机构”扩展为“境外组织、个人及其设立或者实际控制的机构”。

（2）开展国际科学研究合作的要求

《生物安全法》第 59 条：“利用我国生物资源开展国际科学研究合作，应当依法取得批准。利用我国人类遗传资源和生物资源开展国际科学研究合作，应当

保证中方单位及其研究人员全过程、实质性地参与研究，依法分享相关权益。”《人类遗传资源管理条例》第 22 条第 1 款进一步对开展国际科学研究合作的要求进行细化，明确“应当符合下列条件，并由合作双方共同提出申请，经国务院卫生健康主管部门批准：（一）对我国公众健康、国家安全和社会公共利益没有危害；（二）合作双方为具有法人资格的中方单位、外方单位，并具有开展相关工作的基础和能力；（三）合作研究目的和内容明确、合法，期限合理；（四）合作研究方案合理；（五）拟使用的人类遗传资源来源合法，种类、数量与研究内容相符；（六）通过合作双方各自所在国（地区）的伦理审查；（七）研究成果归属明确，有合理明确的利益分配方案”。

此外，根据《人类遗传资源管理条例》的规定，在利用我国人类遗传资源开展国际合作科学研究过程中，合作方、研究目的、研究内容、合作期限等重大事项发生变更的，应当办理变更审批手续。研究过程中的所有记录以及数据信息等完全向中方单位开放并向中方单位提供备份。

（3）人类遗传资源出境要求

人类遗传资源出境涉及两方面的管理措施，一是人类遗传资源材料出境，二是人类遗传资源信息出境。

针对人类遗传资源材料，我国现有法律法规设置了必要条件，同时需经过人类遗传资源主管部门批准。《人类遗传资源管理条例》第 27 条第 1 款规定，利用我国人类遗传资源开展国际合作科学研究，或者因其他特殊情况确需将我国人类遗传资源材料运送、邮寄、携带出境的，应当符合下列条件，并取得国务院卫生健康主管部门出具的人类遗传资源材料出境证明：第一，对我国公众健康、国家安全和社会公共利益没有危害；第二，具有法人资格；第三，有明确的境外合作方和合理的出境用途；第四，人类遗传资源材料采集合法或者来自合法的保藏单位；第五，通过伦理审查。

针对人类遗传资源信息，我国现有法律法规并未明确审批要求，主要规定了报告和信息备份要求，以及安全审查要求。《生物安全法》第 57 条明确规定，将我国人类遗传资源信息向境外组织、个人及其设立或者实际控制的机构提供或者开放使用的，应当向国务院卫生健康主管部门事先报告并提交信息备份。此外，根据《人类遗传资源管理条例》第 28 条第 1 款的规定，将人类遗传资源信息向外国组织、个人及其设立或者实际控制的机构提供或者开放使用，不得危害我国公众健康、国家安全和社会公共利益；可能影响我国公众健康、国家安全和社会公共利益的，应当通过国务院卫生健康主管部门组织的安全审查。

（七）药品数据的特殊合规要求

针对药品数据管理，目前直接相关的法规为《药品记录与数据管理要求（试行）》《药品网络销售监督管理办法》等。药品数据相关特殊合规要求主要包括以下三点。

1. 电子记录相关操作权限与用户登录管理要求

根据《药品记录与数据管理要求（试行）》第22条的规定，相关要求至少包括：（1）建立操作与系统管理的不同权限，业务流程负责人的用户权限应当与承担的职责相匹配，不得赋予其系统（包括操作系统、应用程序、数据库等）管理员的权限；（2）具备用户权限设置与分配功能，能够对权限修改进行跟踪与查询；（3）确保登录用户的唯一性与可追溯性，当采用电子签名时，应当符合《电子签名法》的相关规定；（4）应当记录对系统操作的相关信息，至少包括操作者、操作时间、操作过程、操作原因，数据的产生、修改、删除、再处理、重新命名、转移，对计算机（化）系统的设置、配置、参数及时间戳的变更或修改。

2. 药品网络销售者的记录保存要求

根据《药品网络销售监督管理办法》的规定，药品网络销售者应当是具备保证网络销售药品安全能力的药品上市许可持有人或者药品经营企业。药品网络销售企业应当完整保存供货企业资质文件、电子交易等记录。销售处方药的药品网络零售企业还应当保存处方、在线药学服务等记录。相关记录保存期限不少于5年，且不少于药品有效期满后1年。

3. 药品网络交易第三方平台提供者的记录保存要求

第三方平台应当保存药品展示、交易记录与投诉举报等信息。保存期限不少于5年，且不少于药品有效期满后1年。第三方平台应当确保有关资料、信息和数据的真实、完整，并为入驻的药品网络销售企业自行保存数据提供便利。

（八）医疗器械数据的特殊合规要求

根据《医疗器械监督管理条例》的规定，医疗器械“是指直接或者间接用于人体的仪器、设备、器具、体外诊断试剂及校准物、材料以及其他类似或者相关的物品，包括所需要的计算机软件”。

医疗机械数据相关主要法律法规有《医疗器械经营监督管理办法》《医疗器械监督管理条例》《医疗器械网络销售监督管理办法》《医疗器械经营质量管理规范》等。相关特殊数据合规要求主要包括以下五点。

1. 医疗器械使用单位记录要求

根据《医疗器械监督管理条例》第 51 条的规定，医疗器械使用单位应当妥善保存购入第三类医疗器械的原始资料，并确保信息具有可追溯性。使用大型医疗器械以及植入和介入类医疗器械的，应当将医疗器械的名称、关键性技术参数等信息以及与使用质量安全密切相关的必要信息记载到病历等相关记录中。

2. 医疗器械进货查验记录要求

根据《医疗器械经营监督管理办法》第 32 条的规定，医疗器械经营企业应当建立进货查验记录制度，购进医疗器械时应当查验供货企业的资质，以及医疗器械注册证和备案信息、合格证明文件。进货查验记录应当真实、准确、完整和可追溯。进货查验记录应当保存至医疗器械有效期满后 2 年；没有有效期的，不得少于 5 年。植入类医疗器械进货查验记录应当永久保存。

根据《医疗器械经营质量管理规范》第 23 条第 2 款的规定，使用计算机信息系统存储的质量记录（含进货查验记录），应当采用安全可靠的方式存储各类数据，定期备份并确保备份数据存储安全，防止损坏和丢失。

3. 医疗器械销售记录要求

根据《医疗器械经营监督管理办法》第 38 条的规定，从事第二类、第三类医疗器械批发业务以及第三类医疗器械零售业务的经营企业应当建立销售记录制度。销售记录信息应当真实、准确、完整和可追溯。从事第二类、第三类医疗器械批发业务的企业，销售记录还应当包括购货者的名称、地址、联系方式、相关许可证明文件编号或者备案编号等。销售记录应当保存至医疗器械有效期满后 2 年；没有有效期的，不得少于 5 年。植入类医疗器械销售记录应当永久保存。

根据《医疗器械经营质量管理规范》第 23 条第 2 款的规定，使用计算机信息系统存储的质量记录（含销售记录），应当采用安全可靠的方式存储各类数据，定期备份并确保备份数据存储安全，防止损坏和丢失。

4. 医疗器械网络销售记录要求

根据《医疗器械网络销售监督管理办法》第 12 条的规定，从事医疗器械网络销售的企业应当记录医疗器械销售信息，记录应当保存至医疗器械有效期后 2

年；无有效期的，保存时间不得少于5年；植入类医疗器械的销售信息应当永久保存。相关记录应当真实、完整、可追溯。

5. 医疗器械网络交易服务记录要求

根据《医疗器械网络销售监督管理办法》第22条的规定，医疗器械网络交易服务第三方平台提供者应当记录在其平台上开展的医疗器械交易信息，记录应当保存至医疗器械有效期后2年；无有效期的，保存时间不得少于5年；植入类医疗器械交易信息应当永久保存。相关记录应当真实、完整、可追溯。

（九）临床试验数据的特殊合规要求

临床试验数据合规涉及的法律法规主要包括《药品管理法》《药品注册管理办法》《药物临床试验机构管理规定》《药物临床试验质量管理规范》《医疗器械监督管理条例》《医疗器械临床试验质量管理规范》《医疗器械管理法（草案征求意见稿）》等。相关特殊数据合规要求主要包括以下四点。

1. 需经审批 / 备案及伦理审查

临床试验开展的资质要求被写入《民法典》之中。《民法典》第1008条第1款规定："为研制新药、医疗器械或者发展新的预防和治疗方法，需要进行临床试验的，应当依法经相关主管部门批准并经伦理委员会审查同意，向受试者或者受试者的监护人告知试验目的、用途和可能产生的风险等详细情况，并经其书面同意。"

（1）需依法通过药品监督管理部门审批或备案

具体而言，药物临床试验开始前，申办者应当向国务院药品监督管理部门提交相关的临床试验资料，并获得临床试验的批准，其中，开展生物等效性试验的，应当报国务院药品监督管理部门备案。药物临床试验获准后，应当在3年内实施。

医疗器械临床试验的申办者应当在医疗器械临床试验经伦理审查通过并且与医疗器械临床试验机构签订合同后，向所在地省级药品监督管理部门进行临床试验项目备案。其中，第三类医疗器械临床试验对人体具有较高风险的，应当经国务院药品监督管理部门批准。

（2）需依法通过伦理审查委员会审查同意

伦理委员会的职责是保护受试者合法权益和安全，维护受试者尊严。受试者的权益和安全是临床试验应当考虑的首要因素，优先于对科学和社会的获益，而伦理审查与知情同意则是保障受试者权益的重要措施。

药物、医疗器械临床试验应当符合《世界医学大会赫尔辛基宣言》原则及相关伦理要求。根据《涉及人的生命科学和医学研究伦理审查办法》的相关规定，伦理审查应当符合控制风险、知情同意、公平公正、免费和补偿或赔偿、保护隐私权及个人信息、特殊保护的基本要求。在保护隐私权及个人信息方面，应当切实保护研究参与者的隐私权，如实将研究参与者个人信息的收集、储存、使用及保密措施情况告知研究参与者并得到许可，未经研究参与者授权不得将研究参与者个人信息向第三方透露。

2. 不同参与主体对应不同数据合规义务

临床试验的显著特点是参与方众多，涉及伦理委员会、临床试验机构、研究者、申办者、合同研究组织、受试者等多方主体。根据法律规定，临床试验应当在具备相应条件并且按照规定备案的药物、医疗器械临床试验机构开展。其中，伦理委员会一般为临床试验机构所设立，负责审查本机构临床试验方案，审核和监督临床试验研究者的资质，监督临床试验开展情况并接受监管部门检查；申办者是指负责临床试验的发起、管理和提供临床试验经费的个人、组织或者机构；研究者是指实施临床试验并对临床试验质量及受试者权益和安全负责的试验现场的负责人。

根据中共中央办公厅、国务院办公厅《关于深化审评审批制度改革鼓励药品医疗器械创新的意见》的规定，临床试验委托协议签署人（如临床试验机构、申办者、合同研究组织）和临床试验研究者是临床试验数据的第一责任人，须对临床试验数据可靠性承担法律责任。各临床试验参与主体对应的特殊数据合规义务详见后文所述。

3. 研究者的临床试验数据记录义务及安全性信息报告、处理义务

研究者作为直接“触达”受试者的临床试验的执行者，应当确保所有临床试验数据是从临床试验的源文件和试验记录中获得的，是准确、完整、可读和及时的。为实现该等目标，临床试验所使用的计算机化系统 / 电子数据采集系统应当从制度和技术能力上具有完善的权限管理和稽查轨迹。

除了数据记录义务，研究者还承担安全性信息的报告和处理义务。根据《药物临床试验质量管理规范》第 26 条的规定，除试验方案或者其他文件（如研究

者手册）中规定不需立即报告的严重不良事件外，研究者应当立即向申办者书面报告所有严重不良事件，随后应当及时提供详尽、书面的随访报告。严重不良事件报告和随访报告应当注明受试者在临床试验中的鉴认代码，而不是受试者的真实姓名、公民身份号码和住址等身份信息。主要研究者应当对收到的安全性信息及时处理，必要时应当及时通知受试者，并保证受试者得到适当治疗和随访。

根据《医疗器械临床试验质量管理规范》第 31 条、第 32 条的规定，研究者应当记录医疗器械临床试验过程中发生的不良事件和发现的器械缺陷。发生严重不良事件时，研究者应当在获知严重不良事件后 24 小时内，向申办者、医疗器械临床试验机构管理部门、伦理委员会报告，并按照临床试验方案的规定随访严重不良事件，提交严重不良事件随访报告。

4. 应当建立临床试验质量管理体系

根据《药物临床试验质量管理规范》第 30 条以及《医疗器械临床试验质量管理规范》第 20 条的规定，药品申办者或医疗器械临床试验机构应当建立涵盖临床试验实施全过程的质量管理制度。如医疗器械临床试验质量管理体系应当包括培训和考核、临床试验的实施、医疗器械的管理、生物样本的管理、不良事件和器械缺陷的处理以及安全性信息的报告、记录、质量控制等制度，确保主要研究者履行其临床试验相关职责，保证受试者得到妥善的医疗处理，确保试验产生数据的真实性。

在临床试验数据的保存方面，管理规范提出了特别的具体要求。根据《药物临床试验质量管理规范》第 80 条的规定，用于申请药品注册的临床试验，必备文件应当至少保存至试验药物被批准上市后 5 年；未用于申请药品注册的临床试验，必备文件应当至少保存至临床试验终止后 5 年。根据《医疗器械临床试验质量管理规范》第 63 条第 2 项至第 4 项的规定，医疗器械临床试验机构应当保存临床试验基本文件至医疗器械临床试验完成或者终止后 10 年；伦理委员会应当保存伦理审查的全部记录至医疗器械临床试验完成或者终止后 10 年；申办者应当保存临床试验基本文件至无该医疗器械使用时。

三、健康医疗数据的安全管理

作为一部聚焦于健康医疗领域数据合规的国家推荐性标准，《健康医疗数据安全指南》对健康医疗数据安全管理的目标、分类体系、使用披露原则、安全措施以及典型场景下的医疗数据安全管理进行了全面规定，为健康医疗机构等主体开展数据合规管理与检视提供了颇具实操意义的参考方案。

《健康医疗数据安全指南》提出健康医疗数据安全管理致力于实现以下三个层面的目标：第一，确保健康医疗数据的保密性、完整性和可用性；第二，确保健康医疗数据使用和披露过程的合法性和合规性，保护个人信息安全、公众利益和国家安全；第三，确保健康医疗数据在符合上述安全要求的前提下满足业务发展需求。健康医疗数据合规工作的要点、安全措施等均围绕前述目标展开。

（一）安全管理的基础与指导原则

1. 健康医疗数据安全管理基础

数据分类分级是数据安全管理的前提和基础。对于数据分类分级概念本身，我国尚未在法律层面进行明确定义，因此，健康医疗数据的分类分级也并不存在“唯一解”。如前文所述，健康医疗数据一般主要包括个人信息属性相关的数据、商业属性相关数据以及公共属性相关数据三大类，并可根据健康医疗数据的重要程度、风险级别以及对可能造成的损害和影响的级别分为 5 级。医疗企事业单位在梳理内部数据资产、制定内部数据分类分级体系时，可以参照前述方法执行，也可结合自身的业务特点形成最契合自身情况的体系。

2. 数据开放类型与形式

健康医疗数据具有较强的公共属性，健康医疗数据利用效益的最大化对于医学技术的进步大有裨益。而开放是利用的前提，法律的任务恰恰在于为数据开放和利用活动制定边界与框架，保证健康医疗数据的合理流动与有序利用。《健康医疗数据安全指南》根据数据公开共享类型将健康医疗数据开放划分为完全公开共享、受控公开共享、领地公开共享。常见的数据开放形式包括网站公开、文件共享、API 接入、在线查询、数据分析平台，不同的数据开放形式适用不同的公开共享类型。

3. 使用、披露原则

《健康医疗数据安全指南》结合行业特殊性对健康医疗数据的使用、披露原则进行了规定。其中，在以下情况可以使用或披露个人健康医疗数据：（1）获得主体的个人授权；（2）向主体提供其本人健康医疗数据时；（3）治疗、支付或保健护理时；（4）涉及公共利益或法律法规要求时；（5）受限制数据集[①]用于科学研究、医学/健康教育、公共卫生或医疗保健操作目时。前述授权同意以外的情形与《个人信息保护法》的要求存在一定差异，《个人信息保护法》所规定的医疗领域的同意豁免仅限于“为应对突发公共卫生事件，或者紧急情况下为保护自然人的生命健康和财产安全所必需”等情形，而并未规定用于科学研究、医学/健康教育目的。因此，实际适用时建议严格遵守上位法的规定，避免突破个人信息处理的合法性前提。[②]

个人健康医疗数据的开发利用常常伴随着数据主体人格权益与数据开放利用价值之间的冲突与抉择。《健康医疗数据安全指南》明确，健康医疗数据主体有权对其个人信息进行访问、复制、更正、补充、历史回溯查询[③]等，同时，对于数据主体要求限制使用或披露数据、限制向相关人员披露数据，《健康医疗数据安全指南》规定健康医疗数据控制者[④]没有义务同意该请求，但一旦同意，除非法律法规要求以及医疗紧急情况下，控制者宜遵守约定的限制。

关于健康医疗数据出境的原则，《健康医疗数据安全指南》规定了两类数据出境的路径。一类是因为学术研讨需要，需要向境外提供相应数据的，在进行必要的去标识化处理后，经过数据安全委员会讨论审批同意，数量在250条以内的非涉密非重要数据可以提供，否则应提请相关部门审批。另一类是不涉及国家秘密、重要数据或者其他禁止或限制向境外提供的数据，经主体授权同意，并经过数据安全委员会讨论审批同意，可向境外提供个人健康医疗数据，并同样控制在250条以内。需要说明的是，对于前述第一类情形，《个人信息保护法》并未将去标识化后的个人信息排除于个人信息的范畴，因此经过去标识化处理可能并

① 受限制数据集（limited data set files，LDS），经过部分去标识化处理，但仍可识别相应个人并因此需要保护的个人健康医疗数据集。

② 参见吴卫明编著：《数据合规法律实务》，法律出版社2022年版，第204–205页。

③ 根据《健康医疗数据安全指南》的规定，主体有权对控制者或其处理者使用或披露数据的情况进行历史回溯查询，最短回溯期为6年。

④ 《健康医疗数据安全指南》将健康医疗数据场景的角色分为四类，包括个人健康医疗数据主体、健康医疗数据控制者、健康医疗数据处理者、健康医疗数据使用者。其中，健康医疗数据控制者，即能够决定健康医疗数据处理目的、方式及范围等的组织或个人，接近于《个人信息保护法》规定的个人信息处理者的概念。

不免除征求个人单独同意的义务。“学术研讨需要”亦并非法定的同意豁免事由，此种情形下应当按照《个人信息保护法》等国家法律规定执行。

（二）安全目标实现的方式

1. 安全管理指南

《个人信息保护法》仅概括性地规定了数据处理者应当明确安全管理组织架构，《健康医疗数据安全指南》则提供了更为具体的安全组织架构参考方案。根据《健康医疗数据安全指南》，在组织上，医疗健康数据的处理者宜建立完善的组织保障体系，组织架构中至少包括健康医疗数据安全委员会和健康医疗数据安全工作办公室，以确保做好健康医疗数据安全管理工作。其中，健康医疗数据安全委员会对健康医疗数据安全工作全面负责，讨论决定健康医疗数据安全重大事项，如审批去标识化策略、流程等；健康医疗数据安全工作办公室负责健康医疗数据安全日常工作。在管理过程上，《健康医疗数据安全指南》以过程性的视角将数据安全管理划分为规划、实施、检查、改进四个阶段，并明确各阶段的主要工作，实现全流程的数据安全管理。

2. 安全技术指南

通用性的安全技术措施包括但不限于对承载健康医疗数据的信息系统和网络实施以及云平台等进行安全保护，针对数据生命周期的各项活动实施安全措施，建立安全的数据管理基础设施，实施身份鉴别、访问控制、安全审计、入侵防范、介质使用管理、备份恢复、剩余信息保护等安全措施。

在通用安全技术的基础上，健康医疗数据的去标识化工作也需格外重视。数据应用于临床研究和医药 / 医疗研发时，可以采取的数据去标识化工作包括但不限于：去除个人属性数据中可唯一识别到个人的信息或披露后会给个人造成重大影响的信息；对个人属性数据中可间接关联到个人的信息进行泛化等处理；数据集中所有属性值相同的人数宜在 5 人以上；对需要追溯到患者的情况，内部建立患者代码索引；签署数据使用协议，约束数据的使用目的、期限以及数据保护措施等。

（三）数据安全管理的“点”与“面”

健康医疗数据安全管理是一项系统性工程，有赖于数据控制者采取“点”“面”结合式的合规策略。健康医疗数据安全管理的“面”在于数据分级安全、场景安全以及开放安全，各个层面又包含不同的“点”，安全管理措施要点具体如下所述。

1. 分级安全措施要点

数据处理者针对不同级别的数据区分实施安全保护措施的重点在于授权管理、身份鉴别、访问控制管理。具体而言，以前文“一、健康医疗数据的基本概念”之“（三）健康医疗数据分类分级”的5级分级为例，对于第1级数据，仅需评审是否可公开；对于第2级数据，宜进行去标识化处理，通过协议或领地公开共享模式管控，确保数据的完整性和真实性；对于第3级数据，需部分遮蔽个人信息，限制环境与接收人数量；对于第4级数据，需严格管控环境与接收人，高标准保证数据完整性和可用性；对于第5级数据，需采取严格的身份鉴别、访问控制等措施。

2. 开放安全措施要点

如前文所述，数据开放存在不同类型和形式，不同数据开放形式有各自相应的数据安全措施要点约束。统而观之，不同数据开放形式均宜：（1）遵循“最少必要原则”；（2）数据开放的目的、内容、使用方等经过数据安全委员会审批，确保符合合法性、正当性和必要性的要求；（3）根据使用目的尽可能地去标识化；（4）明确数据开发和使用目的、使用方需要承担的安全责任、安全措施等，签署相应的协议，涉及出境的宜依规进行安全评估，涉及重要数据的宜依规进行评估审批。

3. 场景安全措施要点

场景安全的要义在于，基于数据流通使用场景的不同，各角色在健康医疗数据应用过程中所涉及的安全环节与责任不同，由此决定了各角色需要满足的安全控制要求不同。不同场景下的安全措施要点具体可参见下文“医疗健康领域典型场景的数据合规”部分的列举。

四、医疗健康领域典型场景的数据合规

《健康医疗数据安全指南》列举了8个典型场景中的数据安全管理重点措施，分别为医生调阅、患者查询、临床研究、二次利用、健康传感、移动应用、商业保险对接、医疗器械场景。

（一）医生调阅场景的数据合规

本场景适用于医生在提供健康医疗服务过程中调阅相应患者数据。2022年11月，国家卫生健康委员会、国家中医药管理局、国家疾病预防控制局联合印发《"十四五"全民健康信息化规划》，提出依托国家全民健康信息平台，在保障网络安全和保护个人信息的前提下，推进电子病历、居民电子健康档案跨省查询。① 开展患者健康信息共享调阅的同时，如何通过有效的技术手段和管理措施筑牢患者个人信息保护的防线也是不容忽视的课题。

以医生调阅患者电子病历的场景为例，除了《个人信息保护法》对处理个人信息应当具有明确、合理的目的、取得个人告知同意等一般性的法律要求，医疗机构还应当遵守《医疗机构病历管理规定（2013年版）》《电子病历应用管理规范（试行）》等法律规范，从电子病历信息系统建设、运行和维护、电子病历使用的制度规程建设、安全管理体系和安全保障机制等方面对患者电子病历管理的专门规定。在患者知情同意的基础上，医疗机构应当对电子病历系统设置病历查阅权限，同时应当能够保证医务人员查阅病历的需要，及时提供并完整呈现患者的电子病历资料，包括患者个人信息、诊疗记录、记录时间及记录人员、上级审核人员的姓名等。② 当涉及患者信息的共享调阅时，除了基于医生角色的调阅权限管理，还需要对信息互通共享的范围边界予以控制，例如明确标识能够共享的检查检验项目，医生在诊疗过程中，只能查阅患者在其他医院标识为能够共享且在互认项目有效时间内的历史检查检验结果。③ 本场景数据合规重点安全措施具体可参考表4。

---

① 截至2023年年底，我国已有25个省份开展了电子健康档案省内共享调阅，17个省份开展了电子病历省内共享调阅，204个地级市开展了检查检验结果的互通共享，国家全民健康信息平台已基本建成。参见《国家卫生健康委员会2023年11月7日新闻发布会文字实录》，载国家卫生健康委员会官网2023年11月7日，http://www.nhc.gov.cn/xcs/s3574/202311/fe11db810b8545dd8fd85c0fc8c0db0d.shtml。

② 参见《电子病历应用管理规范（试行）》第20条。

③ 参见《国家卫生健康委员会2023年11月7日新闻发布会文字实录》，载国家卫生健康委员会官网2023年11月7日，http://www.nhc.gov.cn/xcs/s3574/202311/fe11db810b8545dd8fd85c0fc8c0db0d.shtml。

表 4　医生调阅场景重点安全措施

事项	重点安全措施
数据分级	数据可分为默认级、告知级、授权级，分别对应第 2 级、第 3 级、第 4 级数据。默认级资料，例如检验检查名称、就诊医院、就诊科室等。告知级资料，例如检验检查报告、手术记录、出院小结等小结报告类资料。授权级资料，例如住院详细病历等
角色定义	根据医生职能范围、职称等明晰角色定义，对不同角色分配不同调阅权限
权限分配	（1）标注数据的分级，即定义标识符、特殊病种、特殊就诊身份，以供后期与相应角色的权限匹配。 （2）标注特殊病种相关数据的颗粒度，不同详细程度资料的隐私级别不同，颗粒度分为概要级、摘要级、详细级三类。 （3）将医生的科室、职称、诊疗组与数据分级、颗粒度匹配
身份鉴别	通过账号口令、基于数字证书的身份认证、生物特征识别认证等多因素结合的认证方式进行身份鉴别，并限制访问时间、地点
数据调阅	（1）患者知情同意。 （2）调阅系统需具备异常行为感知能力，建立监控系统，达到能够追踪异常源头的效果。异常行为达到一定级别后能够触发权限锁定功能，能够进行自动阻断。同时制定应急预案等。 （3）调阅日志保存时间宜不少于 6 个月，定期审核调阅日志，并对敏感数据及特殊身份患者的调阅记录进行审计

（二）患者查询场景的数据合规

本场景适用于患者通过在线方式查询其本人健康医疗数据，例如，向居民本人提供电子健康档案的实时授权查询服务。以居民电子健康档案查阅这一具体场景为例，我国目前尚无法律法规对电子健康档案的数据安全管理要求进行专门化规定，相关规定散见于上海、广东等少数地区的地方性立法之中[①]。又如，根据《广东省卫生健康委居民健康档案管理规范》的规定，居民进行档案查阅时，对提交的身份证明信息与电子健康卡数据库进行严格比对，确保被查阅的所有档案

① 如《上海市居民电子健康档案服务规范（2020 版）》（沪卫基层〔2020〕005 号）、《广东省卫生健康委居民健康档案管理规范》（粤卫规〔2024〕2 号）。

均获得本人或监护人授权。健康档案信息处理和应用活动应符合法律、行政法规的规定，防止未经授权的访问以及个人信息泄漏、篡改、丢失。涉及大批量数据应用的，应在事前进行个人信息保护影响评估。此外，所有涉及电子健康档案数据的信息系统和基础设施均需通过公安部门组织的网络安全等级保护三级或以上测评；档案管理机构应严格落实分级分类管理居民健康档案信息等通用的信息安全技术和制度措施。本场景数据合规重点安全措施具体可参考表 5。

表 5　患者查询场景重点安全措施

要点	重点安全措施
身份识别	患者通过在线系统查询其健康医疗数据，首次注册需关联实名制手机，之后通过实名制手机和手机号验证码登录； 账号可绑定子女手机，监护人代替未成年人查询信息等情况，仿照处理。 完成注册后，个人需设置账号与密码，系统宜对密码复杂度有一定要求，包括定期更改密码等
信息查询	系统对可查询信息进行适当限制。例如，敏感检查结果不予显示、默认仅可查询 3 个月内相关检查检验报告、用药情况等信息
操作权限	系统对个人的操作权限进行合理控制。个人进行相应操作时提示个人注重信息保护
传输安全	采用校验技术或密码技术保证个人健康医疗数据在传输过程中的保密性、完整性。设备默认开启数据加密功能

2024 年 6 月 18 日，国家卫生健康委员会办公厅、国家中医药局综合司、国家疾病预防控制局联合发布《居民电子健康档案首页基本内容（试行）》（国卫办基层发〔2024〕15 号）。《居民电子健康档案首页基本内容（试行）》遵循“最小够用”原则，基于标准统一、分级管理、自动采集、跨域互联的技术要求，对居民电子健康档案首页的基本概念、基本内容和信息来源提出了明确规定。根据《居民电子健康档案首页基本内容（试行）》，居民电子健康档案首页是将居民电子健康档案中的重点健康信息依据统一标准动态提取形成的档案概要，将居民电子健康档案首页及档案全量信息的收集融入医疗卫生机构的日常服务过程中，有助于支撑居民电子健康档案跨区域互通共享和规范查询，推进居民电子健康档案信息安全有序向本人开放。

（三）临床研究场景的数据合规

临床研究指以患者或健康人为研究对象，由医疗机构、学术研究机构和/或医疗健康相关企业发起的，以探索疾病原因、预防、诊断、治疗和预后为目的的科学研究活动。不同于医药企业为申请药品、医疗器械注册而发起实施的药品、医疗器械临床试验活动，《健康医疗数据安全指南》所指的临床研究侧重于社会公益、科学或商业目的的科学研究。

临床研究涉及伦理委员会、研究者、申办者、监查员、受试者等多方主体，是医疗数据合规领域最为复杂的场景之一。在正式研究开始之前，申办者需将研究计划报伦理委员会审批，涉及收集人类遗传资源的，同时需向有关部门申报批准（如上文“人类遗传资源数据的特殊合规要求”所述）。此外，除非不涉及采集人的医学信息，临床研究还需要征得受试者的知情同意。本场景数据合规重点安全措施具体可参考表6。

表6 临床研究场景重点安全措施

要点	重点安全措施
数据分级	健康医疗数据可分为公用数据集（PUF）、受限制数据集、可标识数据集（RIF）。公用数据集主要是汇总概要级的数据；受限制数据集涉及患者级别的受保护数据，但身份标识数据被加密或泛化；可标识数据集则包含患者的身份标识数据。隐私级别越高，对申请者要求越严格
数据采集	（1）研究者或其指定的代表需要将收集的数据内容、用途、共享计划或数据不共享说明提交给监查员。（2）研究者或其指定的代表需要与受试者签署相关协议并说明有关临床试验的详细情况。（3）数据接收过程宜有相应文件记录，以确认数据来源和是否已被接收。提交到健康医疗信息系统时宜保护受试者标识信息的安全性。（4）对受试者的基本人口学资料进行去标识化处理
数据传输	（1）采用传输层安全协议（TLS）、互联网安全协议（IPSEC）等安全传输方式；若采用离线传输方式，加密数据和密钥分开存储。（2）确保数据传输的保密性、完整性，采用密码技术保证通信过程中敏感信息或整个数据集不被窃取、不被篡改。（3）确保数据的完整性、有效性和正确性。进行数据核查之前，列出详细的数据核查计划。（4）不允许使用未通过使用审批流程的对外端口，不允许改变已经审批通过的对外服务端口的服务。（5）实施访问控制

续表

要点	重点安全措施
数据存储	（1）临床研究申办者：①患者知情同意书和患者代码索引数据加密并建立访问控制机制，加密数据和密钥宜分别存储；②其他数据宜建立访问控制机制，推荐使用加密机制，加密数据和密钥分开存储；③对数据进行完整性验证，保证数据的完整性及不被篡改；④研究结束后，对数据每5年做一次安全和使用审查，如果没有必要继续保存，对数据进行匿名化或删除，或按国家相关规定处理；⑤确保数据服务的可用性，制定数据备份及恢复策略，定期进行数据备份，建立介质存取、验证和转储管理制度。 （2）医疗机构：①通过密码技术等方式实施完整性控制，并提供针对非法修改的保护机制。②准确完整记录临床试验所有过程，且对原始数据和结果数据进行保存。③以合适的方式保存中间过程数据，不得覆盖原有过程记录。④制定数据备份及恢复策略，定期进行数据备份，建立介质存取、验证和转储管理制度。⑤对公有云上的临床研究信息共享系统和系统数据，采取必要的验证和加密处理，进行访问授权控制，确保数据访问的安全性。对于院内私有云存储的数据，通过网闸、网络隔离等方式，保证院内网络环境与公网环境的隔离
数据使用	（1）确保数据管理过程可追溯，数据库锁定过程和时间形成文档记录；（2）保留第一次数据录入以及每一次的更改、删除或增加的稽查轨迹；（3）支持患者信息去标识化设置；（4）建立数据权限管理机制，包括授权查看、授权使用、可查看的数据、可使用的数据；（5）核实临床试验中所有观察结果和发现，以确保临床试验各项结论来源于原始数据；（6）多中心试验场景下数据宜实施集中管理与分析；（7）建立数据访问控制机制；（8）使用加密技术、身份验证技术和数据完整性校验技术保证数据以安全方式进行传输；（9）为主要研究者、数据管理员、统计分析师等不同角色的不同人员设置不同的账号且赋予不同的权限
数据发布与共享	（1）对健康医疗数据形成共享说明，包括数据限制性访问说明、隐私及保密协议说明、科研数据用途说明等；（2）搭建科研数据共享平台，对不同级别的数据进行评估，确定不同的共享规范和访问控制权限；（3）对共享和发布的健康医疗数据建立可溯源体系；（4）对数据的利用、存储、传输、访问控制等要遵守共享说明或相关合同的规定，遵守我国的知识产权、科研数据共享等相关法律法规；（5）政府预算资金资助形成的科研数据宜按照开放为常态、不开放为例外的原则，面向社会和相关部门开放共享，法律法规有特殊规定的除外；（6）对于公益性科学研究需要使用的科研数据，研究者宜无偿提供，对于因经营性活动需要使用科研数据的，当事人双方宜签订有偿服务合同，明确双方的权利和义务；（7）科研数据的使用者宜遵守知识产权相关规定，在论文发表、专利申请、专著出版等工作中注明所使用和参考引用的科研数据

续表

要点	重点安全措施
审计管理	（1）审计内容包括人员审计、管理审计、技术审计；（2）任何操作，包括登录、创建、修改和删除记录的行为，都宜自动生成带有时间标记的审计记录，并可供审计；（3）制定和部署健康医疗信息系统活动审计政策，重点对健康医疗数据的访问及操作的合规性进行审计；（4）制定适当的标准操作流程，确定异常报告所需的审计跟踪数据和监视程序的类型；（5）审计记录应安全存储和访问控制，只允许授权人员能够查看相关记录，保存的内容需反映临床医学研究整个过程

（四）二次利用场景的数据合规

二次利用场景适用于第三方（政府部门、科研人员、企业等）出于数据二次利用（使用目的与数据被收集时的使用目的不同）的非营利性目的申请健康医疗数据，涉及数据量大，包含可识别身份的信息，但无法联系主体或联系主体成本过高的情况。用于医疗、医疗费用支付等为患者本人服务或其他法律法规规定的数据使用情况和临床研究数据使用情况不在此范围。本场景涉及的相关方包括数据汇聚中心（医疗机构、区域卫生信息平台、医联体、学术平台等）和第三方。本场景数据合规重点安全措施可参考表 7。

表 7　二次利用场景重点安全措施

要点	重点安全措施
数据准备	（1）明确数据资源目录，面向申请者提供数据描述。在一定范围内展示可供二次利用的数据资源及申请信息。（2）进行数据分类分级，并标签化，同时可以按隐私级别分为三大类，包括无标识数据集、受限制数据集以及可标识数据集。无标识数据集主要是汇总概要级的信息，如年度某疾病的统计数等群体数据；受限制数据集涉及患者级别的受保护信息，但身份标识符被删除、加密或泛化；可标识数据集则包含患者的身份识别信息，如部分研究需要使用患者的地址、户籍类型、基因组学数据提供的基因型信息等。对于隐私级别越高以及可能会给主体造成的影响以及损害越大或者是可能会影响国家安全或公共安全的数据集，相应的申请者资质要求、申请流程、审批程序也宜更严格

续表

要点	重点安全措施
数据申请	(1)对数据申请者的身份进行限制。(2)对申请渠道进行限制。(3)规范数据使用的目的，仅可用于非营利性目的，包括科学研究等。对申请人的历史申请记录进行核查，防止数据分批分期泄漏
数据审批	(1)成立数据安全委员会(或第三方独立审批)，建立审批专家库，制定数据安全委员会章程、数据审批流程，并对敏感数据的审批情况进行审计；(2)制定审批判别指标，如可从合法性和正当性、科学研究价值、数据泄漏风险、提供数据成本四方面进行考量，且满足最少必要原则
去标识化	(1)结合数据申请者需求对数据去标识化；(2)制定保护患者隐私的去标识化规则，需满足最小计数原则
数据传输	(1)签署数据使用协议，约定双方权责、数据的保护措施或策略等；(2)对不同级别数据设置不同的传递方式
数据销毁	申请者在数据使用结束后书面通知控制者，销毁并提供书面证明，数据使用衍生结果公开发表需注明数据来源

(五)健康传感场景的数据合规

健康传感数据，是指通过健康传感器采集的，在软件支持下感知、记录、分析，与被采集者健康状况相关的，应用于医疗服务和健康生活的一切数据。例如，监测诊疗数据(血氧饱和度、血压、血糖、心率、睡眠)、行为情绪数据(跑步距离、行走轨迹、步数、消耗能量、锻炼时长)、环境数据(紫外线指数、污染指数、温度、湿度、噪声)。本场景数据合规重点安全措施可参考表8。

表8　健康传感场景重点安全措施

要点	重点安全措施
隐私保护	(1)使用和披露健康传感数据宜征得主体同意；(2)健康传感数据集成之后宜向主体说明应用目的和共享对象
采集安全	(1)支持用户认证，确保合法控制和使用；(2)采集控制措施，用户可开启或关闭数据采集，选择上传的内容；(3)向终端管理应用传输采集的健康数据，支持节点认证机制
传输安全	采用校验技术或密码技术保证数据传输过程中的保密性、完整性

续表

要点	重点安全措施
存储安全	（1）采用电子签名及时间戳等技术来保证数据的完整性和可追溯性。（2）确保数据可用性。制定数据备份及恢复策略，定期进行数据备份，建立介质存取、验证和转储管理制度。通过高性能、可扩展的数据库服务确保各类业务对数据获取服务的性能要求。（3）建立远程控制措施，一旦设备被窃或丢失，可自行选择删除设备中存储的数据。（4）支持存储加密
使用安全	（1）建立数据访问认证和授权机制。（2）对健康传感数据的使用活动进行审计，重点对数据访问及操作的合规性进行审计

（六）移动应用场景的数据合规

移动应用场景适用于通过移动应用程序（如个人电子健康档案）为个人提供在线健康医疗服务（如在线问诊、在线处方）或健康医疗数据服务。我国对于移动互联网应用程序个人信息处理的监管规范整体已较为全面和细化，相关法律规定、国家标准要求包括但不限于《App违法违规收集使用个人信息行为认定方法》、工业和信息化部《关于开展纵深推进App侵害用户权益专项整治行动的通知》、《常见类型移动互联网应用程序必要个人信息范围规定》、《信息安全技术　移动互联网应用程序（App）收集个人信息基本要求》（GB/T 41391—2022）等。医疗健康领域的个人信息具有高度的敏感性，采取更为专门和细化的技术措施要求也是保障患者个人信息安全性的应有之义。

除了遵守前述移动应用程序数据合规的一般要求，健康医疗领域特别的数据合规重点安全措施可参考表9。

表9　移动应用场景重点安全措施

要点	重点安全措施
数据采集	（1）制定隐私政策；（2）明示所要采集的信息并征得用户同意
访问控制	（1）提供会话级别安全验证用户的方法；（2）访问信息最小化限制；（3）使用合适的身份验证方法来验证用户身份；（4）找回或重置口令时验证身份；（5）访问内容限于特定角色所需；（6）对提供和取消访问的措施进行记录存档；（7）远程访问或特权访问宜要求双因素身份验证
传输安全	采用校验技术或密码技术保证个人健康医疗数据在传输过程中的保密性、完整性

续表

要点	重点安全措施
存储安全	（1）提供并使用管理、物理和技术保护措施来保护用户信息免遭未经授权的泄漏或访问；（2）定期备份应用程序数据；（3）如果使用可移动介质存储，则对存储在介质上的数据进行加密；（4）存储个人生物识别信息时，采用技术措施处理后再进行存储，如仅存储个人生物识别信息摘要
应用安全	（1）涉及通过界面展示敏感个人健康医疗数据时，对需展示的数据采取去标识化处理等措施；（2）与应用程序相关的信息系统宜具有防病毒软件和机制；（3）对提供用作应用程序一部分服务的第三方供应商进行信息安全风险评估；（4）涉及移动支付的，遵守相关数据安全要求

（七）商业保险对接场景的数据合规

商业保险对接场景适用于医疗机构与商业保险公司建立合作，医疗机构的医院信息系统（HIS）等医疗信息系统与商业保险公司的系统双方建立系统对接与数据传输的场景。经投保人授权同意，商业保险公司可以通过与医疗机构建立连接的医疗信息系统，及时掌握主体的就诊治疗情况及发生的费用相关信息，从而进行自动赔付。本场景中涉及的健康医疗数据分为：个人属性数据、健康状况数据、医疗应用数据、医疗支付数据、卫生资源数据。

在医疗机构与商业保险公司建立连接时，宜在医疗信息系统对接前、对接中与对接后的三个阶段实施有效的安全措施确保健康医疗数据的安全。本场景数据合规重点安全措施可参考表10。

表10　商业保险对接场景重点安全措施

阶段	重点安全措施
对接前	（1）医疗机构：①评估商业保险公司资质，对数据对接方案进行安全评估；②通过合同/协议等形式约定与商业保险公司针对所披露的健康医疗数据各自承担的安全责任；③建立衡量合同履行情况和终止合同的流程；④确定数据传输方法、支持传输安全策略的相关工具和安全技术，明确披露健康医疗的信息内容与范围；⑤通过合同/协议等形式要求商业保险公司获取主体的明确授权，并基于业务需要的最小化原则进行健康医疗数据的采集和使用；⑥宜要求对接参与人员签署保密协议；⑦进行安全测试、安全扫描及评审。 （2）商业保险公司：①宜评估医疗机构的资质及级别；②宜取得医疗机构相关数据的披露授权，且宜是由主体与医疗机构进行书面授权或用户直接发起的电子授权；③对接方案宜双方共同进行安全评估；④宜符合国家、监管机关和对接双方的安全要求，确保披露数据的安全性

续表

阶段	重点安全措施
对接中	（1）数据传输：①在专线、虚拟专用网络（VPN）等链路上，采用数据加密或链路加密等安全传输方式；②通过密码技术等方式实施完整性控制；③对医疗信息系统登录用户进行身份鉴别；④建立数据同步管理模块；⑤对传输操作进行分权管理；⑥无专线的，建议采用加密移动数据存储介质传输数据。 （2）数据使用：①制定访问控制规则、访问权限和限制；②对涉及通过界面展示环节（如信息系统展示、打印等）的健康医疗数据，在不影响相关业务开展的情况下，采取去标识化处理等措施；③商业保险公司使用者提交健康医疗数据使用申请；④商业保险公司审核健康医疗数据使用申请的有效性、可行性，并制定相关实施方案；⑤商业保险公司通过系统提供的专用接口，进行健康医疗数据的使用；⑥商业保险公司宜对使用者进行合法性校验。 （3）数据存储：①基于国家标准设计与建设商业保险公司数据中心，并通过监管机构审核认证；②对数据平台设置数据冗余与数据副本（不少于 3 份）；③宜通过安全加密技术，确保健康医疗数据在健康医疗信息系统中数据存储的保密性；④通过安全哈希或其他保护措施保证数据存储的完整性；⑤定期进行数据备份，建立介质存取、验证和转储管理制度，对备份数据进行定期的有效性验证，保证健康医疗数据在健康医疗信息系统中数据存储的可用性
对接后	数据使用结束后宜进行数据销毁：（1）明确数据使用期限；使用完毕后，通过安全措施实现安全销毁；（2）使用移动介质进行数据传输的，数据传输结束后，宜对移动介质采取数据分区低级格式化，利用无关数据将该分区写满并再次低级格式化的方式进行数据销毁

（八）医疗器械场景的数据合规

与前述“二、健康医疗数据的合规要求”之“（八）医疗器械数据的特殊合规要求”涉及医疗器械在医疗机构内部使用的数据安全要求相区别，医疗器械场景主要关注具有联网或存储功能的医疗器械在生产研发、维护环节的数据安全。

在生产研发环节，医疗器械厂商为医疗器械提供必要的数据安全保证，以满足医疗机构数据安全的需求。

在器械维护环节，操作人员为维护之目的可能需要获得日志信息。《医疗器械网络安全注册审查指导原则（2022 年修订版）》将医疗器械相关数据可分为医疗数据和设备数据，其中医疗数据是指医疗器械所产生的、使用的与医疗活动相关的数据（含日志）；设备数据是指记录医疗器械运行状况的数据（含日志），用于监视、控制医疗器械运行或者医疗器械的维护与升级，不得含有个人信息。具有远程维护与升级功能的医疗器械可访问和使用设备数据，其本身虽不涉及医疗数据，但若未能实现设备数据和医疗数据的有效隔离，则存在医疗数据未授权访问和使用以及被篡改的可能性。

本场景数据合规重点安全措施可参考表11。

表11　医疗器械场景重点安全措施

阶段	重点安全措施
医疗器械生产	（1）使用节点认证的方式进行网络数据传输；当设备预期在公用网络进行数据传输时，宜提供确保传输过程中健康医疗数据保密性的手段。（2）对患者隐私信息去标识化处理。（3）提供包括但不限于用户名口令、生物特征识别、USB密钥设备、射频身份识别卡的技术手段用于防止未授权用户登录。（4）提供系统软件故障后数据恢复的手段，提供健康医疗数据的备份和/或归档、恢复的手段。（5）如适用，在紧急情况下，用户宜能通过紧急访问直接完成产品的预期医疗用途，而无须进行身份验证。（6）能够通过在设备上创建审计跟踪来记录和检查用户的行为。（7）如提供工作站，医疗器械厂商宜对产品实施系统加固，防止非授权用户访问。如不提供工作站，宜提供系统加固措施或建议。（8）产品软件中不得设置后门、恶意代码或隐蔽信道
医疗器械维护	数据采集：（1）建立安全远程接入机制，建立维护人员授权访问机制；（2）数据隐私保护，数据涉及个人信息的，宜对数据进行去标识化处理；（3）基于角色和位置的访问控制；（4）应用信息安全，远程访问应用信息宜得到医疗器械操作人员或医疗机构工作人员的授权。 维护操作：（1）建立安全远程接入机制，建立维护人员授权访问机制；（2）基于角色和位置的访问控制；（3）宜得到医疗器械操作人员授权。 数据保存：（1）建立基于角色的访问控制机制；（2）宜对数据进行完整性验证，保证数据的完整性及不被篡改。 数据使用：（1）建立基于角色的数据访问控制机制，维护人员只能访问指定产品的维修记录和日志信息；（2）数据传输宜使用加密技术、身份验证技术和数据完整性校验技术保证数据以安全的方式传输给指定的对象；（3）建立安全审计制度。 组织管理：（1）建立安全策略、规程和管理流程；（2）定期进行安全风险评估和管理；（3）制定和执行安全运维；（4）制定应急管理策略并定期演练；（5）确定安全责任；（6）对员工进行安全管理、安全培训和考核

医药大健康行业经营者集中反垄断合规指引

湛益祥

在全球医药大健康市场的不断扩张和深化的背景下，由于医药大健康行业常涉及大规模交易、高度依赖创新和研发、医药产品和服务直接关系到消费者的健康和福祉等，经营者集中申报在医药大健康行业的重要性日益凸显。

本文将从经营者集中申报的概述出发，全面剖析医药大健康行业的经营者集中申报案件现状，探讨其背后的交易模式与类型，这些交易如何影响相关商品市场和地域市场界定等。通过提供一个医药大健康背景下全面、深入的视角，以期为读者更好地理解经营者集中申报工作及其至关重要的作用，进而重视反垄断经营者集中的合规。

一、经营者集中的概述

（一）经营者集中的大事记

2008 年我国《反垄断法》正式实施，由国家发展和改革委员会、商务部、原国家工商行政管理总局共同负责反垄断执法工作，当时的经营者集中审查权限在商务部。

2018 年国务院机构改革，组建了国家市场监督管理局（以下简称市场监管总局），此后，经营者集中审查权限三合一统一在市场监管总局。

2021 年 11 月，国家反垄断局在市场监管总局办公大楼挂牌成立，进而，经营者集中审查权限由国家反垄断局掌握。

2022 年 6 月，《反垄断法》迎来了首次修正，本次修正大幅度提高了违法实施经营者集中的处罚力度。

2022年8月1日起，对于部分适用经营者集中简易程序的案件，市场监管总局试点委托北京、上海、广东、重庆、陕西5个省（直辖市）市场监督管理部门开展反垄断审查工作（以下简称“五试点委托审查”）。

2023年3月，市场监管总局发布了《经营者集中审查规定》在内的四部配套规章，对经营者集中的申报、审查，附条件的监督、实施，对违法集中的调查，法律责任等内容进行了更为详尽的规定。

2023年9月，市场监管总局发布了《经营者集中反垄断合规指引》，作为首部经营者集中监管领域合规指导性文件，重点提示经营者集中各环节的注意事项及风险，旨在引导和帮助企业建立经营者集中合规管理体系。

2024年1月22日，国务院《关于经营者集中申报标准的规定》正式实施，大幅度提高了原申报标准中的营业额标准。

综上所述，2022年《反垄断法》的修正为经营者集中的法律法规规定带来了一系列新变化，以下简要列举几点变化和亮点。

变化与亮点一：新增了“五试点委托审查”。

就符合“五试点委托审查”受理条件的案件，可由试点单位开展经营者集中反垄断审查。对此，申报人在经营者集中反垄断业务系统中申报案件并提交申报材料，由市场监管总局统一接收并进一步判断是否符合“五试点委托审查”受理条件，对于符合条件的案件，市场监管总局将发出“经营者集中案件委托审查函”至相应的试点单位。从实践来看，遇到案件存在两个试点单位均有管辖权的情况，市场监管总局会根据试点单位受理的委托审查案件数量进行合理调控。

变化与亮点二：新增了“停钟”制度。

根据2022年修正的《反垄断法》第32条第1款的规定，有下列情形之一的，国务院反垄断执法机构可以决定中止计算经营者集中的审查期限，并书面通知经营者：（1）经营者未按照规定提交文件、资料，导致审查工作无法进行；（2）出现对经营者集中审查具有重大影响的新情况、新事实，不经核实将导致审查工作无法进行；（3）需要对经营者集中附加的限制性条件进一步评估，且经营者提出中止请求。

从实践来看，医药大健康行业的一例附条件批准的案件——先声药业有限公司收购北京托毕西药业有限公司股权案，已适用“停钟”制度。

变化与亮点三：完善了未达申报标准的经营者集中处理规定，同时提高了经营者集中的申报标准，以适客观需要。

《经营者集中审查规定》明确了未达到标准但有证据证明该经营者集中具有或者可能具有排除、限制竞争效果的，国务院反垄断执法机构可以要求经营者申报。现行实施的经营者集中申报标准为：（1）参与集中的所有经营者上一会计年度在全球范围内的营业额合计超过 120 亿元（原标准是 100 亿元）人民币，并且其中至少两个经营者上一会计年度在中国境内的营业额均超过 8 亿元（原标准是 4 亿元）人民币；（2）参与集中的所有经营者上一会计年度在中国境内的营业额合计超过 40 亿元（原标准是 20 亿元）人民币，并且其中至少两个经营者上一会计年度在中国境内的营业额均超过 8 亿元（原标准是 4 亿元）人民币。

变化与亮点四：完善了违法实施经营者集中的法律责任，且处罚力度有所加强。

经营者违法实施集中的，分为两种情况处罚：（1）具有或者可能具有排除、限制竞争效果的，由国务院反垄断执法机构责令停止实施集中、限期处分股份或者资产、限期转让营业以及采取其他必要措施恢复到集中前的状态，处上一年度销售额 10% 以下的罚款；（2）不具有排除、限制竞争效果的，处 500 万元以下的罚款。新增了加重情节的加倍处罚制度及其处罚上限，可在前述罚款数额的 2 倍以上 5 倍以下确定具体罚款数额。同时，建立了信用惩戒公示，经营者因违法受到行政处罚的，按照国家有关规定记入信用记录，并向社会公示。

企业未依法申报违法实施经营者集中的，即便是该集中行为已实施完毕，一经反垄断执法机构调查认为是具有或者可能具有排除、限制竞争效果的，均有可能处以罚款等处罚措施。经我们公开检索，已有一例适用 2022 年修正《反垄断法》之后的处罚标准的处罚案例——上海海立（集团）股份有限公司与青岛海尔空调器有限总公司设立合营企业郑州海立电器有限公司未依法申报违法实施经营者集中案。在该案中，合营双方各被处罚 150 万元，并通过国家企业信用信息公示系统依法公示。

（二）核心法律法规梳理

我们梳理了经营者集中的现行核心法律法规，如表 1 所示。

表 1　核心法律法规

名称	实施日期	颁布机构
《反垄断法》	2022 年 8 月 1 日	全国人大常委会
国务院《关于经营者集中申报标准的规定》	2024 年 1 月 22 日	国务院
《经营者集中反垄断合规指引》	2023 年 9 月 5 日	市场监管总局
《经营者集中审查规定》	2023 年 4 月 15 日	市场监管总局
《关于经营者集中申报的指导意见》	2018 年 9 月 29 日	市场监管总局
《关于经营者集中申报文件资料的指导意见》	2018 年 9 月 29 日	市场监管总局
《关于规范经营者集中案件申报名称的指导意见》	2018 年 9 月 29 日	市场监管总局
《关于经营者集中简易案件申报的指导意见》	2018 年 9 月 29 日	市场监管总局
《经营者集中反垄断审查办事指南》	2018 年 9 月 29 日	市场监管总局
《关于相关市场界定的指南》	2009 年 5 月 24 日	原国务院反垄断委员会
《关于原料药领域的反垄断指南》	2021 年 11 月 15 日	原国务院反垄断委员会
《金融业经营者集中申报营业额计算办法》	2009 年 8 月 15 日	商务部、中国人民银行、原中国银监会、原中国保监会、中国证监会
《经营者反垄断合规指南》	2024 年 4 月 25 日	国务院反垄断反不正当竞争委员会

（三）辨别出需申报的经营者集中：控制权 + 达标

简单来说，只要一项交易行为有集中并导致了控制权变化，那么该交易行为就有可能会构成经营者集中。根据《反垄断法》《关于经营者集中申报的指导意见》的规定，构成经营者集中的行为有以下四种：（1）“经营者合并”，即由互相独立的两家或两家以上的企业合并成一家企业；（2）“经营者通过取得股权或者资产的方式取得对其他经营者的控制权”，即通过股权收购或是资产收购的方式取得一家企业的控制权，是市场上最常见的交易模式；（3）“经营者通过合同等方式取得对其他经营者的控制权或者能够对其他经营者施加决定性影响”，即通过签署合同的方式取得一家企业的控制权；（4）“对于新设合营企业，如果至少有两个经营者共同控制该合营企业，则构成经营者集中；如果仅有一个经营者单独控制该合营企业，其他经营者没有控制权，则不构成经营者集中”，即两家企业新设一家合资公司，双方共同控制合资公司。

接下来，需要结合前述经营者集中的申报标准，如达到规定的申报标准，便应事先向反垄断执法机构申报。经审查后，反垄断执法机构作出无条件批准经营者集中、附加限制性条件批准经营者集中或禁止经营者集中的决定。

根据市场监管总局的公开消息，2023 年全年审结经营者集中案件 797 件，其中批准 786 件，11 件受理后申报方撤回申报。具体来看：无条件批准经营者集中案件 782 件，同比增长 1.2%，交易规模 3.92 万亿元，比上年微增 0.5%；附加限制性条件批准案件共计 4 件；禁止经营者集中案件 0 件。① 历史上也仅作出过 3 起禁止经营者集中的决定。

（四）判断出经营者集中简易案件

经营者集中申报可分为简易案件、普通案件。简易案件递交的申报材料相对较少，审查流程更快，可为申报人节省交易成本。判断是否符合经营者集中简易案件，需要分两步走。

第一步，判断是否符合简易案件适用标准（见图 1）。

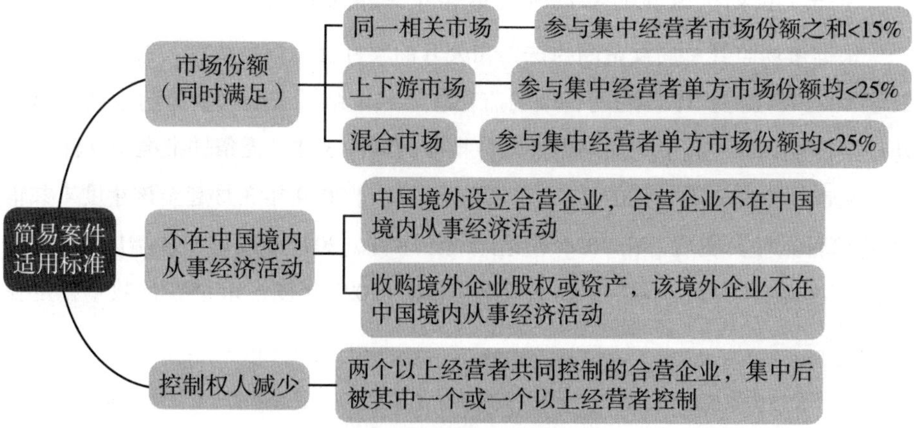
简易案件适用标准
市场份额（同时满足）
同一相关市场
参与集中经营者市场份额之和<15%
上下游市场
参与集中经营者单方市场份额均<25%
混合市场
参与集中经营者单方市场份额均<25%
不在中国境内从事经济活动
中国境外设立合营企业，合营企业不在中国境内从事经济活动
收购境外企业股权或资产，该境外企业不在中国境内从事经济活动
控制权人减少
两个以上经营者共同控制的合营企业，集中后被其中一个或一个以上经营者控制

图 1　简易案件适用标准

① 参见《市场监管总局：2023 年审结经营者集中案件 797 件》，载国家市场监督管理局官网 2024 年 1 月 26 日，https：//www. samr. gov. cn/xw/mtjj/art/2024/art_64e851d08d244b7190b5121b732c7000. html。

第二步，如果符合上述适用标准，还需确认不属于下述情形之一：（1）由两个以上经营者共同控制的合营企业，通过集中被其中的一个经营者控制，该经营者与合营企业属于同一相关市场的竞争者，且市场份额之和大于 15% 的；（2）经营者集中涉及的相关市场难以界定的；（3）经营者集中对市场进入、技术进步可能产生不利影响的；（4）经营者集中对消费者和其他有关经营者可能产生不利影响的；（5）经营者集中对国民经济发展可能产生不利影响的；（6）市场监管总局认为可能对市场竞争产生不利影响的其他情形。

实践中，市场监管总局的公开统计数据也证明了申报的案件绝大多数是简易案件并在一阶段结案。2023 年全年审结经营者集中简易案件共 707 件，占全年批准案件的 90%，一阶段结案的案件共 698 件，占全年批准案件的 89%。从试点委托地方审查看，五试点省市局 2023 年审结经营者集中简易案件 352 件，占简易案件总数近半数，其中上海市市场监管局审结最多，为 157 件，占全年审结简易案件的 22%。[①] 五试点省市局审结的案件，平均受理时间为 23.8 天，平均审结时间为 18.5 天，北京、上海等地从受理到审结最快 11 天。[②]

二、医药大健康行业的经营者集中申报

（一）医药大健康行业的经营者集中申报案件现状

根据市场监管总局反垄断执法二司公开的案件公示信息统计，2019 年 3 月 7 日至 2023 年 12 月 31 日期间，市场监管总局共审结了医药大健康行业的经营者集中案件 112 件，其中附加限制性条件批准的案件 3 件，无条件批准 109 件。

从审结年度来看（见图 2），市场监管总局自 2019 年 3 月起至该年度末共审结了 13 件案件。随后，在 2020 年度上升至 18 件，2021 年度进一步增加到 28 件，2022 年度略有下降，审结了 26 件案件。到了 2023 年度，审结案件数量稳定在

① 参见《2023 年市场监管总局经营者集中案件审查情况解读》，载国家市场监督管理总局反垄断执法二司官网 2024 年 1 月 25 日，https：//www. samr. gov. cn/fldes/sjdt/gzdt/art/2024/art_4e6d3db63fb34a50b6dd0436f9fdea73. html。

② 参见《首年委托审查经营者集中案件近 300 件五地试点委托经营者集中审查稳步推进》，载国家市场监督管理总局反垄断执法二司官网 2023 年 7 月 20 日，https：//www. samr. gov. cn/fldes/sjdt/gzdt/art/2023/art_58497aaaec10475393031fc36d4f6df4. html。

27 件。这一系列数据可反映出医药大健康领域内的集中交易活动逐年增多，医药大健康行业的活跃度和市场集中度均具有上升趋势。

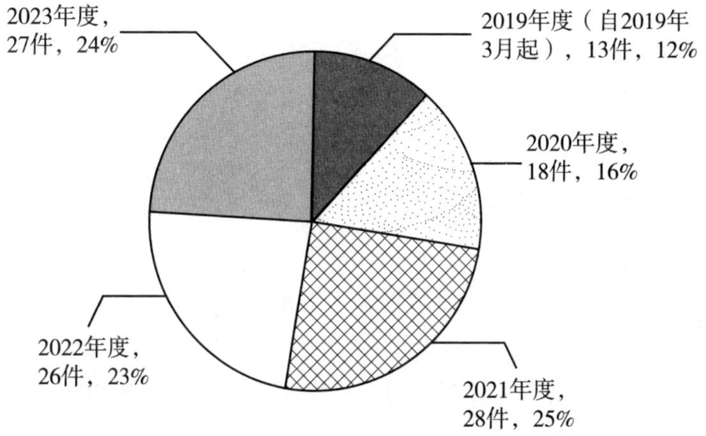

图 2　医药大健康行业经营者集中案件（按年度）

从申报程序来看，97 件适用简易程序，15 件适用非简易程序。

从交易模式来看，83 件为股权收购，21 件为新设合营企业，7 件为资产（业务）收购，1 件为通过合同等方式取得对其他经营者的控制权。

从交易类型[①]来看，涉及同行竞争者的横向集中案件43件；涉及上下游企业的纵向集中案件 47 件；没有横纵向关系的混合集中案件 22 件。

我们通过梳理上述医药大健康行业的经营者集中案件，归纳如下。

（1）医药大健康行业近 87% 的集中交易是简易案件，可由市场监管总局或委托五试点省市局按照简易案件程序进行审查。对于参与集中的经营者而言，准备较为简单的申报材料以及适用快捷的流程审查，可为其节省交易成本。

（2）医药大健康行业的集中交易容易发生在股权收购领域，其次是新设合资公司，随后才是资产（业务）收购，通过合同等方式取得对其他经营者的控制权在实务中应用的较少，仅广西梧州中恒集团股份有限公司通过合同及股份收购股权方式取得重庆莱美药业股份有限公司的控制权案一例。

（3）医药大健康行业的集中交易，不仅限于同行竞争者之间的横向集中，也包括上下游企业的纵向集中，以及没有直接横纵向关系的混合集中。这表明医药

① 交易类型的统计样本为 2019 年 3 月 7 日至 2023 年 12 月 31 日期间的简易案件。

大健康行业的内部整合和合作形式多样化。

另外，在上述案件的梳理过程中，我们还发现医药大健康领域的经营者集中案件具有“交易模式为股权收购较多”“境内交易案件是主流”“附加限制性条件批准的案件，均涉外且为上市公司”“交易类型具有多类特征”“相关市场界定以适应症为导向”等特征，这为申报人以及代理律师的申报工作增加了挑战性。

（二）医药大健康行业经营者集中申报案件——交易模式

1. 交易模式以股权收购为主

我们将医药大健康行业的经营者集中申报案件按照股权收购、新设合营企业、资产收购三种交易模式分别列示了各年度的案件数量（图 2 未列示通过合同等方式取得对其他经营者的控制权的交易模式，是因为仅 2020 年有一例相关案件），具体如图 3 所示。

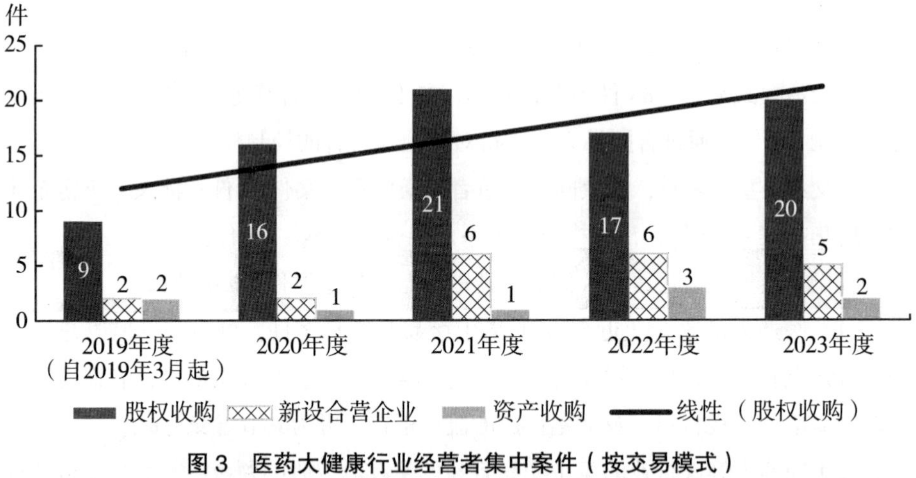

图 3　医药大健康行业经营者集中案件（按交易模式）

由图 3 可见，股权收购是医药大健康行业触发经营者集中申报最普遍的交易模式，并且近年来呈现出稳步增长的趋势。2020 年，医药大健康行业的投资并购市场特别活跃，股权收购模式的经营者集中案件数量显著增加，2021 年的此类交易案件数量达到了 21 件，占当年行业经营者集中案件总数的 75%。此后，每年的股权收购模式的经营者集中案件数量均保持在 17 件以上（含），显示出持续的高活跃度。

2019 年 3 月至 2023 年的数据表明，股权收购和新设合营企业是医药大健康行业最为青睐的交易模式，这不仅反映了行业对这两种交易方式的需求，也显示了监管机构对这两种模式的审查态度。随着资本市场的降温和医药大健康企业估值的下降，收并购活动变得更加频繁。预计在未来，股权收购将继续维持其高活跃度的状态。

2. 新设合营企业的简易案件，多集中在制造和批发领域

在医药大健康行业的经营者集中简易案件中，“医药及医疗器械制造”和“医药及医疗器材批发”是新设合资企业发生频率较高的两个细分领域。具体来看，医药制造在新设合营企业的简易案件中占比 23.81%，共 5 件，而医疗仪器设备及器械制造的占比为 19.05%，共 4 件，两者合计占比达到了 42.86%，接近一半。此外，医药及医疗器材批发领域也有 6 件案例，占比 28.57%。具体见图 4。

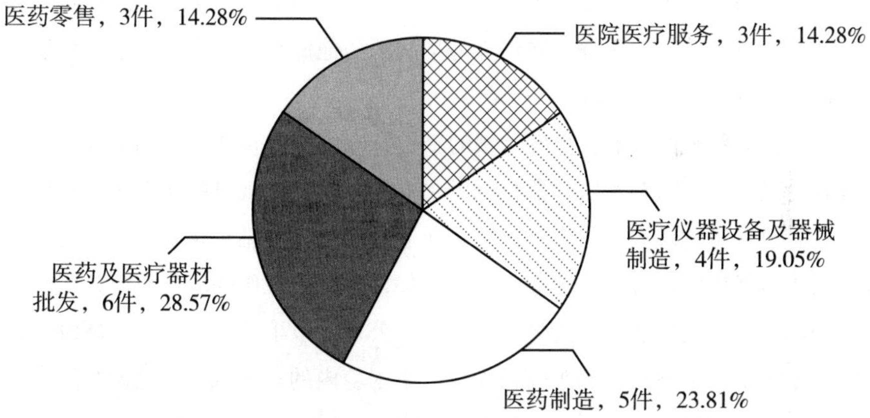

图 4　医药大健康行业经营者集中简易案件（按“新设”的细分领域）

首先，新设合资企业在医药制造领域可以实现技术和市场的互补。例如，上海医药集团股份有限公司（以下简称上海医药）与浙江九洲药业股份有限公司（以下简称九洲药业）新设合营企业案。该案中，上海医药选择九洲药业具有竞争优势的原料药品种，以合资公司为主体并作为药品上市许可持有人，进行药物制剂开发及注册申报，取得药品注册批件并上市；上海医药针对已有批文的药品，开展制剂二次开发、一致性评价及国际注册等开发工作；上海医药针对有市场前景或临床需求未被满足的品种，与九洲药业进行原料药制剂一体化开

发。[①] 合资公司初期拟开发碳青霉烯类制剂、第三代头孢菌制剂以及系统用药的抗真菌药制剂，因此，合资公司拟从事的业务与上海医药、九洲药业的业务是没有直接横纵向关系的混合集中。

其次，医药制造与医药批发领域新设合资企业可以实现产业链上下游的协同。例如，在北京同仁堂科技发展股份有限公司（以下简称同仁堂）与华润润曜健康科技（北京）有限公司（以下简称华润医药）设合营企业案中，双方整合资源，利用华润医药的全国营销网络和专业医药物流体系，拓宽了合资项目产品的市场推广，提高了同仁堂品牌的市场影响力。该案中，参与集中经营者所从事的经营活动具有多样性，从而产生的经营者集中也具有多类特征：横向集中 + 纵向集中。合资公司拟从事药品批发业务与同仁堂、华润医药均从事的“消化系统用中成药生产市场”“补益类中成药生产市场”“呼吸系统疾病用中成药生产市场”等中成药生产市场构成了上下游关系；合资公司拟从事的药品批发业务与同仁堂、华润医药均从事的药品零售市场之间形成了纵向关联。华润医药与合资公司在药品批发市场的横向重叠；同仁堂与华润医药他们自身在中成药生产市场、药品零售市场也存在横向重叠。

最后，医药及医疗器材批发领域的新设合资企业在资源整合和市场竞争力方面具有明显优势。医药及医疗器材批发主要涉及将产品批量配送至医疗机构、药店等，受政策影响较大，大中型批发企业通过专业化和精细化管理，实现了规模效应和成本优势，提升了行业集中度。例如，华润三九医药股份有限公司（以下简称华润三九）与湖北小药药创新科技有限公司（以下简称小药药）新设合营企业案。该案中，华润三九和小药药均从事中国境内的药品批发，是同行竞争者的横向集中。

综上所述，医药大健康行业的新设合资企业在医药及医疗器械制造业、医药及医疗器械批发等领域展现出了明显的技术和市场互补、产业链协同以及资源整合的优势。随着行业的不断发展，预计新设合资企业将继续在医药大健康行业中发挥重要作用。

---

① 参见《上海医药与九洲药业举行合资合作项目签约仪式》，载上海医药官网 2020 年 8 月 28 日，https：//www. sphchina. com/news_center/news_detail. html?id=593。

3. 资产收购的简易案件，无“横向集中”

从 2019 年 3 月 7 日至 2023 年 12 月 31 日，医药大健康行业通过资产（业务）收购模式进行经营者集中的简易案件仅有 7 件，占行业总案件量的 6.25%，显示出这一交易模式在该行业的应用并不普遍。我们的整理显示，资产（业务）收购主要发生在上下游以及不同市场的经营者之间（见图 5）。

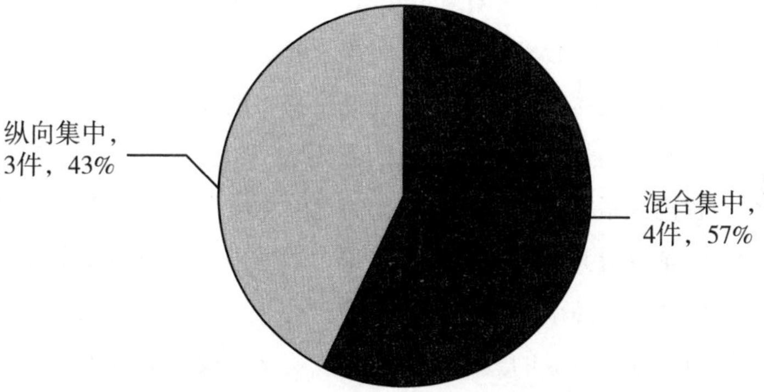

图 5　医药大健康行业经营者集中简易案件（按“资产（业务）收购”的集中类型）

以英国阿特纳制药有限公司（以下简称阿特纳制药）收购 F. Hoffmann-La Roche AG 部分资产案为例，参与集中的经营者为阿特纳制药、目标资产，阿特纳制药在全球范围内从事药品销售、营销和分销业务，而目标资产是销售、营销和分销一种合成维生素（一种合成维生素 D 制剂，又称为维生素 D 类似物）所需的部分资产。目标资产目前由罗氏控股公司控制，罗氏控股公司在全球范围内从事药品和化工产品的制造和商业活动。由于阿特纳制药和目标资产不在同一市场，也不构成上下游关系，此次收购构成了合成维生素 D 制剂市场的混合集中。

值得注意的是，医药大健康行业由于技术创新的门槛高，寡头集中现象较为明显，大型药企在各自业务管线领域通常占据领先地位。因此，当医药大健康行业内的资产（业务）收购涉及横向集中时，往往难以满足简易案件适用标准。例如，2020 年市场监管总局附条件批准的丹纳赫公司收购通用电气医疗生命科学生物制药业务案，就是一个资产（业务）收购涉及横向集中的典型案例。

该案中，收购方丹纳赫公司与被收购方目标业务在 25 个相关商品市场存在横向重叠。市场监管总局深入分析此次集中对市场竞争的影响，认为可能对其中全球微载体、中空纤维切向流过滤器等 10 个市场产生排除或限制竞争的效果，并认为这些市场短期内难以出现新的有效竞争者。

该项集中的竞争分析主要从以下几个方面展开：一是交易将加强交易方在全球及中国市场的支配地位，通过市场份额数据判断其市场力量远超其他竞争者交易；二是通过计算 HHI 指数和增量，预计市场集中度将进一步提高，竞争将被削弱；三是可能不利于市场竞争和技术进步，收购方可能减少对同类创新产品的投入和商业化动机，延缓新产品上市；四是交易将消除市场的紧密竞争者，通过近年来的投标数据表明，收购方与被收购方在某一相关商品市场上是最主要的市场参与者，二者构成紧密竞争关系，收购将消除竞争关系，增强市场力量；五是市场其他竞争者难以对其形成有效竞争约束，考虑到产品类别和市场力量，交易后的收购方在标准化产品市场具有明显优势。

可见，医药大健康行业的资产（业务）收购交易模式虽然在简易案件中占比不高，但涉及横向集中的案件往往需要深入分析其对市场竞争的影响，以确保行业的健康发展和技术创新。

（三）医药大健康行业经营者集中申报案件——参与集中的经营者及交易类型

1. 境内交易案件仍是主流，但跨境交易案件呈缓慢上升趋势

2019 年 3 月 7 日至 2023 年 12 月 31 日，医药大健康行业的经营者集中案件显示出一些明显的趋势。在这段时间内，境内交易，即内资企业之间的经营者集中案件数量逐年增加，2019 年有 7 件，占当年医药大健康行业经营者集中案件的约 54%，2020 年上升至 12 件，占当年医药大健康行业经营者集中案件的约 67%，2021 年进一步增加到 20 件，占当年医药大健康行业经营者集中案件的约 71%，2022 年和 2023 年均保持在 19 件，占当年医药大健康行业经营者集中案件的比例稳定在 70% 以上。具体见图 6。这表明境内交易在医药大健康行业的经营者集中案件中占据主导地位，并且近年来保持了较高的活跃度。

与此同时，跨境交易，即涉及境外企业的经营者集中案件数量虽然较少，但也呈现出一定的增长趋势。2019 年有 6 件，2020 年保持 6 件不变，2021 年小幅增长至 8 件，2022 年略有下降至 7 件，而 2023 年又回升至 8 件，除 2019 年，其

余年度占比稳定在当年案件的 30% 左右。这反映出尽管跨境交易的绝对数量相对较少，但其在整体案件中的占比保持在一定水平，显示出跨境交易的稳定性和逐渐增长的趋势，其中康桥资本作为参与集中的经营者的案件较多，并且发生跨境交易的情况较多的领域是医药制造业。

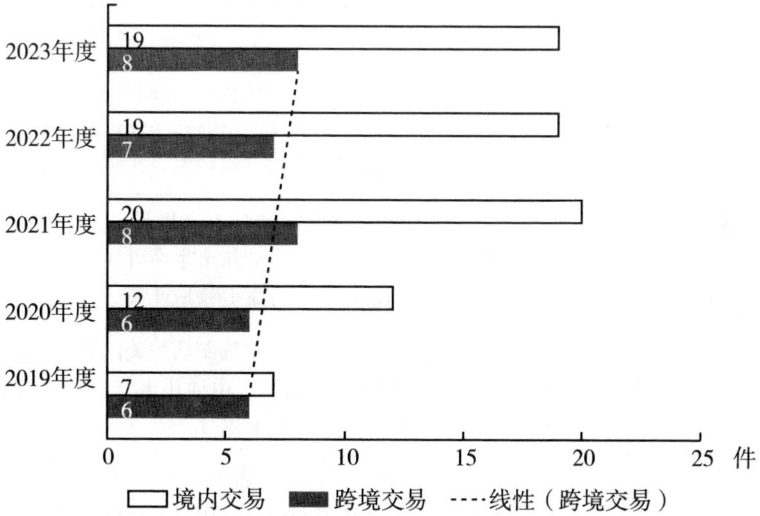

图 6　医药大健康行业经营者集中案件（按参与集中经营者的国籍）

这种趋势背后的原因可能包括几个方面：首先，随着国内医药大健康行业的快速发展，内资企业之间的合作和整合需求增加，以提高竞争力和市场份额，例如，大型药企华润医药在申报了 3 起新设合营企业案件、3 起收购股权案件；其次，国内外政策环境的变化，如贸易政策、市场准入规则等，可能促进或限制了跨境交易的发展。此外，全球经济一体化和跨国公司的战略布局也可能是推动跨境交易增长的因素之一。总体来看，医药大健康行业的经营者集中案件在境内和跨境交易两个层面都显示出增长和活跃的趋势，这不仅反映了行业内部整合的需求，也体现了全球化背景下企业间合作的深化。

2. 附加限制性条件批准的案件，均涉外且为上市公司

2019 年 3 月 7 日至 2023 年 12 月 31 日，共有 3 件附加限制性条件批准的案件，具体如表 2 所示。

表2　相关案件

序号	附加限制性条件批准案件名称	参与集中的经营者	参与集中的经营者基本情况
1	浙江花园生物高科股份有限公司与皇家帝斯曼有限公司新设合营企业案	浙江花园生物高科股份有限公司	2000年在浙江省设立，在深圳证券交易所上市，主要从事维生素D3、胆固醇、羊毛精制脂、羊毛酸、羊毛油、羊毛蜡等产品生产销售
		皇家帝斯曼有限公司	1902年在荷兰设立，在纽约泛欧证券交易所上市，主要从事生命科学和材料科学业务，包括营养、性能材料和新兴业务三个领域
2	丹纳赫公司收购通用电气医疗生命科学生物制药业务案	丹纳赫公司	该公司于1986年在美国设立，在纽约证券交易所上市，主要从事生命科学、诊断学、环境与应用解决方案等领域业务
		目标业务	目标业务从事生物制药相关仪器、耗材与软件的制造和销售，由通用电气公司所有相关资产、商誉和权利组成
3	先声药业有限公司收购北京托毕西药业有限公司股权案	先声药业有限公司	1998年在江苏省南京市设立，母公司先声药业集团有限公司在中国香港设立，于香港联合交易所上市，最终控制人为自然人。先声药业有限公司及关联方主要从事药品生产和销售
		北京托毕西药业有限公司	1993年在北京市设立。北京托毕西药业有限公司股权持有人为子博有限公司，在中国香港设立，最终控制人为自然人。北京托毕西药业有限公司从事巴曲酶注射液生产和销售

由表2可见，附加限制性条件批准的案件的交易方中至少有一方为外国企业或外商投资企业，其中在先声药业有限公司收购北京托毕西药业有限公司股权案中，虽然收购方是内资企业，但被收购方是外商投资企业，且该案的交易过程为涉外交易，一是先声药业有限公司与北京托毕西药业有限公司的股权持有人子博有限公司（一家中国香港公司）签订《收购协议》；二是先声药业有限公司与全球巴曲酶浓缩液原料药唯一供应商瑞士DSM Nutritio-nal Products Ltd Branch Pentapharm签订《合作及供货协议》，成为中国境内市场唯一可以销售巴曲酶原料药的公司。

在医药大健康行业中，被附加限制性条件批准的经营者集中案例均涉及已上市的外国企业或是外商投资企业。存在这种现象的原因有如下：一是市场集中度高，医药大健康行业的市场集中度较高，特别是原料药领域。由于市场准入门槛高、药品替代性低等，具备资质的企业往往数量较少，容易形成寡头市场。二是技术和资金门槛，医药健康行业的市场进入门槛较高，需要投入巨额资金和满足非常高的技术标准，从而导致行业中实力较强、市场份额较高的企业间的“强强联合”容易引起反垄断执法机构的关注。这些行业中实力较强、市场份额较高的企业，往往是一些已上市的外国企业或是外商投资企业。因此，以上两大原因使得已上市的外国企业或是外商投资企业的经营者集中须附加限制性条件方可被批准集中的情况较为常见。

但内资企业之间的集中交易也存在被附加限制性条件批准的风险，例如，上海机场（集团）有限公司与东方航空物流股份有限公司新设合营企业案。因此，一项集中是否存在被附加限制性条件批准的风险，并不必然与其交易方是否为外资企业有关，仍是应立足于交易本身对相关市场的影响，从参与集中的经营者在相关市场的市场份额、市场控制力、市场集中度等方面综合分析这项集中交易是否具有或可能具有排除、限制竞争效果。

3. 交易类型从“单一特征”向“多类特征”转变

交易类型从“单一特征”向“多类特征”的转变，反映了医药大健康行业在市场竞争和产业发展中的复杂性和动态性。首先，行业内部竞争加剧和市场需求的多样化促使企业采取更为灵活和多元化的经营策略。单一的横向或纵向集中已不足以满足企业在多个层面上的竞争优势，因此，企业开始通过多类特征的集中来实现资源的优化配置和市场的有效覆盖。其次，技术进步和创新需求也是推动这一转变的关键因素。医药行业对研发和技术创新的依赖性极高，企业通过多类特征的集中可以快速获取新技术和研发能力，从而在激烈的市场竞争中保持领先地位。最后，全球化趋势下，跨国经营和国际合作日益频繁，企业需要通过多类特征的集中来实现全球资源的整合和市场的拓展。这不仅涉及横向的市场扩张，也包括纵向的供应链优化和混合的业务模式创新。所以，交易类型从“单一特征”向“多类特征”的转变是医药大健康企业适应市场变化、追求技术创新、响应全球化趋势和应对政策监管的必然选择。

（四）医药大健康行业经营者集中申报案件——相关市场界定

相关市场的界定通常是对竞争行为进行分析的起点，是反垄断执法工作的重要步骤。界定相关市场就是明确经营者竞争的市场范围。所谓的相关市场，是指经营者在一定时期内就特定商品或者服务进行竞争的商品范围和地域范围。

经营者集中申报通常需要界定相关商品或服务市场和相关地域市场。相关商品或服务市场，是指根据商品或服务的特性、用途及价格等因素，由需求者认为具有较为紧密替代关系的一组或一类商品或服务所构成的市场。相关地域市场，是指需求者获取具有较为紧密替代关系的商品或服务的地理区域。前述商品或服务、地域表现出较强的竞争关系，可以作为经营者进行竞争的商品或服务、地域范围。

在经营者集中申报的实践中，相关市场范围的大小主要取决于商品或服务（地域）的可替代程度。界定相关市场时，可以基于商品或服务的特征、用途、价格等因素进行需求替代分析，必要时进行供给替代分析。在经营者竞争的市场范围不够清晰或不易确定时，可以按照“假定垄断者测试”的分析思路。

1. 医药制造业的相关商品市场界定

我们通过对 2019 年 3 月 7 日至 2023 年 12 月 31 日医药大健康行业的经营者集中案件梳理发现，医药制造业的相关商品市场界定常见的有“适应症”“化合物”“作用机理”三种。

以适应症界定，主要是指根据药品用于预防、治疗或诊断特定疾病的目的来确定其商品市场范围。例如，在华润三九医药股份有限公司收购昆药集团股份有限公司股权案中，界定了止痛化学药、呼吸系统化学药、消化系统化学药、全身用抗细菌化学药、抗炎和抗风湿化学药、免疫抑制化学药、消化系统中成药等 19 个相关商品市场。又如，在重庆医药（集团）股份有限公司收购重药控股（湖南）有限公司股权案中，界定了降压用化学药、抗消化性溃疡化学药等 7 个相关商品市场。从统计数据来看，以适应症界定相关市场的案件数量较多。

以化合物界定，即以药品的化合物的分类来界定相关商品市场。例如，在汉商集团股份有限公司收购成都迪康药业股份有限公司股权案中，认定的相关商品市场是雷贝拉唑。又如，在先声药业有限公司收购北京托毕西药业有限公司股权案中，界定的相关商品市场是巴曲酶注射液。再如，在新兴际华医药控股有限公司收购海南海药股份限公司股权案中，界定了青霉素类抗生素市场、头孢菌素类抗生素市场。

以作用机理界定，即根据药品作用的不同来界定相关商品市场。例如，在广西梧州中恒集团股份有限公司通过合同及股份收购股权方式取得重庆莱美药业股份有限公司的控制权案中，界定了林可酰胺类和链霉杀阳菌素类（J01F）生产市场，它们都是用以链霉素为基底制作而出的药物，根据不同的作用机理用于链霉素杀菌用。又如，在远大医药与武汉汇海达成并实施垄断协议、滥用市场支配地位处罚案件中，相关市场界定为中国去甲肾上腺素原料药市场和肾上腺素原料药市场，根据药典和药品标准，去甲肾上腺素原料药与肾上腺素原料药属于不同化合物，药理作用不同，生产出的制剂产品实际功能不同，二者没有需求替代性。

进一步研究这些经营者集中案件，我们还发现中成药、化学药需分别界定，口服药、注射用药也需分别界定。具体如下所述。

首先，在华润三九医药股份有限公司收购昆药集团股份有限公司股权案中，对于消化系统用药，分别界定了消化系统化学药、消化系统中成药市场。例如，在浙江省国际贸易集团有限公司收购浙江康恩贝制药股份有限公司股权案中，对于治疗感冒的用药，申报人界定出了咳嗽和感冒用药的化学药制造市场、清热解毒用药的中成药制造市场。

其次，就口服药与注射用药，给药方式的不同所导致的治疗药效不同，所以两者不具有互相替代性，需分别界定。例如，在康桥资本投资管理有限公司收购武田制药国际股份有限公司部分资产案中，明确界定出了抗高血压口服药物市场、抗高血压注射剂药物市场。

最后，对于头孢菌制剂生产市场，在上海医药与九洲药业新设合营企业案中，将其进一步缩小界定为第三代头孢菌制剂生产市场。

2. 医疗医院服务业的相关服务市场界定

根据《医疗机构管理条例实施细则》的规定，医疗机构是指依据条例和该细则的规定，经登记取得医疗机构执业许可证的机构医疗机构有如下类别：（1）综合医院、中医医院、中西医结合医院、民族医医院、专科医院、康复医院；（2）妇幼保健院、妇幼保健计划生育服务中心；（3）社区卫生服务中心、社区卫生服务站；（4）中心卫生院、乡（镇）卫生院、街道卫生院；（5）疗养院；（6）综合门诊部、专科门诊部、中医门诊部、中西医结合门诊部、民族医门诊部；（7）诊所、中医诊所、民族医诊所、卫生所、医务室、卫生保健所、卫生站；（8）村卫生室（所）；（9）急救中心、急救站；（10）临床检验中心；（11）专科疾病防治院、专科疾病防治所、专科疾病防治站；（12）护理院、护理站；（13）医学检验实验室、病理诊断中心、医学影像诊断中心、血液透析中心、安宁疗护中心；（14）其他诊疗机构。

结合我们对 2019 年 3 月 7 日至 2023 年 12 月 31 日医疗医院服务业的企业的经营者集中案件的梳理，发现该类企业在经营者集中时界定的相关服务市场有以下规律。

一是基本集中在综合医院医疗服务市场、专科医院医疗服务市场（如肿瘤专科、妇产科、儿科等）、中医医院医疗服务市场、机构养老服务市场、护理医疗服务市场、康复医疗服务市场这六大市场。

二是医院医疗服务已衍生出新的业务模式。技术进步、新冠疫情暴发、政策支持、人口老龄化、医疗资源分布不均、用户需求变化、新冠疫情推动、提高医疗服务效率、数据驱动的医疗决策、保险和支付方式创新以及社会接受度提高等因素，共同驱动了医院医疗服务从传统的线下看病到如今的线上看病。正是因为这样的新业务模式和经营活动出现，医疗医院服务业的经营者集中案件的相关市场界定也有了新的变化，例如，在 2020 年的 AstraZeneca AB 收购 IHP HK Holdings Limited 股权案中，界定的相关服务市场为在线医疗服务市场，在 2022 年的小荷健康（香港）有限公司收购北京美中宜和医疗管理（集团）有限公司股权案中，界定的相当服务市场为互联网医院医疗服务市场。

3. 医药大健康行业的地域市场界定

"医药零售""医院医疗服务"的地域市场，通常为区域市场。医药零售市场主要由医疗终端和零售药店构成。医院医疗服务主要是指通过开设医院提供相应医疗服务。两者在需求者、服务提供范围以及所产生的市场竞争效果上均具有相似性，两者的服务提供对象均为患者，处理的也都是患者的治疗需求，既有亟须得到的治疗需求，又有长期的治疗需求。

根据《关于相关市场界定的指南》的规定，从需求替代角度界定相关地域市场，可以考虑多数需求者选择商品或服务的实际区域和主要经营者商品或服务的销售分布。首先，多数需求者选择商品或服务的实际区域。医药零售、医院医疗服务的需求者基于时效性、便利性需要，会在距离居住地较近的空间范围内选择药店或医院，如同个城市内。其次，主要经营者商品或服务的销售分布。我国的医药零售市场高度分散，绝大部分是在城市范围内开展服务。这点在漱玉平民（301017）的招股说明书中亦有印证：漱玉平民门店全部开设在山东省内，而同行业的对比公司一心堂门店主要在云南省内，大参林的门店主要在经济较为发达的广东省，益丰药房深耕本省及周边地区，老百姓偏中型店的布局且多集中在中部和东部的主要城市。

根据《关于相关市场界定的指南》的规定，从供给角度界定相关地域市场时，一般考虑其他地域的经营者供应或销售相关商品或服务的即时性和可行性。医药零售、医院医疗服务市场的需求者看病、配药具有时效性、便利性，即便是慢性病需求者的长期服药及医疗需求，其仍习惯在其生活或工作的城市看病配药，因此，不同城市药店、医院的替代性较低。医药零售、医院医疗服务的相关地域市场为城市市场。

“药品和医疗器械生产、批发”的地域市场，通常为中国境内。我国境内的原料药、药品制剂、医疗器械均受到严格监管，必须获得有关部门颁发的批文、药品生产许可证、医疗器械注册证等资质，满足注册检验、专家评审、临床测试、定期检查等监管要求。境外生产的原料药、药品制剂、医疗器械在我国境内市场销售，需要获得国家药品监督管理局颁发的进口批文，如进口药品注册证等，并且申请获得相关资质并满足监管要求需要较长时间。因此，在界定药品和医疗器械生产、批发市场的地域市场还需同步考虑该原料药、药品制剂、医疗器械是否已有核发的进口批文。如果无境外生产的该类原料药、药品制剂、医疗器械在短期内无法对中国市场形成有效竞争，即可得出境内的下游企业即消费者采购该类原料药、药品制剂、医疗器械的实际地域范围为中国境内。

三、医药大健康行业的经营者集中申报与资本市场

（一）医药大健康行业的经营者集中申报与 IPO

经检索，拟 IPO 的医药大健康企业在上市时会被关注到历史沿革中是否有股权收购或其他取得控制权的交易，以及交易是否构成经营者集中、是否履行申报程序。对此，拟 IPO 企业应明确表述其已履行经营者集中申报义务，或明确说明其依据相关法律法规无须履行经营者集中申报义务。

如拟 IPO 的医药大健康企业的业务涉及原料药，有以下关注点：一是需要在招股说明书中披露《关于原料药领域的反垄断指南》等行业政策主要内容及具体影响；二是拟 IPO 企业在原料药市场占有率情况以及其生产经营是否符合《关于原料药领域的反垄断指南》的相关规定。对此，拟 IPO 企业通常通过结合具体的法律规定以及自身情况作出点对点的回复，例如，科源制药（301281）整理了《关于原料药领域的反垄断指南》的主要规定内容，将企业情况与《关于原料药领域的反垄断指南》主要内容以列表形式做了点对点的对照，并且附上了解释说明，明确表明公司不存在经营者集中的情形。又如，新天地在上市审核问询时也被关注到反垄断的问题，要求其结合《关于原料药领域的反垄断指南》相关内容及其自身公司、同行业公司市场份额等情况，详细说明是否涉及市场垄断等情形，是否履行相应申报程序，是否存在被反垄断调查或给予行政处罚的风险。对此，新天地明确说明其没有正在进行或计划进行的重大资产收购、资产重组或股权收购，不存在应当依法申请经营者集中申报而未申报的情形，无须履行申报程序，并取得主管部门出具的合规证明，用以证明其不存在违反《关于原料药领域的反垄断指南》规定的情形。

（二）医药大健康行业的经营者集中申报与上市公司的收购与并购

根据《上市公司重大资产重组管理办法》的规定，上市公司实施重大资产重组，应当就本次交易符合国家产业政策和有关环境保护、土地管理、反垄断、外商投资、对外投资等法律和行政法规的规定作出充分说明并予以披露。

经检索，上市公司通常会核查并就本次重大资产重组交易是否未达到国务院《关于经营者集中申报标准的规定》中的计算标准，以及对是否需向市场监管总局进行申报发表明确意见。上市公司公告的《重大资产购买实施情况报告书》也需披露取得的相关有权部门的授权或批准，包括但不限于是否收到市场监管总局出具的《经营者集中反垄断审查不实施进一步审查决定书》。实践中，存在在收购上市公司的控制权案所披露的《权益变动报告》中，将是否通过经营者集中审查作为《股权转让协议》终止的条件之一的情况，例如，“本次经营者集中审查无法按期申报或者未通过经营者集中审查的，协议自国务院反垄断执法机构作出禁止经营者集中的决定之日起自动终止，甲乙双方互不承担违约、缔约过失或损失赔偿责任”。

四、医药大健康行业的反垄断经营者集中合规建议

无论是从现行反垄断经营者集中相关的法律法规、配套指引等法律文件，还是从实操中的公开的申报案例、处罚案例，均能看出经营者集中反垄断的监管日趋走向严监管，因此，我们将针对反垄断经营者集中提出一些合规建议，帮助企业在复杂的反垄断法律法规环境中，确保其交易和经营活动的合法性，降低法律风险，促进企业的可持续发展。

（一）建立经营者集中合规意识

实践中，存在企业对于交易的"磋商—谈判—签署协议—交易交割"这一整套的流程轻车熟路，但是对于交易协议签署后至交易交割前的这段时间内需要履行完毕经营者集中申报义务并不了解的情况，要知道经营者集中申报的进度有可能会造成暂停交易交割的后果，使出让方迟迟拿不到股权转让款，新设合资企业无法完成市场主体注册。

对此，建议企业内部设立或指定相关部门承担合规管理职责，包括制定和更新合规制度、识别和评估风险、提供合规建议和培训等。注重企业内部经营者集中反垄断的培训教育，一是定期组织反垄断法律法规的内部培训，确保全员对相关法律法规有基本理解；二是注重对企业高级管理人员进行关于经营者集中的培训和普法；三是对关键岗位员工进行专业培训，如法务、投资并购业务团队人员等，确保他们在执行端知晓相关法律法规并遵守经营者集中的合规要求。

（二）理解并遵守申报标准

企业可在内部设立或指定相关部门定期进行经营者集中合规风险筛查和识别工作，特别是在投资并购交易决策前：一是营业额自查，根据《反垄断法》和《经营者集中申报标准的规定》的规定，定期自查企业及交易对手的全球和中国境内营业额，确保达到申报标准时及时申报。二是控制权变更识别，明确交易是否导致控制权变更，包括但不限于合并、股权收购等情形。如此的风险识别和评估，使企业的合规人员能从投资并购交易前期的决策流程中便介入，对经营者集中合规风险作出专业判断，并且定期做自身及交易对手营业额的自查工作，实现持续有效的风险防控。

（三）精准并合理界定相关市场

科学合理地界定相关市场，对识别竞争者和潜在竞争者、判定经营者市场份额和市场集中度、认定经营者的市场地位、分析经营者的行为对市场竞争的影响等关键问题具有重要的作用。医药大健康行业的相关商品市场可基于药品的适应症、化合物、作用机理等，进行细致的商品市场界定。就地域市场的界定应考虑医疗服务的可及性和患者选择习惯、药品的监管政策以及准入监管要求等合理界定地域市场范围。

（四）主动进行市场竞争影响评估

企业在进行经营者集中申报时，必须深入评估交易对相关市场竞争状况的潜在影响。为此，建议企业首先构建内部评估机制，该机制能够独立分析并预测集中行为可能对市场竞争力、市场结构及消费者利益带来的变化。在面临复杂交易或高风险情形时，建议企业可进一步聘请具有专业第三方评估机构，利用其专业知识和技术手段，对交易的市场竞争影响进行详尽分析。这不仅有助于确保申报材料的准确性，还能够更好地预防和降低违法风险，促进交易的顺利进行。

（五）利用专业法律服务团队

经营者集中申报是一项集“法律专业知识＋行业知识＋经济学”三合一的工作，企业应为此组建一支专业团队，包括：一是法律顾问团队，专门负责经营者集中申报的法律事务，协助公司即申报人确保申报材料的完整性和准确性，包括市场份额、市场控制力等关键信息，与反垄断执法机构建立并维护有效的沟通渠道，确保信息的及时传递和反馈，并为经营者集中提供全程法律支持；二是公司内部人员，应包括对接人和行业专家，经营者集中申报的工作开展具有专业性、节奏快的特点，申报材料复杂且专业，如竞争分析报告、交易协议、审计报告等，申报过程中亦可能会有多轮补充材料，补充材料的提供还有时限要求（10日内），因此，建议申报人指派固定的对接人以及熟悉行业知识的专业人员与律师对接，以便共同商定相关商品或服务市场及其地域市场的界定，评估市场份额的影响力是否会对相关商品或服务市场构成排除或者限制竞争等，快速且准确地应对审核过程中的补充问题。

（六）关注资本市场的反垄断经营者集中要求

医药大健康行业企业在资本市场活动，尤其是IPO或重大资产重组时，需关注并遵守反垄断法律法规。企业应主动评估交易是否构成经营者集中，并据此决定是否需向反垄断执法机构申报。对于原料药等敏感领域，企业需在招股说明书中详尽披露市场占有情况，阐明其业务实际情况与《关于原料药领域的反垄断指南》的一致性。在重大资产重组中，企业应提前获取法律意见，确保交易结构和过程符合《反垄断法》要求，避免因违规而引发监管审查或处罚，确保资本市场活动的顺利进行。此外，上市公司应将通过经营者集中审查作为交易完成的前提条件之一，以降低交易风险。

医药企业税务合规风险及防范指引

——以医药行业上市公司为例

刘云刚　樊聪颖

随着税务监管的不断加强，医药行业作为国家重点监管行业之一，其税务合规情况受到了前所未有的关注。自 2023 年起，医药行业税收违法犯罪案件频发，这不仅暴露出医药企业的税务风险，也对医药企业的税务合规提出了更高要求。面对这一严峻形势，医药企业亟须加强税务风险防范与管理。本文选取了医药行业 28 家上市公司作为研究对象，依据上述公司 2014 年至 2023 年的年度报告，对其总体经营情况和纳税申报情况进行了全面分析，旨在全面梳理医药企业税务合规现状。在此基础上，进一步探讨了医药企业可能面临的税务风险，并有针对性地提出一系列风险防范措施。本文旨在为医药企业提供全面的税务风险防范指引，以期帮助医药企业规避潜在税务风险，实现可持续发展。

一、医药行业上市公司 2014 年至 2023 年的总体经营情况

（一）营业收入情况

在 2014 年至 2023 年间，医药行业上市公司营业收入呈现持续增长的态势，在此期间，平均营业收入增长近 2 倍。尽管市场环境的动荡、行业政策调整以及各公司策略变化等因素导致营业收入增长速度出现波动，但整体而言，这一增长态势反映了医药行业的蓬勃发展。具体情况，详见图 1。（本文图表由笔者根据 28 家医药行业上市公司 2014 年至 2023 年年报数据制作。）

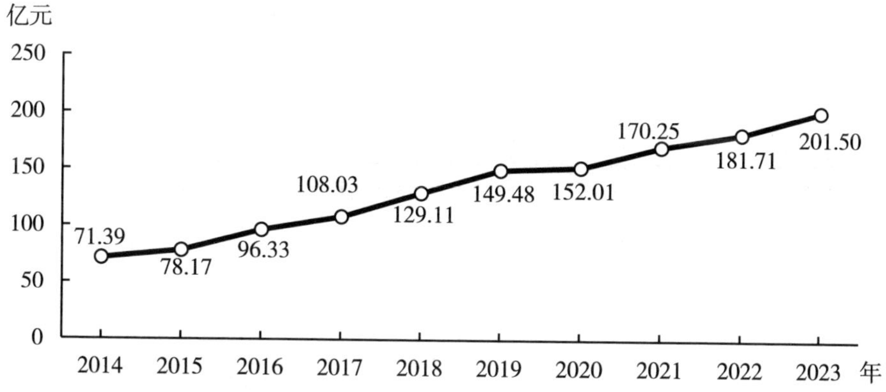

图 1　28 家医药行业上市公司 2014 年至 2023 年平均营业收入

（二）毛利率情况

如图 2 所示，2014 年至 2020 年，医药行业平均毛利率［毛利率=（营业收入－营业成本）÷ 营业收入 ×100%］基本保持在 30.00% 左右。自 2021 年起，由于营业成本增长速度超过营业收入增长速度，医药行业平均毛利率明显下降。2021 年至 2023 年，平均毛利率下降至 20.00% 以下。

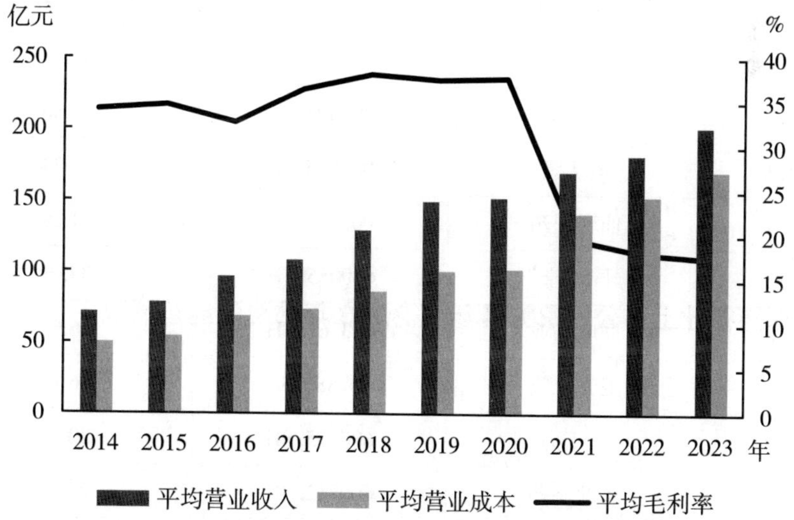

图 2　28 家医药行业上市公司 2014 年至 2023 年平均毛利率

28 家医药行业上市公司平均毛利率差异显著，最高达到 65.60%，而最低仅为 0.32%。2014 年至 2023 年，有 8 家上市公司的平均毛利率超过 50.00%，同时也有 4 家上市公司的平均毛利率低于 10.00%。其中，恒瑞医药以 65.60% 的平均毛利率位居行业第一。具体详见表 1。

表 1　28 家医药行业上市公司 2014 年至 2023 年平均毛利率排名

排名	上市公司	股票代码	平均毛利率 / %
1	恒瑞医药	600276. SH	65.60
2	步长制药	603858. SH	60.07
3	中恒集团	600252. SH	56.49
4	安图生物	603658. SH	55.65
5	智飞生物	300122. SZ	53.01
6	沃森生物	300142. SZ	52.57
7	复星医药	600196. SH	52.41
8	力生制药	002393. SZ	52.30
9	江中药业	600750. SH	49.91
10	华润三九	000999. SZ	49.53
11	景峰	000908. SZ	45.21
12	菲利华	300395. SZ	43.86
13	奥赛康	002755. SZ	42.34
14	仙琚制药	002332. SZ	41.29
15	同仁堂	600085. SH	37.43
16	辰欣药业	603367. SH	36.63
17	卫光生物	002880. SZ	36.13
18	天士力	600535. SH	30.31
19	华北制药	600812. SH	27.55
20	老百姓	603883. SH	26.30
21	恒康医疗	002219. SZ	25.37

续表

排名	上市公司	股票代码	平均毛利率 / %
22	北大医药	000788. SZ	20.90
23	亚太药业	002370. SZ	20.69
24	上海医药	601607. SH	13.04
25	国药股份	600511. SH	7.07
26	大庆华科	000985. SZ	6.77
27	吉药	300108. SZ	5.03
28	太安堂	002433. SZ	0.32

（三）销售费用情况

28 家医药行业上市公司在 2014 年至 2023 年的平均销售费用率变化趋势与平均毛利率变化趋势基本一致。2014 年至 2020 年平均销售费用率呈现波动上涨趋势，并于 2020 年达到峰值 22.11%。2021 年起至 2023 年平均销售费用率持续下降，平均为 13.67%。具体详见图 3。

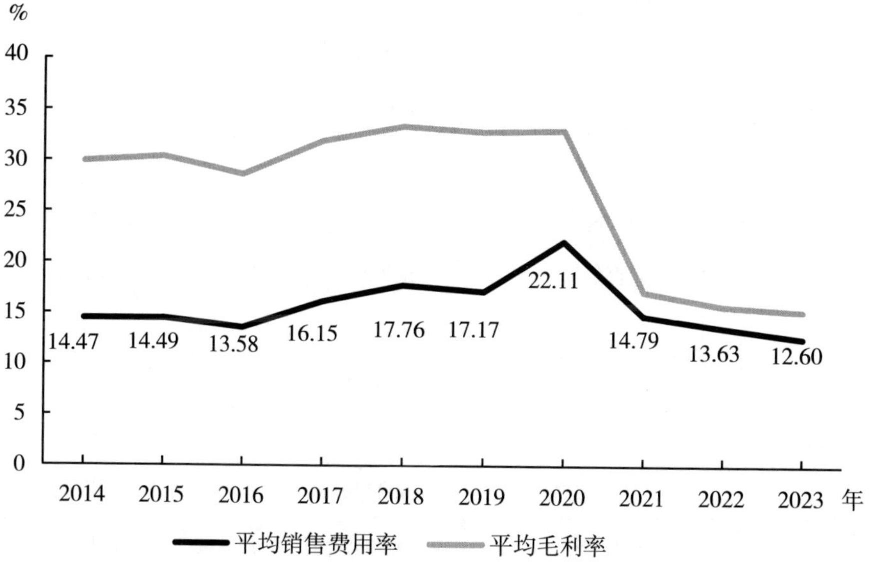

图 3　28 家医药行业上市公司 2014 年至 2023 年平均销售费用率

28家医药行业上市公司中有15家企业平均销售费用率在20.00%以上，其中排名第一的医药企业是奥赛康，其2014年至2023年间平均销售费用率高达59.16%；而大庆华科2014年至2023年间平均销售费用率最低，仅为0.59%。具体详见表2。

表2　28家医药行业上市公司2014年至2023年平均销售费用率排名

排名	上市公司	股票代码	平均销售费用率/%
1	奥赛康	002755. SZ	59.16
2	步长制药	603858. SH	54.60
3	景峰	000908. SZ	52.65
4	中恒集团	600252. SH	46.99
5	华北制药	600812. SH	44.67
6	沃森生物	300142. SZ	37.16
7	恒瑞医药	600276. SH	36.09
8	华润三九	000999. SZ	35.67
9	江中药业	600750. SH	34.07
10	力生制药	002393. SZ	33.08
11	仙琚制药	002332. SZ	28.51
12	辰欣药业	603367. SH	27.29
13	复星医药	600196. SH	26.09
14	老百姓	603883. SH	21.02
15	北大医药	000788. SZ	20.64
16	同仁堂	600085. SH	19.59
17	天士力	600535. SH	19.35
18	亚太药业	002370. SZ	17.83
19	安图生物	603658. SH	16.34
20	太安堂	002433. SZ	14.22

续表

排名	上市公司	股票代码	平均销售费用率 / %
21	吉药	300108. SZ	8.81
22	智飞生物	300122. SZ	6.96
23	上海医药	601607. SH	6.01
24	恒康医疗	002219. SZ	5.73
25	卫光生物	002880. SZ	2.92
26	国药股份	600511. SH	2.11
27	菲利华	300395. SZ	1.56
28	大庆华科	000985. SZ	0.59

（四）净利润情况

2014 年至 2021 年，医药行业上市公司的平均净利润（净利润 = 利润总额 − 所得税费用）总体呈现波动上升的趋势。特别是在 2019 年至 2021 年间，平均净利润的增长极为迅猛，并在 2021 年达到了峰值。自 2021 年起平均净利润呈现下降趋势。具体详见图 4。

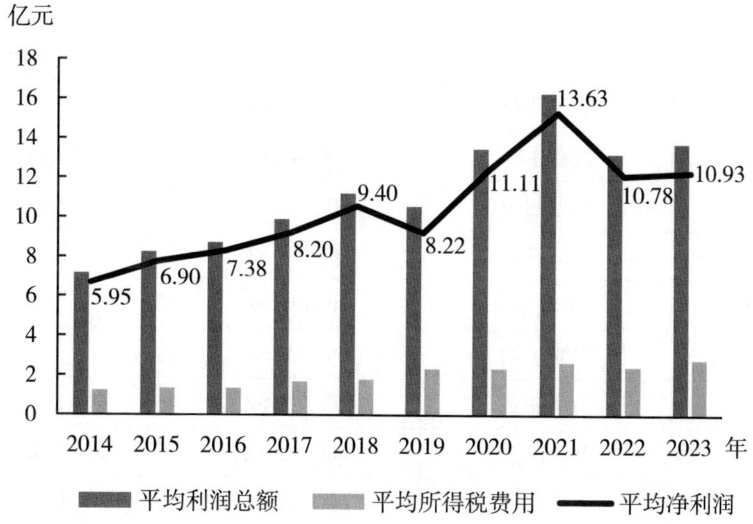

图 4　28 家医药行业上市公司 2014 年至 2023 年平均净利润

有 9 家医药行业上市公司在 2014 年至 2023 年平均净利润在 10 亿元以上，其中平均净利润排名第一的医药企业为上海医药，平均净利润为 47.57 亿元。具体详见表 3。

表 3　28 家医药行业上市公司 2014 年至 2023 年平均净利润排名

排名	上市公司	股票代码	平均净利润 / 亿元
1	上海医药	601607. SH	47.57
2	恒瑞医药	600276. SH	38.00
3	复星医药	600196. SH	34.57
4	智飞生物	300122. SZ	33.75
5	华润三九	000999. SZ	17.87
6	同仁堂	600085. SH	17.70
7	国药股份	600511. SH	14.95
8	步长制药	603858. SH	13.97
9	天士力	600535. SH	11.33
10	安图生物	603658. SH	6.47
11	老百姓	603883. SH	5.57
12	中恒集团	600252. SH	5.02
13	江中药业	600750. SH	4.81
14	辰欣药业	603367. SH	3.75
15	沃森生物	300142. SZ	3.16
16	仙琚制药	002332. SZ	3.06
17	奥赛康	002755. SZ	2.73
18	菲利华	300395. SZ	2.42
19	卫光生物	002880. SZ	1.59
20	力生制药	002393. SZ	1.40
21	北大医药	000788. SZ	0.30
22	大庆华科	000985. SZ	0.17
23	华北制药	600812. SH	–0.05

续表

排名	上市公司	股票代码	平均净利润 / 亿元
24	景峰	000908. SZ	–1.08
25	亚太药业	002370. SZ	–1.76
26	吉药	300108. SZ	–2.59
27	太安堂	002433. SZ	–2.79
28	恒康医疗	002219. SZ	–2.89

二、医药行业上市公司 2014 年至 2023 年总体纳税申报情况

通过对 28 家医药行业上市公司 2014 年至 2023 年平均营业收入、平均毛利率、平均销售费用率和平均净利润的统计与分析，我们可以清晰地看到上述医药企业在经济波动中的发展趋势和盈利能力。医药企业的经营成果与其税务申报情况密切相关，下文将深入分析上述医药企业在增值税及企业所得税方面的纳税申报情况。

（一）增值税总体纳税申报情况

医药行业增值税税负情况可用增值税税负率［增值税税负率 =（营业税金及附加 ÷12%）÷ 营业收入 ×100%］来衡量。医药行业上市公司在 2014 年至 2023 年间的平均增值税税负率为 5.28% 左右。具体详见图 5。

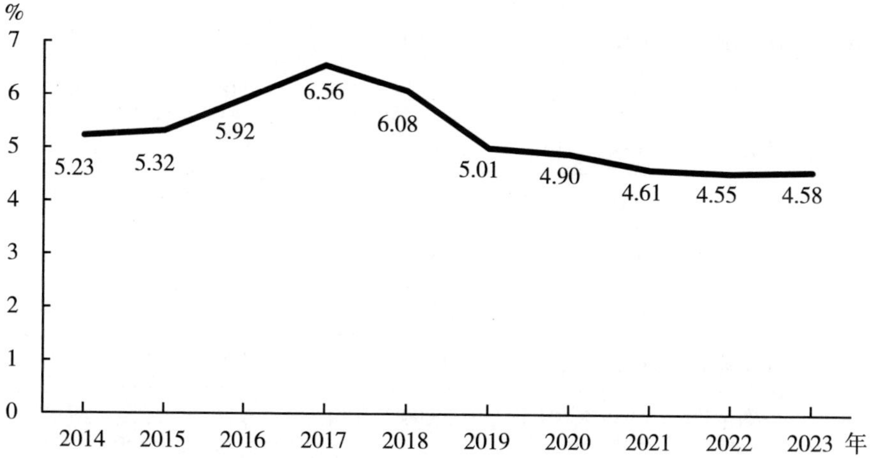

图 5　28 家医药行业上市公司 2014 年至 2023 年平均增值税税负率

28家医药行业上市公司在2014年至2023年间的平均增值税税负率在13.00%以下（含本数）的，共有21家，占比75.00%，其中平均增值税税负率最低的医药企业是国药股份，为1.91%；2014年至2023年间共有7家企业平均增值税税负率高于13.00%，其中平均增值税税负率最高的企业为中恒集团，高达16.94%。具体详见表4。

表4　28家医药行业上市公司2014年至2023年平均增值税税负率排名

排名	上市公司	股票代码	平均营业收入/亿元	平均营业税金及附加/亿元	平均增值税税负率/%
1	国药股份	600511. SH	359.94	0.82	1.91
2	上海医药	601607. SH	1695.19	4.99	2.45
3	老百姓	603883. SH	115.52	0.48	3.46
4	智飞生物	300122. SZ	156.14	0.73	3.90
5	大庆华科	000985. SZ	17.07	0.08	3.91
6	恒康医疗	002219. SZ	27.53	0.15	4.54
7	北大医药	000788. SZ	21.80	0.12	4.59
8	沃森生物	300142. SZ	20.58	0.15	6.07
9	复星医药	600196. SH	265.96	2.04	6.39
10	仙琚制药	002332. SZ	34.50	0.32	7.73
11	菲利华	300395. SZ	9.01	0.09	8.32
12	同仁堂	600085. SH	134.20	1.41	8.76
13	天士力	600535. SH	133.82	1.41	8.78
15	华北制药	600812. SH	95.68	1.03	8.97
17	太安堂	002433. SZ	24.14	0.26	8.98
14	亚太药业	002370. SZ	6.43	0.07	9.07
16	安图生物	603658. SH	23.90	0.26	9.07
18	恒瑞医药	600276. SH	180.14	2.07	9.58

续表

排名	上市公司	股票代码	平均营业收入 / 亿元	平均营业税金及附加 / 亿元	平均增值税税负率 / %
19	辰欣药业	603367. SH	34.32	0.41	9.96
20	华润三九	000999. SZ	135.18	1.84	11.34
21	奥赛康	002755. SZ	22.99	0.33	11.96
22	吉药	300108. SZ	6.64	0.11	13.81
23	江中药业	600750. SH	26.46	0.44	13.86
24	景峰	000908. SZ	16.76	0.28	13.92
25	卫光生物	002880. SZ	7.18	0.12	13.93
26	步长制药	603858. SH	136.06	2.34	14.33
27	力生制药	002393. SZ	11.08	0.22	16.55
28	中恒集团	600252. SH	28.04	0.57	16.94

（二）企业所得税总体纳税申报情况

医药行业企业所得税税负情况可用企业所得税税负率（企业所得税税负率 = 所得税费用 ÷ 利润总额 ×100%）来衡量。2014 年至 2023 年，医药行业上市公司平均企业所得税税负率为 17.52% 左右。具体详见图 6。

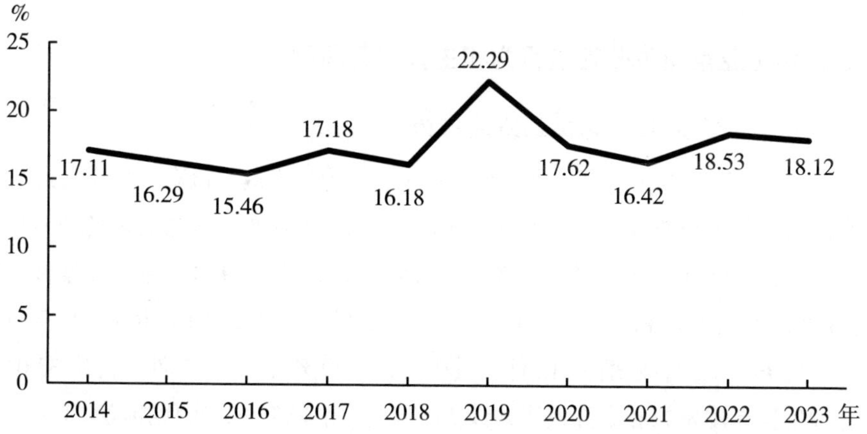

图 6　28 家医药行业上市公司 2014 年至 2023 年平均企业所得税税负率

有10家医药行业上市公司2014年至2023年间的平均企业所得税税负率在15.00%(含本数)以下，其中平均企业所得税税负率最低的医药企业是大庆华科，为5.56%。具体详见表5。需要说明的是，由于递延所得税资产或递延所得税负债可能对所得税税负率产生影响，相关数据已经被剔除出统计范围。

表5 前10家医药行业上市公司2014年至2023年平均企业所得税税负率排名

排名	上市公司	平均利润总额/亿元	平均所得税费用/亿元	平均所得税税负率/%
1	大庆华科	0.18	0.01	5.56
2	恒瑞医药	41.69	3.69	8.85
3	辰欣药业	4.17	0.42	10.07
4	安图生物	7.25	0.77	10.62
5	菲利华	2.74	0.32	11.68
6	卫光生物	1.85	0.25	13.51
7	奥赛康	3.16	0.43	13.61
8	智飞生物	39.25	5.50	14.01
9	复星医药	40.22	5.66	14.07
10	江中药业	5.65	0.84	14.87

三、医药企业常见税收违法行为和主要税务风险

(一)医药企业常见税收违法行为

以“医药”作为关键词，在威科先行·法律信息库进行检索，共检索到1092件案由为“危害税收征管罪”的刑事案件，其中：901件涉及虚开增值税专用发票罪，占比82.51%；虚开发票罪案件共152件，占比13.92%；逃税罪案件数量为15件，占比1.37%；其他案件24件，占比2.20%。检索到案由为“税务行政管理(税务)”的行政案件112件，其中：偷逃税案件共计37件，占比33.04%；虚开增值税专用发票和虚开发票共计34件，占比30.36%；未代扣代缴个人所得税案件15件，占比13.40%；其他案件共26件，占比23.21%。由此可见，医药

企业主要存在虚开增值税专用发票、虚开发票、偷逃税以及未代扣代缴个人所得税等税务违法行为。

1. 虚开增值税专用发票 / 虚开发票行为系指为他人、为自己开具与实际经营情况不符的发票，让他人为自己开具与实际经营情况不符的发票，介绍他人开具与实际经营情况不符的发票等行为。对于医药企业而言，其虚开增值税专用发票 / 虚开发票主要包括以下行为：（1）为套取大额现金而虚开咨询费、会议费、住宿费和交通费等各类发票；（2）为向医务人员支付回扣而虚开咨询费、研发费、宣传费等发票；（3）为抬高采购成本虚开发票等。

2. 偷逃税行为系指纳税人伪造、变造、隐匿、擅自销毁账簿、记账凭证，或者在账簿上多列支出或者不列、少列收入，或者经税务机关通知申报而拒不申报或者进行虚假的纳税申报，不缴或者少缴应纳税款的行为。医药企业偷逃税通常表现为多列支出或者不列、少列收入。其中，多列支出行为包括：（1）列支的销售费用不真实；（2）以咨询费、会议费、住宿费和交通费等各类发票套取现金以用于不能扣除的支出；（3）代医疗机构承担会议费、办公费、设备购置费等；（4）列支的会议费不真实；（5）以专家咨询费、研发费和宣传费等方式向医务人员支付回扣；（6）因虚增采购成本导致虚增营业成本；（7）高开发票金额扣除增值税后支付给医院的劳务费等支出；（8）按照采购药品数量向医疗人员支付的销售返点等。不列、少列收入行为包括：（1）账外经营；（2）利用员工的账户收款或采取现金收款方式收款；（3）将药品、医疗器械无偿赠送给下游机构，如医院和医疗机构等，未视同销售；（4）应收款项长期挂账，不按规定确认销售收入等。

3. 未依法代扣代缴个人所得税行为主要包括：（1）以费用报销形式支付工资薪金；（2）以劳务费形式向营销人员指定的第三人支付劳务报酬和 / 或经营所得等应定性为营销人员的工资薪金所得等。

（二）医药企业主要税务风险

上述税务违法行为可能面临行政法律风险乃至刑事法律风险，具体如下所述。

1. 行政法律风险

（1）虚开增值税专用发票 / 虚开发票的行政法律风险

医药企业普遍涉及虚开增值税专用发票或虚开发票的行为，根据《发票管理办法》第 35 条第 1 款的规定，虚开发票的，由税务机关没收违法所得；虚开金额在 1 万元以下的，可以并处 5 万元以下的罚款；虚开金额超过 1 万元的，并处 5 万元以上 50 万元以下的罚款；构成犯罪的，依法追究刑事责任。

（2）偷税的行政法律风险

医药企业多列支出在企业所得税税前扣除以及不列或少列销售收入的行为，构成偷税。根据《税收征收管理法》第 63 条第 1 款的规定，税务机关有权追缴其不缴或者少缴的税款、滞纳金，并处不缴或者少缴的税款 50% 以上 5 倍以下的罚款；构成犯罪的，依法追究刑事责任。

需要特别注意的是，前述虚开发票的情形中，让他人为自己开具与实际经营情况不符的发票往往同时涉及受票方向税务机关申报抵扣税款的行为。此时，该行为同时构成虚开发票和偷税，此种情形之下，税务机关应当如何定性和处罚？本文认为，根据《行政处罚法》第 29 条的规定，对当事人的同一个违法行为，不得给予两次以上罚款的行政处罚。同一个违法行为违反多个法律规范应当给予罚款处罚的，按照罚款数额高的规定处罚。同时，依据竞合理论和一事不再罚的原则，税务机关不应分别按虚开发票与偷税对受票方进行两次行政处罚，而应择重处罚。考虑到虚开发票的行政责任通常低于偷税的行政责任，实践中多按偷税予以罚款处罚。

（3）未依法代扣代缴个人所得税的行政法律风险

根据《税收征收管理法》的相关规定，医药企业向员工支付工资薪金未依法代扣代缴个人所得税的，可能面临如下行政法律风险。

第一，应扣未扣税款的行政法律风险。

根据《税收征收管理法》第 69 条的规定，扣缴义务人应扣未扣、应收而不收税款的，由税务机关向纳税人追缴税款，对扣缴义务人处应扣未扣、应收未收税款 50% 以上 3 倍以下的罚款。

第二，不缴或者少缴已扣税款的行政法律风险。

根据《税收征收管理法》第 63 条第 2 款的规定，扣缴义务人伪造、变造、隐匿、擅自销毁账簿、记账凭证，或者在账簿上多列支出或者不列、少列收入，或者经税务机关通知申报而拒不申报或者进行虚假的纳税申报，不缴或者少缴已扣、已收税款，由税务机关追缴其不缴或者少缴的税款、滞纳金，并处不缴或者少缴的税款 50% 以上 5 倍以下的罚款；构成犯罪的，依法追究刑事责任。

2. 刑事法律风险

（1）虚开增值税专用发票的刑事法律风险

医药企业实施前述虚开增值税专用发票的行为的，可能构成《刑法》第205条第1款规定的虚开增值专用发票罪。根据最高人民法院、最高人民检察院《关于办理危害税收征管刑事案件适用法律若干问题的解释》第11条的规定，虚开增值税专用发票，税款数额在10万元以上的，处3年以下有期徒刑或者拘役，并处2万元以上20万元以下罚金。行为人具有以下情形之一的，应处3年以上10年以下有期徒刑，并处5万元以上50万元以下罚金：①虚开税款数额在50万元以上的；②在提起公诉前，无法追回的税款数额达到30万元以上的；③5年内因虚开发票受过刑事处罚或二次以上行政处罚，又虚开且税额在30万元以上的。若行为人具有以下任一情形：①虚开税款数额在500万元以上；②在提起公诉前，无法追回的税款数额达到300万元以上；③5年内因虚开发票受过刑事处罚或二次以上行政处罚，又虚开且税额在300万元以上，根据《刑法》第205条第1款的规定，应当处10年以上有期徒刑或者无期徒刑，并处5万元以上50万元以下罚金或者没收财产。

根据《关于办理危害税收征管刑事案件适用法律若干问题的解释》第10条第2款的规定，医药企业是为虚增业绩、融资、贷款等目的虚开增值税专用发票的，其主观上不以骗抵税款为目的，客观上没有因抵扣造成国家税款损失，不构成虚开增值税专用发票罪。

（2）虚开发票的刑事法律风险

若医药企业实施了虚开增值税专用发票以外的其他发票的行为，可能构成《刑法》第205条之一规定的虚开发票罪。根据《关于办理危害税收征管刑事案件适用法律若干问题的解释》第13条的规定，若行为人具有以下情形之一，应当立案追诉，处2年以下有期徒刑、拘役或者管制，并处罚金，具体包括：①虚开发票面金额50万元以上；②虚开发票100份以上且票面金额30万元以上；③5年内因虚开发票受过刑事处罚或者二次以上行政处罚，又虚开发票，票面金额达到前两项规定的标准60%以上。对于“情节特别严重”的，则处2年以上7年以下有期徒刑，并处罚金，主要包括三种情形：①虚开发票面金额250万元以上；②虚开发票500份以上且票面金额150万元以上；③5年内因虚开发票受过刑事处罚或者二次以上行政处罚，又虚开发票，票面金额达到前两项规定的标准

60% 以上。

（3）逃税的刑事法律风险

医药企业以多列支出或者不列、少列收入等方式逃避缴纳税款，其逃税数额在 10 万元以上并且占各税种应纳税总额 10% 以上的，可能构成《刑法》第 201 条规定的逃税罪，处 3 年以下有期徒刑或者拘役，并处罚金；数额在 50 万元以上并且占应纳税额 30% 以上的，处 3 年以上 7 年以下有期徒刑，并处罚金。对多次实施前述行为，未经处理的，按照累计数额计算。有前述行为，在公安机关立案前，经税务机关依法下达追缴通知后，在规定的期限或者批准延缓、分期缴纳的期限内足额补缴应纳税款，缴纳滞纳金，并全部履行税务机关作出的行政处罚决定的，不予追究刑事责任。但是，5 年内因逃避缴纳税款受过刑事处罚或者被税务机关给予二次以上行政处罚的除外。

（4）未代扣代缴个人所得税的刑事法律风险

医药企业向员工支付工资薪金未依法代扣代缴个人所得税的，可能会面临刑事法律风险，具体如下所述。

①应扣未扣税款的刑事法律风险。

扣缴义务人应扣未扣税款，通常不存在刑事法律风险。

②不缴或者少缴已扣税款的刑事法律风险。

根据《刑法》第 201 条第 2 款的规定以及《关于办理危害税收征管刑事案件适用法律若干问题的解释》第 2 条第 2 款的规定，扣缴义务人采取欺骗、隐瞒手段进行虚假纳税申报或者不申报，不缴或者少缴已扣、已收税款 10 万元以上的，处 3 年以下有期徒刑或者拘役，并处罚金。

四、医药企业税务风险防范对策

医药企业税务风险包括违反现行税法导致的法律责任以及未进行税务规划导致多缴税款的风险。医药企业税务风险管理的目标是税务合规和合理控制税务成本。具体而言：首先，企业经营决策应考虑税收因素的影响，合理控制税务成本；其次，企业税务申报、税款缴纳等税务管理工作应当符合现行税法的规定；最后，企业税务规划应具有合理商业目的，不违反现行税法的规定。医药企业由于其行业特殊性，税务风险管理面临较大的困难。为有效防范税务风险，医药企业可以采取以下对策。

（一）培育税务合规理念和文化

培育税务合规理念和文化是医药企业一项战略性任务，不仅关乎企业的经济利益，更体现了企业对社会责任的承担和对未来发展的深远考量。培育税务合规文化，首先，需要从企业高级管理人员做起，将税务合规理念内化为企业文化的一部分，通过管理人员的示范效应，引导全体员工形成正确的税务观念；其次，企业应通过持续的教育和培训，加强员工对税务法规的理解和认识，培养其税务合规的自觉性和主动性；最后，税务合规文化的培育还需要企业在组织结构和战略规划中给予足够的重视，企业应在战略层面明确税务合规的目标和路径，将其作为企业可持续发展的关键要素，通过建立开放、包容的沟通环境，鼓励员工提出税务合规的意见和建议，从而达成一种自上而下的共识和行动，推动税务合规理念的深入实践。

（二）设立税务合规管理组织机构

1. 设立相应的税务合规部门

医药企业应结合行业特点以及税务风险管理需求，设立与财务部门和业务部门并列的税务合规部门，负责以下具体事项：（1）制定和完善企业税务风险管理制度和其他涉税规章制度以及相应的实施管理办法，并负责监督、指导和落实；（2）参与企业战略规划和重大经营决策的税务影响分析，提供税务风险管理建议；（3）组织实施企业税务风险的识别、评估，监测日常税务风险并采取应对措施；（4）指导和监督财务、研发以及销售等各业务部门开展税务风险管理工作；（5）建立税务风险管理的信息和沟通机制；（6）承担纳税申报、税款缴纳等工作；（7）承担账簿凭证和其他涉税资料的准备和保管工作；（8）负责收集和整理最新的税收政策；（9）定期组织企业内部员工进行税务培训；（10）为其他业务部门提供税务咨询；（11）其他税务风险管理职责。

2. 设立相应的税务合规管理岗位

医药企业税务合规部门应当设立税务合规管理岗位，包括涉税信息管理岗、税务政策规划岗、税务票据管理岗、税务申报管理岗以及税务风险控制岗，以确保税务合规管理过程中的关键职责能够实现有效分离、相互制约和监督。各岗位应具体履行以下职责。

（1）涉税信息管理岗：①负责收集、整理和管理企业的涉税信息；②指导各业务部门开展税务风险管理工作；③建立税务风险管理的信息和沟通机制；④与税务机关进行沟通与协商，解决企业日常涉税问题等。

（2）税务政策规划岗：①负责收集和整理最新的税收政策；②参与企业战略规划和重大经营决策的税务影响分析，提供税务风险管理建议；③定期组织企业内部员工进行税务培训；④起草税务规划等。

（3）税务票据管理岗：①购买和保管发票；②承担或协助相关部门和人员准备和保管涉税资料等。

（4）税务申报管理岗：①准确计算企业各税种应纳税款；②填报纳税申报表，进行纳税申报；③填报税款缴纳凭证；④与税务机关沟通，处理税务申报过程中的问题等。

（5）税务风险控制岗：①制定和完善企业税务风险管理制度和其他涉税规章制度；②组织实施企业税务风险的识别、评估，监测日常税务风险并采取应对措施；③审批税务规划；④监督企业内部税务制度及税务规划方案的实施，对企业税务事项进行内部审查；⑤审核企业内部开具和取得的发票等。

以上岗位职责如与企业内部财务部门或其他职能部门职责重合，医药企业可以根据自身情况，选择合并相应岗位，但仍需要保证关键职责的有效分离、相互制约和监督。具体来说，以下职责应当明确分离：①税务规划的起草与审批；②税务资料的准备与审查；③纳税申报表的填报与审批；④税款缴纳凭证的填报与审批；⑤发票购买、保管与财务印章的保管；⑥税务风险事项的处置与事后检查；⑦其他应分离的必要的税务管理职责。

3. 配置相应的专职税务合规人员

医药企业税务合规人员应具备必要的专业资质、良好的业务素质和职业操守。税务合规人员应具备业务、法律、财务和税务相关专业知识和业务能力。企业应当定期对涉税业务人员进行培训，不断提高其业务能力和职业道德水平。医药企业还可以实施税务管理与税务合规人员绩效挂钩机制，通过将税务风险管理的结果直接与税务合规人员的绩效评估挂钩，激发税务合规人员对税务合规的重视和参与程度。

（三）建立税务合规管理制度

1. 建立健全医药企业内部控制制度

（1）完善税务风险识别制度

医药企业应当全面、系统和持续地收集内部和外部相关信息，结合企业自身实际情况，识别企业经营活动及业务流程中的税务风险。企业应当重点关注以下税务风险因素：①董事会、监事会等企业治理层以及管理层的税收遵从意识和对待税务风险的态度；②企业内部税务合规人员的职业操守和专业胜任能力；③企业纳税申报和税款缴纳情况；④医药行业税务监管变化等。

（2）构建风险评估和预警制度

医药企业应当建立风险评估和预警制度，定期对税务风险进行评估，识别潜在的税务问题和风险点，分析风险发生的可能性和条件，评价风险对企业实现税务管理目标的影响程度，从而确定风险管理的优先顺序和策略。税务风险评估可以由企业内部税务合规部门协同相关业务部门实施，也可聘请具有相关资质和专业能力的税务专业机构和人员协助实施。同时，企业应当对税务风险实行动态管理，及时评估原有风险的变化情况。

（3）建立有效的税务风险应对制度

医药企业应根据税务风险评估的结果，考虑风险管理的成本和效益，在整体管理控制体系内，制定税务风险应对策略，建立有效的内部控制制度，合理设计税务管理的流程及控制方法，全面控制税务风险。企业可以根据风险产生的原因，从组织机构、业务流程、信息沟通和检查监督等多方面建立税务风险控制点，根据风险点的不同特征采取相应的人工控制或自动化控制。根据风险发生的规律和重大程度建立预防性控制和发现性控制制度。同时，对于医药企业内部发生频率较高和行业内普遍存在的税务风险进行监控，采取相应的应对措施。

2. 建立健全纳税申报制度，加强税务申报风险管理

（1）建立企业内部税务申报制度

医药企业财务部门应当根据国家财政机关及税务机关的规定，设置会计账簿；根据合法有效凭证记账，进行财务会计核算；按规定保管账簿、记账凭证、完税凭证及其他有关资料。企业应当制定详细的纳税申报流程和时间表，在发生纳税义务后，按照规定的期限进行纳税申报；在发生扣缴义务后，按照规定的期限向税务机关报送代扣代缴、代收代缴税款报告表以及其他有关资料。纳税申报后按规定的期间缴纳税款。

（2）建立内部税务审查制度

医药企业应当建立内部税务审查机制，由税务风险控制岗位专职人员负责，对企业税务事项进行内部审查，并对纳税申报资料进行复核。首先，在增值税纳

税申报方面重点审查：①取得的专用发票的真伪，发票内容是否真实、是否书写齐全正确；②专用发票联与抵扣联记载的内容是否一致；③付款单位与发票单位是否一致；④销售额计算是否准确等。其次，在企业所得税纳税申报方面重点审查：①销售收入计算是否完整、准确；②销售成本计算是否正确；③享受企业所得税优惠政策计算是否准确，资料是否完整；④工资及福利、工会经费、职工教育经费等支出是否需要进行纳税调整等。

3. 建立税收风险分类管理制度

医药企业公司应当根据经营活动及业务流程，针对不同涉税事项制定税收风险分类管理制度，具体如下所述。

（1）建立采购及付款业务管理制度

医药企业应当结合企业内部实际情况，全面梳理采购业务流程，完善采购及付款业务相关管理制度，统筹安排采购计划，明确采购申请、供应商评定、购买、验收、付款以及退货等环节的职责和审批权限，按照规定流程办理采购业务。具体流程如图 7 所示。

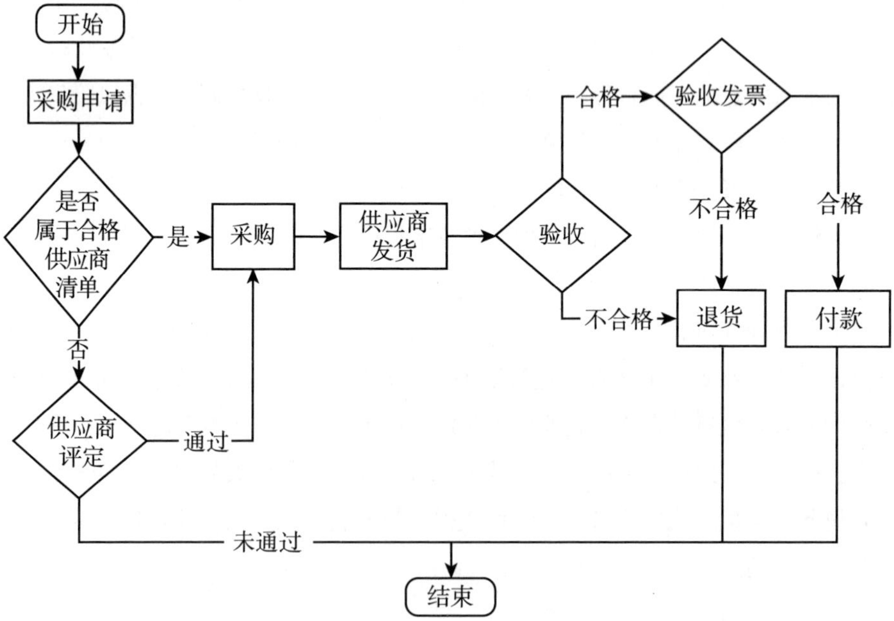

图 7　具体流程

①医药企业应当建立采购申请制度，依据购买货物或接受劳务的类型以及货物或劳务所服务的业务部门，授予相应的请购权，明确相关部门或人员的职责权限及相应的请购和审批程序。

②医药企业应当建立科学的供应商评估与准入制度，确定合格供应商清单，企业应当对该名单进行实时管理和评价，根据评价结果对名单进行调整。若采购人员选定的供应商属于合格供应商清单范围内，则可以直接开展采购活动，保证交易效率；若采购人员选定的供应商不属于上述清单，企业应当对供应商提供货物或劳务的质量、价格、交货及时性、供货条件及其资信、经营状况等进行综合评定，除非该供应商审查资质及信用良好，否则不应通过评定测试。

③医药企业应当建立采购合同审批机制，确保采购合同在签订前已经过企业内部风险控制部门的合规性审查。

④医药企业应当建立严格的采购验收制度，确定检验方式，由专门的验收机构或验收人员对采购项目的品种、规格、数量、质量等相关内容进行验收，出具验收证明。

⑤在企业对货物或服务进行验收后，应当要求供应方开具增值税发票，企业应当将支出项目区分为增值税应税支出项目以及非应税支出项目，按照不同的支出项目取得相应的凭证，并由税务风险控制岗位专职人员对凭证的真实性、合法性和相关性进行审查。

⑥加强采购付款的管理，完善付款流程，明确付款审核人的职责，严格审核采购预算、合同、相关凭证或发票以及审批程序等相关内容，审核无误后按照合同规定及时办理付款。

⑦医药企业应当建立退货管理制度，对退货条件、退货手续、货物出库、退货货款回收等作出明确规定，并在与供应商的合同中明确退货事宜，及时收回退货货款，对取得的增值税发票作相应的税务处理。

（2）建立费用报销业务管理制度

医药企业应当建立费用报销业务管理制度，实行计划管理、分级负责、层层把关。具体流程如图 8、图 9 所示。

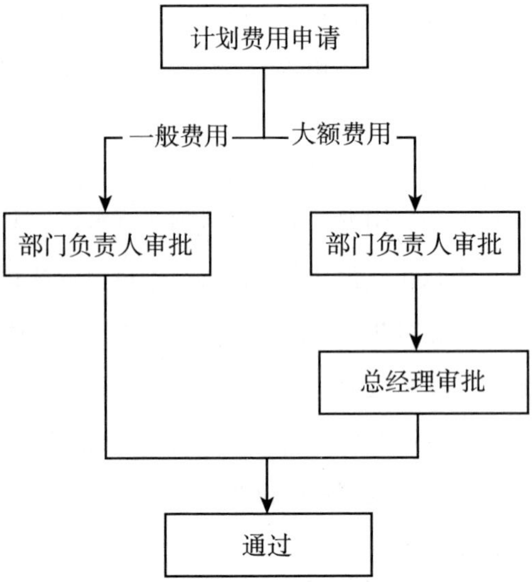

图 8　计划费用申请流程（费用发生前）

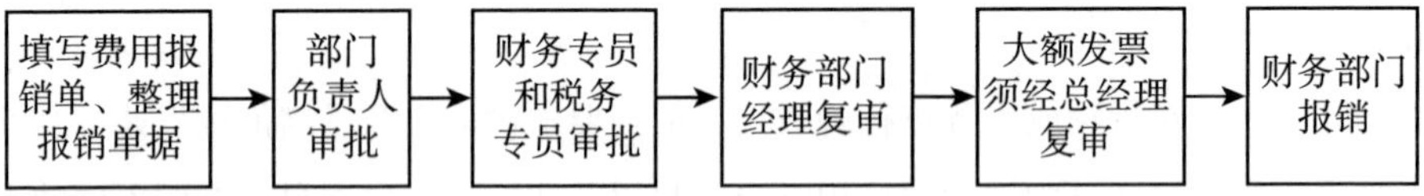

图 9　费用报销（费用发生后）

①企业一切费用支出必须按先申请后办理的原则进行，对未进行申请、审批的一切费用开支不予报销。在费用发生前，报销当事人应当将计划发生的费用预算提交部门负责人审批，若属于大额费用（可由企业根据自身财务状况确定大额费用的标准），则还需要总经理审批，经部门负责人和/或总经理批准后，后续发生的费用支出方可报销。

②费用发生后，报销当事人应及时将收集到的费用报销单据加以整理归类，采用企业内部统一规定的报销单，区别费用性质分类粘贴，上报部门负责人审批。

③部门负责人应当负责对本部门人员费用报销的合理性进行一级审查。重点对费用发生的真实性、费用预算金额与实际金额的差异合理性进行审查，审查无异议后，在费用报销单上签署审核意见。

④由财务专员和/或税务风险控制岗位专职人员就费用报销单后所附的原始

发票和凭证的合法性进行二级审查，并对费用金额的计算进行复核。

⑤财务部门经理应对财务专员和 / 或税务风险控制岗位专职人员审核过的费用报销单进行复审，若该笔费用支出构成企业所规定的大额费用，还应由总经理复审。

⑥财务部门出纳人员对费用报销单进行付款前的审核，重点看报销单是否有涂改、费用的计算是否正确、后附的发票是否齐全合法、审批手续是否齐备，审核无误后方能付款。

（3）建立和完善发票开具管理制度

医药企业虚开增值税专用发票和虚开发票的行为较为突出。医药企业在开具发票前，应当了解税务机关对虚开发票的界定，不得开具与实际经营情况不符的发票。同时，医药企业应当加强对客户的资质、采购合同涉税条款等要件进行查验，规避税务合规风险。医药企业应当按照如图 10 所示流程开具发票。

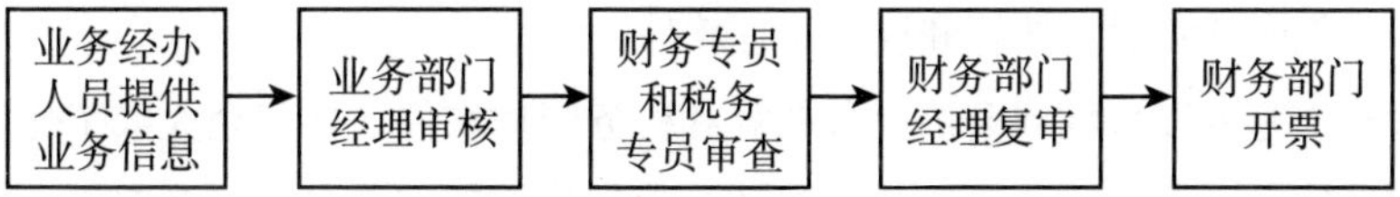

图 10　开票流程

①医药企业业务部门若需开具发票，需要首先由业务经办人员提供相关业务信息，包括合同、客户开票信息金额等，报业务部门经理审核。

②业务部门经理审核通过后，由财务专员和税务风险控制岗位专职人员对开具发票的信息与合同信息进行审查，无误后报财务部门经理复审。

③财务部门经理复审后，由财务部门开具发票。

4. 建立税务信息沟通与管理制度

（1）建立税务信息沟通制度

医药企业应当建立税务风险管理的沟通制度，明确税务相关信息的收集、处理和传递程序，确保企业财务部门和税务合规部门内部、财务部门和税务合规部门与其他各业务部门之间的定期沟通和反馈，发现问题应及时报告并采取应对措施，形成统一的税务风险防范体系。同时，企业应当与税务机关和其他相关单位保持有效的沟通，及时收集和反馈相关信息。企业内部应当建立和完善税法的收集和更新系统，及时汇编公司适用的税法并定期更新。

（2）建立税务信息管理制度

医药企业可以通过税务申报信息化系统的构建，设置年度税务日历，自动提醒相关责任人完成涉税业务，并跟踪和监控工作完成情况。企业可以将税务申报纳入计算机系统管理，利用有关报表软件提高税务申报的准确性。同时，医药企业可以建立税务文档管理数据库，采用合理的流程和可靠的技术存储纳税申报资料，以留存备查。

5. 建立企业内部监督与改进管理制度

医药企业税务合规部门应定期对企业税务风险管理机制的有效性进行评估审核，不断改进和优化税务风险管理制度和流程。此外，医药企业可以委托符合资质要求的税务专业机构和人员，根据相关法律法规和执业准则的要求，对企业税务风险管理相关的内部控制有效性进行评估，并出具评估报告。

（四）利用税务合规软件

1. 采购或升级财务核算和税务管理软件

医药企业可以采购或升级财务核算和税务管理软件，构建企业数字化财务和税务管理体系。一方面，定制化的税务管理软件能够实现自动税务申报，确保纳税申报的准确性和及时性；另一方面，定制化的财务核算和税务管理软件通过采集和对比发票、会计凭证、会计账簿、财务报表和纳税申报表等数据，根据预先设定的税务风险评估模型，快速发现税务风险，并进行税务风险预警，帮助企业尽快处置税务风险。

2. 采购或升级专门的费用报销软件

医药行业由于其产品的特殊性和市场需求的复杂性，往往需要较高的销售费用来维持市场竞争力。然而，高额的销售费用往往伴随较大的税务风险，尤其是在费用报销环节，因此医药企业应考虑采购或升级专门的费用报销软件，用于发票扫描、识别、验真以及费用报销等关键财务管理环节。此外，软件应具备风险发票预警功能，以有效防范企业在费用端可能面临的涉税风险。通过这些措施，企业能够提高成本管理的效率和准确性，确保税务合规性。

（五）谨慎对待税务规划

1. 税务规划应遵循合法性原则

医药企业具有研发投入大以及销售费用高等特点，合理的税务规划对于降低成本、提高经济效益具有重要意义。然而，税务规划必须建立在合法性原则的基础之上，医药企业在制定税务规划方案时应当确保方案严格遵循税法的相关规定，避免采取可能被视为逃税或避税的税务规划方案。此外，医药企业应当持续关注税法和税务机关执行口径的变化，确保税务规划方案能够适应不断变化的税务征管环境。

2. 税务规划的风险评估

医药企业制订税务规划方案时，应进行全面的税务风险评估，从多个维度审视税务规划方案，以识别可能引发的各类税务风险。企业需要审慎评估税务规划各环节，确保符合税法规定。同时，企业还应评估税务规划方案对企业现金流的影响，确保税务规划不会对企业财务管理造成不利影响。

3. 咨询税务专业机构和人员

鉴于医药行业的专业性和税法的复杂性，企业在制订税务规划方案时，应积极寻求税务专业机构和人员的意见和建议。上述税务专业机构和人员不仅需要精通法律、财务和税法，还应熟悉医药行业的运作模式。通过咨询税务专业机构和人员，企业可以确保税务规划方案既符合税法要求，又能够最大化降低税务成本，增强企业的综合竞争力。此外，税务专业机构和人员还能帮助企业预见并规避潜在税务风险，确保税务规划的稳健性和前瞻性。

作为公共健康和生命安全的关键领域，医药企业的税务合规性不仅对企业自身的长期发展至关重要，也对维护社会稳定与和谐具有深远影响。医药企业应将税务合规作为企业战略发展的关键要素，通过培育税务合规文化、建立税务合规制度、设立税务合规机构、利用税务合规软件以及谨慎对待税务规划等措施，在企业税收成本和税务风险之间保持平衡，实现经济效益与社会效益的统一。